공정한 사회의 실천방법

경영학박사 노 순 규 저

감사의 말씀

노순규 원장의 101권째 저서 '공정한 사회의 실천방법'을 전국의 공무원교육원, 지자체, 기업경영연수원, 건설관련교육원, 교육연수원와 저희 연구원에 강의를 의뢰하여 주신 서울시교육연수원(교육관련 노동법의 이해), 부산시교육연수원(교원.공무원노조의 이해), 울산시교육연수원(공무원노조의 이해), 충남교육연수원(공무원 노사관계의 발전방안), 경남공무원교육원(단체교섭 및 단체협약 체결사례), 대구시교육연수원(리더십과 갈등관리), 경기도교육청(갈등관리와 교원의 역할), 충북단재교육연수원(교원능력개발평가의 필요성과 성공기법), 강원도교육연수원(학교조직과 갈등관리), 경북교육연수원(공무원 노동조합의 역할과 발전방안), 인천시교육연수원(교원단체와 노사관계), 광주시교육연수원(교육관련 노동법의 이해), 경남교육연수원(교원단체의 이해), 전남교육연수원(학교의 갈등관리와 해결기법), 경북교육청(학교의 갈등사례와 해결방법), 제주탐라교육원 및 제주도공무원교육원(갈등의 원인과 해결방법), 한국기술교육대학교 노동행정연수원(환경변화관리와 리더십), 전국 공무원교육원 및 인재개발원, 강원도공무원교육원, 전북공무원교육원, 경남공무원교육원, 충남공무원교육원, 부산시공무원교육원의 교육담당자님께 감사드립니다.

한국기업경영연구원

머리말

지난 광복절 경축사에서 이명박 대통령은 '공정한 사회'를 언급했다. 5월 말 출간된 '정의란 무엇인가'라는 책이 젊은 세대 등을 중심으로 돌풍을 일으킨 뒤였다. '정의'의 열풍에 젊은 세대들이 빠진 것을 뒤늦게 알아챈 정치권과 학계는 너도나도 '정의'에 대해 이야기하기 시작했다. 이 대통령의 '공정한 사회' 발언은 이런 분위기를 종합한 것처럼 보였다. 하지만 이후 '공정한 사회'의 후폭풍이 불어 닥쳤다. 유명환 외교통상부 장관의 딸이 특채된 것이 알려졌다. 유 장관의 딸은 외통부내에서 '제3차관'으로까지 불렸다는 이야기도 나왔다. 결국 유 장관은 딸과 함께 외통부를 떠났다. 하지만 '공정한 사회'의 후폭풍은 여기서 그치지 않았다. '하이에나' 같은 언론들은 신이 나서 외통부에 특채된 인원들의 경력과 채용 경위를 샅샅이 뒤지기 시작했고 결국은 외통부 전체가 아수라장이 돼버렸다. 수많은 젊은이들은 인터넷의 익명속에서 '똥돼지'라고 하는, 무능력한데도 '배경'으로 자리를 얻은 자들에 대해 성토하기 시작했다. 언론들은 지자체에서 있었던 '특채'에 대해서도 다양한 '사실'들을 캐내기 시작했다.

고시촌에서 공무원 시험준비를 하는 이들은 행정안전부가 '고시폐지 및 특채 인원 50%로 확대'하려는 계획을 성토했다. 결국 행정안전부도 계획을 전면 백지화할 수밖에 없었다. 이와같은 것도 공정한지에 대해 논의가 활발하게 이루어질 필요가 있다. 공정에 대해 인류의 문명사가 수천년동안 이어져 왔지만 철학자들의 해석이 분분했다. 그런데 하루아침에 어떻게 정의를 내릴 수 있는가.

공정이라는 게 구호가 되어 주관적 잣대로 평가되는 순간 골치 아파진다. 국회의원마다 또 기업하는 사람마다 기준이 다를 수밖에 없다. 또 지금의 기준으로 과거를 재단하기 어렵다는 점도 있다. 그러나 정치적 구호로선 안된다. 나아가 공정이란 말 대신 '법과 질서'를 내세우는 게 더 효과적이라고 생각한다.

"법과 질서를 지키지 않는 사람은 예외를 두면 안된다. 즉, 노 톨러런스(참지 않는 것)가 필요하다. 총리·장관 인사청문회도 그렇다. 공정이다 뭐다 따질 것 없이 법과 질서를 잘 따지면 된다. 예를 들어 납세의무'를 안지켰는지 등이고 그런 것은 노 톨러런스해야 한다. 이명박 정권의 '공정한 사회' 기치가 사방에 펄럭이고 있다. 하반기 국정 전반의 새로운 잣대가 될 것이다. 기회와 조건에서 공정한 게임의 법칙이 통용되도록 하겠다는 것이다. 이에 이견을 다는 이는 없는 것 같다. 소득, 교육 등 양극화가 갈수록 심화돼 '공정하지 않다'는 인식이 확산되고 있어서다. 그러나 공정한 사회 논의에 대한 우려 또한 적지 않다. 우선 공정한 사회의 실체와 기준이 불분명하다. "출발과 과정에서 공평한 기회를 주되 결과에 대해서 스스로 책임지는 사회"라는 개념은 구체성이 떨어진다.

그렇다 보니 '공정'이란 잣대로 정권의 입맛대로 모든 것을 재단하려는 것이 아니냐는 관측도 나온다. 진정한 공정한 사회의 구현은 나보다 남을 배려하고 챙기는 사회가 돼야한다. 고위공직자나 사회지도층들은 마음을 비우고 함께 동참하고 솔선수범해야 한다. 공정한 사회에 대한 인식은 공직자가 먼저 이해하고 실천해야 하며 약자가 보호받는 민주주의 사회를 실현하는 첩경이다. 언행이 일치하지 않는 공정한 사회는 구호에 불과하고 아무런 소용이 없으므로 공정한 사회 만들기에 대한 인식이나 이해가 부족한 관료나 공직자는 새롭게 거듭나야 한다. 공정한 사회를 만드는 일은 냉철한 판단과 결단이 반드시 필요하며 주변의 가까운 곳부터 또 먼 곳을 바라보고 살피는 노력이 필요하다고 본다.

한권의 책이 출간되어 나오는 데는 많은 분들의 도움이 필요할 것이다. 그동안 저희 연구원으로 강의를 의뢰해 주신 전국의 공무원교육원 및 인재개발원, 시·도 교육연수원, 한국기술대학교 노동행정연수원, 서울시교육연수원, 부산시교육연수원, 울산시교육연수원, 충남교육연수원, 대구시교육연수원, 경기도교육청, 충남교육연수원, 충북단재교육연수원, 경북교육연수원, 인천시교육연수원, 광주시교육연수원, 강원도교육연수원, 제주도탐라교육원, 경북교육청, 강원도공무원교육원, 제주도공무원교육원 교육담당자님께 이 기회를 빌어 진심으로 감사드린다. 특히 본 저서의 기획 및 출판에 헌신하신 전승용 선생님께 감사말씀을 드리고 아내 '박순옥', 아들 '노지훈', 며느리 '김수향'에게 항상 고마움을 표한다.

2010년 10월 20일

저자 노 순 규 드림

목 차

제1장 공정한 사회의 개념과 이론적 배경 ··· 11
1. '공정한 기회'가 곧 '공정한 사회' ··· 11
2. 공정한 사회의 語源 ·· 11
3. '정의란 무엇인가'라는 책을 통해 본 공정한 사회의 딜레마! ········ 12
4. 공정사회와 정의(JUSTICE) ··· 13
5. 과거와 현재의 공정 기준 ·· 16
6. 공정사회와 말의 타락 ··· 17
7. 공정한 사회와 공정한 경마 ·· 19
8. 조선 500년 통치철학, 바탕엔 백성이 존재 ·································· 21
9. 공정한 영암사회 불공정 등 공동대책위 발족 ······························ 22
10. '공정한 사회'와 '타임오프제'의 괴리 ··· 23
11. 공정한 사회는 법치 사회 ·· 25
12. 부패나 빈곤같은 불공정한 일 하나씩 고쳐가는게 공정한 사회 ··········· 28
13. "완전한 정의 찾기보단 명백한 불의 막아라" ······························ 32
    1) 제도 아닌 현실에서 '글로벌 정의' 모색 ······························· 33
    2) 사회계약론 ··· 34
14. 민주사회주의 ·· 39
15. 셰익스피어의 사상 ··· 40
16. 불공정거래행위 ··· 44
17. 경제학의 10가지 기본원리 ·· 45
    1) 모든 선택에는 대가가 있다. ·· 45
    2) 선택의 대가는 그것을 얻기 위해 포기한 그 무엇이다. ········· 45
    3) 합리적 판단은 한계적(限界的)으로 이뤄진다. ······················· 45
    4) 사람들은 경제적 유인(誘因)에 반응한다. ······························ 46
    5) 자유거래는 모든 사람을 이롭게 한다. ·································· 46
    6) 일반적으로 시장이 경제활동을 조직하는 좋은 수단이다. ····· 46
    7) 경우에 따라 정부가 시장성과를 개선할 수 있다. ················· 46
    8) 한 나라의 생활수준은 그 나라의 생산능력에 달려 있다. ···· 47
    9) 돈이 지나치게 많이 풀리면 물가가 오른다. ························· 47
    10) 단기적으로는 인플레이션과 실업을 동시에 해결할 수 없다. ········· 47
18. 소득분배와 공정성 ··· 48
19. 시장실패의 개념 ··· 49
20. 지능은 타고난 재능(un don), 신화(un mythe) ···························· 53
    1) 지능은 정의하기 곤란 ·· 55
    2) 학습지능 ··· 56
    3) 지능테스트 ··· 56

- 4) 과학적 논쟁과 정치적 논쟁 ………………………………… 57
- 5) 계속해서 나타나는 관찰의 결과들 …………………………… 58
- 6) 결과에 대한 해석 …………………………………………… 59
- 7) 유전론에 대한 비판과 지능에 대한 환경의 영향 ………… 60
- 8) 유전인자의 몫 ……………………………………………… 61
- 9) 결론 ………………………………………………………… 62
- 21. 공정한 소득재분배에 대한 3가지 사상 ……………………… 62
  - 1) 공리주의 ……………………………………………………… 63
  - 2) 점진적 자유주의 …………………………………………… 64
  - 3) 급진적 자유주의 …………………………………………… 66
- 22. 공정한 사회의 기준 ………………………………………… 67
- 23. 욕망의 대한민국, 자유를 찬미 ……………………………… 69
- 24. 양파껍질과 청백당(淸白堂) ………………………………… 71
- 25. 공정한 사회 …………………………………………………… 73
- 26. 공정한 사회로 쓰리고를 …………………………………… 74
- 27. 공정한 사회는 법치사회 …………………………………… 77
- 28. 나는 공정한가? ……………………………………………… 80
- 29. "더불어 살아가는 공정한 사회의 구성원" ………………… 83
- 30. 공정한 사회의 원리 ………………………………………… 84
- 31. 나눔과 기부는 공정한 사회의 기틀 ……………………… 86
- 32. 통계로 본 사교육비 지출현실! 공정한 사회 맞아? ……… 87
- 33. 공정한 사회란 무엇인가? ………………………………… 89
- 34. 공정한 사회, 사랑의 전광판 ……………………………… 93

제2장 공정한 사회의 정치적 의미와 현실 …………………… 95
- 1. 청와대가 밝힌 공정한 사회란 개천에서 용나는 사회 …… 95
- 2. 공정한 사회와 처리방법 …………………………………… 97
- 3. 공정한 사회의 달성을 위해 국민 모두가 함께 할 일 …… 98
  - 1) "공정한 사회"가 추구하는 목표 …………………………… 98
  - 2) 지상의 제일 선진국 미국 ………………………………… 98
  - 3) 공정한 사회의 목표는 법치국가 달성과 선진의식개혁 … 99
- 4. 공정한 사회와 친 서민(제언) ……………………………… 99
- 5. '공정한 사회'의 빛과 그림자 ……………………………… 103
- 6. MB의 '공정한 사회', 갈 길이 멀다 ……………………… 105
- 7. 공정한 사회라, 공정한 사회라 …………………………… 106
- 8. 공정한 사회!! ……………………………………………… 109
- 9. 공정한 사회? ……………………………………………… 110
- 10. '공정한 사회' 구호보다 실천을 ………………………… 111
- 11. 지도층 성찰없는 공정한 사회 불가능 ………………… 112
- 12. "공정한 사회"에 대한 단상 ……………………………… 114
- 13. 공정사회와 사회적 배제 ………………………………… 115

14. 나에게 있어 공정사회 담론 ·· 116
15. 공정사회 비웃는 정부광고 '쏠림' ·· 119
   1) 언론사, 정부광고 수주 국감자료 ·· 119
   2) 언론사 정부 부처 광고현황 ·· 120
16. 공정사회는 정치이슈 아닌 국민적 요구! ···································· 121
17. "수신료 4600원, 3500원이 핵심 아니다" ···································· 122
18. MB가 "당신" 외치자, 한나라 의원들 "멋져" ································ 126
19. MB정부의 고민, 탄탄한 지지도와 낮은 호감도 왜? ····················· 127
20. '공정사회'같은 소리하고 있네 ·· 129
21. 김황식 총리 임명동의안 가결… 金총리 "공정사회 실현 앞장" ········· 131
22. "이명박 정부의 성공은 한나라당의 성공" ···································· 133
23. 내 생각은 문화유산, 장애인도 접근할 수 있어야 ························ 134
24. 착한 소비, 나쁜 소비 ··· 136
25. 문화부, 특수활동비 폐지 ··· 137
26. "甲乙 대등한 관계 때 시장경제 성립" ··· 137
27. MB "대기업 총수, 납품업자에 고마움 가져야" ····························· 139
28. 김성환 장관 내정 배경은 '전문성'과 '청렴성' ······························· 140
29. '실거래가제'가 주는 교훈 ··· 141
30. 대학 안나와도 최고대우 약속한 삼성전자 ·································· 142
31. '김황식號', 4대강·G20회의 등 '관리능력' 시험대 ························ 144
32. MB "아름이도 냅다 겁없이, 소담이도 롱숏을 집어넣고..." ············ 145
33. "공정사회 외치며 '부자감세'?" ·· 146
34. 前官 공직자 '낙하산 취업' 더 엄격히 규제 ·································· 148
35. 아이들 그림은 모두 '명화'다…영혼이 맑으니까 ···························· 149
36. 부자도 가난한 사람도 똑같은 금액을 내는 범칙금의 개선 ··········· 152
37. '공정한 사회'의 비공정성 ··· 154
38. 공정한 사회? ··· 156
39. Why, '공정 사회, COMING SOON' ·· 159
   1) 연설문 작성자는 '운동권 이론가' 출신 ···································· 160
   2) 노무현의 '특권없는 사회'와의 다른 점 ···································· 161

제3장 공정한 사회의 실천방법과 대안 ·· 162
1. 불공정한 사회 ··· 162
2. 공정한 사회를 만들기 위해 우리가 해야 할 일 ····························· 164
3. 공정한 사회가 되기 위해 꼭 필요한 것 ·· 164
4. '공정한 사회' 이룩할 준비는 돼 있나? ·· 166
   1) '공정한 사회' 주장하며 분노하는 이들이 처한 현실 ·················· 167
   2) '고시준비'화 되어가는 취업준비 ·· 168
   3) 나도 혹시 스스로를 '예외'라고 생각하는가 ······························ 169
   4) '공정한 사회'를 이루기 위해 ··· 169
5. 공정한 사회의 조건 ·· 170

6. 공정한 사회의 사례 ··· 172
7. 공정한 사회의 유형 ··· 176
8. 공정한 사회가 근원적 처방 ·· 177
   1) "공정한 사회"는 그 무엇으로도 안될 것 ·············· 177
   2) 대통령 자신이 자주 흥분해서 ······························ 178
9. ['넷심' 편지쓰기] to 한나라당, 공정한 사회를 바라는 자체가 모순 ······ 179
10. 동상이몽(同床異夢)의 공정한 사회 ···························· 180
11. 공정한 사회와 패배자 보호 ······································ 184
12. 공정한 사회는 역사의 발전, 그렇지 않으면 개혁 ········ 185
13. 공정한 사회, MB의 '공정한 사회' ······························ 188
   1) 실상은 '불공정 사회' ·· 188
   2) 위장전입 ·· 189
   3) 부패정권 ·· 190
   4) 진짜배기 공정사회 ··· 190
   5) MB정권에 바란다 ·· 191
   6) 노무현, 그리고 참여당 ·· 191
14. 'MB의 공정한 사회'가 틀린 이유 ······························· 192
15. "공정사회 기준은 법·질서를 어길 땐 '노 톨러런스' 해야" ······ 196
16. 공정에 대한 기준이라는 것은 얼마나 공정한가? ········ 202
17. '공정한 사회'의 기준은 무엇일까? ······························ 204
18. 실력이 공정한 경쟁 기준이 될 수 없는 7가지 이유 ···· 206
   1) 생물학적 제약 ·· 206
   2) 문화적 가치 ·· 206
   3) 개인적 동기 형성 과정 ·· 206
   4) 지역사회 자산 ·· 206
   5) 가족 안정성 ·· 206
   6) 부/가난 ··· 206
   7) 기회 ··· 207
19. 정의와 공정의 第一의 원칙과 기준은 헌법과 법률을 존중하고
    보장하는 것 ·· 208
20. 김황식 후보자 '부당감사 지시' 의혹 ·························· 211
21. 법관에게 판단의 기준을 제공하는 양심은 공정성과 합리성에 담보 ···· 213
22. 공정한 기준과 잣대를 가지고 판단 ···························· 214
23. 불공정거래, 기준과 처벌은? ····································· 215
24. '공정'의 기준이 뭐냐…輿도 오락가락 ······················· 216
25. "공정사회의 기준에 부합되는 장관 많지 않을 것" ······ 217
26. "강호동.유재석 잡으려면 최소 20억원 있어야" ·········· 220
27. 공정한 경쟁속의 서열화가 필요 ································ 222
28. 공정한 게임의 법칙 ··· 224
29. "공정한 게임의 법칙이 필요하다" ······························ 225

30. 위기 돌파는 오너경영인의 숙명 ······································· 227
31. 새 패러다임 스마트 문화 ··· 228
32. 가랑이와 겨드랑이 사이 ·· 230
33. 희한한 '동문 만들기' ·· 232
    1) 원래는 같은 스승의 제자 ·· 232
    2) 이젠 권세·이익의 고리로 ·· 233
34. 사적 복수보다 공적 분노를 ·· 234
35. 윤증현 "몰락의 길 다양…세계 공조 필요" ··························· 236
36. 정보 비대칭의 해결 주력 ··· 237
37. 대기업의 바람직한 '서비스 확장 법칙' ································ 239
38. '공정한 사회'의 과제와 실천방안 ······································ 243
39. 그들은 정말로 '또 하나의 가족' ······································· 245
    1) "삼성 임원 자녀 가산점이 당락 좌우" ····························· 246
    2) 정치인·관료 자녀 인사청탁도 많아 ································ 247
    3) "얼굴만 보아도 누구의 아들·딸인지 알아" ························ 249
    4) 직원은 안되고 임원은 된다고? ····································· 250
    5) "주식회사 공공성에 위배" ··· 251
40. 정치인을 닮아가는 관리들 ·· 252

제4장 공정한 사회의 문화형성 ··· 255
1. 공정한 사회, 무엇이 필요할까? ··· 255
    1) 엘 시스테마, 꿈을 연주하다 ··· 255
    2) 원순씨를 빌려드립니다 ·· 256
    3) 나비형 인간 ·· 257
2. 인센티브의 힘 ·· 258
3. IT산업에선 수요법칙이 안통한다. ······································ 260
4. '뷰티플 마인드'-인간행동의 법칙 탐구 ································ 261
5. 中企 공정경쟁 환경조성 시급 ··· 265
    1) 장기비전은 지재권 축적에 달려 ····································· 266
    2) 지재권 불공정 거래관행 막아야 ···································· 267
6. 추가 기울기 시작했다. ··· 267
7. 공정한 사회로 가는 길 ·· 269
8. 서민이 살아야 공정한 사회 ··· 271
9. 공정사회의 전문가 진단 및 제언 ······································· 275
    1) "공정사회는 선진화의 다음 역(驛)" ································ 276
    2) "구체적 목표·방향 갖고 긴 호흡으로 추진해야" ·················· 277
10. 공정사회의 실천방법 ·· 279
11. '지역 중소기업 참여촉진제' 등 추진 ·································· 281
12. 포스코, 4차 협력업체까지 챙긴다 ····································· 283
13. '공정한 사회' 출발점은 노무현의 이상한 돈 흐름 이실직고부터 ········ 285
14. 정준양 회장, 포스코 '3T' 상생경영 선포 ···························· 287

15. 탐욕에 오염된 세계의 지붕 밑 ………………………………………… 288
16. 정의, 얼마나 공정한가의 문제 - 더 넓은 세상을 보여주는 교과서 …… 289

제5장 공정한 사회의 새로운 변화와 현실적 적용 ……………………………… 295
1. 옳은 것보다 좋은 것이 '정의' …………………………………………… 295
2. 기업의 사회적 성격을 높이는 3가지 방법 ………………………………… 296
3. 나랏님의 새로운 국가정책과 현실 ………………………………………… 301
4. 포항제철소 외주파트너사협회, 상생협력 위한 포스코 패밀리 간담회 … 302
5. 공정사회 '반응 좋네' 청와대 흐뭇 공정사회 담론에 국정수행 지지도
   50.9%로 상승 …………………………………………………………… 304
6. 공정한 사회는 말이나 구호보다 실천이 우선돼야 …………………… 305
7. 공정하지 못한 사회현상 ………………………………………………… 309
8. 공정의 정의에 관하여 …………………………………………………… 310
9. 42조원 빚더미 지방 공기업들의 성과급 잔치에 대해서 ……………… 312
10. 의료 양극화·SSM·말 뿐인 상생, 국감장서 발가벗은 '불공정 사회' … 314
    1) 대형병원 암환자 절반이 고소득층 ……………………………… 314
    2) MB정부 들어 골목상권 급속 붕괴 ……………………………… 315
    3) '대·중소기업 상생' 실적 비공개 ………………………………… 316
    4) 고대 인문계 신입생 64%가 외고생 ……………………………… 317
11. 위로부터의 공정한 사회, "대립 아닌 통합으로 가야 성공" …………… 318
    1) 공정한 사회의 개념도 점차 구체화되고 있다. …………………… 318
    2) 공정한 사회는 어젠다의 영역을 넘어 정책적으로도 점차
       가시화되고 있다. ……………………………………………………… 319
12. MB가 강조한 '공정한 사회'..도대체 뭐지? …………………………… 320
    1) 왜 '공정한 사회'를 언급했나? …………………………………… 320
    2) '공정한 사회'가 내포한 의미는? ………………………………… 321
    3) 그럴듯 하긴한데, 실현은 어떻게? ………………………………… 322
13. 황금률로 공정한 사회 이루길 ………………………………………… 323
14. 김황식 총리내정 이후/MB 집권후반기 새 총리 리더십 ……………… 325
15. '공정한 사회', MB의 날개냐 굴레냐? ………………………………… 326
16. 상생 넘어 동반성장으로 ………………………………………………… 330
17. 불공정 및 위법한 행위의 사례: 입학장사 사립초교 ………………… 332
18. 불공정한 행위의 사례: 전·의경과 경찰대학생 음식의 심한 차별 …… 333
19. 공정한 사회의 형성은 사회지도자와 권력의 몫 ……………………… 334
20. 공정한 사회는 누구를 위한 것인가? ………………………………… 336
21. 공정사회정책의 성공조건과 과제 ……………………………………… 338
22. 불평등하게 구조화된 사회의 근원과 해결책 ………………………… 339
    1) 기능주의적 관점에서 본 사회적 불평등 ………………………… 339
    2) 공정기준의 오류는 불공정의 수반 가능 ………………………… 344
23. 필자의 종합적 견해: 제도 및 문화의 개선과 본인의 노력 …………… 345

제1장 공정한 사회의 개념과 이론적 배경

1. '공정한 기회'가 곧 '공정한 사회'

우리는 공평한 사회를 지향한다. 여기서 공평한 사회란 결과가 평등한 사회인가, 기회가 평등한 사회인가.[1] 모든 사람이 자신의 노력과는 상관없이 비슷하게 사는 사회라면 누가 열심히 일할까. 누구든지 열심히 하면 부자가 되고 출세가 열려있는 사회를 만드는 것이 중요하다.-최훈의 ≪벤담&싱어≫ 중에서-

'백성은 가난한 것에 분노하기보다는 불공정한 것에 분노한다.'는 말이나 '적은 것을 걱정하지 말고 고르지 못한 것을 걱정하라(不患寡而患不均)'고 한 공자의 가르침은 오늘날 공정한 사회의 추구와 맥락을 같이 하는 말이다. 동서양을 막론하고 예나 지금이나 변함없는 진리는 누구에게나 차별없이 공정한 기회가 주어지는 사회를 '공정한 사회'라고 한다는 사실을 우리는 깊이 인식하지 않으면 안된다.[2][3]

2. 공정한 사회의 語源

논어 계씨편에 나오는 '불환과이환불균(不患寡而患不均), 불환빈이환불안(不患貧而患不安)'의 한 대목이다.[4] '백성이 적음을 근심하지 않고 처우가

---

1) 시와 좋은 글, 김경술 조회 9 | 2010.09.24. 07:20
   http://cafe.daum.net/ic75united/L17w/37,'공정한 기회'가 곧'공정한 사회'다.
2) 댓글들: 최봉철 10.09.24. 14:55 맞습니다. 맞고요. 공정한 사회가 된다면 좋겠네요. 이영순 10.09.25. 11:09 그런데 과연 현실이 그렇게 돌아가고 있나요?
3) http://cafe.daum.net/ic75united/L17w/37?docid=1KpcF|L17w|37|201009240720 22&q=%B0%F8%C1%A4%C7%D1+%BB%E7%C8%B8&srchid=CCB1KpcF|L17w|37|20 100924072022(2010.10.2)

고르지 못함을 근심하며, 백성이 가난함을 걱정하지 않고 민심이 안정되지 못함을 걱정한다.'는 뜻이며 '백성은 가난한 것에 분노(걱정)하기 보다는 불공정한 것에 분노(걱정)한다.'로 공정한 사회의 추구와 맥락을 같이 한다.5)

3. '정의란 무엇인가'라는 책을 통해 본 공정한 사회의 딜레마!

정의와 공정이 우리 사회의 모든 문제를 해결할 수 있을까요?6) '정의란 무엇인가'라는 책을 보면 2004년 여름 미국 플로리다를 허리케인이 쓸고 지나갔습니다. 전력이 끊기고, 그로 인해 도시는 아수라장이 되었습니다. 당연히 에어컨이나 냉장고가 가동되지 않아 얼음값이 천정부지로 치솟고, 쓰러진 나무나 쓰레기를 치우는데, 엄청난 돈을 지불해야 했습니다.

비용이 평소보다 4~5배가 뛴 것입니다. 시장경제는 수요와 공급의 원칙에 따르는 것입니다. 이렇게 보면 폭리를 취하는 것은 당연합니다. 시장엔 공정가격이 없기 때문입니다. 그러나 남의 불행을 틈타 폭리를 취한다면 그건 공정이나 정의와는 거리가 먼 것이 아닐까요?

이처럼 우리가 생활하고 있는 사회에서 부딪히게 되는 딜레마는 숱하게 많습니다. 그만큼 이해관계가 실타래처럼 얽혀있고 복잡하다는 것입니다.

각자가 처해있는 위치와 처지, 상황에 따라 관점이 다를 수 밖에 없는 까닭입니다. 그렇다면 우리의 일상에서 옳은 것은 없는 것일까요? 정의와 공정성은 상대적일 수 밖에 없는 것일까요? 영원히 정답을 찾을 수 없는 수수께끼같은 것일까요? 과제입니다. 우리의 일상이나 사회에서 겪게되는 많은

---

4) 우리들의 일상 이야기, 德 陰 덕량 조회 5 | 2010.09.23. 19:45
http://cafe.daum.net/elec-8/LZMq/174
5) http://cafe.daum.net/elec-8/LZMq/174?docid=1GfOj|LZMq|174|20100923194536&q=%B0%F8%C1%A4%C7%D1+%BB%E7%C8%B8&srchid=CCB1GfOj|LZMq|174|20100923194536(2010.10.2)
6) 〈조별 과제물〉'정의란 무엇인가'라는 책을 통해 본 공정한 사회의 딜렘마!!! 양승현 2010.09.29 17:45 조회 35 | 스크랩 0 정의와 공정이 우리 사회의 모든 문제를 해결할 수 있을까요?

딜레마 가운데 한 가지 사례를 선택해 그 딜레마의 내용을 소개한다면 그 딜레마를 해결할 방법은 무엇인지요.[7][8]

4. 공정사회와 정의(JUSTICE)

MB정부에서 공정사회를 이루겠다고 역설한다. 공정사회란 "정의가 통하는 사회"를 말한다고 할 수 있을 것이다.[9] 추석 연휴 기간중 최근 베스트셀러가 되어 화제가 되고 있는 "마이클 샌델의 "정의란 무엇인가"를 읽어 보기로 하였다. 본 도서는 정치철학자이자 교수인 저자가 하버드대학에서 매년 천여명의 학생을 대상으로 20년간 강의한 내용을 정리한 것이라고 한다.

우리나라와는 다른 사회이기 때문에 그대로 공감할 수 없는 내용도 있었지만 정의에 대하여 아리스토텔레스, 칸트로부터 제러미 벤담, 존 롤스에 이르기까지 동서고금의 많은 철학사상을 분석하면서 폭넓게 풀어가는 것이 상당한 가치가 있었다고 볼 수 있다. 미쳐 생각하지 못하였던 부분에 대하여도 사고의 폭을 넓혀 주었다.

마이클 샌델은 결국 정의를 3가지 방식을 풀어 비교하였다.

 1) 공리(공공의 이익) 또는 행복의 극대화 즉, 최대다수의 최대행복을 추구하는 것

 2) 선택의 자유를 존중하는 것, 선택이란 자유시장에서 실제의 선택(자유지상주의 측면)과 원초적으로 평등한 위치에서 행할 수 있을까의 선택(자유주의적 평등주의 측면)

 3) 미덕(美德)을 키우고 공동선(共同善)을 고민하는 것 등이다. 결론적으로 3번째의 미덕을 키우고 공동선을 고민하는 것이 올바른 길이라고 강조

---

7) 이를 위해 어떤 선택을 해야하는 것인지를 각 조별로 PPT를 작성해 발표해주시기 바랍니다. PPT는 10장 이내로 클럽에 올리는 기한은 10월17일까지입니다. 조별로 한사람씩 맡은 부분을 발표한 뒤 학우들이 같이서 이를 평가하고 첨삭하는 시간을 가질 것입니다.
8) http://club.cyworld.com/ClubV1/Home.cy/53613093(2010.10.2)
9) 2010/09/27 15:45, http://blog.chosun.com/omic/4992414

하고 있다. 1)은 우리나라에서 이제까지 그리고 지금도 가장 가치있는 정의로 간주되어가고 있다고 볼 수 있으며 2)는 현재 선진국 특히, 미국사회에서 보편적으로 갖고 있는 정의(justice; 正義)에 대한 정의(定義)라고 볼 수 있고 3)은 최근의 동향 및 우리나라의 덕(德)을 바탕으로 한 정의를 말하는 것 같다.

그러나 미국 정치 및 경제사회의 멋지고 훌륭한 연설과 논리는 경제패권을 유지하기 위한 각종 비리와 악행을 볼 때 언행불일치(言行不一治)라는 말이 떠오르는 것은 왠일일까?

말로는 인류의 평화이니, 천연자원의 보호와 후세에 물려주자라고 떠들지만 실제로 행하는 행동들을 보면, 정말로 믿음이 간다고 볼 수는 없다.

MB정부가 공정사회를 이루겠다고 아무리 강조를 하여도 대부분의 국민들이 시큰둥하여 침묵으로 일관하고 있는 것 같다.

왜 그럴까?

어떠한 공약과 약속도 믿음(신뢰감; Trist; Confidence)이 없으면 공염불(空念佛; 신심없이 입끝으로만 외는 염불)이 아닌가 한다. MB대통령은 재산과 월급 대부분을 사회에 기부를 하여 공약을 실제로 실천하지 있지 않는가?

그런데 왜?? 대부분의 국민들이 신뢰하지 않는가? 어떠한 멋지고 바람직한 정책과 집행은 결국은 사람이 하는 것이다. 입법을 하고 행정을 수행하고 정의를 심판하는 사법을 맡은 분들의 덕(德) 즉, 인품과 덕망이 입법과 행정 그리고 사법을 신뢰할 수 있는 것이다.

중앙일보 최보식 선임기자가 인터넷 중앙일보에 "왜 감동이 없을까?"라는 칼럼에서 '도덕교사처럼 가르치려는 모습을 보이지 말고, 다음과 같이 솔직하게 이야기를 하면 어떻겠는가라고 썼다. "젊은이들은 지금의 대한민국이 그냥 이루어진 것으로 결코 생각하여서는 안된다. 어려운 여건속에서 앞만 바라보며 피와 땀과 눈물로서 일한 선배 세대가 있었다. 그 과정에서 엄격한 도덕적 잣대를 갖지 못한 것은 사실이다. 나도 그런 허물이 있었다.

허지만 이제 우리 사회가 한 단계 더 성숙하려면 공정한 사회로 나갈 수

밖에 없다"

정말 그럴까? 총리, 장관 청문회에서 그렇게까지 엄격한 잣대를 대고 있다고는 보지 않는다. 60년간의 압축성장 과정에서 온전히 깨끗한 사람을 찾기는 힘들 것이다. 그렇지만 인지상정으로 볼 수 있는가 하는 정도의 차이라고 볼 수 있다. 분단된 우리나라에서는 병역의 의무가 당분간은 필수적이고, 공무원 이외에는 전 국민의 사회보장제도가 되어 있는 것도 아니고, 교육열이 높은 국민들이 자식들의 교육문제, 취업문제로 평생을 고뇌하면서 대부분의 일반 국민들은 현재는 물론 노후에도 계속 불안감속에서 살아가고 있다고 본다.

그런데 최고 공직자들이란 분들이 거의 대부분이 병역면제자<국방은 자기들의 의무가 아닌 특권층으로 생각하고>이고, 자신들의 자식들은 (아무런 죄의식도 없이) 쉽게 법을 어겨가면서 양질의 교육을 시키고 취직을 시키고, 또한 정부의 돈은 눈먼 돈이라고 생각하고 자신들의 노후를 대비한 공무원연금을 국민세금으로 계속 적자를 메꾸어 계속 지급받아가고 있다.

정말 그럴까? 60년동안의 압축성장으로 온 국민이 그렇게 모두가 완전히 썩었을까? 썩고 싶어도 능력(권력, 인맥, 재력 등)이 있어야 썩는 것은 아닐까? 높은 공직생활을 하였어야만 해당 업무를 수행할 수 있을까? 현 정권과 인맥을 갖고 있어야만 능력을 갖춘 것일까? 우선적으로 필요한 것은 그러한 업무를 수행할 인품이 아닐까? 실제 세부적인 업무는 수하 전문가들이 수행하는 것이고 장(長)은 조직이 나아갈 방향과 방침과 목표만 정해주면 되는 것이 아닐까? 인터넷 문화로 정보의 홍수속에서 이러한 모든 사실을 알고 있는데, 국민들은 억울하지만 차라리 침묵하는 것이 낫다고 보는 것은 아닌가?

정부의 고객은 분명히 국민인데 정부가 고객만족, 국민만족을 위하여 품질경영을 하려면 국민들이 무엇을 원하는지 "고객(국민) 요구사항"을 명확히 파악하여 이를 이루기 위하여 적절한 시스템을 갖추고 프로세스를 수립하여 차근차근 체계적으로 수행하여 나아가면서 주기적으로 검증(고객만족의 측정)하여 나아가면 되는 것인데. 정부기관이야말로 ISO 9001 품질경영시스템을 갖추어야 하지 않을까? 이제까지 하여 온 것 같은 "무늬만 품질경영시스템"이 아닌, 실질적이고 효과적이고 효율적인 품질경영시스템을 갖추게 되면 경영시스템중에서 무엇보다도 가장 중요한 것이 그러한 업무를 수행할 수 있는 인격을 갖춘 인적자원이라는 점을 염두에 두고 공정사회와 정의가 통하는 사회가 순조롭게 이루어지는 것은 아닐까?10)

5. 과거와 현재의 공정 기준

과거 수십년 전에 사회통념적으로 이뤄진 일을 지금의 공정사회 잣대로 평가하는 것은 혼란을 일으킬 수 있고, 오히려 공정사회의 발목을 잡을 수도 있다"고 밝혔다.11) 이 대통령은 수석비서관회의에서 "공정사회는 미래지향적인 것이다. 통념적으로 이뤄지던 일들은 법과 제도를 통해 고쳐나가는 것이 중요하다"며 이같이 말했다. 아니, 그럼 통념적으로 이뤄지던 일을 왜 법과 제도를 통해 바꿔가야 하나? 그런 관행들이 잘못되었다고 평가할 수 있는 기준이 '공정사회'라는 것 아닌가? 공정사회가 아니면, 그럼 무슨 잣대로 수십년간 통념적으로 이뤄진 일을 평가하나? 법과 제도는 윤리적 내용을 함의하고 있다. 법이 최소한의 도덕이라고 말하는 이유도 거기에 있다. 무언가 바꾼다는 것은 더 좋은 상태로의 지향을 의미하는 것이고, 더 좋은 상태를 판별하는 기준이 존재할 때만 진보는 성립하는 것이다.

기준없이 무슨 진보인가? 기준이 없다면 굳이 그것을 바꿔야 할 이유가 없다. 살기 좋으려고? 왜 살기 좋아야 하는데? 인간 종의 생물학적 존속을 위해? 그럼 왜 존속이 좋은데? 나치즘이 왜 안좋은데? 기준이 있어야 좋고 나쁨, 옳고 그름을 판단할 것 아닌가. 기준없이 어떠한 주의(ism), 주장도 있

---

10) http://blog.chosun.com/blog.log.view.screen?blogId=14844&logId=4992414(2010.10.2)
11) http://media.daum.net/politics/view.html?cateid=100012&newsid=20100927113607277&p=Edaily

을 수 없다.

그럼 MB가 바꾸고자 하는 사회관습, 통념, 그 관습과 통념이 잘못되었다고 '어떤 기준'에 의해 판단했기에 법과 제도로 바꿔가자는 거 아닌가!?

그리고 그 기준이 '공정사회'라고 하는데 태클을 걸 사람이 별로 없다. 그런데 갑자기 '공정사회'라는 잣대를 적용하는 것이 외려 공정사회 형성에 장애가 될 수 있다니. 결국 자신이 발언한 '공정사회' 명제가 내각의 실각을 촉진하는 독사과가 되어 자기 앞에 놓여 있으니, 그 사과 못먹겠다고 버티는 거 아닌가?[12]

6. 공정사회와 말의 타락

나라 바깥을 떠돌다 기원전 387년 고향으로 돌아온 플라톤은 아테네 근교 아카데모스 숲속에 학교를 세웠다. 아카데미아라고 불리게 될 이 철학학교 입구에 "기하학을 모르는 자, 이 문을 들어서지 말라"고 써붙였을 때 플라톤의 마음속에 사유의 변혁을 일으키겠다는 야심이 타올랐음에 틀림없다. 왜 기하학이었을까. 그 몇 해 전 지중해 여행 중 이탈리아 남부 타렌툼에 다다른 플라톤은 그곳에서 세력을 떨치던 수학자 피타고라스 후예들을 만나 깊이 사귀었다. 인간적 교분만 쌓은 것이 아니라 그들의 지식도 전수받았다. 수학의 세계를 들여다보고 그 세계의 아름다운 질서에 감동했다.[13]

기하학 원리상 삼각형의 내각의 합은 언제나 180도이다. 타렌툼에서 계산하든 아테네에서 계산하든 값은 동일하다. 어린아이가 계산하든 백발의 노인이 계산하든 내각의 합이 180도라는 사실은 바뀌지 않는다. 그러나 현실의 삼각형은 어떤가. 아무리 반듯한 각도기로 재도 내각의 합이 정확히 180도가 되는 삼각형은 찾을 수 없다. 우리 주위의 삼각형은 어느 것도 기하학 원리를 충족시키지 못한다. 그렇다고 해서 그 완전한 삼각형이 없다고 할 수는 없다. 기하학의 원리가 보증하는 그 완전한 삼각형에서 플라톤은

---

12) http://blog.daum.net/pellicks/103(2010.10.2)
13) 고명섭(한겨레신문 책·지성팀장), 고명섭의 [한겨레 프리즘]

'이데아'를 발견했다. 현실의 삼각형은 그 이데아를 모방한 어설픈 복제물일 뿐이다. 이 생각을 좀더 밀고 나가면 아름다움의 이데아, 선의 이데아, 올바름의 이데아도 얼마든지 떠올릴 수 있다. 아무리 아름다운 미인도 어딘가 약점과 빈곳이 있다. 참된 아름다움은 현실 너머 이데아로 존재한다.

플라톤은 이 생각으로 당대 아테네를 둘러보았다. 가짜들이 진짜 행세를 하고 다니는 곳, 말이 타락해 진짜와 가짜를 구별하기 어려운 곳이 아테네였다. 플라톤이 보기에 말의 혼란과 타락의 주범은 소피스트들이었다. 민주주의 시대가 열어놓은 정치판에서 말로써 사람들을 낚는 기술을 가르치는 자들이 소피스트들이었다. 이들은 진리를 가르친 것이 아니라 말싸움에서 승리하는 법을 가르쳤다. 이기는 것이 목표이므로 기만이 됐든 사술이 됐든 효과있는 기술만 구사하면 된다. 말이 진실에서 멀어지고, 언어가 타락한다. 세상이 어지러워진다. 어떻게 하면 이 타락에서 언어를 구할 수 있을까.

내각의 합이 정확히 180도인 참된 삼각형이 있듯이, 언어의 세계에도 진짜와 가짜를 가를 객관적 척도가 있을 것이다. 이데아가 바로 그 척도다. 플라톤은 이 이데아로써 언어를 바로 세우고 세상을 바로 세울 수 있을 것이라는 희망을 품었다. 플라톤이 타렌툼에서 기하학을 배우기 꼭 100년전 공자는 위나라로 가는 길목에서 제자 자로와 정치에 관해 문답했다. 자로가 물었다. "위나라 군주가 선생님을 모셔다가 정치를 하려 한다면 무엇을 먼저 하시겠습니까?" "이름을 바로잡을 것이다." 왜 '정명'(正名)인가. "이름이 바르지 않으면 말이 바른 논리를 따르지 않고, 말이 바른 논리를 따르지 않으면 일이 이루어지지 않는다." 집권세력의 캐치프레이즈가 된 '공정사회'를 플라톤이나 공자라면 어떻게 생각했을까. 공정사회의 기초는 공정경쟁에 있다. 공정경쟁은 공정한 교육없이 성립할 수 없다. 이 정부의 교육정책은 '부잣집 아이들 좋은 대학 보내기' 운동이나 다를 바 없다. 평준화는 무너졌고 특수목적고는 귀족학교가 됐다. 사교육비는 치솟는다. 가난한 집 아이들이야 아무도 상관하지 않는다. 그런 반교육적 교육구조의 견고화를 국가정책으로 밀어붙이면서, 그런 사정은 놔둔 채 공정사회를 외치는 것이야

말로 공정이라는 말을 썩히고 죽이는 짓이다. 말이 살아야 한다.[14][15][16]

7. 공정한 사회와 공정한 경마

유명환 외교통상 장관의 외교부 특채건으로 작금의 대한민국은 때 아닌 공정이 화두가 되고 있다.[17] 그것도 대통령의 말씀으로 말이다. 그렇다. 대한민국은 참으로 가당찮은 불공정이 득실대는 나라이다. 그 불공정의 으뜸이 한국마사회일 것이며 참으로 오랜 세월동안 바로 지지난주까지도 불공정을 자행해왔으며 돌아오는 주말에도 불공정행위는 계속될 것이다. 그들의 끊임없는 불공정행위로 말이다. 살아가다보면 별별 일이 다 일어나고 있다.[18] 너무너무 당연한 일이 새삼스럽게 강조되거나 생뚱맞게 거론되면 그것도 별일 중의 하나일 수 있다. '부모에게 효도하고 형제간에 우애하라'라는 말이야 인류라면 기본적으로 지킬 일이어서 개별적으로 강조하는 경우야 있을 수 있지만, 그런 것을 캠페인의 제목으로 내걸고 떠들어댄다면 그것이야말로 별스러운 일이다. 너무도 당연한 일, 인간의 필수적인 일까지 새삼스럽게 들고 나온다면 조금은 어색한 일이 되어버린다는 말이다. 다산은 단도직입적으로 말했다. "정치(政)란 공정하게 하는 일이요. 우리 백성들이 균등하게 살아가도록 하는 일이다"(政也者 正也 均吾民也:「原政」).

국가를 통치하며 경영하는 일은 그 본질이 공정과 균등에 있음을 역설한 것이다. 그런 본질적인 것, 기본적인 임무를 어느 날 갑자기 들고 나와 계속 강조하는 것이 조금은 쑥스럽기도 하다. 공정하지 못한 세상, 공정하지 못한 정치, 공정하지 못한 공직자, 공정하지 못한 인간, 이런 것을 바로잡기

---

14) http://blog.daum.net/jspya/12374802(2010.10.2)
15) 고명섭 책·지성팀장michael@hani.co.kr
16) http://blog.chosun.com/blog.log.view.screen?blogId=67967&logId=4995375(2010.10.2)
17) 정최상0513 조회 23 | 2010.09.28. 20:50
 http://cafe.daum.net/mgjeong/BK25/740, ♨공정한사회와 공정한경마
18) ★공정한 사회/박석무★

위한 인류의 노력이 바로 정치라는 것인데, 이런 기본을 다시 강조하는 우리의 현실은 참으로 비통스럽기만 하다.

"하늘과 땅이 생물체가 살아가도록 해주는 이치는 지공(至公)대자(大慈)하여 일시동인(一視同仁)한다(天地生物之理至公大慈 一視同仁:「擬嚴禁湖南諸邑佃夫輸租之俗箚子」)"라고 다산은 분명히 말했다.

풀어서 이야기하면, 호남지역의 지대(地代)를 받는 풍속이 너무나 불공정하다며, 옛날에도 20분의 1, 10분의 1의 지대 제도가 있었는데 호남에서는 10분의 5의 지대를 받고 있으니 될 법이나 한 일이냐고 말하면서, 즉각 시정할 것을 임금에게 올리면서 주장한 내용이다.

하늘과 땅의 이치는 지극히 공정하고 크게 자애로운 것, 갑남을녀나 장삼이사 모두를 한결같이 동등하고 고르게 여겨주는 '일시동인'의 입장이라는 것이다. 어느 누구에게도 특혜나 특별대우는 없어야 한다는 뜻이다.

외통부의 특혜나 특채문제가 거론되면서 공정한 세상, 공정한 사회가 거론되고 있음을 지켜보면서, 지금이 어떤 시대이고 어떤 세상인데, 아직도 공정사회 타령이나 읊어대야 한다니 가슴이 정말 답답하다. 적자와 서자의 차이도 없애자, 당파의 편파성도 없애고, 귀한 사람 천한 사람의 구별도 없애고, 가난한 사람과 부자의 차별도 무시하고, 출신 지역이나 출신 학교도 따지지 않는 그런 '일시동인'과 '지공대자'의 세상을 만들자던 다산의 주장이 왜 이렇게 간절하게 들리는 것일까. 차별이 있고 균등하지 못하면, "백성들이 고달프고 나라가 가난해진다"(民㾾國貧)라는 다산의 말을 새기면서 말로만이 아닌 참으로 공정한 사회가 이룩되기를 기원한다.[19)20)]

---

19) 박석무 드림, ♡오늘도 행복한 하루 보내세요!♡ 東園의印, 10.09.25. 16:19 황금 물결의 들녘 한가운데 코스모스 길이 아름답군요. 공정사회를 외쳐대는데 공정하지가 않은것 같아 마음이 씁쓸하네요.
20) http://cafe.daum.net/mR22/NiLH/285?docid=1CCJf|NiLH|285|20100925100510&q=%B0%F8%C1%A4%C7%D1%20%BB%E7%C8%B8&srchid=CCB1CCJf|NiLH|285|20100925100510(2010.10.2)

8. 조선 500년 통치철학, 바탕엔 백성이 존재

조선의 통치철학, 백승종·박현모·한명기·신병주·허동현 지음, 푸른역사, 404쪽.21) 반공, 한국적 민주주의 토착화, 정의사회 구현, 보통 사람들의 시대, 신한국 창조, 제2의 건국, 평화와 번영의 동북아 시대, 공정 사회. 건국 이후 60여년 간 집권 세력이 제시했던 국시(國是) 및 국정과제이다. 화려한 수사 속에 등장했던 슬로건들은 그러나 정권의 부침, 시대의 변화에 따라 금세 생명력을 잃곤 했다. 조선은 달랐다. 성리학이라는 단일한 통치철학으로 500년을 넘게 버텼다. 지역·계층·성별을 초월한 이념이 있었다. "각자의 처지에서 성리학적 예교(禮敎)를 준행하면 대동사회(大同社會)가 온다"는 믿음이다.

자료: http://news.nate.com/view/20101002n00293(2010.10.2)

책은 조선 통치철학의 성립과 변천을 당시 시대상과 함께 담아냈다. 당연히 창업·안정·위기·중흥·망국 등 역사의 변곡점에 섰던 왕·경세가·지식인이 다양하게 조명됐다. 저자들은 개국공신 정도전과 수성기의 왕 세종으로부터 '민본사상'이라는 공통분모를 추출한다. 성리학적 이상주의를 현실 정치의 담론으로 만든 조광조·김인후의 '지치(至治:이상 정치)' 운동을 소개했다.

---

21) [BOOK] 조선 500년 통치철학, 바탕엔 백성이 있었다. 중앙일보 원문 기사전송 2010-10-02 00:35 최종수정 2010-10-02 00:35

임진왜란·병자호란을 맞아 외교의 최전선에 섰던 류성룡과 최명길, 조선 후기 르네상스를 이끈 영조와 정조를 살핀 데 이어 러시아의 차르 체제를 따라 배우려던 고종의 꿈과 좌절에서 끝맺었다. 통치철학의 성공 여부는 결국 '민(民)', 백성을 벗어나지 않는 데 달렸다는 게 저자들의 결론인 듯하다.

설득·지배의 기교만을 강조하는 요즘의 가벼운 리더십 서적과는 달리, 철학과 비전이 담긴 리더십을 고민케 하는 책이다.[22][23]

9. 공정한 영암사회 불공정 등 공동대책위 발족

각계 인사 50여명 "지역사회 폐습과 불의 타파" 결의[24] '공정한 사회'가 우리 사회의 최대 화두로 떠오른 가운데 지역에서는 처음으로 '공정한 영암사회를 위한 군민공동대책위원회'(이하 공동대책위)가 발족식을 갖고 공식 출범했다. 특히 공동대책위는 최근 영암지역에서 문제되고 있는 군수 막말사태와 편가르기 행정에 따라 황폐화되고 있는 지역사회 분위기를 바로잡자는 취지에서 발족된 것이어서 향후 활동이 주목된다. 지난달 29일 군서면 유성가든에서 발족식을 가진 공동대책위는 "공정한 영암사회 건설을 위하고 사회적 폐습과 불의를 타파하겠다"는 결의와 함께 지역별 직능별 공동대표를 선임하는 등 본격적인 활동에 들어갔다. 이날 결성된 공동대책위에는 영암군내 각 읍면과 사회단체 등을 두루 망라해 각계각층의 신망이 두터운 인사 50여명이 참석했으며 공동대책위원회의 태동을 알리는 결성의 건에 대해 만장일치로 통과시켰다. 공동대책위는 앞으로 영암군을 비롯한 각급 행정기관의 불공정한 제도와 관행, 인사 등을 개혁하는데 앞장서는 한편 최근 지역사회에서 큰 문제점으로 떠오른 부정과 부패 및 비리, 지역사회 지도층 인사의 막말정치 등을 척결하는데 앞장서 영암의 행복한 미래를 위한 정책을 수립한다는 것이 목표이다. 공동대책위는 또 각종 부조리 등으

---

22) 천인성 기자, 블로그 http://blog.joins.com/chun4ppp, 중앙일보 & Joins.com.
23) http://news.nate.com/view/20101002n00293(2010.10.2)
24) [150호] 2010년 10월 01일 (금) 김명준 기자, gm119415@hanmail.net

로 얼룩진 작금의 현실에 대해 큰 우려를 표시하고 "작은 밀알이 큰 힘이 된다는 점에서 회원들과 군민들의 중지를 한데 모아 갈기갈기 흩어진 지역을 하나로 다시 결집시키는데 최선을 다하겠다"고 다짐했다. 공동대책위는 구체적인 행동방침으로 영암군농민회가 주축이 된 백서발간작업에 동참하고 군정에 대한 감사청구를 위한 서명운동, 각종 부정부패 추방을 위한 1인 릴레이 시위 및 군민결의대회 개최, 상경투쟁 등에 나서 이를 통해 지역의 균형발전과 군민 개개인의 권리를 되찾는다는 계획을 세웠다. 특히 지난 6월 지방선거 이후 공정하고 균등해야 할 군민들의 참여기회가 박탈되고, 지역이 여러 갈래로 분열되어가며, '바른 말'을 할 수 없는 등의 고질적인 문제를 바로잡아 올바른 사회로 이끌어나가겠다고 다짐했다. 이를 위해 공동대책위는 공동대표를 주축으로 정치, 경제, 사회, 문화분야와 행정 전반에 걸친 전문인력을 사무국 요원으로 꾸려 본격적인 활동에 들어갈 계획이다.[25]

10. '공정한 사회'와 '타임오프제'의 괴리

근로시간면제(타임오프)제도는 선진 노사문화 정착을 위한 첫 걸음이다.[26] 노조전임자에 대해 회사가 임금을 지급하는 것을 금지하는 것을 주요 내용으로 하고 있어 노조의 반발이 예상됐지만 노사가 한발 물러서는 자세로 큰 위기없이 시행되고 있다. 그런데 최근 전경련이 한국노총에서 파견된 근로자들의 임금을 주기 위해 기업들에게 돈을 거두고 있다고 한다.

이에 박재완 고용노동부 장관은 "연착륙 단계의 한시적 지원이 불가피하다"는 입장을 밝혔다. 이는 정부가 나서서 어렵게 이룬 노사정 합의를 스스로 깨는 처사이다. 최근 이명박 대통령이 강조하고 있는 '공정한 사회'는 자율과 사회적 합의를 전제로 하고 있기 때문에 힘을 발휘한다. 이런 점에서

---

25) http://cafe.daum.net/yalions/HBpF/3101?docid=17AyF|HBpF|3101|20101001110722&q=%B0%F8%C1%A4%C7%D1%20%BB%E7%C8%B8&srchid=CCB17AyF|HBpF|3101|20101001110722(2010.10.2)
26) [사설] '공정한 사회'와 '타임오프제'의 괴리, 입력 : 2010.09.28 06:00

박 장관의 발언은 부적절하다. 특정 노총 종사자의 임금을 산하 조합원이 아닌 외부 경제단체가 부담하는 것은 공정임금과 자율을 침해하는 것이며 노사정 합의를 위배한 것이다. 한국노총의 타임오프제에 대한 저항이 미약했던 이유는 자신들의 임금은 그런 식으로 확보해 두었기 때문이라는 해석이 설득력을 갖는다. 여기에 장관의 면죄부식 발언은 상식적으로 이해가 안 된다. 합의하에 만들어진 규정을 관리 감독해야 할 정부 관계자가 스스로 부정하는 모양새이기 때문이다. 대통령은 '공정한 사회'의 원칙을 강조하지만 그것을 이행할 고위공무원이 지키지 않으니 누가 정부의 말을 믿겠는가. 부디 원칙을 지키는 모습을 보여주길 바란다.27)

'진짜 공정한 사회'의 희망을 만들겠습니다! 민족의 큰 명절인 한가위입니다. 팍팍한 일상이지만 오랜만에 가족과 친지, 그리고 친구들과 모여앉아 기분좋게 막걸리 한잔 할 수 있는 기쁨을 맞으시길 바랍니다. 이런 저런 사는 이야기들이 오고 갈텐데 그리 기분좋은 일만 있을 것 같지 않아 걱정입니다. 대학을 졸업하고 반년이 지났는데도 아직 취업하지 못한 조카는 집안의 큰 걱정입니다. 치솟아 버린 장바구니 물가 때문에 차례상이 소홀해져 어머니의 마음도 무겁습니다. 같은 일을 하고도 명절 보너스 봉투가 너무 얇아 비정규직 아버지는 가족들 보기가 미안하기만 합니다. 자식을 교육시키고 결혼시키고 한평생을 바친 할아버지, 할머니는 손자들에게 용돈 한번 기분좋게 주지 못해 가슴이 아픕니다. 10명 중 8명이 희망을 갖지 못하는 지금의 대한민국은 '공정한 사회'가 아닙니다. 시장에 모든 것을 맡겨둔 채 적자생존만을 강조한다면 정치는, 정부는 존재할 이유가 없습니다. 정치는 국민의 걱정을 덜어드리는 일인데, 정치하는 사람으로서 송구스럽기만 합니다. 저는 이번에 민주당 당대표에 출마하면서 '담대한 진보'를 통한 '역동적 복지국가 건설'을 약속하고 있습니다. 민주당의 정체성을 곧게 세우고 당원들의 참여를 보장함으로써 강력한 정통민주당을 만들어 연합정치를 통

---

27) http://news.jkn.co.kr/article/news/20100928/3112517.htm(2010.10.2)

해 2012년 정권교체를 이루겠다는 약속을 드리고 있습니다. 이것이 '왜 우리가 민주당을 선택해야 하는가'라는 국민의 물음에 대한 답이기 때문입니다. 한가위 둥근달을 보며 평범한 우리 이웃들이 기원할 작은 행복을 생각합니다. 지키겠습니다. 용산참사 유가족들의 눈물을 닦아주는 정치를 하겠습니다. 그래서 다시는 용산참사와 같은 일이 발생하지 않는 나라를 만들겠습니다. 한가위 풍성함속에 더 큰 소외와 박탈감을 느낄 우리 이웃들이 '내일은 조금 더 나아지겠지'라는 희망을 잃지 않도록 노력하겠습니다. 명절 잘 보내십시오. 감사합니다.[28)][29)]

Ⅱ. 공정한 사회는 법치 사회

'공정한 사회'가 요즘 나라안의 화두입니다.[30)] 이명박 대통령이 65주년 광복절 경축사에서 10번이나 강조했던 말의 여파입니다. 뿐만 아니라 여야·좌우·빈부·노소 구분할 것 없이 누구도 부정할 수 없는 사회적 대의이기 때문입니다. 공평하고 올바르다(just and fair)는 뜻의 공정(公正)은 인류의 염원이기도 합니다. 학교교육과 가정교육을 통해 귀가 따갑도록 들어 온 공정은 그러나 개인이나 사회에서 완벽하게 구현된 적이 없는 것 같습니다.

끊임없는 인간의 욕망, 상대적 불만이 있는 한 아무도 유토피아를 건설할 수가 없었습니다. 다만, 비교 우위의 공정한 국가가 있지 않았나 싶습니다.

공정은 어떻게 이루어질 수 있을까? 병법의 대가로 알려진 손무(孫武:BC 6세기경)의 일화는 실효성있는 공정의 구현방식을 일깨워 주지 않을까 생각됩니다. 제(齊)나라 사람 손무는 오(吳)나라 왕 합려(闔廬)에게 발탁돼 초(楚) 제(齊) 진(晋)을 굴복시킨 전략가로서 병서 손자(孫子)를 남겼습니다.

---

28) 2010년 9월 19일, 민주당 국회의원 정동영 올림
29) http://cafe.daum.net/bsjbsj9100/7XSx/962?docid=tDdZ|7XSx|962|20100919232901&q=%B0%F8%C1%A4%C7%D1+%BB%E7%C8%B8&srchid=CCBtDdZ|7XSx|962|20100919232901(2010.10.2)
30) 2010.09.29

맹장 오자서(伍子胥)의 천거로 오군의 원수 겸 군사(軍師)가 된 손무는 어느 날 병법에 관한 어전강의 도중 "병법을 잘만 이용하면 군인 뿐만 아니라 안방 부녀자들도 군사로 이용할 수가 있다"고 호언했습니다. 오왕 합려도 대부 오자서도 의아해하자 그는 각서까지 쓰고 기회를 달라고 요청했습니다. 박식하고 논리가 정연한 손무의 병법 강의에 감탄한 합려는 즉석에서 궁녀 180명을 동원, 손무의 조련 방법을 시험하기로 했습니다. 손무는 화려한 의상에다 머릿기름과 분 냄새가 진동하는 궁녀들을 양 편대로 나누고 하빈(夏嬪)을 좌군, 강빈(姜嬪)을 우군 대장(隊長)으로 삼아 부대를 편성했습니다. 합려는 이 광경을 누대에서 바라보고 있었습니다. 손무는 먼저 다섯 가지 군사 행동규범을 알려 주었습니다. 행렬을 혼란시키는 자, 행군 시 낙오하는 자, 훈련 중 잡담하는 자, 군율을 어기는 자, 약속을 위반하는 자는 군법으로 엄벌한다는 내율입니다. "생사가 걸린 전쟁에서 행동 통일을 위한 행동규범은 군대의 명맥(命脈)이므로 엄격하게 준수해야 한다. 알겠느냐!" 손무의 비장한 훈시에도 궁녀들은 희희덕거리고 비아냥거리며 무시하기만 했습니다.

궁녀들의 정신 상태부터 고쳐 놓아야 하겠다고 단단히 벼른 손무는 실제 훈련지침을 하달했습니다. 북을 한 번 울리면 자기 편대끼리 도열하고, 두 번 울리면 편대별로 진을 치고, 세 번 울리면 진을 풀고 제자리에 모이도록 명령했습니다. 군령을 제대로 시행하지 못하면 군법에 따라 엄중하게 처벌한다는 것을 다시 한 번 강조했습니다. 드디어 첫 번째 북을 울렸습니다. 하지만 왕의 총애를 받던 궁녀들은 편대 구성은 커녕 우왕좌왕하기만 했습니다. 두 번째, 세 번째 북소리에도 포진과 도열 따위엔 관심없이 시시덕거리기만 했습니다. 손무는 분노가 극에 달한 표정으로 군기관(軍紀官)을 불렀습니다. 부리나케 달려온 군기관에게 손무는 "군령을 어긴 군사들에게 어떤 처벌을 하도록 되어 있느냐"고 물었습니다. 군기관은 "군사가 군령을 어기면 먼저 대장을 참형(斬刑)하도록 규정되어 있다"고 대답했습니다. 손무는 바로 좌군 대장 하빈과 우군 대장 강빈을 참수하라고 명을 내렸습니다. 형리들이 장검을 들고 나왔습니다. 참형 소리에 궁녀들의 얼굴이 새파랗게 질렸습니다. 더욱 놀란 사람은 오왕이었습니다. 왕은 대부 백비(伯)를 불러 "하빈과 강빈은 내가 각별히 총애하는 궁녀들이니 처형을 중지하라"고 명령했습니다. 손무는 "왕명으로 임명된 지휘관은 전장에서는 왕명에 따르지 않아도 된다"며 끝내 두 대장 궁녀를 참형에 처했습니다.

손무는 새로 대장을 뽑았습니다. 오합지졸이었던 궁녀들의 행동은 놀랍도록 민첩해졌습니다. 북소리에 따라 삽시간에 편대를 이루고, 정연하게 포진하는가 하면, 원래 위치로 헤쳐모이기까지 어느 정예부대 못지않았습니다. 두 애빈(愛嬪)을 잃고 화가 머리끝까지 치밀었던 오왕도 "중원의 패권을 장악하려는 포부를 가진 왕이 소탐대실의 우를 범하지 말라"는 오자서의 충간을 받아들여 손무를 중용했습니다. 손무의 궁녀군대 만들기에서 우리는 몇 가지 교훈을 얻을 수 있습니다. 하나는 추구하는 목적과 규정이 분명해야 한다는 것입니다. 강력한 군대를 만들기 위한 행동규범과 훈련지침이 그것입니다. 다음은 법과 규정을 집행하는 데 예외가 없다는 점입니다.

전장의 군율 집행에는 왕의 특명도 특정인에 대한 특혜도 통하지 않는 법의 엄격함입니다. 공정한 사회를 이룩하는 데도 위의 두 가지 원칙은 절대적으로 지켜져야 할 것입니다. 무엇이 공정한 것인지 명확하게 규정하고, 이를 집행하는 과정에서 반칙이 있으면 일벌백계하되 읍참마속도 주저하지 말아야 합니다. 평상시에도 군율처럼 법이 엄격하게 지켜져야 자유 평등 평화 정의 화합 사랑이 풍만한 사회가 이루어집니다.[31][32]

---

[31] 필자소개: 김홍묵, 경북고, 서울대 사회학과 졸업. 동아일보 기자, 대구방송 이사로 24년간 언론계종사. ㈜청구상무, 서울시 사회복지협의회 사무총장, ㈜화진 전무 역임.
[32] http://cafe.daum.net/028382/DvnE/260?docid=17HMC|DvnE|260|20100930224348&q=%B0%F8%C1%A4%C7%D1+%BB%E7%C8%B8&srchid=CCB17HMC|DvnE|260|20100930224348(2010.10.2)

12. 부패나 빈곤같은 불공정한 일 하나씩 고쳐가는게 공정한 사회

　미국 하버드대학 교수인 아마티아 센(Amartya Sen·77)에게는 '경제학의 양심이자 마더 테레사'란 별명이 따라다닌다. 기아와 빈곤 문제에 초점을 맞춘 경제학 틀을 확립한 공로로 1998년 노벨 경제학상을 수상한 센 교수는 마치 히말라야에서 내려온 성자처럼 경제학 철학 정치학 윤리학 경계를 자유롭게 넘나든다. 특히 정의론으로 일컬어지는 정치 철학 분야에서 센 교수는 탁월한 업적을 남겼다. 센 교수는 한국학중앙연구원이 개최하는 '2010 문명과 평화 국제포럼' 참석차 내한했다. 박재완 고용노동부 장관이 지난달 30일 서울 광장동 쉐라톤 그랜드 워커힐호텔에서 그를 만났다. 불과 얼마 전까지 청와대 국정기획수석으로 중도실용과 친서민, 공정사회론에 이르는 이명박 정부 국정이념 얼개를 짜고 실행에 옮겼던 박 장관이다. 대담은 '공정한 세상을 어떻게 실현할 것인지'를 놓고 서로 묻고 답하는 식으로 이뤄졌다.[33] 대담 전에는 "센 교수는 좌파 쪽에 가까울 것"이라고 했던 박 장관은 1시간30분에 걸친 대담 후 "센 교수의 가르침이 MB정부 국정철학과 딱 맞아떨어진다"며 연방 감탄했다. 박 장관은 1988년부터 6년간 하버드대학에서 정책학을 공부했지만 당시엔 센 교수의 강의를 듣지 못했다고 한다.

　▶박 장관 = 고용없는 성장(jobless growth)이 세계적인 추세다. 하지만 장기실업으로 인해 빈곤이 늘어나는 것을 방치하는 것도 공정하지 못하다.

　취업자가 낸 세금으로 일할 능력이 있는 실업자를 계속 지원하는 것도 불공정하다. 한국에서 쉽게 볼 수 있는 대기업 정규직 노조원과 비정규직 근로자 간의 격차도 대표적인 불공정 사례다. 고령화와 일자리 부족이 세계적인 추세라면 근로시간을 줄여서 일자리를 나누는 게 공정한 사회를 위해 중요하지 않을까. 주당 40시간이 아니라 주당 35시간 정도 일하고 실업자를 줄이면서 생애 근로시간은 동일하게 가져가면 어떨까.

---
33) 매일경제 원문 기사전송 2010-10-01 14:40 최종수정 2010-10-01 19:31

▶센 교수＝근로시간 단축을 통한 일자리 공유는 좋은 해답이 아니다. 경제성장이 일자리 감소를 가져온다고 생각하지 않는다. 국부론을 쓴 애덤 스미스도 전문화를 통해 생산성을 높인다고 해서 일자리가 줄어든다고 얘기하지 않았다. 고용이 자꾸 줄어들어서 문제가 아니라 즐겁지 않은 일자리가 많이 생겨서 문제다. 찰리 채플린의 모던 타임스란 영화를 보면 알듯이 사람들이 볼트를 조이는 게 자꾸 재미 없어지니까 문제가 생겨나는 것이다.

프랑스에서도 근로시간 단축을 통한 일자리 공유를 실험했지만 그 결과는 신통찮았다.

▶박 장관＝독일에서는 오히려 근로시간 단축이 일자리를 늘리는 데 크게 효과를 발휘했다. 향후 일자리가 계속 늘어날 것이란 센 교수 지적에 희망을 느낀다. 일자리 창출을 위해선 서비스업 육성이 시급한 과제다.

▶센 교수＝서비스업에도 엔터테인먼트・레저와 관련한 새로운 분야가 계속 생겨나고 있다. 사람의 수명은 어차피 더 늘어나고 또 생산성이 높아지는 상황에서 일하는 나이는 연장될 수밖에 없다. 만약 주5일 근무가 아니라 주4일 근무를 한다면 어떻게 노느냐, 여유 시간을 어떻게 활용하느냐가 중요해진다. 일자리에 대한 생각을 전환하는 것이 중요하다. 일자리와 레저, 엔터테인먼트 사이에 어떻게 장벽을 없앨 수 있을까라는 쪽으로 발상을 바꿔야 한다. 일하는 사람에게서 세금을 떼서 실업자에게 주는 게 공정한가라는 의문도 제기될 수 있지만 일하는 사람들은 일하는 것만으로도 행운이라 생각해야 한다. 유럽에선 지금 재정적자를 줄일 때가 아닌데 재정적자를 줄이려고 하면서 문제가 발생하고 있다. 인플레이션을 걱정해서 취하는 행동들이 오히려 실질적 실업문제를 악화시킬 수 있다. 지금은 확장적 재정정책을 펴야 할 때라고 생각한다. 재정적자라는 건 자연스럽게 해결될 수 있는 문제다.

▶박재완 장관＝정의(Justice)라는 것은 너무 추상적인 개념이다. 예를 들어 정의를 실현하기 위해선 벌어들인 소득이 아니라 사람이 타고난 천부적인 능력에 과세해야 한다는 주장이 있다. 하지만 천부적인 능력을 파악하는 것

자체가 불가능하다. 상속 문제 역시 전면 금지론도 나오지만 합의가 불가능하다. 오히려 노예제 폐지, 상습 임금체불 처벌, 기초생활 보장 등 불공정한 상황을 없애 나가는 공정(Fairness)한 사회의 구현이 더 현실적이다. 관념론적인 정의보다는 실용적인 공정을 기초로 정책을 수립해야 하는 게 타당하지 않나.

▶센 교수 = 존 롤스가 말하는 사회적 합의로서의 정의란 것은 사실상 달성하기가 매우 힘들다. 어떤 국가에서나 어떤 상황에 처하든 간에 정의가 무엇이라는 데 대해 모든 사회 구성원이 동의하는 그런 정의를 찾아내기는 힘들다. 정의가 무엇이냐고 정의를 내리기보다는 부패 기아 빈곤 등 불공정한 일들을 시정해 나가는 게 중요하다. 모두가 동의하는 정의로운 사회는 사실 천국에서나 찾아볼 수 있다. 불공정한 일들을 하나하나 찾아서 이를 시정해 나가는 것이 정의가 무엇인지에 대해 사회적 합의를 내리는 것보다 훨씬 중요하고 가치있는 일이다.

▶박 장관 = 그러한 생각은 이명박 대통령의 국정철학인 중도실용, 공정한 사회와도 궤를 같이하는 것 같다. 정의를 실현하는 데는 대중적인 여론 수렴이 중요하고 민주주의는 대화와 토론에 의한 정부라는 게 센 교수가 주장하는 정의론의 요체다. 이런 관점에서 볼 때 북한 독재정권은 명백한 불의의 화신이다. 북한 주민들은 기근에 시달리고 있지만 일인독재체제로 3대째 세습을 기도하고 있다. 우리의 고민은 북한 주민에게 식량을 원조하는 게 정의에 부합할지, 아니면 원조가 중환자에게 산소마스크를 씌워 북한 주민들에게 고통만 더 연장시키는 게 아닐까라는 것이다.

▶센 교수 = 독재체제 유지에 도움이 된다는 이유로 식량 지원을 하지 않는 것은 죽어가는 환자에게 산소를 끊어버리는 것과 같다. 한국 사람 처지에서 동족인 북한 사람들이 굶주리는 것을 지켜만 보는 게 쉬운 일이 아니다. 그렇다고 독재 정권을 지원해야 한다는 것 역시 만족할만한 답변이 아니다. 우리가 주목할 것은 식량 지원 문제보다는 북한의 체제변화를 어떻게 이끌어낼 것인가이다. 북한 정권은 지속 가능하지 않다. 역사적으로 봐도

독재정권은 계속 지속하기가 불가능한 체제다. 하지만 어떤 방식으로 체제가 중단될지는 생각해봐야 한다. 북한체제 내부 사람들이 과연 자신들의 불행을 끝내기 위해 스스로 체제를 중단시킬 수 있을까. 결국 변화는 바깥에서 올 수밖에 없다. 특히 북한 정권을 지탱하고 있는 중국이 어떤 태도를 취할지가 중요하다. 북한체제가 조만간 붕괴할지 아니면 상당 기간 존속할지에 따라 식량지원 문제에 대한 대답이 달라질 수 있다.

▶박 장관 = 대다수의 민주주의 국가에서 채택하고 있는 다수결 체제도 완벽하지 않다. 공공선택이론에서 보듯 집단적 의사결정 과정에서 발생하는 투표자의 합리적 무지와 같은 문제로 인해 포퓰리즘 등 민주주의의 폐해가 나타난다.

▶센 교수 = 포퓰리즘과 같은 폐해는 민주주의 국가에서만 발생하는게 아니다. 해법은 미디어 즉, 언론이 얼마나 적극적인 자세를 가지고 있느냐는 것이다. 부패와 같은 문제가 생길 때 해결방법은 그 문제를 노출시키는 것이다. 최근 글로벌 금융위기에서 보듯 그런 문제는 즉시 알려지지 않고 문제가 한참 악화된 후에야 노출되는 사례가 많다. 미국 금융위기도 금융회사들이 잘못을 저지르던 그 시점에서 알지 못하고 상태가 한참 악화된 후에 알게 되었기 때문에 문제를 막을 수 없었다. 따라서 언론이 얼마나 적극적인 역할을 하느냐가 중요하다. 언론 자유가 있는 국가에서는 기아도 없고, 민주주의와 자유언론이 잘돼 있는 나라에선 뒷거래 등 부작용도 덜하다. 언론이 보다 적극적으로 역할을 해야 한다.

▶박 장관 = '베이징 컨센서스'를 한번 얘기해보자. 중국 경험을 살펴보면 민주주의는 상대적으로 소홀히 되고 부패도 심각하지만 경제발전이 계속되고 있다. 투명하고 완벽에 가까운 민주주의를 하면 모든 문제를 풀 수 있다고 생각하는 게 센 교수의 견해와는 다른 것 아닌가.

▶센 교수 = 경제성장과 민주주의가 반드시 같이 가지는 않는다. 또한 민주주의가 성장에 도움이 되거나 저해하는 요인이라고도 생각하지 않는다. 민주화가 경제성장과 관련이 있는 것도 아니다. 더 중요한 건 경제성장에

대한 공공적 합의가 존재하는지의 여부다. 중국은 물론 공산당 일당독재 체제이긴 하지만 미얀마 수단 북한같은 체제와는 다르다. 중국은 어떤 현안에 대해 문제를 제기하면 이를 풀고자 하는 태도가 돼 있다. 중국이 경제적으로 성장하는 것은 전혀 놀랄만한 일이 아니다.

■아마티아 센 교수는 불평등과 빈곤 문제에 깊은 관심을 갖고 복지경제학에 기여한 공로로 1998년 노벨 경제학상을 받았다. 불멸을 뜻하는 아마티아라는 이름은 인도 시인 타고르가 직접 지어줬다. 1933년 인도에서 태어나 1953년 캘커타대학을 졸업했으며 영국 케임브리지대학에서 박사학위를 받았다. 1970년대 초반부터 후생경제학, 경제윤리, 소득분배론 분야에서 국제적인 명성을 얻었고, 수리적 모형인 빈곤 지수(센 지수)를 통해 빈곤을 측정한 연구가 특히 주목받았다. 아홉 살 되던 해 벵골 대기근을 직접 목격한 센 교수는 개인적 경험을 바탕으로 기아와 빈곤문제에 대해 연구했다. 그 결과 '불평등과 빈곤연구 분야의 대가' '후생경제학계의 거목' '경제계의 마더 테레사' 등으로 불리우고 있다. 현재 미국 하버드대학 경제학과 철학교수로 재직 중이며 저서로는 '윤리학과 경제학' '자유로서의 발전' '경제적 불평등' 등이 있다.

■박재완 장관은 이명박 대통령의 최측근 인사다. 입각 직전까지 이명박 정부 2기 국정기획수석을 맡아 세종시 수정안, 4대강 사업 등 국정운영 전반에 걸쳐 틀을 짜고 실천에 옮겼다.34)35)

13. "완전한 정의 찾기보단 명백한 불의 막아라"

노벨 경제학상 수상 아마티아 센 교수 방한36) 정의가 화두다. 인문서 한

---

34) 박장관의 양력: △1955년 경남 마산 △서울대 경제학과 △미국 하버드대 정책학 석사·박사 △행정고시 23회 △재무부 행정사무관 △대통령비서실 서기관 △성균관대 교수 △경실련 정책위원장 △17대 국회의원 △한나라당 제3정조위원장.대표비서실장 △이명박 정부 초대 정무수석·국정기획수석)(이근우 기자 / 정아영 기자 정리 / 사진 = 김성중 기자), [매일경제 핫뉴스], 매일경제 & mk.co.kr.
35) http://news.nate.com/view/20101001n12982(2010.10.2)

권이 유례없는 인기를 끌며 '정의란 무엇인가'에 대한 사람들의 관심이 끊어올랐고, 이명박 정부가 '공정사회'를 국정과제로 제시하며 공정한 사회 논쟁이 불붙고 있다. 여기에 최근 한국을 찾은 세계적 석학이 또다시 새로운 화두를 던졌다. "완전한 정의가 무엇인지 찾기보단, 현실에 있는 명백하고 확실한 불의를 찾아서 막으라"는 것이다. 경제학과 윤리학을 접목한 독보적인 연구가 아마티아 센 하버드대 교수(경제학·철학)는 1일 경기도 성남 한국학중앙연구원이 주최한 '2010 문명과 평화 국제포럼'에서 '정의와 글로벌 세계'를 주제로 강연을 했다.

1) 제도 아닌 현실에서 '글로벌 정의' 모색

'공공이성' 활동 시민단체 강화에 방점, 인도 벵골에서 태어나 영국 케임브리지대에서 경제학 박사학위를 받은 센은 빈곤과 불평등, 인간개발 등을 주제로 삼아, 기존 경제학과 달리 윤리학에 기반을 둔 연구로 명성을 얻었다. 1998년에는 노벨 경제학상을 받기도 했다. 오늘날 빈곤 연구에서 흔히 쓰이는 '센 빈곤지수'나 유엔개발계획(UNDP)에서 발표되는 '인간개발지수'(HDI)는 대표적인 그의 연구성과이다. 센은 2008년에 일어난 세계 경기 침체로 세계적 피라미드 구조의 아래쪽에 위치한 사람들의 삶이 더욱 극심하게 망가진 것을 단적인 사례로 들어 '글로벌 정의'의 중요성을 강조했다.

그는 자신의 정의론을 "공공이성(public reason)을 통한 합의 모델"이라고 압축하고, 토머스 홉스나 장자크 루소 등의 '사회계약' 개념에서 비롯된, 완전히 정의로운 제도를 찾으려는 시도를 비판했다. 대신 18세기 프랑스 수학자 콩도르세 등의 '사회선택이론'에 뿌리를 두고 제도보다는 현실을 중요시하는 논리를 제시했다. 이어 "현실적인 관점을 택한다면 완전한 정의를 모색하기보다는 확실한 부정을 막는 것이 더 중요하다"고 주장한 그는 "제도적 자유주의자들이 추상적인 권리로서 외치는 자유가 아니라, 실제로 인간

---

36) [이사람]"완전한 정의 찾기보단 명백한 불의 막아라", 한겨레 원문 기사전송 2010-10-01 20:25, [한겨레]

이 누리는 자유가 어떠한지에 중점을 둬야 한다"고 말했다. 내가 원하는 가치있는 삶을 선택하고 추구할 능력이 현실적으로 없다면, 그것은 바로 '빈곤'이며 자유와 평등이 구현되지 못하는 상태라는 것이다. 미국의 노예전쟁처럼 그런 상태를 더는 견딜 수 없을 때가 '불의'다. 센은 "세계정부가 없다고 해서 전지구적 민주주의가 이뤄지지 않는 것은 아니다"라며 유엔같은 기관 말고도 시민단체나 독립뉴스 매체, 각종 비영리기구 등이 다양한 목소리를 내면서 현실속에서 저마다 공공이성에 건설적으로 기여하고 있다고 설명했다. "지금의 과제는 이미 제대로 기능하고 있는 참여과정을 강화하는 것이다."

올해 서울에서 열릴 'G20 정상회의'에 대해 센은 "아마도 세계 정상들은 전세계의 부와 자원을 어떻게 분배할 것인지에 대한 큰 방향을 논의하게 될 것"이라며 "그러나 아프리카나 동남아 등에서 벌어지고 있는 현실적인 빈곤과 불평등을 해결할 실질적인 방안을 마련하는 게 더 시급하다"고 꼬집었다.37)38)

2) 사회계약론

루소는 프랑스의 사상가로서 스위스 제네바에서 출생하였다. 가난한 시계공의 아들로 태어나, 어머니가 루소를 낳다가 죽자 아버지에 의해 양육되었다. 10세 때는 아버지마저 집을 나가 숙부에게 맡겨졌으며 공장(工匠)의 심부름 따위를 하면서 소년기를 보냈다. 16세 때 제네바를 떠나 청년기를 방랑생활로 보냈는데, 이 기간에 바랑 남작부인을 만나 모자간의 사랑과 이성간의 사랑이 기묘하게 뒤섞인 것 같은 관계를 맺고, 집사로 일하면서 공부할 기회를 얻었다.39) 그는 1742년 파리로 나와 디드로 등과 친교를 맺고, 진행 중인 ≪백과전서≫의 간행에도 협력하였다. 1749년 디종의 아카데미

---

37) 글·사진 최원형 기자 circle@hani.co.kr, 세상을 보는 정직한 눈〈한겨레〉, 공식 SNS 계정: 트위터 www.twitter.com/hanitweet / 미투데이 http://me2day.net/hankyoreh, 한겨레신문사
38) http://news.nate.com/view/20101001n21090(2010.10.2)
39) 저자 루소 (Rousseau, Jean-Jacques) [1712.6.28~1778.7.2), 지식편집자: sasin752(level 10) ㅣ 2004-06-27 03:19 작성

현상논문에 당선된 ≪학문과 예술론 Discours sur les sciences et les arts≫을 출판하여 사상가로서 인정받게 되었다. 그 뒤 ≪인간 불평등기원론 Discours sur l'origine de l'ingalit parmi les hommes≫(1755), ≪정치경제론 De l'conomie politique≫(1755), ≪언어기원론 Essai sur l'origine des langues≫(사후 간행) 등을 쓰면서 디드로를 비롯하여 진보를 기치로 내세우는 백과전서파 철학자나 볼테르 등과의 견해 차이를 분명히 하였다. 특히 ≪달랑베르에게 보내는 연극에 관한 편지 Lettre d'Alembert≫(1758) 이후 디드로와의 사이는 절교상태가 되었고, 두 사람은 극한적으로 대립하게 되었다.

독자적 입장에 선 루소는 다시 서간체 연애소설 ≪신(新) 엘로이즈 Nouvelle Elloise≫(1761), 인간의 자유와 평등을 논한 ≪민약론(民約論) Du Contrat social≫(1762), 소설 형식의 교육론 ≪에밀 Emile≫(1762) 등의 대작을 차례로 출판하였는데, 특히 ≪신 엘로이즈≫의 성공은 대단하였다.

그러나 ≪에밀≫이 출판되자 파리대학 신학부가 이를 고발, 파리 고등법원은 루소에 대하여 유죄를 논고함과 동시에 체포령을 내려 스위스·영국 등으로 도피하였다. 영국에서 흄과 격렬한 논쟁을 일으킨 후, 프랑스로 돌아와 각지를 전전하면서 자전적 작품인 ≪고백록 Les Confessions≫을 집필하였다. 1768년에는 1745년 이래 함께 지내온 테레즈 르바쇠르와 정식으로 결혼하였다. 그 후 파리에 정착한 루소는 피해망상으로 괴로워하면서도 자기변호의 작품 ≪루소, 장자크를 재판한다 Rousseau juge de Jean-Jacques≫를 쓰고, ≪고독한 산책자의 몽상 Les Reveries du promeneur solitaire≫을 쓰기 시작하였으나, 완성하지 못하고 파리 북쪽 에르므농빌에서 죽었다. 그가 죽은 지 11년 후에 프랑스혁명이 일어났는데, 그의 자유민권사상은 혁명지도자들의 사상적 지주가 되었다. 1794년 유해를 팡테옹(위인들을 合祀하는 파리의 성당)으로 옮겨 볼테르와 나란히 묻었다. 평생동안 많은 저서를 통하여 지극히 광범위한 문제를 논하였으나, 그의 일관된 주장은 '인간회복'으로, 인간의 본성을 자연상태에서 파악하고자 하였다. 인간은 자연상태에서는 자유롭고 행복하고 선량하였으나, 자신의 손으로 만든 사회제도나 문화에 의하여 부자유스럽고 불행한 상태에 빠졌으며, 사악한 존재가 되었기 때문에 다시 참된 인간의 모습(자연)을 발견하여 인간을 회복하지 않으면 안된다는 것이다. 이와 같은 입장에서 인간 본래의 모습을 손상시키고 있는 당대의 사회나 문화에 대하여 통렬한 비판을 가하였으며, 그 문제의 제기 방법도 매우 현대적이었다. 좀더 루소의 사상을 자세하게 살펴보면 다음과 같다. 루소는 디종 아카데미의 질문에 답하는 2번째 논문 ≪인간 불평등기원론 Discours sur l'origine de l'ingalit parmi les hommes≫(1755)을 완성했다.

그 질문은 "인간들 사이의 불평등의 기원은 무엇이며, 그것은 자연법에 의해 정당화될 수 있는가?"였다. 이 물음에 대해 그는 자연상태의 인간은 선했지만 이후 타락했다는 주장을 발전시킴으로써 첫 논문인 <학예론>의 맥을 잇고 있다. <인간 불평등기원론>은 이 주장을 더 가다듬어 자연적 불평등과 인위적 불평등으로 구별했다. 자연적 불평등은 건강·지성 등의 차이에 따른 불평등이고, 인위적 불평등은 사회를 지배하는 규율에 의해 생긴 불평등이다. 그가 문제삼은 것은 인위적 불평등이다. 그는 인간 불평등의 기원을 탐구하는 나름대로의 '과학적' 방법으로 인류생활의 초기단계를 재구성했다. 그는 최초의 인간은 사회적 존재가 아니라 고독한 존재였다고 보는 점에서 홉스의 자연상태에 관한 설명에 동조했다. 그러나 자연상태의 인간생활이 '가난하고 불결하고 거칠고 부족한 것'이라고 본 영국 비관론자와 달리 최초의 인간은 건강하고 행복하고 착하고 자유롭다고 주장했다. 악은 인간이 사회를 형성한 때부터 시작되었다.

루소는 악의 출현과 관련해서 자연은 책임이 없으며 사회에 문제가 있다고 주장했다. 사회는 인간이 남녀 공동생활을 용이하게 하기 위해 처음으로 거주지를 만들면서 형성되었다. 가족이 형성되고 이웃과 교제하는 생활방식이 생겼다. 이러한 '초기(미숙한) 사회'는 실로 인간의 '황금시기'로서 그것이 지속되는 동안은 좋았다. 그러나 그 시기는 오래 갈 수 없었다. 사랑의 감정과 함께 질투의 파괴적 감정이 일어나고, 사람들은 자신의 능력과 성취물을 다른 이와 비교하기 시작했다. 이것이 "불평등을 향한 첫걸음이자 악을 향한 첫걸음이었다". 인간 각자가 다른 이보다 나은 사람이 되기를 열망하면서부터 때문지 않은 자기사랑은 자만심으로 바뀌어갔다. 재산의 출현으로 재산을 보호하기 위해 법과 정부를 만드는 일이 필요해짐에 따라 불평등은 더욱 심해졌다. 루소는 토지가 누구에게도 속하지 않은 상태를 벗어난 데서 비롯된 '끔찍한 사태'를 묘사하면서 재산이라는 '치명적인' 것이 생겨난 상태를 한탄했다. 그러나 과거는 어떤 방식으로든 보존될 수 없고 황금시기로 돌아갈 수도 없다.

시민사회는 2가지 목적 즉, 모든 사람에게 평화를 제공하는 한편 재산에 대한 권리를 보장하기 위해 등장한다. 시민사회는 모든 사람에게 이익을 주지만 주로 부자에게 이익을 준다. 왜냐하면 기존의 소유권을 적법한 것으로 정착시킴으로써 가난한 자를 계속 무소유상태로 만들기 때문이다. 정부를 세우는 일은 가난한 자가 부자보다 얻는 것이 적은 한 어떤 의미에서는 정당하지 못한 사회계약이다. 그렇지만 사회속의 인간은 결코 만족을 모르기 때문에 가난한 자 못지 않게 부자도 행복하지는 않다. 사회속에서 사람은 각자의 이해관계 때문에 끊임없이 갈등하며, 적개심을 친절이라는 가면 뒤에 숨긴 채 서로 미워한다. 루소는 인간 불평등을 별개의 독자적 문제로 보지 않고 인간이 자연과 순진무구함으로부터 소외되어온 오랜 역사과정의 부산물로 보았다. <인간 불평등기원론>을 제네바 공화국에 바치기 위해 쓴 헌정사에서 루소는 이 도시국가가 '자연이 인간들 사이에 설정한 평등과 인간이 그들 사이에서 제도화한 불평등' 간의 이상적 균형을 이루었다고 찬사를 보냈다. 그가 제네바에서 눈여겨본 것은 최선의 사람이 시민에 의해 선출되고 최고의 지위까지 올라갈 수 있는 점이었다. 플라톤과 마찬가지로 그는 모든 사람이 자신에게 알맞는 자리에 있는 것이 공정한 사회라고 보았다. 인간이 어떻게 자유를 잃어버렸는가를 설명하기 위해 <인간 불평등기원론>을 쓴 루소는 인간이 앞으로 어떻게 자유를 되찾을 수 있는가를 문제로 <사회계약론 Du Contrat social ou principes du droit politique>(1762)을 썼다. 이 글의 모델도 제네바였다.

<사회계약론>은 "인간은 자유롭게 태어났으나 모든 곳에서 사슬에 매여 있다"는 유명한 문장으로 시작해서 인간이 사슬에 묶여 있을 필요가 없다는 주장으로 나아간다. <인간 불평등기원론>에서 묘사된 부정한 사회계약과 반대로 시민사회나 국가가 참된 사회계약에 바탕을 두고 있다면, 인간은 자연상태의 독립을 희생한 대가로 더 나은 자유 즉, 참된 정치적 자유를 얻을 수 있다. 그러한 자유는 스스로 부과한 법에 복종함으로써 찾을 수 있다.

루소가 정의한 정치적 자유에는 문제가 있다. 개인은 단일한 의지를 지닌 존재이기 때문에 스스로 정한 규칙에 복종함으로써 자유로울 수 있다. 그에 반해서 사회는 서로 다른 의지를 가진 개인들의 집합이기 때문에 개별의지들 사이에는 갈등이 있다. 이 문제에 대해 루소는 시민사회를 일반의지에 의해 통합된 인위적 존재라고 답한다. 루소가 말하는 공화국은 비록 개인적 이익 때문에 가끔 갈등을 일으키기도 하지만 일반의지의 창조물이다. 일반의지는 결코 각 구성원의 의지로 흩어지지 않으며 공적·국가적 이익을 지향하는 의지이다.

시민사회 구성원이 되겠다는 협약 아래 모든 사람은 자신과 자신의 모든 권리를 남김없이 공동체에 양도해야 한다고 본 점에서 루소는 토머스 홉스와 비슷하다. 그러나 루소는 이러한 양도를 시민권을 갖기 위해 자연권을 포기하는 일종의 권리교환으로 이해한다. 이 거래는 다음과 같은 이유에서 유리하다. 즉, 포기하는 권리는 전적으로 개인 자신의 힘으로 실현되기 때문에 불분명한 가치를 지닌 데 반해, 대가로 얻은 권리는 공동체의 집합적 힘에 의해 강화되는 합법적 권리이기 때문이다. 루소는 참된 법과 실정법을 근본적으로 구별한다. <인간 불평등기원론>에서 묘사되듯이 실정법은 단순히 현재의 상태를 보호하는 것에 지나지 않는다. 그러나 <사회계약론>에서 서술하는 참된 법은 정당한 주권자인 민중의 집합적 능력에 의해 만들어졌을 뿐 아니라 다같이 시민인 민중이 복종하기 때문에 정당한 법이다. 루소는 어떤 민중도 자신에게 부당한 법을 만든다고는 볼 수 없으므로 그 법은 부당할 수 없다고 확신했다. 그런데 루소는 민중이 반드시 가장 지성적인 시민을 대표로 선출하지는 않는다는 사실 때문에 고민했다. 실제로 그는 플라톤과 마찬가지로 대부분의 민중이 어리석다는 점을 인정했다. 일반의지는 도덕적으로 항상 건전하지만 때로는 잘못을 범할 수 있다. 그래서 루소는 민중에게는 솔론, 리쿠르고스, 칼뱅과 같이 헌법이나 법률체계를 구상하는 훌륭한 정신을 소유한 입법자가 필요하다고 제안했다. 이 제안은 마키아벨리도 비슷하게 제시한 적이 있다. 루소는 마키아벨리를 매우 칭송했으며, 마키아벨리가 공화국정부를 옹호한 점에 공감했다. 마키아벨리의 영향은 시민종교에 관한 서술에서 더욱 두드러지게 나타난다. 루소에 따르면 그리스도교는 보이지 않는 세계를 지향하기 때문에 시민에게 국가에 봉사하는 데 필요한 용기·남성다움·애국심 등의 덕목을 가르치지 않으므로 공화국 종교로서는 쓸모가 없다고 한다. 마키아벨리처럼 이교적 제례의식의 부활까지 주장하지는 않았지만 루소는 군사적 덕목의 개발을 강화하기 위해 최소한의 신학적 내용을 가진 시민종교를 제창했다. 한편, 그의 작품속에 나오는 자아의 고백이나 아름다운 자연묘사는 19세기 프랑스 낭만주의 문학의 선구적 역할을 하였다.[40]

14. 민주사회주의

民主社會主義(democratic socialism)는 영국 노동당을 중심으로 제창된, 마르크스주의를 근간으로 하지 않은 이상주의적 사회주의이다. 사회주의 노동운동은 내부에서 공산주의는 마르크스-레닌주의에 반대하는 사회민주주의의 일종이며, 사회주의 세계관의 기초로서 이상주의적 휴머니즘을 내세운다.[41] 제2차 세계대전 후 공산주의를 파시즘과 같은 종류로 보는 전체주의론이 서유럽 선진 여러 나라의 사회민주주의자들 사이에 받아들여져 냉전의 격화와 함께 공산주의에 대해 점차 민주주의가 강조되었다. 그 결과

---

40) http://kr.ks.yahoo.com/service/wiki_know/know_view.html?dnum=AAJ&tnum=143102(2010.10.2)
41) 지식편집자 : 동서문화사 (level 1) 1 2010-09-11 18:43 작성

<사회주의는 민주주의에 의해서만 실현되며, 민주주의도 사회주의에 의해서만 달성된다>고 하는 민주사회주의가 영국 노동당과 서독 사회민주당에 의해 창도되었다. 1951년 양당이 중심이 되어 개최된 사회주의 인터내셔널 제1차대회에서 민주사회주의는 그 인터내셔널의 강령으로서 만장일치로 승인되었다.

그리고 59년, 서독 사회민주당은 바트고데스베르크강령을 채택함으로써 마르크스주의와 관계를 끊고 민주사회주의를 표방하였다. 이 당은 국유화나 경제의 중앙집권적 계획화에 반대하고 시장경제원리를 승인한 뒤 경영에 있어 노농자의 참여를 통해 공정한 경제질서 확립을 주장하였다.[42]

15. 셰익스피어의 사상

William Shakespeare(1564~1616)는 영국의 시인·극작가로서 세계 연극사상 최대의 극작가이며 영국 문학사를 장식하는 대시인이다.[43] 18세기 이래 영국에서는 셰익스피어학이라는 독립된 학문이 발전하였고 모든 비평원리의 선례로 이용되며, 극단에서는 셰익스피어의 극이 배우의 등용문으로 되어 있다.

[성장] 영국 르네상스의 정점인 엘리자베스 1세 때 영국의 중부지방에 있는 워릭셔의 스트랫퍼드어폰에이번에서 태어났다. 아버지는 피혁가공업과 농산물·모직물의 중개업을 하였고, 어머니는 근처의 부농집안 출신이었다. 아버지가 1568년 읍장으로 선출되어 유복한 가정의 장남으로서 유년시절을 행복하게 보내며 마을의 문법학교에서 공부하였으나, 13세 때 집안이 몰락하기 시작하여 대학에는 진학하지 못한 듯하다. 18세 때 8세 연상인 A. 해서웨이와 결혼하여, 다음해 장녀 수재나를 낳고, 2년 후 쌍둥이 남매 햄

---

42) http://kr.ks.yahoo.com/service/wiki_know/know_view.html?dnum=HAI&tnum=36415(2010.10.2)
43) 셰익스피어, 조회수: 2318, 지식편집자 : 동서문화사 (level 1) 1 2004-02-28 18:23 작성

릿과 주디스를 낳았다. 셰익스피어의 소년시절에 대해서는 더 이상 기록이 없고 연극과의 연관도 분명하지 않으며 런던으로 나온 이유나 연대도 자세하지 않다. 런던 시절 배우로서의 생활은 1580년대 말부터인 것 같다. 92년에는 신진연극인으로서 평판이 높았다는 기록이 있다.

[습작시대] 셰익스피어의 극작 활동이 언제부터 시작되었는지는 확실하지 않지만, 많은 학자들이 1590년 무렵부터라고 추정하고 있다. 처음에는 선배작가의 희곡을 부분적으로 수정하는 조수로서의 작업에 불과했지만, 점차 그의 작품이라고 할만한 희곡을 발표하게 되었다. 그런 의미에서 3부작 역사극 ≪헨리 6세(1590~92)≫를 그의 처녀작이라 볼 수 있다. 그 속편에 해당하는 역사극 ≪리처드 3세(1593)≫는 엘리자베스 1세 때 영국에 많은 영향을 준 요크가와 랭커스터가의 싸움인 장미전쟁(1455~85년의 영국 내란)의 최종단계를 그린 것으로 주인공 리처드 3세를 창조한 것은 주목할 만하다. 또 로마의 희극작가 플라우투스의 작품을 번안한 ≪실수의 희극(1593)≫과 익살극 ≪말괄량이 길들이기(1594)≫, 당시 인기있던 유혈비극의 로마사극 ≪타이터스 앤드로니커스(1593)≫ 등이 초기 작품이다. 대부분 습작이며 선배의 모방이었으나 대작가로서의 잠재력을 엿볼 수 있다.

[극단의 재편성] 1592년부터 3년에 걸쳐 런던에 유행한 페스트 때문에 극장은 폐쇄되었고, 셰익스피어는 그동안 2편의 서사시 ≪비너스와 아도니스(1593)≫ ≪루크리스의 겁탈(1594)≫을 사우샘프턴 백작에게 바쳐 그로부터 인정받았다. 94년 궁내부 대신의 비호를 받은 극단이 생기자 그는 간부단원으로 참가하였다. 극장 폐쇄의 결과라고도 할 수 있는 런던극단의 대규모 재편성은 셰익스피어와 같은 신진작가들에게 유리하게 작용하였다. 그는 평생 이 극단을 위해서 희곡을 쓰게 되었는데, 최초의 작품들은 운명비극 ≪로미오와 줄리엣≫, 시인 기질이며 자기도취적인 국왕이 수많은 수난을 겪고 비극의 주인공으로 성장해가는 과정을 그린 역사극 ≪리처드 2세≫, 아테네 교외에서 밤의 숲을 무대로 환상의 세계를 그린 낭만적인 희극 ≪한여름밤의 꿈≫ 등이다. 모두 95년 무렵의 작품이며 서정성과 인간관찰의 예

리함이 나타나 있다.

[폴스태프의 창조] 작품 가운데 인간에 대한 통찰이 가장 잘 나타나 있는 것은 1590년대 후반 역사극과 희극이다. 역사극의 대표작은 2부작 ≪헨리 4세(1598)≫이다. 리처드 2세한테서 왕위를 빼앗음으로써 성립한 헨리 4세 치하의 음모와 혼란의 어두운 시대를 배경으로, 무뢰한의 방탕생활을 하는 늙은 기사 폴스태프는 햄릿과 함께 셰익스피어가 창조한 성격 중에서 가장 흥미있는 인물로 평가받고 있다. 핼왕자와 함께 벌이는 난행은 도덕적으로는 비난받아 마땅하지만, 그 인간적인 매력 때문에 18세기 이래 셰익스피어 성격론의 중심이 되어 왔다. 또 이 시기의 대표적 희극인 ≪베니스의 상인(1597)≫은 감미로운 연애희극속에 욕심 많은 유대인 고리대금업자 샤일록을 등장시켜 사회통념에 따라 악인의 운명을 겪게 하면서도 소수 피압박민족의 슬픔과 분노를 강하게 호소하여, 인간에 대한 온정과 공정한 사회관찰의 시각을 보여준다.

[명성의 확립] 궁내부 극단은 순조롭게 발전하여 영국 제1의 극단이 되었고, 셰익스피어의 명성도 확립되었다. 1596년에는 장남을 잃는 불행이 있었지만 그해 가을에는 아버지를 위해 문장착용권(紋章着用權)을 취득했고, 97년 고향인 스트랫퍼드어폰에이번에 대저택 뉴플레이스를 구입하는 등 경제적으로도 성공하였다. 또 99년 템스강 남쪽 연안에 <글로브극장>을 건설하고 자신이 속해 있던 극단의 상설극장으로 삼았다. 이 무렵 셰익스피어의 창작력도 최고조에 이르렀다. ≪뜻대로 하세요(1599)≫는 아덴숲을 무대로 궁정에서 쫓겨난 공작과 가신(家臣)의 전원목가적인 생활을 배경으로 젊은 남녀의 연애를 낭만적으로 그린 걸작 희극이다. 우울증에 걸린 제이퀴즈를 등장시켜 목가적이고 낭만적인 세계에도 그늘이 있다는 것을 보여주었다. 궁정에서 상연할 목적으로 쓴 희극 ≪십이야(十二夜)≫는 1600년 무렵의 작품으로 셰익스피어 최고의 희극으로 평판이 높다. 작품 전체가 낭만적인 사랑과 결혼에 대한 이야기를 소재로 한 서정적 분위기와 익살·재담·해학 등 희극적 요소를 갖추고 있다.

[4대 비극의 탄생] ≪십이야≫을 전후해서 셰익스피어는 로마의 역사에서 소재를 얻어 비극 ≪줄리어스 시저(1599)≫을 썼는데, 이때부터 몇 년간을 셰익스피어의 <비극시대>라고 부르기도 한다. ≪햄릿(1601)≫ ≪오셀로(1604)≫ ≪리어왕(1605)≫ ≪맥베스(1606)≫ 등 이른바 4대 비극은 이 시기에 씌어진 것이다. 각각 소재도 다르고 다루는 방법도 다양해서 4대 비극에 대해서 반드시 일괄적으로 말할 수는 없지만, 모두 진실을 획득하기 위해서는 반드시 최대의 대가를 치러야만 하는 인간의 장대하고 비극적인 세계를 제시하고, 죽음과의 관련에서 인간적인 가치탐구를 시도하여 세계 연극사상 최고의 비극을 창작하였다. 그러나 이 시기의 셰익스피어는 비극 뿐만 아니라 ≪끝이 좋으면 모두 좋아(1602)≫와 ≪재[尺]에는 자로(1604)≫ 등의 희극도 썼다. 모두 결말이 희극적이지만, 줄거리를 억지로 끌고간 부자연스러움과 작품 전체에 어두운 그림자가 드리워져 있으며, 도덕성에도 혼미함이 보여 <문제 희극>이라고도 한다. 이 시기의 마지막 비극은 ≪안토니와 클레오파트라(1607)≫이고, 거의 같은 시기에 집필된 망은(忘恩)을 주제로 한 ≪아테네의 타이몬(1607)≫은 비극과는 다소 거리가 있다.

[로맨스극의 유행] 1603년 엘리자베스 1세가 죽고 스코틀랜드에서 제임스 1세를 맞이하자, 궁내부 극단은 국왕의 비호를 받아 국왕극단으로 개칭하였는데, 이때부터 영국의 연극에도 변화가 생겨 관객의 기호가 변해갔다. 대작의 주인공을 중심으로 벌이는 격렬한 감정의 극에서 가정비극, 풍자희극, 감상적인 희비극 또는 퇴폐적인 비극으로 양상이 바뀌었다. 이러한 경향에 따라 국왕극단은 1608년 종래의 글로브극장과는 건축양식이 다르고 입장료도 비싸며 비교적 부유한 관객층을 대상으로 한 블랙플레이어스극장을 산하에 두었다. 셰익스피어의 작품도 이때부터 새로운 경향을 띠게 되었다. 그것은 로맨스극이라고 하는 희비극으로 ≪겨울 이야기(1610)≫와 셰익스피어 마지막 단독작인 ≪템피스트(1611)≫가 그 대표작이다. 일가의 헤어짐에서 시작하여 재회와 화해로 끝나는 주제는 셰익스피어가 시류에만 따르지 않고 자기 자신의 내면 세계를 전개하고 있다는 것을 보여준다.

[최고의 운문예술] 셰익스피어의 전 희곡 37편 중 거의 반이 생전에 출판되었다. 또 창작연대미상의 ≪소네트집≫도 1609년에 간행되어 영국소네트의 정수로 평가되고 있다. 희곡전집은 그가 죽은 지 23년 뒤에 이전의 동료배우였던 존 헤밍과 헨리 콘델의 편집으로 간행되었는데, 흔히 <첫 폴리오>라고 한다. 셰익스피어는 말년의 몇 년간은 고향에서 가족들과 함께 보냈으며, 52세의 나이로 죽었다. 죽은 날이 4월 23일이고 태어난 날도 4월 23일 전후로 추정되어 이날을 셰익스피어 기념일로 하고 있다. 그의 예술은 연극이라는 매개를 통해 인간 내면 세계의 극한을 추구하였고 시적 표현으로 가득찬 최고의 운문을 보여주었다.[44]

16. 불공정거래행위

不公正去來行爲는 공정한 거래를 저해할 우려가 있는 행위이다.[45] 현대 자본주의 사회는 독과점 등에 의해 자유로운 시장경쟁을 저해하는 경우가 많아 공정한 자유경쟁의 유지를 위해서 각국은 불공정거래행위를 규제하는 것이 보편화되었다. 한국의 경우 이를 위해 <독점규제 및 공정거래에 관한 법률(1990. 1. 13. 법률 제4198호)>이 제정되었는데 이 법률이 지정한 불정거래의 내용으로는 ① 부당한 거래 거절 및 거래 상대방에 대한 차별취급 ② 부당하게 경쟁자를 배제하기 위한 거래행위 ③ 부당한 경쟁자의 고객 유인 및 강제 행위 ④ 우월한 지위를 남용한 거래행위 ⑤ 상대방에 대한 부당구속조건부 거래행위 ⑥ 사업자·상품 또는 용역에 관한 허위과장광고 및 기만행위 등이다(23 ①). 이와 같은 규정에 의한 불공정거래행위의 유형 및 기준은 공정거래위원회가 정하여 고시하며(②), 공정거래위원회는 이 규정에 위반하는 행위가 있을 때에는 당해 사업자에 대하여 당해 불공정거래행위의 중지, 계약조항의 삭제, 정정광고, 법위반 사실의 공표 등의 조치를

---

44) http://kr.ks.yahoo.com/service/wiki_know/know_view.html?dnum=AAI&tnum=49877(2010.10.2)
45) 조회수: 1313, 지식편집자 : 동서문화사 (level 1) 1 2010-09-11 19:32 작성

취할 수 있으며, 3000만원 이하의 과징금을 부과할 수 있다(24).[46]

17. 경제학의 10가지 기본원리[47]

1) 모든 선택에는 대가가 있다.

경제학은 '선택의 학문'이다. 이 책을 읽기 위해 여러분은 그 시간에 낮잠을 자거나 학원에 가는 것을 포기했다. 중요한 것은 어떤 선택을 할 경우 반드시 다른 한쪽을 희생해야 한다는 것이다. 부자나 기업에서 세금을 더 걷어 빈곤층을 지원하면 '분배 개선'에는 도움이 된다. 하지만 부자들은 투자를 줄이고 기업은 다른 나라로 떠나 성장은 약화된다.

2) 선택의 대가는 그것을 얻기 위해 포기한 그 무엇이다.

공짜가 없는만큼 일상생활에서 득과 실, 편익과 비용을 항상 신경 써야 한다. 비용을 따질 때에는 주머니에서 나간 돈 외에도 눈에 보이지 않는 '기회비용'도 계산해야 한다. 프로스트의 시 '가지 않은 길'에 나오는 것처럼 사람은 여러 갈래의 길에서 한쪽 길을 선택하게 된다. 다른 길을 갔을 때 얻을 것으로 기대되는 가치가 바로 기회비용이다.

3) 합리적 판단은 한계적(限界的)으로 이뤄진다.

"전부(全部) 아니면 전무(全無)"(All or Nothing)식의 선택은 많지 않다. 시험 전날 1시간 더 공부할 것이냐, 그냥 잘 것이냐의 결정 또는 식당 주인이라면 5명인 종업원을 6명으로 늘릴 것인가, 말 것인가 하는 선택이 현실 사회에서 이뤄지는 일반적 선택이다. 이처럼 합리적인 판단을 하기 위해서는 항상 '조금 더'와 '조금 덜'의 문제에 부닥치며 이를 '한계적인 선택'이라고 한다.

---

46) http://kr.ks.yahoo.com/service/wiki_know/know_view.html?dnum=HAC&tnum=42540(2010.10.2)

47) 지식편집자 : blunxtbbk (level 10) l 2010-09-11 19:36 작성, 경제학의 10가지 기본원리

4) 사람들은 경제적 유인(誘因)에 반응한다.

사람들은 득과 실을 비교해 의사결정을 한다. '쓰레기 종량제' 도입 전까지 쓰레기를 줄이자는 캠페인을 많이 해도 쓰레기는 쉽게 줄지 않았다. 그러나 제도 도입 이후 사람들은 쓰레기봉투 사는 돈을 아끼기 위해 쓰레기를 덜 버리게 됐다. 교통체증, 매연 때문에 승용차를 적게 타자는 캠페인을 벌여도 차는 쉽게 줄지 않지만 휘발유값이 오르면 사람들은 승용차를 집에 두고 버스나 지하철을 탄다.

5) 자유거래는 모든 사람을 이롭게 한다.

사람들은 서로 필요한 것을 거래함으로써 서로의 이익을 극대화한다. 시장을 통해 소비자들은 비슷한 물건 가운데 마음에 드는 것을 골라서 산다.

기업가들은 소비자의 마음에 드는 제품을 만들기 위해 경쟁한다. 각자 이기적인 동기로 움직이지만 거래에 참가한 사람들은 모두 이익을 얻는다. 자유 거래가 가능하면 사람이나 기업은 자신이 가장 잘 할 수 있는 일에 전념하게 된다. 성형외과 의사가 PC를 잘 다룬다고 직원을 시키지 않고 스스로 환자의 기록을 정리하면 오히려 손해가 된다. 이를 경제학적으로 '비교우위의 원리'라고 한다.

6) 일반적으로 시장이 경제활동을 조직하는 좋은 수단이다.

시장경제가 제대로 작동하려면 재산권이 보장돼야 하며 공정한 경쟁이 이뤄져야 한다. 시장경제 체제에서 모두가 자신을 위해 행동하고 누구도 이들의 행동을 지시하지 않지만 필요한 물건이 생산되고 분배된다. 이처럼 시장의 질서를 자율적으로 유지하는 힘을 '보이지 않는 손'이라고 부른다. 반면 사회주의 계획경제에서는 정부가 일일이 지시해도 살만한 물건이 생산되지 않았다. 시장경제에서 소득은 '남이 원하는 무엇인가를 제공했을 때'에 생겨난다.

7) 경우에 따라 정부가 시장성과를 개선할 수 있다.

시장도 때로 실패할 수도 있다. 국방 등 '공공재'는 시장이 제대로 공급할 수 없어 정부가 개입하게 된다. 그렇지만 무조건 정부가 개입해 해결하는 것이 능사는 아니다. 아프리카에서 코끼리 수가 줄자 케냐는 코끼리 사냥과 상아거래를 법으로 금지했다. 반면 남아프리카공화국은 사냥을 허용하되 '자기 땅'에 있는 코끼리만 잡게 했다. 결과적으로 남아공에서는 코끼리가 늘었고 케냐에서는 코끼리 수가 더 줄었다.

8) 한 나라의 생활수준은 그 나라의 생산능력에 달려 있다.

국민소득은 삶의 질과 밀접한 관계를 맺고 있다. 심지어 올림픽의 메달 수도 그 나라의 경제력에 비례해 늘어난다. 지난해 한국의 1인당 국민소득이 1만2600달러, 북한은 820달러였다. 1970년대 한국의 14세 남학생 평균 신장은 150cm였지만 30년이 지난 지금은 165cm가 넘었다. 탈북자 어린이 2000여명을 대상으로 최근 조사한 결과 북한의 14세 남학생의 신장은 한국인의 평균 키보다 14.8cm 작았다. 이처럼 평균 신장의 차는 경제력을 고스란히 반영한다. 또 한해 성장률 1% 포인트의 차이가 수십년 계속되면 경제력의 격차는 엄청나게 커지게 된다.

9) 돈이 지나치게 많이 풀리면 물가가 오른다.

'인플레이션'이란 많은 물건의 값이 동시에 올라가는 현상을 뜻한다. 물가상승률이 2~3% 정도라면 큰 문제가 없지만 한해 수 백%씩 물가가 오르는 '하이퍼 인플레이션'은 시장의 거래를 어렵게 하고 경제활동을 심하게 제약한다. 인플레이션의 원인은 돈이 너무 많이 풀렸기 때문이다.

10) 단기적으로는 인플레이션과 실업을 동시에 해결할 수 없다.

단기적으로 인플레이션을 잡기 위해 통화량을 줄이면 경기가 위축되고 생산이 줄어 실업이 늘어난다. 반대로 돈을 많이 풀어 경기를 살리면 생산이 늘고 실업이 준다. 하지만 장기적으로는 인플레이션과 실업률은 관련이 없다. 결국 실업률을 낮추기 위해서는 노동의 효율을 높여야 한다.[48)49)]

---

48) 출처 : 김경환(金京煥·경제학) 서강대 교수, 동아일보, kwanghwany (2010-09-11 19:36).

18. 소득분배와 공정성

所得分配(income distribution)는 생산의 성과가 사회의 각 구성원에게 어떻게 나누어지는가를 표시하는 경제학상의 개념이다.[50] 소득분배의 문제는 한정된 자원을 어떠한 목적에 어떠한 방법으로 쓰는가 하는 자원배분의 문제와 함께 기본적인 경제문제의 하나로 되어 있다. 분배문제와 배분문제는 밀접하게 연계되어 있어 분배상의 공평과 배분상의 효율이 상충되는 일도 적지 않다. 분배문제는 분배의 사실에 관한 분석을 통해서 이해를 명확히 하고자 하는 실증적 분야와, 공평·공정이라는 가치판단에 근거하여 분배의 규칙과 제도를 평가·설계하고자 하는 규범적 분야로 나뉜다. 규범적 분야의 논의는 실증적 분야의 분석결과를 바탕으로 전개된다. 실증적 분석의 주요 주제로서 이제까지 거론된 문제는 다음 3가지이다. ① 국민소득에서 차지하는 고용자소득·재산소득 등의 상대적 몫의 결정 및 변동 ② 임금·지대·이윤 등의 생산요소가격의 결정 ③ 각 소득계층이 어떠한 비율로 분포되어 있으며 소득분포는 평등화되어 있는가의 여부의 해명 등이다. ①은 과거 상대적 몫의 장기적 불변성을 규명하는 것을 과제로 삼고 있었다. 그러나 통계자료를 볼 때 국민소득에서 차지하는 고용자소득의 비율은 경제성장의 과정에서 증대되어 왔다. 이 점에 대한 해명이 경제성장이론의 짜임새속에서 실시되었는데, 신고전파학자는 노동과 자본과의 대체 탄력성에 착안하여 설명하고 있다. ②는 과거에는 교환과 생산이론이 다르게 설명되었으나, 현대에는 노동·토지·자본재도 재화·용역의 일종이며, 이들 생산요소에 대한 보수(용역 가격)는 각 생산요소의 시장에서의 교환과정에 따라 결정된다고 보고 있다. 각 생산요소에 대한 소득분배는 소득의 <기능적 분배>라고 하여, 그 결정은 가격이론의 응용이라는 형식에 따라서 근본적으로 설명되고 있다. ③은 소득의 계층별 분포를 대상으로 하고 있으며, 소득의 <인적 분

---

49) http://kr.ks.yahoo.com/service/wiki_know/know_view.html?dnum=DAC&tnum=207218(2010.10.2)

50) 조회수: 478, 지식편집자 : 동서문화사 (level 1) 1 2010-09-11 19:37 작성

배>를 다루고 있다. 분배의 평등·불평등은 대부분 이 가운데에서 논의된다.

한편, 규범적 분석에서는 공정한 분배란 무엇인가를 명확히 해야만 되나, 이에 대한 사회적 합의가 반드시 얻어지는 것은 아니다. 공헌분과 필요성과의 균형을 잡는 방법이 학자에 따라 다르기 때문이다. 공정한 분배는 재분배정책에 의하여 확보될 것을 기대하고 있다. 다만 소득의 재분배에는 이해의 대립이 수반되며 그 조정은 정치적 과정에서 이루어진다.[51][52]

19. 시장실패의 개념

시장실패는 정의롭지 않기 때문일까?[53] 이명박 대통령은 최근에 "공직자가 되려면 공정사회의 기준을 생각하라. 공정사회를 이뤄야 경제발전이 이뤄진다"며 '공정'을 강조했다.

공정한 것은 정의로운 것과 관련깊을 것이다. 그렇다면 정의란?「정의란 무엇인가」의 저자 마이클 샌델은 정의를 이해하기 위해 세 가지 방식을 탐색한다. 공리나 행복 극대화, 선택의 자유에 대한 존중, 마지막은 미덕을 키우고 공동선을 탐색하는 것인데 저자는 세 번째 방식을 선호한다.

그런데 문제는 '미덕과 공동선'이 무엇인지 고민해야 한다는 것이다. 샌델이 답을 주는 것 같지는 않다. 그렇다면 과거 철학자들의 '정의'를 이해하기 위한「정의란 무엇인가」에 더 접근해 보자. 아리스토텔레스에게 정의란 사람들에게 그들이 마땅히 받아야 할 것을 주는 것이라고 한다. 목적에 맞게 재화를 공정하게 분배하는 것, 그것이 정의로운 것이다. 이런 측면에서 본다면 제약조건에서 자신의 목적을 극대화하는 경제학이 정의를 추구하는 것 같다. 그런데 아리스토텔레스가 노예제를 찬성했다면? 제레미 벤담은 '최대

---

51) kwanghwany (2010-09-11 19:37)
52) http://kr.ks.yahoo.com/service/wiki_know/know_view.html?dnum=DAC&tnum=50066(2010.10.2)
53) [경제교과서 뛰어넘기], 시장실패의 개념, 입력: 2010-09-24 13:35 / 수정: 2010-09-24 13:35

다수의 최대 행복'으로 유명하다. 그는 옳은 행위는 공리(유용성)를 극대화하는 모든 행위이기 때문에 공동체 전체의 행복을 극대화하기만 하면 된다고 주장한다. A로 인한 사회의 순편익(편익-비용)이 B로 인한 사회의 순편익보다 크다면 A가 더 옳은 행위이다.

비용과 편익을 사회적 관점에서 비교하는 것이 마치 경제적 분석과 닮아 있다. 그러나 순편익이 크다면 살인도 정당화될 수 있는가. 공리가 크다면 인간이 목적인 아닌 수단이 되어도 무방한가. 칸트는 공리주의를 거부하며 어떤 행동의 도덕적 가치를 결과가 아닌 동기에 초점을 맞춘다. 칸트는 사회계약을 기초로 한 정의론을 지지하는데, 공정한 헌법은 개인의 자유는 물론이고 모든 사람의 자유가 조화를 이루도록 힘써야 한다고 주장한다.

경제학의 보이지 않는 손을 말하는 것일까? 그러나 다른 사람을 도우면서 느끼는 쾌락에 의한 동기를 거부하는 칸트의 주장을 경제적 관점에서 해석하기는 어렵다. 존 롤스는 정의를 고민하는 올바른 방법은 원초적으로 평등한 사회에서 어떤 원칙에 동의해야 하는가를 묻는 것이라고 주장한다.

서로에 대해 아무것도 모르는 '무지의 장막속에서 그리고 원초적으로 평등한 상태에서 합의한 원칙은 공정하다. 이러한 원칙에 따라 언론·종교의 자유 등은 평등하게 제공돼야 하며, 소득이나 부를 똑같이 분배할 필요는 없지만 사회 구성원 가운데 가장 어려운 사람들을 도와야 한다고 주장한다.

경제학에서는 이를 최소극대화 원칙이라고 한다. 베스트셀러인 「정의란 무엇인가」를 읽어가면서 위의 철학적 내용에 고개를 끄덕이며 감탄하지만, 정의를 명확히 규명하지 못하는 느낌을 지울 수 없다. 필자가 이렇게 길고 장황하게 정의에 대해 설명한 이유는 공평·공정·정의가 얼마나 정의 내리기 어려운 문제인가를 이야기하고자 하는 것이며, 정의에 대한 정의를 누구도 명확히 하고 있지 않다는 것을 말하기 위함이다. 정의에 대한 역사적이고 오랜 논쟁은 '정의(justice)'를 '정의(definition)'하기 어렵다는 반증이다. 그런데 경제학에서 정의를 다루라고 한다면 너무 어려운 질문을 떠넘기는 것이 아닐까.

1) 경제학은 정의를 말하지 않는다.

경제학에서의 정의는 어쩌면 효율성 기준이 아닐까. 경제학에서 말하는 효율성은 '파레토 효율성'이며 이것은 다음과 같이 정의된다.

(1) 파레토 효율성

어떤 사람의 후생 감소없이는 다른 어떤 한 사람의 이익 증가도 만들어 낼 수 없는 상태이다. 파레토 효율적인 자원 배분에서는 어떤 사람의 후생을 증가시키려면 반드시 다른 한 사람의 후생이 나빠지기 때문에 더 효율적인 자원 배분이 불가능하다. 모두에게 이득이 되는 변화를 만들어 낼 수 없다면 현재 자원 배분을 모두 동의하고 있는 것이고, 그렇다면 정의로운 자원 배분 상태로 볼 수 있지 않을까? 물론 효율적인 것이 정의로운 것이라면 'YES'다.

그러나 100의 자원 중에서 99를 한 사람이 가지고 1을 나머지 사람들이 가지고 있어도 99를 가진 사람의 후생 감소없이 1을 가진 사람들의 이익을 증가시킬 수 없다면 '99:1'의 분배도 효율적인 것이다. 효율적인 것이 정의롭다는 것에 동의할 수 있겠는가?

파레토 효율의 개념을 더 자세히 살펴보자. 파레토 효율은 크게 세 가지 관점에서 생각할 수 있다. 미시 경제를 배우면서 공급·수요, 그리고 두 곡선이 만나는 시장을 배웠듯이, 파레토 효율도 생산의 파레토 효율, 소비를 위한 교환의 파레토 효율, 생산과 교환이 동시에 만족되는 총체적 파레토 효율이 있다. 생산의 파레토 효율은 주어진 요소를 활용하여 효율적인 생산을 달성하는 것이다. 눈치 챈 사람도 있겠지만 이것은 생산 가능 곡선을 말하는 것이다. 생산 가능 곡선의 모든 점이 파레토 효율적인 생산점인 이유는 생산 가능 곡선상에서 어떤 한 재화를 더 생산하려면 반드시 다른 한 재화를 줄여야 하기 때문이다(파레토 효율성).

이것은 기회비용으로 설명된다. 옷을 1단위 더 생산하면 한계비용(옷)이 추가로 발생한다. 만약 변화량을 △라고 하면 옷의 생산을 늘리는 데 들어간 총비용은 '△옷×한계비용(옷)'이다. 이때 옷을 늘렸다면 그 대가로 음식을 줄여야 했을 것이고, 이로 인해 감소한 총비용은 '△음식×한계비용(음식)'이다. 따라서 '△옷×한계비용(옷)=△음식×한계비용(음식)'이 성립하고 이를 정리하면 '△음식/△옷 =한계비용(옷)/한계비용(음식)'이 된다.

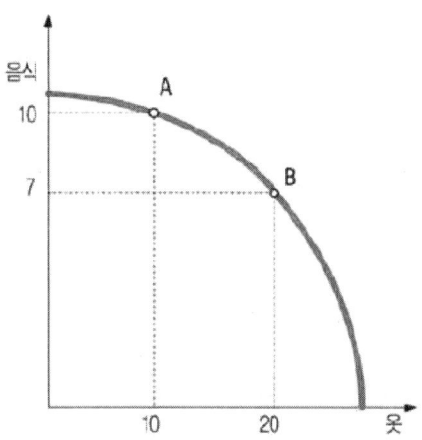

자료: http://www.hankyung.com/news/app/newsview.php?aid=2010092029901(2010. 10.4)

생산 가능 곡선의 기울기가 기회비용이며, 이 식의 좌변이 바로 생산 가능 곡선의 기울기이고, 이것은 고도 우변의 두 재화의 한계비용의 비율이 된다. 교환과 소비의 파레토 효율은 총체적 파레토 효율을 설명하면서 함께 이해해 보자. 소비의 최적 조건은 재화 1원으로 느끼는 한계효용이 같아지는 것이다. 이를 한계효용균등의 법칙이라 하며 '한계효용(음식)/음식 가격 =한계효용(옷)/옷 가격'으로 나타낸다. 이를 정리하면 '옷 가격/음식 가격= 한계효용(옷)/한계효용(음식)이 성립한다. 완전경쟁시장에서 모든 사람은 같은 재화를 동일한 가격을 지불하고 소비한다. 때문에 이 조건은 모든 사람에게 적용되는 조건이다.

한편 완전경쟁시장에서 기업은 '가격=한계비용'인 점에서 생산한다고 배웠다. 그렇다면 생산, 교환(소비) 그리고 총체적 효율성을 결합하면 다음과 같은 근사한 관계를 볼 수 있다. 즉, 생산과 교환 그리고 총체적인 효율성은 완전경쟁시장에서 결정되는 두 재화의 가격에 의해 자동으로 성립한다. 완전경쟁시장이 성립하면 효율적인 자원 배분이 이뤄지는 것이다. 일전에 독점시장에서는 '가격>한계비용'이 된다고 설명하면서 비효율적인 자원배분이라고 했다. '가격>한계비용'이면 생산과 교환, 그리고 총체적 파레토 효율이 성립하지 않는 것을 짐작해볼 수 있다. 수많은 수요자와 공급자가 시장에서 경쟁하고 있기 때문에 모든 경제 주체가 가격에 영향을 주지 못하는 가격 수용자(price taker)이며, 진입장벽이 없는 완전경쟁시장이 효율적이란 의미는 바로 총체적 효율성이 달성된다는 의미다.

그런데 완전경쟁시장의 자원배분이 파레토 효율적이려면 완전경쟁시장은 위의 조건 이외에도 정보의 비대칭, 외부효과, 공공재가 없어야 한다.

이 모든 조건을 만족하는 완전경쟁시장에서 파레토 효율은 시장 스스로의 힘에 의해 달성된다는 것이 수학적으로 증명됐다. 이때 위에서 나열한 완전경쟁시장의 성립을 어렵게 하는 원흉(?)들이 있다면 파레토 효율적 자원배분이 달성되지 않고 시장이 실패했다고 한다. 이처럼 경제학에서 말하는 시장실패는 온전히 '효율성'의 관점에 관한 것이며 공평이나 정의와 무관한 것이다. 이제 앞으로 시장의 성공을 가로막는 원흉들에 대해 하나씩 살펴볼 것이다.[54)55]

20. 지능은 타고난 재능(un don), 신화(un mythe)

인간에게 오래된 습관과 전통에 의해 상식으로 알고 있는 것들이 인간의 자의적 규정에 의해 생성된 허상(l'imaginaire)또는 허구(fiction)일 것이다라는 비판과 의심이 있어왔고, 이러한 것이 일반적으로 지배해온 그 근원에

---

54) 차성훈 KDI경제정보센터 책임전문원 econcha@kdi.re.kr
55) http://www.hankyung.com/news/app/newsview.php?aid=2010092029901(2010. 10.4)

대해 문제삼아서 새로운 낌새를 알아차린 것은 아마도(구조주의라기보다) 구조(무의식의 의미)라는 것에 대한 반성에서 일 것이다.56)

고대 그리스에서 신화에 대한 반성으로써 철학에서부터, 르네상스를 알리는 베이컨(F. Bacon)의 네 가지 우상에 대한 반성을 거치면서, 19세기에는 당시까지의 인식의 한계에 대한 반성을 거쳐 20세기에 이른 학문의 토대(foundement)에 대한 낌새(soupeçon)를 알아차리면서, 한 걸음 더 나아가 근대 과학의 정립을 그럴듯한 이야기(histoire vraisemblable, 우화신화)로 보는 견해가 등장하여 1968년 이후로 "규정할 수 없는 그 무엇(개념 없는 개념)"을 새로이 문제 제기한다. 이러한 흐름은 인간이 부지불식간에 생성하고 확대 재생산하는 한 어떤 규정작업(la determination)을 내면적으로 또는 심층적(의식의 고고학적)으로 파고 들고자 한다. 그 무엇이 규정되는 방식 또한 규정하는 자들의 이데올로기는 아닌가?

신화, 우상, 허구, 우화신화를 만드는 인간 인식은 무엇을 기준으로 삼아서 재인식하게 되는 것일까? 인간이 다른 동물보다 우월하다든지 그리고 어떤 부류의 인간은 다른 부류의 인간보다 우월하다는 상대적 위계질서를 진리처럼 받아들이고 있다. 이런 사유 자체가 우화의 허상과 같은 것처럼 어떤 편견에서 유래한 것은 아닐까? 이 유래를 탐구하는 것이 원인 또는 근원을 찾아가는 것일 것이다. 이 어린이는 머리가 좋다 또는 성적이 좋다고 말하곤 한다. 인간에게 이런 선천적으로 규정할 지능이 있으며 상대적 상위를 규정할 수 있는 근거는 있는가? 실험 심리학자들은 '선천적 지능'을 측정하는 실험을 창안하였다. 실험에서 지능의 차이가 종족과 사회계급에서 차이가 나타나고, 문명사회와 상위계급은 지능지수가 높은 것으로 나타난다고 한다. 여기서 지능 실험의 결과와 사회환경과의 관계는 어떠한가? 생득적 지능이 있어서 같은 사회환경에서도 개별적 차이를 갖는가? 아니면 사회환경이 지능을 결정하는 데 영향을 미치는가? 같은 환경에서 일반적으로

---

56) 조회수: 657, 지식편집자 : singamja (level 4) 1 2004-04-21 20:41 작성

지능분포가 가우스 곡선을 형성하는 것은 다른 환경에서 지능이 낮은 집단에서도 같은 분포곡선을 가지며, 생명체의 다른 특성(예를 들면 키의 분포, 몸무게 분포)에서도 마찬가지이다.

그러나 지능 박약아(다운증후군)가 생래적으로 지능이 낮다는 예로서도 생래적 지능의 유전자의 증거를 아직도 찾지 못하고 있다. 여러 사회적 환경에서 자란 경우들을 비교하여 부유한 집의 자식이 가난한 집의 자식보다 지능지수가 높다는 것을 우파에서는 유전적 의미로 해석하지만 좌파에서는 사회환경이 지능의 발달에 영향을 미친 증거라고 한다. 아직도 46개의 유전자지도가 완성된 것은 아니지만, 유전자내에서 인식의 능력을 측정할 수 있는 '생래적 지능'의 능력 위치 설정(localisation)'은 이루어지지 않고 있다. 인식의 능력은 지점이 있는 것이 아니라 총체적 연관의 작용능력 즉, 인간이 스스로 실현하고자 하는 권능(puisssance)이다.

1) 지능은 정의하기 곤란

(1) 지능은 기능이 아니다. 지능에 대한 정의는 지능을 탐구하는 철학자나 심리학자의 수만큼 많다고 할 수 있을 것이다. 하르트만(Hartmann, 1882-1950)은 지능이란 수단을 목적에 적합하게 적용하는 기능이라고 하고 끌라파레드(Claparède, 1873-1940)는 지능이란 새로운 상황에 적응하는 능력이라고 한다.

(2) 지능은 돌아갈 줄 아는 기술이다. (시이튼의 『동물기』 중 토끼이야기) 퀼러(Köhler, 1887-)는 침펜지를 실험하면서 동물의 지능이란 복잡한 수단을 발명하는 능력이라 정의한다. 동물에서 지능이란 자기들의 '생활세계(Umwelt)'에서 문제를 해결하면서 잘 적응하여 지내는 것이다. 이런 동물 심리학에는 난점이 있다. 지능이란 정신기능이 존재한다 하더라도 문제들을 해결하는 기능 중에서 경험, 습관, 모든 후천적인 것에서 지능만을 따로 떼어내기가 대단히 어렵다.

2) 학습지능

'학습지능이 높다 또는 낮다'의 평가는 어디서 오는가? 학교생활에서의 성공은 지능 때문이라는 가정이다. 학교생활에서 성공할 수 있는 요소는 여러 가지가 있다. 예컨대 좋은 가정환경, 동기(motif), 장래희망, 야망 등이다.

어린 시절 학교성적에서 어떤 것이 우수하다고 해서 나중에 그 방면에서 반드시 성공하는 것은 아니다. 예로서 스탕달(Stendhal, Henri Beyle, 1783-1842)은 수학을 잘했으나 소설가가 되었고 아인슈타인은 수학선생으로부터 구제불능이라는 소리를 들었으나 수학을 이용한 위대한 물리학자가 되었다. 수학사의 일화로서 암산에 능숙한 청년에게 수학을 가르쳤더니 암산능력도 잃어버리고 수학도 할 수 없었다. 또 4세에 5개국을 읽고 말할 수 있었던 어떤 사람은 20세가 되었을 때 평범한 청년이 되었다.

3) 지능테스트

지능테스트는 비네(Binet, 1857-1911)와 시몽(Simon, 1873-1961)에 의하여 만들어졌다.

다른 요소들로부터 지능만을 따로 떼어 측정하려는 의도로, '생래적 지능(la belle intelligence native)'을 구별하려고 한 것이다. 1904년에 파리 교육성은 지능발육이 늦은 아동들을 가려내기 위해서 위원회를 만들었다. (1904-1908-1911을 거쳐 수정) (1905년에 미국인 테르만(Terman, 1877-)의하여 지능단계 측정). 지능테스트는 같은 아이 또래의 75%(3/4)가 풀 수 있는 문제만을 선택한 것이다. (각 나이에 해당하는 문항은 6이었다. 피험자의 수의 3/4을 구별하는 것으로 순서를 정하는 것이 아니라, 그런 범위(위상)을 표시하는 것이다.)

NEMI(Nouvelle échelle métrique d'intelligence, 지능의 운율 측정 법식): 자조(Zazzo)

WISC(Wechler Intelligence scale for children, 웨슬러의 아동 지능 시험법): 웨슬러(Wechler)

페리(Jules Ferry, 1832-1893)는 뷔송(F. Buisson)과 세(C. Sée)의 도움으로 1880-1881년에 여학생 교육, 보통교육 법안을 실행했다. 페리는 프랑스 여론조사에서 프랑스 역사에 가장 큰 영향을 준 사람이다. 두번째는 샤를마뉴이다. 이상하게도 두 사람은 교육제도와 관련이 있다.

4) 과학적 논쟁과 정치적 논쟁

(1) 지능은 본성적 재능인가?

가우스(Gauss, 1777-1855, D)곡선 즉, 지능의 분포도는 종(鍾) 모양의 곡선 분포(courbe en cloche) 생물적 능력을 나타내는 곡선과 닮았다. (순환논증의 오류를 범하는 사례이다. 처음 설정 자체를 중간 항을 기준으로 테스트를 작성하고 그리고 결과가 종 모양이 나온 결과를 설정의 정당성으로 증거를 대는 것은 순환논법(la cercle vicieux)이다.) (그에 반론은 사격 곡선에서 중간이 빈 곡선이다. 왜냐하면 과녁 중앙을 맞히기 어려우니까. 그러나 0점에서 100점(정 중앙)사이에서 중간(50-60)에서 종 모양을 이룬다.) 지능이 유전의 법칙을 따르는 생물적 유전적 기능이라고 결론 내리는 사람들도 있다. 그러나 유전과 관계없는 것이 있다. 특정 언어는 그곳에서 태어났기 때문이다.

(2) 교육의 역할과 지능의 다양성

지능테스트는 각 연령층의 아이들의 75%가 대답할 수 있는 문제들만을 실험재료로 삼았다. 이미 가우스 곡선이 되도록 '기준을 맞추어 놓은' 테스트이다. 이 테스트는 지능을 미리 엄정하게 정의하지는 않았다. 훈련기록은 측정할 수 있지만, 훈련에서 성공한 요인이나 실패한 요인을 추출해내기 어렵다. 테스트에 다양성이 있다. 수 계산 능력, 언어 이해능력, 공간 측정 능력 등은 서로 상관관계가 있다. 그러나 한 측정에서 계수가 다른 측정에서도 동일한 계수로 측정되지 않는다.

- 스페어만(Charles Spearman, 1863-1945, E)은 모든 테스트에서 중요한 역할을 하는 요소(G)와 특수분야에서 주요한 기능을 하는 요소(S)가 있다고 주장했다.

- 터스톤(Louis Leon Thurstone, 1887-1955 A)은 1938년 24명의 대학생에 대해 56가지를 테스트했으나 핵심요소를 발견하지 못했다. (즉, 지능의 근원적 요소를 발견하지 못했다.)

(3) 지능(l'intelligence)과 지식(le savoir)을 분리할 수 있는가?

세레브리야코프(Victor Serebriakoff)는 『당신의 지능지수(Votre quotient intellectuel), 1973』에서 "테스트는 사회 정의의 도구이며, 어떤 어린이가 교육을 받지 않더라도 그 어린이의 잠재력을 알아낼 수 있는 방법 그런 방법이다." 지능테스트에는 정치적이고 사회적 문제가 감추어져 있다. 인위적 불평등을 넘어서 정의 확립을 못하는 테스트는 인간불평등의 낡은 주제에 사이비과학으로 보증하는 것일 것이다. 즉, 테스트 결과의 차이가 유전적(또는 인종적) 차이라면, 선천적이고 유전적인 지능을 증명하고, 개인의 차이를 증명해야 할 것이다. 그러면 "우파"는 정당화될 것이다. 그러나 테스트의 차이가 사회적 분위기, 가정교육이나 문화교육의 영향 때문이라면, 책임은 본성(la nature)이 아니라, 역사(l'histoire)이다. (기존의) 역사를 제거하고 새로운 역사를 수립해야 할 것이다. 그래서 "좌파"는 어린이들에게 최선의 교육의 환경을 마련해주고, 인위적인 불평등을 제거시키며, 본성이 발휘되도록(루소의 자연으로 돌아가라는 본성을 살려라라는 의미이다.) 보장하는 것이다. 상반된 두 견해에 대한 공정한 비판을 시도해보자.

5) 계속해서 나타나는 관찰의 결과들

미국에서 흑인 아이들의 테스트 평균결과가 백인아이들 보다 낮다. 지능지수는 사회계급이나 환경에 따라 달라진다. 고아들은 일반가정아이보다 지능지수가 더 낮다. 시골학교 학생은 서울 강남지역 학생보다 지능이 낮다.

1944년 삐에롱(Henri Piéron, 1881-1964)과 의사 질(Gilles)의 조사 결과에서 부모의 직업에 따른 자식들의 지능의 비교에서 자유직업>산업체의 간부와 상인>도시의 근로노동자>농업노동자이다.

1965년 프랑스 설문조사에서 단순노동자의 자녀는 평균 90, 중견 간부의 자녀는 평균 115였다.
- 미세한 환경차이에 관한 분석에서의 1923년 고르동(Gordon), 선원들의 자녀가 평균 지능지수에서 가장 낮다.(가족이 먼 곳을 여행하기 때문에 학교를 끊임없이 옮겨 다녀야 한다.)

가) 각각의 그룹내에는 보다 우수한 성적이 있고 보다 낮은 성적이 있다.
나) 10세 미만의 아이들을 측정한 지능지수는 예견할 수 없는 가치이다.
다) 부모의 IQ와 자녀들의 IQ를 비교해보면 흥미있다.

자녀들의 평균치가 낮은 부모의 평균치보다 높고, 높은 부모의 평균치보다 낮다. 이를 '평균을 향한 역진(régression à la moyenne)' 현상이라 부른다. 이 현상은 지능에서 뿐만 아니라, 키의 경우에도 적용된다.

지능지수는 자녀의 수와 자녀의 위계에서도 차이가 있다. 즉, 대개 맏이의 경우 IQ가 높다.

6) 결과에 대한 해석

갈톤(Sir Francis Galton, 1822-1869)의 『유전적 천재론(Hereditary genus, 1869)』에서 위대한 음악가들을 배출시킨 가문에 대하여 썼다. 카렐(Alexis Carrel, 1873-1944) 『알려지지 않은 존재: 사회적 계급과 생물적 계급(l'homme cet inconnu: Classes sociales et classes biologiques), 1936)』에서 "오늘날 무산자들이 열등한 상황에 처해 있는 것은 그들의 육체와 정신의 유전적 결함 때문이다."

젠센(Arther Jensen)은 흑인의 열등성은 유전적인 결함이라고 한다. 뉴욕 타임잡지(New York Times Magazines)는 1970년대까지도 백인의 지능 유전자수는 흑인들 보다 많다고 했다.

고생스러운 직업에 종사하는 사람들이나 전문성이 없는 일에 종사하는 사람들과 같은 불리한 소수는 사회적인 불의의 희생물이 아니라, 선천적인 불평등의 희생물이라는 것을 의미한다. 이것이 사실이라면 인류의 미래는 불안하다. 왜냐하면 절대 다수의 인간이 평균 이하의 일을 하고 있으면 지능은 점점 저하해야 마땅하다. 그러나 반세기가 지나도 지능이 낮아졌다는 관찰은 없다. 결국 사회적 환경은 지능의 실험 결과에 대한 성공과 실패의 일부를 설명하고 있다.

7) 유전론에 대한 비판과 지능에 대한 환경의 영향

젠센(Jensen)의 흑인의 유전자 열등성의 설명에서 북부흑인이 남부흑인보다 우월한 것은 "선별적 이민(migration sélective)" 때문이다(외적 환경에 의한 유전 형질의 변화처럼, 전형적인 다윈 진화론자이다).

(1) 뉴욕 흑인들의 생활 조건은 대부분의 경우 남부에서의 생활 조건보다 낫다.

문제 ·····은 교회와 도서관에서 지배적이다. ··· 답은 (조용)이다.

흑인들은 답을 하지 못한다. 그들은 교회에서 노래하고 떠들썩하게 참석했기 때문이다.

(2) 테스트의 내용이 백인에 의해 만들어졌다

오지의 원주민을 양녀로 삼은 경우는 문명인과 정상인이었다.

벨라르(Vellard)가 파라과이에서 6개월 짜리 계집애를 데려다 키웠다.

(3) 지능지수와 사회계급간의 관계

스코닥(Marie SKodak)과 스킬(H.M. SKeels)은 1949년에 "백명 입양아에 대한 최종 연구결과(A final Follow up Study do one hundred adopted children)" 논문에서 그리고 또르(Michel Tort)는 『지능지수(Le quotient intellectuel), 1974』 pp,37-46에서 사회적 환경에 따른 지능지수의 통계적 변동은 계급분화의 자연적(naturelle), 유전적 및 발생적(génétique)이 아니라, 사회학적 분열의 결과라는 것을 증명하는 실험을 하였다. 따라서 사회문화적 환경이 생물학적인 유전보다 더 강하게 IQ에 영향을 준다.

생물종의 경우에서 강남의 귤을 화북에 심었더니 탱자가 되었다. 삼밭에 쑥이 나온다.

보니에(Gaston Bonnier, 1853-1922)의 돼지 감자연구에서 (라마르크 관점에서 transformiste) 헤브(Hebb)와 헨더슨(Henderson)의 쥐 실험에서 자극적인 환경에서 자란 쥐들이 다른 쥐들보다 두 가지 방식에서 다르다.

(1) 전자가 평균성적이 높다.

(2) 전자에서 성적의 분포도가 크다(의미의 시대에서 차별화가 가속된다.)(훌륭한 지도자와 올바른 지도이념 밑에서 나약한 자는 없다.)

8) 유전인자의 몫

지능 유전자는 존재하는가? 지능 염색체가 확인된 적이 없다. 유전학적 (발생적)으로나 생리학적으로 설명할 수 있는 것, 그것은 지적 기능 그 자체 (la fonction intellectuelle elle-même)가 아니라 유전적인 몇가지 변질사례 (certaines altérations)가 있다.

몽골리즘 환자(les mongoliens)의 경우, (IQ 70 전후) - 염색체 21번에 (인간 46개) 있다.

라르마(Jacques Larmat)는 『지성의 유전(La génétique de l'intelligence), 1973』에서 "인간의 유전자 장부는 특히 혈액인자의 경우이며, 따로 떼어 놓으면 병이 유전자의 장부이다. 지금까지는 지능의 유전자형이라고 할만한 어떤 모델도 만들어진 적이 없다."라고 한다.

(1) 평균을 향한 역진 현상은 지능이 부분적으로라도 유전의 통계법칙에 맞는다는 것을 입증한다. 집중화와 분산화의 두 가지 경향에서 한 측면만이 유전적 증거를 찾아서는 안될 것이다. 전자에 중심을 두면 유전적 결정론으로 후자에 두면 능동적 결정론이지만 다른 해석이 나올 것이다.

(2) 고아원 아이가 평균치가 낮다(환경의 열악). 그러나 한번도 어긋난 적이 없다(평범한 가정이라도 입양아를 대상으로 해보라).

(3) 진짜 쌍둥이의 경우(일란성 쌍둥이의 경우)

뉴먼(Newman), 프레스맨(Fresman), 홀징거(Holzinger, 1937): 19쌍

버트(Burt): 53쌍

후센(Husen): 1948에서 1952년에 수백쌍의 스웨덴 군복무자를 대상으로

쉴드(Schield): 1962년 44쌍

유전자의 영향이 크다. 버트는 3/4이 유전적이고, 1/4은 환경적이다. 하여튼 환경의 차이가 크면 클수록, 서로 떨어져 살고 있는 쌍둥이의 IQ 포인트의 차이도 커진다. 일란성 쌍둥이 두 여아의 경우 지능지수의 차이가 24포인트가 난 경우도 있다. 즉, 환경의 차이가 크면 클수록 IQ를 차지하는 몫도 크다. 동물(쥐)들에 대한 실험에서 습득능력의 유전성이 존재한다는 것을 증명한다. 그러나 이러한 실험도 습득 능력에 미치는 환경의 영향을 부인하지는 못한다(인간의 경우에 그 변환은 40년 이상을 지나봐야 안다. 진정한 자의식이 자기에 대해 말하고자 할 때까지 ... 친부와 양부 중에 선택의 경우...).

9) 결론

지능에는 생물적인 유전과 환경의 영향이 공존한다. 허브(Hubb)는 유전적 능력은 크게 중요하지 않으며 교육(l'instruction)이 중요하다. 지능 즉, 유전적 능력만을 측정할 수 있는 테스트는 없다. 6살 아이의 IQ가 장래의 가능성을 정확하게 나타내는 지침의 표시가 될 수 없다. 심리학자가 학교선생에게 거짓 지능지수를 주었을 경우 선생은 아동의 학습진도에서 거짓지능의 차이를 구별하지 못했다. 게에노(Jean Guéhenno, 1890-1978)는 『인간들의 길 위에서(Sur le Chemin des hommes)』에서 "자신이 가르치는 학생이 바보라고 불평하는 선생님을 믿지 말라. 다른 사람들의 지능을 의심하고 무시하는 사람은 그들의 지능을 무력하게 하고 더 나아가 그들의 지능을 파괴한다."57)58)

21. 공정한 소득재분배에 대한 3가지 사상

경제가 성장하면서 소득격차가 벌어지는 것은 피할 수 없는 일이다.59)

---

57) 출처 : [인터넷] http://www.masilga.com/philosophy/Concept/Concepts15.asp#1
58) http://kr.ks.yahoo.com/service/wiki_know/know_view.html?dnum=LAN&tnum =119294(2010.10.2)

소득격차 문제를 해결하기 위해 정부는 다양한 재분배 정책을 편다. 그렇다면 재분배는 어느 수준까지 되는게 좋을까. 이는 경제적 분석만으로는 불가능하다. 정치 철학적인 접근이 필요하다. 소득재분배에 대한 정치 철학적 시각은 크게 세가지로 나뉜다. 공리주의와 점진적 자유주의 그리고 급진적 자유주의가 그것이다.

공리주의(utilitarianism)는 19세기 초반에, 점진적 자유주의(liberalism)와 급진적 자유주의(libertarianism)는 1970년대 초반에 각각 존 롤스(JohnRawls)와 로버트 노직(RobertNozick)이라는 철학자에 의해 제시됐다. 이들 사상은 소득격차를 해소하기 위해 정부가 어느 정도 개입하는 것이 정의로운지에 대해 다룬다. 소득격차 해소를 위해 정부가 어느 정도 개입해야 하느냐에 대해 공리주의, 존 롤스, 로버트 노직이 철학적 근거를 제시한다.

1) 공리주의

공리주의의 창시자는 영국의 철학자 밴담(Jeremy Bentham)과 밀(John Stuart Mill)이다.

공리주의의 목표는 개인의 의사결정 논리를 도덕과 공공정책에 적용하는 것이다. 공리주의는 효용(utility) 즉, 한 인간이 주변환경을 통해 얻는 행복이나 만족감의 개념에서 출발한다. 그들에 따르면 효용은 복지의 측정지표이며 모든 공공정책과 개인행동의 궁극적인 목표다. 또 정부의 존재 목표는 사회구성원 전체의 효용의 합을 극대화하는 것이어야 한다고 주장한다. 소득분배에 관한 공리주의자들의 논리는 한계효용체감 현상에 기초한다. 부유한 사람의 만원보다 가난한 사람의 만원이 큰 효용을 창출한다는 것이다.

다시 말해 한 사람의 소득이 증가하면 추가적으로 벌어들이는 만원에서 나오는 효용은 감소한다. 한계효용체감은 총효용을 극대화해야한다는 공리주의자들의 목표와 함께 정부가 소득의 공평한 분배에 힘써야 한다는 주장

---

59) [Cover Story] 공정한 소득 재분배에 대한 3가지 사상, 입력: 2010-08-20 17:03 / 수정: 2010-08-20 17:30

의 논리적 근거가 되고 있다.

공리주의의 논리는 간단하다. 예를 들어 철수와 영희를 생각해 보자. 철수는 1년에 1억원을 벌고 영희는 1000만원을 벌고 있다. 철수에게서 만원을 빼앗아 영희에게 주면 철수의 효용은 감소하고 영희의 효용은 증가할 것이다. 그러나 한계효용체감 현상에 따라 철수의 효용 감소분은 영희의 효용 증가분보다 작다. 그러므로 이같은 소득의 재분배는 사회적 총효용을 증가시키므로 공리주의자의 목표에 부합한다. 이러한 공리주의자들의 주장은 모든 사회구성원이 똑같은 소득을 가질 때까지 정부가 소득의 재분배를 계속해야 한다는 것으로 생각될 수 있다. 그러나 실제로는 그렇지 않다. 공리주의자들은 사람들이 경제적 유인에 반응한다는 원리를 인정하며 소득의 완전 균등분배는 거부한다. 즉, 철수의 돈을 영희에게 주기 위해 정부는 소득세나 사회보장제도와 같은 소득재분배 제도를 시행해야 한다. 하지만 정부가 높은 소득세를 부과하거나 보조금을 줄여 소득을 감소시킨다면 철수와 영희는 열심히 일하려고 하지 않을 것이다. 이들이 적게 일하면 사회의 소득은 감소하고 총효용도 감소한다. 공리주의 정부는 평등에서 오는 이익과 근로의욕 저하에서 비롯되는 손해를 잘 생각해봐야 한다. 따라서 사회적 총효용을 극대화하려면 정부는 사회를 완전히 평등하게 만들어야 한다는 생각을 버려야 한다.

2) 점진적 자유주의

소득불평등에 대한 둘째 사상은 점진적 자유주의다. 롤스가 그의 저서 1971년 '정의론(A Theory of Justice)'에서 처음 이 사상을 발표했다. 롤스는 사회의 각 단체, 법, 정책이 정의로워야 한다는 전제에서 논의를 시작한다.

그리고는 본질적인 질문을 던진다. 사회구성원 모두가 정의에 대한 합의에 도달할 수 있을까? 이 질문에 답하기 위해 롤스는 다음과 같은 가상실험을 제안한다. 우리가 태어나기 전에 사회를 지배하는 공정한 법칙을 만들기 위해 다같이 모였다고 가정해 보자. 그리고 어느 누구도 자기가 어떤 지위를 차지하고 그 사회에 태어날지 모른다고 하자. 롤스의 표현대로 지금 우리는 '무지의 베일(veil of ignorance)' 뒤에 가려진 '초기 상태(original position)'에 있는 것이다. 이 초기 상태에서 우리는 정당한 사회적 규칙에 대한 합의에 도달할 수 있다. 왜냐하면 이 규칙이 사회구성원들에게 어떤 영향을 미치는지를 고려해야 하기 때문이다. 롤스는 "모두 같은 입장에 있고, 아무도 자신의 사적 이익에 유리한 원칙을 세울 수 없다면 공정한 합의와 협상의 결과로 정의의 원칙(the principles of justice)이 도출된다"고 말한다. 공공정책과 법률을 만들 때도 이 방법을 사용하면 우리는 어떤 정책이 옳은지를 객관적으로 판단할 수 있다. 롤스는 이어 이러한 무지의 베일 뒤에서 고안된 정책은 무엇을 달성하려는 것인지를 연구한다. 특히 사람들이 자신이 상위층에 속할지, 중간층일지, 하위층일지 모를 때 어떤 소득분배가 정당하다고 생각할지를 추론했다. 그의 추론에 따르면 사람들은 초기 상태에선 소득분배의 최하위층에 떨어지지 않을까를 가장 우려했다. 롤스는 따라서 공공정책의 목표는 사회 최빈층의 복지를 증가시키는 것이 돼야 한다고 봤다.

이는 공리주의처럼 모든 사람들의 효용을 극대화하는 것이 아니라 최저 효용을 극대화해야 한다는 주장이다. 롤스의 이 원칙을 '최소극대화 기준(maximin criterion)'이라고 부른다. 최소극대화 기준은 사회의 가장 불행한 계층의 복지를 강조하기 때문에 소득분배의 균등을 추구하는 정책을 정당화시킨다. 부자에서 가난한 사람으로 소득이 이전되면 최빈층의 복지는 증진되기 때문이다. 그러나 최소극대화 기준이 완전히 평등한 사회를 추구하는 것은 아니다. 정부가 모든 사회구성원의 소득을 균등하게 만들겠다고 약속하면 사람들의 근로의욕이 저하되고, 사회 전체의 총소득도 점차 감소해 최빈층의 복지수준이 오히려 악화될 것이기 때문이다. 따라서 최소극대화 기준은 소득의 불균등을 용인한다. 불균등은 동기부여를 하고 그렇게 되면 가난한 사람을 도울 수 있는 사회적 능력도 증가할 것이다.

그럼에도 불구하고 롤스 철학은 최빈층에게 높은 가중치를 부여하기 때문에 공리주의자들보다도 소득의 재분배를 강력하게 요구한다.

3) 급진적 자유주의

불평등에 대한 셋째 사상은 급진적 자유주의다. 앞에서 살펴본 두 가지 견해는 사회의 총소득을 정부가 특정 목적에 도달하기 위해 자유롭게 재분배할 수 있는 자원으로 보았다. 그러나 급진적 자유주의자들은 사회 자체는 소득이 전혀 없다고 본다. 그 사회의 구성원만이 소득을 벌어들이는 것이다. 급진적 자유주의자들은 정부는 특정한 목표의 소득재분배를 위해 사회 구성원들의 소득을 이전시키거나 변화시켜서는 안된다고 주장한다. 철학자 노직은 1974년 '무정부, 국가 그리고 유토피아(Anarchy, State and Utopia)'에서 다음과 같이 말했다. "우리는 이제 파이 한 조각을 받아들고 그 파이 조각을 잘못 썰었다고 불평하는 어린애가 아니다. 중앙집권적인 배분이란 없다.

어느 누구도, 어떤 집단도 자원을 통제하거나 얼마만큼 나누어줄지 결정할 권한을 가질 수 없다.

어떤 사람이 무엇을 가졌다면 그것은 다른 사람과 교환했거나 선물로 받은 것이다. 새로운 재산은 자발적인 교환과 인간들의 행동을 통해 형성된다." 노직은 어느 정도의 불평등이 바람직한 수준인지를 판단하려는 시도 논의 자체가 쓸데없는 것이라고 주장한다. 경제활동의 결과를 평가하는 대안으로 급진적 자유주의자들은 이러한 결과가 나온 과정을 검토하자고 제안한다. 소득분배가 부당하게 이루어지면 예컨대 한 사람이 다른 사람의 물건을 훔쳤다면 정부는 이 문제를 해결할 권한과 책임이 있다. 그러나 소득분배 과정이 정당했다면 그 결과로 이뤄진 배분은 정당하다. 소득분배의 결정 과정만 정당하다면 그 결과가 얼마만큼 불평등하든지 그것은 공정한 것이다. 급진적 자유주의자들은 기회의 균등이 결과의 균등보다 중요하다고 생각한다. 그들은 정부가 모든 이들이 재능을 발휘하고 성공할 수 있도록 기회의 균등을 보장해야 한다고 주장한다. 이런 게임의 규칙이 정립되면 소득의 분배에 대해 정부가 관여할 이유가 없다는 것이다.[60][61]

22. 공정한 사회의 기준

이명박 대통령이 지난 15일 광복절 경축사에서 공정한 사회를 집권 후반기 국정 운영의 청사진으로 내놓은 후 '공정한 사회'에 대한 관심이 높다.[62]

이 대통령은 이날 "공정한 사회는 출발과 과정에서 공평한 기회를 주되, 결과에 대해서는 스스로 책임을 지는 사회"라며 공정한 사회야말로 대한민국 선진화의 윤리적·실천적 인프라라고 강조했다. 그러면서 미소금융 햇살론, 대기업과 중소기업, 노사협력 등의 상생정책을 적극적으로 추진하겠다고 밝혔다.

우리 사회에서 커지고 있는 분야별 격차를 해소해 모두가 잘사는 따뜻한 사회를 만들겠다는 의지라고 볼 수 있다. 이 대통령이 공정한 사회를 후반기 국정운영 청사진으로 내세웠지만 사실 이는 많은 정치가들이 오래전부터 꿈꿔왔던 주제이기도 하다. 하지만 공정한 사회를 어떻게 추진할 것인가 하는 구체적인 방법론에 들어가면 다소 복잡한 논쟁이 벌어진다.

공정은 바로 정의라는 철학 주제와 관련이 있기 때문이다. '정의론'의 저자 존 롤스는 정의의 기준을 아예 '공정(fairness)'이라고 말했다. 그는 공정한 사회를 만들기 위해 정의의 기준을 만들어야 하는데 이때 세상 사람들은 이미 이해관계가 있으므로 세상에 태어나지 않은 '베일에 가린 상태'를 가정해야 한다는 방법론을 제시하기도 했다. 공정한 기준을 정하기가 그만큼 힘들다는 설명이다. 정의를 보는 시각은 크게 세 가지로 나뉜다. 최대다수의 최대행복을 강조하는 공리주의, 개인의 자유를 강조하는 자유주의, 그리고 미덕을 기준으로 해야 한다는 고대 철학자 등을 들 수 있다.

자유주의는 다시 평등을 강조하는 존 롤스주의자(liberalist·점진적 자유

---

60) 장경영 한국경제신문 연구위원 longrun@hankyung.com, ▶ [Cover Story] 대기업-중소기업의 相生과 正義문제, ▶ [Cover Story] '공정한 사회'의 기준은 무엇일까?
61) http://www.hankyung.com/news/app/newsview.php?aid=2010081930491(2010.10.4)
62) [Cover Story] 입력: 2010-08-20 17:27 / 수정: 2010-08-20 17:30

주의자)와 개인의 자유를 강조하는 로버트 노직주의자(libertarian · 급진적 자유주의자)로 구분하기도 한다. 공리주의자는 한계효용체감의 법칙을 들며 개개인이 얻는 만족감(효용)이 최대가 되도록 해야 한다고 보았다. 철학자들이 정의의 기준으로 자유를 제시한 것은 18세기 이후부터다. 18세기 이전의 철학자들은 정의를 미덕으로 판단했다. 고대 철학자 아리스토텔레스는 정의란 사람들에게 그들이 마땅히 받아야 할 것을 주는 것이라고 보았는데 이때 마땅히 받을 자격이란 바로 미덕을 기준으로 판단했다. 바람직한 삶을 사는 사람들에게 영광과 포상이 돌아가도록 해야 한다는 것이었다. 이러한 사상은 산업혁명과 시민혁명이 일어나고 자유가 강조되면서 바뀌었다. 임마누엘 칸트 이후 철학자들은 정의란 시민들의 권리와 관련되는 것으로서 미덕과 같은 주관적인 견해에 좌우되어서는 안된다고 보았다. 개인의 삶은 개인 스스로 선택할 수 있어야 한다는 것이다. 물론 고대 철학자들이

자료: http://www.hankyung.com/news/app/newsview.php?aid=2010081930431(2010. 10.4)

주장했던 미덕을 정의의 잣대로 삼는 시각이 18세기 이후 완전히 없어진 것은 아니다.

공동체를 강조할수록 이러한 기준이 두드러진다. 마이클 샌델 하버드대 교수는 '정의란 무엇인가'에서 자신은 미덕을 선호한다고 스스로 밝히고 있다. 미덕을 기준으로 정의를 판단하는 방법은 일견 직관적이어서 설득력이 있을 수 있다. 하지만 국가가 미덕을 정하고 판단하기 위해 개입하기 시작하면 개인의 자유는 위축될 수밖에 없다. 극단적인 경우 전체주의 국가로 흘러갈 수도 있다. 이 대통령이 8·15 경축사에서 공정한 사회를 제시한 것을 계기로 정의의 개념과 역사 등에 대해 활발히 논의되고 있다.[63][64]

23. 욕망의 대한민국, 자유를 찬미

아버님께서 말씀하시던 부의 속성에 관한 이야기이다. 아흔아홉(99) 섬 하는 자가 한(1) 섬 가진 자 것을 빼앗는다는 것이다.[65] 인간의 욕망은 끝이 없어 처음 백만원만 하던 바램이 천만원으로 억원으로, 다시 10억원대를 쌓아두고 싶어한다. 그러나 물질적 욕망은 아무리 채워도 끝이 없고 갈증만 계속되기 마련이다. 이런 자본의 욕망 법칙이 우리 사회의 구석구석을 덮쳐 추악한 모습을 드러내고 있다. 권력을 가진 자가 부자되려고 눈이 멀어 몇 십억원을 빌렸다 하면 꿀꺽 삼키고, 명품쇼핑도 제공받는다. 자신들의 벌이 만으로도 보통사람들의 몇 곱절이나 보장받은 생활을 할 수 있는데도 그들은 주변과 비교해 만족을 못하고 99섬에 한 섬을 더 보태 백 섬을 채우려는 것이다. 한마디로 늑대, 승냥이 그 자체인 것이다.

학자나 현인들은 인간 세상은 진화한다고 말한다. 세상의 제도나 문물은 인간들의 지혜와 현명함에 고도로 발전한다고 하고 그 증거가 민주주의라

---

63) 장경영 한국경제신문 연구위원 longrun@hankyung.com
64) http://www.hankyung.com/news/app/newsview.php?aid=2010081930431(2010. 10.4)
65) 정지성, 문화사랑모임 대표

고 한다. 그러나 위와 같은 모습을 목격하면서 결코 아니다라는 생각이 닥친다. 정말 전혀 아니다. 특히 우리나라는 근대화 과정에서 매판자본에 의해 기회를 가진 자는 흥하고, 공정한 법칙에 따른 자는 별 볼일 없어지는 냉혈한 법칙을 학습했다. 누구든 수단과 방법을 가리지 않고 돈을 벌고 땅을 사고, 사다리에 먼저 올라타 뒤따라오는 자들에게 발차기를 해도 용납되는 불공정하고 추악한 세상이 되어 버렸다. 가진 자들은 더 벌 수 있게 되고, 재벌들은 모든 것을 보장받고 자손만대로 모든 재화와 이익, 권한을 보장받을 수 있도록 만들어 주고 있다. 정말 울화가 치밀고 이성적으로 용납이 안되는 판국이다. 이런 모습을 보고 있자면 세상이 진화하고 제도와 문물이 발전한다는 말은 새빨간 거짓말이다. 그러지 못한 자들은 낙오자가 된다. 세상은 아무리 발버둥쳐도 소용이 없어진다는 자괴감에 빠질 수밖에 없게 된다. 공정하지 못하고 기회주의자들만이 승승장구하는 세상에서 나를 잊고 쓴 소주와 삼겹살로 달래며, 자신을 위로하는 깨달음을 얻을 수밖에 없는 것이다. 세계에서 가장 성공한 나라의 한국인들은 이렇듯 천민자본주의와 욕망의 호랑이 등위에 올라타 뛰어내리지 못하고 근사한 아파트, 멋진 승용차, 메이커 상표의 패션, 명품 쇼핑, 화려한 여행 바캉스를 갈구하느라 멍들어가고 있다. 끝없는 빚 살림에 옭아 매이어 시달림을 당하고 있다.

 국민소득 1만, 2만불을 돌아보아라. 엄청난 부자나라인 양하지만 그래봐야 한 달에 1~2백만원 번 돈으로 3식구 살림에 은행대출 이자, 자동차 할부금, 쇼핑 할부금, 아이들 학원비 등등등 다음 달 돌아 올 카드대금에 새가슴이 되어 전전긍긍하지 않는가. 이 압박에서 벗어나려면 월급도 높아져야하고, 내외가 맞벌이해야 하고, 부동산투자로, 주식투자로 왕창 한 몫 잡아야 하는데 자본의 검은 손은 개미들의 주머니를 털어가며 코스닥 지수가 오르고 대박이 터진다고만 선동해댄다. 주식으로, 부동산으로, 심지어 로또로 대박을 건졌다는 유언비어에 '사촌이 땅을 사면 배가 아프다'는 속담만 되뇌며 가슴으로 삭힐 뿐이다. 발전하고 선진화되어 가는 대한민국을 보라.

 어디 세상이 진화하고 제도와 문물이 발전하고 문명이 진보하고 있다고

믿을 수 있는가.66)67)

24. 양파껍질과 청백당(淸白堂)

  송(宋)나라 여본중(呂本中)이 쓴 동몽훈(童蒙訓)에 '공직에 임하는 세 가지 법칙은 청렴과 신중과 근면이다. 이것을 알면 그 몸가짐을 알 수 있다'고 했다. 청렴은 그 뿌리를 양심에 두고 있다. 양심이 병들지 않는 한 청렴은 언제나 건강하다. 조선시대 청백리로 선조 때 서애(西厓) 유성룡을 말하지 않을 수 없다.68) 유성룡이 고향에서 우거하고 있다가 다시 부름을 받았을 때 친분이 두터운 이준경을 찾아갔다. 이준경이 '벼슬하는 사람은 반드시 서울에 집과 터를 마련해야 편리하네'라고 충고했다. 얼마 후 벼슬에서 물러선 서애는 집이 없어 서울 근교 사찰에서 우거했다는 일화가 전한다. 특히 육척장신으로 키가 컸던 서애는 말년에 삼간두옥(三間斗屋)에서 쪼그리고 살다가 생을 마감했는데, 그의 염을 하는 방안이 너무 작아서 시신의 발목이 문 밖으로 뻗게 되어 방에서 입관을 할 수 없게 되자 그것을 본 문하생들이 대성통곡을 했다고 한다. 또한 조선시대 재상으로 고불(古佛)이란 칭호를 받은 맹사성과 최윤덕의 청백리 역시 유명하다. 청렴한 재상이었던 맹사성이 고향에 가면서 화려한 말 대신 소를 타고 간 것은 유명한 일화이지만 무장 출신이었던 최 고불의 검소함도 이에 못지 않았던 모양이다. 최 고불이 어머니 상(喪)을 당했을 때 정승 지위에 있으면서도 그 행차는 초라했다. 말 한 필에 종 한 명 뿐이었다고 한다. 조선조에 박수량 또한 청백리의 표상이다. 박수량은 공직에 있는 38년동안 청렴결백한 사람으로 이름났다.

  이에 명종이 청렴한 그의 소문을 듣고 몰래 사람을 보내 사는 모습을 알아보도록 했다. 신하가 보고하기를 '벼슬에 오른 지 38년이 되었고 당상 대

---

66) 기사입력시간 : 2009-08-02 17:50:45, 글쓴이 : 정지성
67) http://www.ccdailynews.com/section/?knum=109257(2010.10.4)
68) 열린광장, 2010년 10월 03일(일) 충청타임즈, webmaster@cctimes.kr, 윤형철〈한남대학교 생명공학과 2학년〉

신에 올랐지만 아직 오두막에 산다'고 했다.

왕이 놀라 향리에 집을 지어주고 '청백당(清白堂)'이라는 액자를 내려 주었다. 관료사회에 청렴도를 가르는 사불삼거(四不三拒)라는 불문율이 있다.

부업을 가져서는 안된다는 것이 일불(一不)이고, 땅을 사지 않는 것이 이불(二不)이며, 집을 늘리지 않는 것이 삼불(三不)이고, 그 고을의 명물을 먹지 않는 것이 사불(四不)이다. 또 윗사람이나 세도가의 부당한 요구를 거절하는 것이 일거(一拒)이고, 청을 들어준 다음 답례를 거절하는 것이 이거(二拒)이며, 재임 중 애경사의 부조를 일절 받지 않는 것이 삼거(三拒)다.

이명박 정부 초기 내각을 이끌 장관 내정자들의 재산형성 과정이 회자된 바 있다. 어느 내정자는 땅을 사랑해서 절대농지를 사들였고, 유방암이 아니라서 오피스텔을 남편으로부터 선물받고 친구 집에 놀러갔다가 오피스텔을 샀다는 명언을 남겼다. 그런가 하면 어느 장관 내정자는 2억이나 되는 골프장 회원권을 싸구려 회원권이라고 말해 빈축을 샀다. 또 어떤 장관 내정자는 자식이 한국국적을 포기하고 외국국적을 취득했는데도 불구하고 한국에서 의료혜택을 적용받았다. 경제를 살리겠다는 단 한마디로 10년만에 정권을 차지한 이명박 정부 초대 내각 내정자들의 한심한 청렴도가 아닐 수 없다. 그런데 이번 총리내정자들의 양파껍질 의혹은 도를 넘는 것 같다.

김태호 총리 내정자가 청문회에서 거짓말로 낙마한 데 이어 이번에는 청백리의 표상인 감사원장 출신의 김황식 총리내정자도 자유롭지 못한 것 같다.

양파껍질처럼 벗겨도 벗겨도 무엇인가 자꾸 나온다는 이야기다. 마치 고구마 줄기를 뽑으면 고구마가 줄줄이 나오듯 말이다. 이래서 공정한 사회라고 할 수 있겠는가. 국민들이 바라는 것은 하나다. 최 고불이나 서애 유성룡의 풍모는 따라가지 못한다 하더라도 국민이 공감할 수 있는 정직한 인물이 각료로 많이 발탁돼야 한다는 것이다. 이명박 정부에서도 조선조 명종 때 박수량과 같은 청백당(清白堂)이란 액자를 국민들로부터 받는 총리나 장관이 나왔으면 하는 바람이다.[69)70)]

25. 공정한 사회

"공정한 사회"는 당연한 화두인데 왜 이리 시끄러울까.[71] 각종 법규와 절차가 잘 갖추어진 시스템이 있다. 그런 제도와 법대로 가는데 무슨 문제가 있는가. 논란이 이는 것은 이것이 안지켜지는 것이 아니라 편법을 동원하여 꼼수를 부리기 때문이다. 즉, 규정의 허점이나 변칙으로 요식적인 절차를 갖추면서 아무 일 없었다는 척하는 것이다. 자격이 안되지만 그렇게 한몫 챙기는 것이다. 제도와 법은 곧 합법적으로 자격을 주는데 이런 면죄부로 이용되어 온 것이다. 이렇게 무임승차하면 조직은 느슨하고 역동성이 없어진다.

법이 없고 제도가 없어 문제가 생겨난 것이 아니다. 공부 많이 한 그 좋은 머리로 공적인 것보다 사리사욕에 꼼수를 부린 것이다. 이런 편법 때문에 더욱 엄격한 법과 제도가 생겨나지만 머리 좋은 기득권 꼼수 앞에서는 속수무책이다. 그럴듯한 명분을 내세워 새로운 제도를 말하지만 기득권에 유리한 쪽으로 가는 것으로 의심을 한다.

전문성과 현실감이 떨어지는 정치는 학자와 공무원의 논리를 능가할 수 없으며 한번 생겨난 것은 여간해서 없어지거나 축소되지 않는다. 설령 없어졌다가도 정권이 바뀌면 다시 부활한다. 내세우는 이유와 명분의 논리는 다 맞다. 사회조직 정부조직 정치도 마찬가지다.

그동안 법이 없어서 부정부패와 편법이 사라지지 않았나. 매 정권마다 꼼수 부려 제 밥그릇 챙기기 바빴고 그렇게 한번 훑고 물러나면 나라 빚은 눈덩이처럼 불어났고 주변 측근들은 한몫 챙기면서 비리로 감옥가면서도 나만 그러냐는 식으로 억울하다는 소리를 한다. 아무리 개헌을 한들 완전할 수 없으며 어떻게 잘 운영하느냐의 철학의 묘에 달려 있다.

---

69) 충청타임즈(http://www.cctimes.kr)
70) http://www.cctimes.kr/news/articleView.html?idxno=214624(2010.10.4)
71) [스크랩] 공정한 사회| 궁시렁 궁시렁, 변사또 조회 114 | 2010.09.19. 12:46
  http://cafe.daum.net/6278685/JBee/476

국민의 낮은 신뢰도 대신 화려한 말(修辭)만 난무한다. 이제는 어지간한 말을 해서는 감동을 주지 못한다. 여야 논리의 공방은 다 맞는 말이고 명분은 국민을 위한다고 하지만 말과 처신이 이율배반적일 때가 많다. 여기에 발목이 잡혀 말의 설득력이 떨어진다. 과거가 그러했고 현재도 그러하니 여야 발목잡기로는 서로 좋은 버팀목이다. 더구나 각론으로 들어가면 사회는 말도 많고 복잡하다.72)73)

26. 공정한 사회로 쓰리고를

♣ 시계바늘 (신유노래)

1) 사는 게 뭐 별거 있더냐. 욕 안먹고 살면 되는거지, 술 한 잔에 시름을 털고 너털웃음 한번 웃어보자 세상아. 시계바늘처럼 돌고 돌다가 가는 길을 잃은 사람아. 미련 따윈 없는거야 후회도 없는거야. 아, 세상살이 뭐 다 그런거지 뭐

2) 돈이 좋아 여자가 좋아 술이 좋아 친구가 좋아. 싫다는 사람은 없어 너도 한번 해보고 나도 한번 해본다. 시계바늘처럼 돌고 돌다가 가는 길을 잃은 사람아. 미련 따윈 없는 거야 후회도 없는 거야. 아, 세상살이 뭐 다 그런거지 뭐, 세상살이 뭐 다 그런거지 뭐

가수 신웅, 신유 부자가 불러 히트한 노래 중 <무효> 와 <시계바늘>을 듣고 있노라면 인생살이의 오묘한 진리를 터득케 하고 있다. 특히 시계바늘은 음역의 고저 변화가 그렇게 심하지 않아 음치가 아닌 이상 따라 부르기가 편해 인기가 높은가 본다.

그래 사는 게 별거 있더냐? 욕 안먹고 살면 되지. 이 평범한 진리를 왜 우리 인간들은 그리 못하는가? 미안하지만 각종 언론자료에 의하면 대한민국

---

72) 출처 : 사랑향기 가득한 다락방 원문보기▶글쓴이 : 데미 무어
73) http://cafe.daum.net/6278685/JBee/476?docid=1DYie|JBee|476|20100919124630&q=%B0%F8%C1%A4%C7%D1+%BB%E7%C8%B8&srchid=CCB1DYie|JBee|476|20100919124630(2010.10.2)

이란 나라에선 정치를 한다는 국회의원이나 대통령을 비롯한 장·차관, 각종 자치단체의 장들 즉, 행정을 하는 사람들이 욕먹는 하마 서열 1위에 있으니, 국민(백성)을 위해 일을 한다는 데 아이러니컬하지 않는가? 하기야 백인백색 천인천색 다 입에 맞게 할 수는 없겠지만 요즘처럼 족집게 여론 수렴 장치가 잘 되어있는 시대에 욕을 덜 먹는 쪽으로 일을 할 수는 없을까? 왜 옹고집을 부릴까? 생일에 잘 먹자고 이레 굶는 식의 사업전개 좀 그만하고 죽을 쑤어 식히기에 바쁜 서민을 생각 못할까? 천상천하 유아독존, 지가 잘나서 그 자리에 있는가 싶듯, 각종 못된 짓으로 사리사욕을 취하고 불공정한 사회를 만드는 선봉에 서는 지휘자인가?

 이 시대에 어울리는 황희 정승같은 청백리는 못 나올까? 안 나올까? 우수한 민족이 인간적으로 세계인의 조롱거리가 되어선 안되겠다. 부패공화국이라고…….

 마침 이 대통령의 후반기 국정 철학으로 공정한 사회를 내 세웠는데 시의 적절한 참 좋은 주제(아젠다)라고 생각된다. 오죽이나 온 사회가 공정하지 못해 곪아 터질듯한 모습이 곳곳에서 보였으면 이런 게 나왔을까? 그런데 발표한 마이크가 꺼지기도 전에 하필 등잔 밑에서 외교통상부 장관의 딸 특혜 취업 문제가 터져 제1탄으로 먹칠을 한 셈이 됐다. 하기야 이런 게 어제 오늘의 일도 아닌데도 전 국민으로부터 강한 규탄을 받는 것은 서민을 무시한 불공정한 모습이 극에 달했기 때문일거다. 그 동안 유전무죄 무전유죄로 얼마나 우리 서민들이 괄시를 받고 덤터기를 쓰며 살았던가? 노조활동 등 각종 사건이 터질 때마다 하다 못해 자연재해를 입어도 모두 우리 서민 차지다. 대통령은 가진 자 힘센 자가 먼저 베풀고 어루만져 줘야 한다고 성인군자 같은 지시를 하나 정작 그 밑에서 일 한 사람들이나 떵떵거리고 산다는 자들의 작태를 보면 쇠귀에 경읽기다. 그 예로 고위공직자들의 인사청문회를 보면 크고 작은 위법행위를 골라서 하고 의무를 다하지 못하며, 소위 있는 자들이 산다는 서울 강남구 사람들이 세금 포탈 행위를 하는 미꾸라지가 제일 많다는 사실이다.

화투 뿐만 아니라 우리 주변의 모든 놀이가 자기 분수에 맞고 알맞게 하면 친선을 도모하고 스트레스를 해소하여 오락으로써 즐길 수 있는 것이지만 운용을 잘못하여 도가 지나치면 도박으로 돌변하여 가산 탕진은 물론 자신의 건강과 명예까지 망치는 부정적인 측면이 많다. 그러나 공정한 사회 체험으로 화투놀이 중의 하나인 고스톱을 긍정적이고 순기능적인 측면에서 한 번 해보라고 권해 본다. 특히 위정자들, 화투놀이는 오래전부터 민화투, 육백, 삼봉 등 여러 가지가 있으나 단순하고 스릴이 없다. 그런데다 광이나 열긋 오긋(띠) 등 소위 똥이나 뀌고 권력이 있는 것만 대접을 받고 껍데기(=피, 서민)는 먹어도 천대를 받고 의미가 별로 없다. 그런데 고스톱은 어느 것 하나 천대를 하지 않고 공정한 대우를 해준다. 특히 광 1개 이상, 피 6개 이상 확보하지 않으면 박(두 배로 돈 계산)을 쓰게 되는데 오히려 광박보다 피박을 쓰는 사례가 많다. 그래서 고스톱에서는 피(서민)가 중요하다. 그리고 3명이 치면서 서로 견제하고 인생 역전의 맛을 볼 수 있는 그야말로 공정한 게임이다.

시도 때도 없이 3명만 모이면 고스톱을 친다고들 비아냥거리지만 우스갯소리로 단군 이래 반만년의 역사 속에 전 국민이 가장 즐기는 놀이로 등극했으니 어떻게 보면 서민들의 그 한풀이를 고스톱을 통해 하는지도 모른다.

공정한 사회는 무엇보다 기회가 똑같이 주어지고 특히 서민을 위했을 때 이루어지는 원리다. 이것은 다음 정권까지 아니 영원히 이어나가야 할 우리 민족 과제라고 대통령께서 다시 한 번 강조하셨다. 시계바늘처럼 돌고 돌다가 어느 땐가 가는 길을 잃은 사람처럼 헛구호가 되지 않게, 서민들 입에서 다시는 세상살이 뭐 다 그런거지 뭐 하고 자포자기의 한 숨 소리가 나오지 않게 공정한 사회로 쓰리고를 해보자.[74]

---

74) http://cafe.daum.net/jin330/ANEn/938?docid=qFZQ|ANEn|938|20100930155744&q=%B0%F8%C1%A4%C7%D1+%BB%E7%C8%B8&srchid=CCBqFZQ|ANEn|938|20100930155744(2010.10.2)

27. 공정한 사회는 법치사회

저의 견해와 너무도 일치하기 때문에 다시 한번 강조하는 의미에서 올립니다.-앤디안올림75) '공정한 사회'가 요즘 나라안의 화두입니다. 이명박 대통령이 65주년 광복절 경축사에서 10번이나 강조했던 말의 여파입니다. 뿐만 아니라 여야·좌우·빈부·노소 구분할 것 없이 누구도 부정할 수 없는 사회적 대의이기 때문입니다. 공평하고 올바르다(just and fair)는 뜻의 공정(公正)은 인류의 염원이기도 합니다. 학교교육과 가정교육을 통해 귀가 따갑도록 들어 온 공정은 그러나 개인이나 사회에서 완벽하게 구현된 적이 없는 것 같습니다. 끊임없는 인간의 욕망, 상대적 불만이 있는 한 아무도 유토피아를 건설할 수가 없었습니다. 다만, 비교우위의 공정한 국가가 있지 않았나 싶습니다. 공정은 과연 어떻게 이루어질 수 있을까요? 병법의 대가로 알려진 손무(孫武:BC 6세기 경)의 일화는 실효성있는 공정의 구현방식을 일깨워 주지 않을까 생각됩니다. 제(齊)나라 사람 손무는 오(吳)나라 왕 합려(闔廬)에게 발탁돼 초(楚) 제(齊) 진(晋)을 굴복시킨 전략가로 병서 손자(孫子)를 남겼습니다.

맹장 오자서(伍子胥)의 천거로 오군의 원수 겸 군사(軍師)가 된 손무는 어느 날 병법에 관한 어전강의 도중 "병법을 잘만 이용하면 군인 뿐만 아니라 안방 부녀자들도 군사로 이용할 수가 있다"고 호언했습니다. 오왕 합려도 대부 오자서도 의아해하자 그는 각서까지 쓰고 기회를 달라고 요청했습니다. 박식하고 논리가 정연한 손무의 병법 강의에 감탄한 합려는 즉석에서 궁녀 180명을 동원, 손무의 조련 방법을 시험하기로 했습니다. 손무는 화려한 의상에다 머릿기름과 분 냄새가 진동하는 궁녀들을 양 편대로 나누고 하빈(夏嬪)을 좌군, 강빈(姜嬪)을 우군 대장(隊長)으로 삼아 부대를 편성했습니다. 합려는 이 광경을 누대에서 바라보고 있었습니다. 손무는 먼저 다

---

75) 인용문| 쓴소리단소리, 앤디안 조회 23 | 2010.09.29. 15:47
http://cafe.daum.net/bigstonelove/Jcca/173 아래 글은 김홍묵(전 동아일보 기자)님이 쓰신 글을 "연우포럼"에서 전재한 것입니다.

섯 가지 군사 행동규범을 알려 주었습니다. 행렬을 혼란시키는 자, 행군 시 낙오하는 자, 훈련 중 잡담하는 자, 군율을 어기는 자, 약속을 위반하는 자는 군법으로 엄벌한다는 내용입니다. "생사가 걸린 전쟁에서 행동 통일을 위한 행동규범은 군대의 명맥(命脈)이므로 엄격하게 준수해야 한다. 알겠느냐!" 손무의 비장한 훈시에도 궁녀들은 희희덕거리고 비아냥거리며 무시하기만 했습니다. 궁녀들의 정신 상태부터 고쳐 놓아야 하겠다고 단단히 벼른 손무는 실제 훈련지침을 하달했습니다. 북을 한 번 울리면 자기 편대끼리 도열하고, 두 번 울리면 편대별로 진을 치고, 세 번 울리면 진을 풀고 제자리에 모이도록 명령했습니다. 군령을 제대로 시행하지 못하면 군법에 따라 엄중하게 처벌한다는 것을 다시 한 번 강조했습니다. 드디어 첫번째 북을 울렸습니다. 하지만 왕의 총애를 받던 궁녀들은 편대 구성은 커녕 우왕좌왕 하기만 했습니다. 두번째, 세번째 북소리에도 포진과 도열 따위엔 관심없이 시시덕거리기만 했습니다. 손무는 분노가 극에 달한 표정으로 군기관(軍紀官)을 불렀습니다. 부리나케 달려온 군기관에게 손무는 "군령을 어긴 군사들에게 어떤 처벌을 하도록 되어 있느냐"고 물었습니다. 군기관은 "군사가 군령을 어기면 먼저 대장을 참형(斬刑)하도록 규정 되어있다"고 대답했습니다. 손무는 바로 좌군 대장 하빈과 우군 대장 강빈을 참수하라고 명을 내렸습니다. 형리들이 장검을 들고 나왔습니다.

참형 소리에 궁녀들의 얼굴이 새파랗게 질렸습니다. 더욱 놀란 사람은 오왕이었습니다. 왕은 대부 백비(伯)를 불러 "하빈과 강빈은 내가 각별히 총애하는 궁녀들이니 처형을 중지하라"고 명령했습니다. 손무는 "왕명으로 임명된 지휘관도 전장에서는 왕명에 따르지 않아도 된다"며 끝내 두 대장 궁녀를 참형에 처했습니다. 손무는 새로 대장을 뽑았습니다. 오합지졸이었던 궁녀들의 행동은 놀랍도록 민첩해졌습니다. 북소리에 따라 삽시간에 편대를 이루고, 정연하게 포진하는가 하면, 원래 위치로 헤쳐 모이기까지 어느 정예부대 못지 않았습니다. 두 애빈(愛嬪)을 잃고 화가 머리끝까지 치밀었던 오왕도 "중원의 패권을 장악하려는 포부를 가진 왕이 소탐대실의 우를 범하지 말라"는 오자서의 충간을 받아들여 손무를 중용했습니다. 손무의 궁녀군대 만들기에서 우리는 몇 가지 교훈을 얻을 수 있습니다. 하나는 추구하는 목적과 규정이 분명해야 한다는 것입니다. 강력한 군대를 만들기 위한 행동규범과 훈련지침이 그것입니다. 다음은 법과 규정을 집행하는 데 예외가 없다는 점입니다. 전장의 군율 집행에는 왕의 특명도 특정인에 대한 특혜도 통하지 않는 법의 엄격함입니다.

공정한 사회를 이룩하는 데도 위의 두 가지 원칙은 절대적으로 지켜져야 할 것입니다. 무엇이 공정한 것인지를 명확하게 규정(법률)하고, 이를 집행하는 과정에서 반칙이 있으면 일벌백계하되 읍참마속도 주저하지 말아야(실행) 합니다. 평상시에도 군율처럼 법이 엄격하게 지켜져야 자유 평등 평화 정의 화합 사랑이 풍만한 사회가 이루어집니다.

참으로 좋은 글이네요, 그러나 우리 사회가 법대로 모든 일이 이루어진다면 얼마나 무미건조할까.[76] 법이 엄정하게 집행되면 무미건조한 느낌을 받을 것 같긴 합니다. 제가 처음 미국에 갔을 때 저는 깜짝 놀랐습니다. 마치 일상을 "감시당하며" 살고 있는 것 같았습니다. 예컨대 교통신호를 위반하면 안보이던 경찰이 어느새 딱지를 떼러오곤 하더군요. 한동안 너무도 불편했습니다. 그러나 교통법규를 철저히 지키면서 살게되고 나니 "아! 이것이 자유이며 공정한 사회란 것이로구나!" 생각하게 됐습니다. 내 자유와 사회로부터의 공정한 대우를 위해 오늘도 경찰이 다른 사람들의 법규위반을 단속해 주고, 범죄로부터 보호해주니까 말입니다.[77] 우리는 사회의 질서를 정하고 그 안에서 생활해야합니다. 그속에 자유가 있다고 생각합니다.[78] 예나 지금이나 같이 통하는 진리인 것 같습니다.[79] 맞습니다. 실천이 제일 중요하지요. 자율적으로 해야겠지만 안되면 강제력을 사용해야 합니다.[80] 조직

---

76) 라겟볼 10.09.29. 17:13
77) Turtle 10.09.30. 11:45
78) 앤디안 10.10.01. 14:42
79) 마당발방장 10.09.30. 01:24 잘 보고 갑니다. 혜철 10.09.30. 03:26 fair rule, just execution!

내에서의 목표의식이 뚜렷해야 하며 이를 실천하기 위한 규칙도 엄정하게 이루어질 때 그 조직은 좀더 공정한 조직이 될 것 같습니다.[81] 꼭 법으로 정해서 하기 보다는 도덕이나 윤리처럼 규범이 실천되는 그런 사회도 공정한 사회가 되는 밑거름이 되지 않을까 합니다.

어느 사회의 윤리와 규범은 오랜 시간을 두고 형성됩니다. 만일 윤리와 규범이 엄정하게 잘 지켜지는 사회라면 법도 필요없을 지경이겠지만, 세상에 그런 나라는 없습니다. 그래서 윤리, 도덕의 최소한의 내용으로서 법이 존재하는 것 아닐까요? 따라서 법질서를 확립하는 것은 윤리와 도덕이 살아 숨쉬는 나라로 향하는 첫걸음이라 여겨집니다. 지금 우리 사회에서는 구속력없는 윤리 도덕이 지켜지기가 참 어렵습니다. 법도 안지키는데, 그래서 안타까워 부르짖어 본 것입니다. ㅎㅎㅎ 좋은 의견 감사합니다.[82]

28. 나는 공정한가?

공정(fairness)이 대한민국의 키워드가 되고 있다. 이는 한국의 발전을 가로막는 주된 요인이 '공정하지 못함'이라는 대통령과 청와대 참모들의 인식에서 출발하고 있다고 한다. 총리 후보, 그리고 두 명의 장관 후보가 이로 인해 낙마했으며 외교통상부 장관도 불명예 퇴진했다.[83] 한국이 발전하려면 우리 사회가 더욱 공정해져야 한다는 인식은 정확하다. 현재 1인당 소득 수준이 3만달러를 넘는 선진국에서 한국보다 공정성이나 제도의 질이 뒤떨어진 나라는 없다. 한국이 더욱 공정한 사회가 되면 1인당 국민소득도 증가

---

80) 앤디안 10.10.01. 14:38
81) Turtle 10.09.30. 11:45
82) http://cafe.daum.net/bigstonelove/Jcca/173?docid=1GtL5|Jcca|173|201009291
54712&q=%B0%F8%C1%A4%C7%D1+%BB%E7%C8%B8&srchid=CCB1GtL5|Jcca|17
3|20100929154712(2010.10.2)
83) 인용문| 쓴소리단소리, 앤디안 조회 17 | 2010.09.30. 08:49
http://cafe.daum.net/bigstonelove/Jcca/174. 이 글은 2010년 9월 30일자 매일경제에 실린 서울대학교 김병연교수의 기고문을 인용한 것입니다.

하게 된다. 거래비용이 줄고 부패는 감소하는 반면 신뢰를 포함하는 사회적 자본은 증가하기 때문이다.

그러나 최근 거론되는 공정 논의를 보면 너무 얕은 수준에 머물고 있다는 생각을 지울 수 없다. 서구 사회에서의 공정은 역지사지(易地思之), 측은지심(惻隱之心) 혹은 사랑에 기초하고 있다. 즉, 공정은 내가 이익을 보려고 다른 사람들에게 피해를 입혀서는 안된다는 깊은 자기통제에서 출발하고 있다. 그래서 처지를 바꾸어 놓고 생각해 본다든가, 나 때문에 다른 사람들이 입을 아픔과 상처를 생각하고 이를 불쌍히 여겨 의도한 바를 그만두는 것이 공정의 시작인 것이다. 그런데 한국에서의 공정 논의는 나는 공정한가가 아니라 너는 공정한가만 묻고 있다. 공정의 뿌리는 도외시한 채 공정의 칼만 휘두르는 셈이다. 한국 부모들이 자녀에게 경쟁하여 이기라고 교육하는 정도는 세계에서 유래를 찾아보기 힘들다. 2005년 세계 가치관조사에 따르면 한국 부모들은 자녀 양육에 있어 가장 중요한 덕목을 타인에 대한 배려나 이타적 행동에 두기보다 노력, 근면 등 성취 위주에 둔다. 외국 부모들은 자신의 아이들이 다른 학생에게 피해를 주지 않았는지, 학교에서 다른 친구들과 사이좋게 지냈는지를 물어보지만 한국 부모들은 몇 등 했는지, 몇 점 맞았는지를 물어본다. 이런 가정교육에서 공정의 정신이 자란다는 것은 그야말로 쓰레기통에서 장미를 찾는 격이다. 당연히 한국 청소년의 윤리의식은 매우 낮다. 2008년 국제투명성기구가 아시아 4개국의 청소년 윤리의식을 조사한 데 따르면 "정직하게 사는 것보다 부자가 되는 것이 더 중요한가"라는 질문에 긍정적으로 답한 청소년 비중이 한국에서 제일 높았다고 한다. 한국 청소년은 이 질문에 "그렇다"고 답한 비율이 22.6%인 반면 몽골 9.1%, 인도 8.4%, 방글라데시는 3.1%에 불과했다는 것이다. 한 개인의 삶의 이력을 현미경처럼 뒤지는 공정성 조사도 필요하다. 그러나 대한민국이 공정한가도 물어봐야 한다. 공정하지 않은 사회에서 공정한 개인이 나오기 어렵기 때문이다. 자칫 잘못하면 미시적 공정성에 사로잡혀 거시적 공정성을 보지 못할 수도 있다. 지금 교육을 보자. 학생 혼자의 능력만으로는 모자라

엄마의 정보력과 할아버지의 재력까지 필요하다고 하는 한국 교육은 공정한가? 한 대가족이 모두 힘을 모아 입시를 치르는 학생과 그런 지원을 누릴 수 없는 학생이 경쟁해야 하는 한국 교육제도는 공정한가? 다른 사람의 공정에는 그렇게 관심을 기울이면서 이러한 불공정에 눈을 감는 것, 또 거기에 편승하는 것은 얼마나 공정한가? 현재의 공정 논의는 지극히 피상적이다. 공정은 나에게 부담으로 다가와야 한다. 다른 사람들이 나가 떨어지는 것을 박수치며 보는 저급한 수준이 아니라 나는 공정한가, 우리 사회는 공정한가라는 근본적 물음을 던지면서 우리 사회의 가치관을 바로 세워 나가는 수준이 돼야 한다. 진정한 공정은 청문회의 호통소리에서가 아니라 타인을 품는 따뜻한 양심과 가정과 학교에서 출발하는 것이다. `뿌리찾기`와 `크게 보기`가 되지 않으면 공정은 공연한 정쟁일 뿐이다.

어쩌면 진정한 공정성이 있기 위해서는 개인의 희생은 필수적인 것이 아닌지 생각을 해 봅니다.[84] 개인의 희생을 감수하지 않는다면 어쩌면 이기적인 행동으로 말미암아 공정성이 훼손되지 않을까 합니다. 과연 자기를 희생하고자 하는 마음을 가지는 사람들이 얼마나 있을지 생각합니다. 가장 기억에 남는 내용은 "나는 공정한가가 아니라 너는 공정한가만 묻고 있다".

타인이 조금이라도 공정하지 못하면 무조건 비방하는 모습은 정작 우리들한테 물어봐야 하지 않을까 생각이 듭니다.[85] "정의란 무엇인가"라는 책이 베스트셀러가 되는 것을 보면 우리 사회가 얼마나 공정과 정의를 원하는지 알 수 있을 것 같습니다. 최근 "타블로"에 대한 무차별적인 공격을 보면 우리 사회는 마녀사냥을 너무도 즐기는 모습이어서 섬뜩합니다.[86] 인터넷 뒤에 숨어서, 짙게 썬팅한 차 안에 숨어서, 가려진 곳곳에 숨어서 자신들은 법과 질서를 어기면서도 다른 사람에게는 절대로 관대하지 않은 우리 사회!! 김수환 추기경님 말씀대로 "내탓이로소이다" 외치는 사람은 없는 사

---

[84] Turtle 10.09.30. 11:50
[85] 10.09.30. 16:45 앤디안님이 올려주신 내용을 보고 가슴에 큰 울림이 되었습니다.
[86] 앤디안님 수고가 많으세요. 10.09.30. 18:46

회!! 어느덧 자기는 투명인간이 되고 다른 사람만 바보를 만드는 사회가 되어가고 있어요...

거대한 사회적 각성운동이 필요한 시점입니다. "공정", 우리 사회에 가장 절실하게 요구되는 덕목이면서도 너무 늦게 화두로 등장한 것 같네요.[87]

맞습니다. 우리는 자기 성취에는 강점이 있지만 남에게 배려하는 아니면 최소한 방해되지 않는 데에는 너무 인색했습니다.[88]

29. "더불어 살아가는 공정한 사회의 구성원"

최근 가장 이슈가 되는 단어가 "공정한 사회"가 아닌가 싶습니다.[89] 제가 어릴 적에는 모든 사람들이 그래도 공정한 사회의 룰 안에서 생활한다는 생각을 하였습니다. 그래서 가난해도 열심히 공부하고, 노력하였습니다. 그러나 점차 나이가 들어서 세상은 결코 공정한 것만 존재하는 것은 아니라는 것을 알게 되었습니다. 세상에 태어나면서 언제부터인가 신분의 차이, 재물의 차이를 가지고 태어난다고 해도 과언이 아닌 것 같습니다. 가장 최근에 들은 이야기는 아이들의 학군을 위해 대치동에 전세로 이사간다는 말을 들으면서 마음 한편으로 이런 현실에 대해 가슴이 아팠습니다. 내 자녀에게 큰 선물로 재물을 안겨줄 것도 없고, 그렇다고 명예를 남겨줄 것도 없어 공정한 사회에서 열심히 노력하면 출세하고 리더가 될 수 있다고 가르쳤지만, 나이를 먹어갈수록 현실의 벽은 점차 높음을 알 수 있었습니다.

방송보도에 이슈가 되었던 고위층의 자녀들의 특채가 오늘 내일의 문제가 아니겠지만, 그런 뉴스들을 접할 때마다 사회의 리더들이 자신의 자녀들에게 어떻게 하면 남들보다 잘 할 수 있냐만을 강조한 것이, 결과적으로는

---

87) 혜철 10.10.01. 20:30
88) http://cafe.daum.net/bigstonelove/Jcca/173?docid=1GtL5|Jcca|173|201009291 54712&q=%B0%F8%C1%A4%C7%D1+%BB%E7%C8%B8&srchid=CCB1GtL5|Jcca|17 3|20100929154712(2010.10.2)
89) 자유게시판, Giant(오경룡) 조회 15 | 2010.09.29. 14:01
http://cafe.daum.net/76disc/Oy5X/123

나라의 경제적인 성장에 도움이 되었을지 몰라도 정신적인 건강은 점차 후진국화시켰다는 것을 부인할 수 없게 되는 것 같습니다.

열린교육, 방과후 교육, 대안학교, 외고, 과고, 특목고, 자립고 등 모든 교육들도, 사실 따지고 보면 공정한 사회의 구성원을 만들어가는 것이 아니라 불공정한 사회의 구성원을 배출해 내기 위한 공간이라는 생각이 들 때도 있습니다. 어떤 이유로든 일정한 사람들을 위해 틀과 룰을 만든다는 것은 불공정의 시작이라는 생각됩니다. 버스를 탈 때 차례로 줄을 서는 것이 공정한 사회구성원이 행동해야 할 일이고 노약자, 임산부의 자리에는 약자를 위해 비워두는 것이 공정한 사회구성원이라고 생각을 합니다. 지하철을 탈 때 도착한 순서대로 교통카드를 체크하고 들어가는 것이 공정한 사회구성원이라고 생각합니다.

개개인이 최선을 다해서 이뤄내는 성과에 대해 자본주의 경쟁사회에서는 당연한 권리입니다. 그러나 불공정을 통해서 남위에 군림하는 것에 대해서는 우리 모두 한번쯤은 생각해 봐야 할 문제입니다. 강원도 두메산골에서 고냉지 채소를 가꾸는 농사꾼의 마음이나, 전라도 넓은 들판에서 하늘만 바라보고 농사를 짓는 분이나, 서울의 가락동 농수산물 시장에서 급등하는 채소를 경매하는 분이나, 공정한 사회는 열심히 수고하고 땀흘려 일한만큼의 댓가를 받는 것이 아닐까하는 생각이 듭니다. 누가 가르쳐 주지 않아도 상식(너도 이해하고 나도 이해하는 것 : 제가 자주 사용하는 말입니다.)이 통하는 세상에 살아가는 것이 공정한 사회의 구성원이 되는 길이라 생각합니다.[90]

30. 공정한 사회의 원리

제빵왕 김탁구에서 '공정한 사회'를 보았다.[91] 요즘 어떤 인간들은 아무

---

90) http://cafe.daum.net/76disc/Oy5X/123?docid=1JevC|Oy5X|123|20100929140148&q=%B0%F8%C1%A4%C7%D1+%BB%E7%C8%B8&srchid=CCB1JevC|Oy5X|123|20100929140148(2010.10.2)
91) 목골윤서방/승희 조회 83 | 2010.09.17. 10:18

개 교수의 '정의란 무엇인가'라는 책이 이명박 대통령이 제시한 '공정한 사회론'에 영향을 주었다고 떠들고 다닌다. 물론 나는 그 책을 읽지 않았다.

나는 '제빵왕 김탁구'가 더 큰 영향을 미쳤다고 분석한다. 시청률 50%의 드라마다. 국민 절반이 보고 영향받았을 것이다.

'제빵왕 김탁구'라는 드라마속에 감춰진 공정의 비밀을 파헤쳐 본다.

공정한 사회는 선함이 악함을 이기는 시스템이 작동한다.
공정한 사회는 공정한 기회와 방법(법치)을 제공한다.
공정한 사회는 타고난 능력의 차이를 존중한다.
공정한 사회는 악한 인생들에게 선을 베풀지 않는다.
공정한 사회는 선한 인생들에게 악을 행하지 않는다.
공정한 사회는 복(운빨)과 환경적 요소(가문, 혈연, 지연)를 인정한다.
공정한 사회의 국가권력은 복있는 자에게 복을 주는 통로가 되어야 한다.
제빵왕 김탁구에는 일곱가지 공정한 사회의 원리가 숨겨져 있다.

1. 김탁구를 통해 착하게 사는 사람이 결국 이기는 사회상을 그리고 있다.
2. 팔봉선생을 통해 공정한 기회(경합)와 공정한 방법(심사)을 제시하고 있다.
3. 김탁구의 타고난 후각을 부각시켜서 타고난 능력의 차이를 인정하고 있다.
4. 선함과 악함을 공유한 인생들의 삶을 그려내면서도 인생들의 악행에 대해서는 반드시 댓가를 치르게 하고 있다. 즉, 삶의 과정에서 지어버린 죄는 언젠가 그 댓가를 반드시 치르게 하고 있다. 이것은 공정한 사회구조가 작동해야함을 의미하는 것이다. 오래전 가볍게 저지른 행적으로 인해 청문회에서 낙마하는 인생들처럼 말이다.
5. 김정일, 그가 바로 선한 사람들에게 악을 행하는 국가권력의 전형이다. 드라마에서는 유경이를 가난한 자들을 위하는 운동권으로 미화해 주었지만

http://cafe.daum.net/OK55/5Wpk/1017

자본주의를 거부하거나 시장경제를 부정하지 않았다. 즉, 국가권력을 악으로 보는 빨갱이들의 시각을 조롱하고 있는 것이다.

6. 타고난 재능과 좋은 가문은 자본주의의 아름다운 유산이다. 너도 성공해서 좋은 마누라 얻어서 자식들 낳아보라. 바로 네 자식들이 좋은 재능과 가문을 타고난 부르조아가 될 것이다.

7. 복있는 사람이 공정한 사회의 주인공이 될 자격이 있다. 복이란 '의(義)를 사랑하는 마음'으로 공정한 사회를 다스리는 지도자의 자격이다. 즉, 국가권력은 의(義)를 사랑하는 사람들이 사회의 지도자가 되도록 작용해야 한다. 이처럼 드라마 한 편에도 평소 생각지 못한 것들이 숨겨져 있었다.[92][93]

31. 나눔과 기부는 공정한 사회의 기틀

한나라당과 한국자원봉사센터중앙회가 자원봉사 문화 확산을 위한 협약을 체결했다.[94] 대통령의 모범적인 기부 참여로 나눔문화가 확산되고 있는 이 때 한나라당은 제1당으로서 건강하고 공정한 사회를 만들기 위해 책임있는 자세로 다가갈 것이다. 안상수 대표가 "봉사활동 경력을 공직후보자나 당직인선 등 인재등용의 중요한 기준으로 삼겠다"고 한 발언은 앞으로 사회 전반에 나눔과 기부를 확산하겠다는 취지이다. 한나라당은 작은 돈과 봉사를 꾸준히 하는 사람들이 대접받고 격려받을 수 있도록 법과 제도 및 문화의 개선을 위해서 노력하겠다. 한나라당은 기초생활수급권자인 박부자 할머니의 "못먹고 잘 데 없는 이들에 비하면 난 행복하다"는 나눔 철학을 겸허히 받아들여 우리 사회가 '따뜻한 공정사회'로 거듭나도록 나눔 릴레이를 펼치기로 했다.[95][96]

---

92) 이상미 10.09.22. 23:23
93) http://cafe.daum.net/OK55/5Wpk/1017?docid=y8Pc|5Wpk|1017|20100917101855&q=%B0%F8%C1%A4%C7%D1+%BB%E7%C8%B8&srchid=CCBy8Pc|5Wpk|1017|20100917101855(2010.10.2)
94) [논평]| ※ TOP 뉴스 ※, 자유로운 영혼 조회 44 | 2010.09.16. 16:09 http://cafe.daum.net/hannarakn/Mfzt/291

32. 통계로 본 사교육비 지출현실! 공정한 사회 맞아?

학생성적 순위별 월평균 사교육비[97] 요즘 이명박 대통령이 공정한 사회를 부르짓고 있습니다. 하지만 장관 및 대사의 자식들을 특채하는 외교부의 행태나 고위 임원들의 자식들을 채용하는 대기업들의 행태를 보면서 많은 국민들은 한숨을 쉬고 있습니다. 오늘 통계청 사이트를 보다가 씁쓸한 통계를 접했습니다. 이런 통계는 볼 때마다 힘이 빠지네요. 학교 성적도 사교육비를 지출하는 수준별로 다른 것으로 나타났습니다. 상위 10% 이내에 드는 학생들은 월평균 31만9천원을 사용하는 반면 하위 20%에 해당하는 학생들은 평균 13만9천원을 지출하는 것으로 나타났습니다.

도대체 이럴거면 학교는 왜 필요한 것일까요? 답답한 현실입니다. 다른 통계를 보면 더욱 답답해 집니다.

위 통계를 보면 서울과 읍면 지역에 사는 학생 별로 사교육비가 크게 차이나는 것으로 나타났습니다. 서울지역에 사는 학생들은 평균 33만1천원을 사교육비로 지출하는 반면 읍면지역은 15만6천원을 지출하는 것으로 나타났습니다. 성적별 통계와 비슷한 면이 많지요? 마지막으로 통계 하나만 더 보겠습니다.

학생성적 순위별 월평균 사교육비

[단위: 만원, 출처: 통계청]

과목 및 유형	2009					
	평균	상위10% 이내	11 ~ 30%	31 ~ 60%	61 ~ 80%	하위20% 이내
대상분포(%)	100.0	14.1	26.6	34.8	15.6	9.0
사교육비	24.2	31.9	28.3	23.2	18.4	13.9

---

95) 2010.9.16, 한나라당 대변인 배은희
96) http://cafe.daum.net/hannarakn/Mfzt/291?docid=11JsL|Mfzt|291|20100916160
925&q=%B0%F8%C1%A4%C7%D1+%BB%E7%C8%B8&srchid=CCB11JsL|Mfzt|291|
20100916160925(2010.10.2)
97) ♣ 교육 ♣, 한바다 조회 29 | 2010.09.15. 11:28
http://cafe.daum.net/wdsmor/P5SO/470

과목 및 유형	2009					
	평균	상위10% 이내	11 ~ 30%	31 ~ 60%	61 ~ 80%	하위20% 이내
과목 :일반교과 사교육	19.7	26.7	23.1	18.9	14.8	9.8
과목 : 예체능, 취미, 교양 사교육	4.5	5.2	5.2	4.2	3.5	4.0

지역별 월평균 사교육비 [단위 :만원. 출처:통계청]

과목 및 유형	2009						
	평균	대도시	서 울	광역시	대도시 이외	중소 도시	읍면 지역
대상분포(%)	100.0	43.4	17.8	25.6	56.6	41.6	15.1
사교육비	24.2	26.9	33.1	22.5	22.2	24.5	15.6
과목 :일반교과 사교육	19.7	21.9	26.6	18.6	18.0	20.1	12.0
과목 :예체능,취미,교양 사교육	4.5	4.9	6.5	3.9	4.1	4.4	3.5
과목 :취업관련 사교육	0.1	0.1	0.1	0.1	0.1	0.1	0.1
유형 :일반교과 사교육	19.7	21.9	26.6	18.6	18.0	20.1	12.0
유형 :예체능,취미,교양 사교육	4.5	4.9	6.5	3.9	4.1	4.4	3.5

아버지의 교육정도별 월평균 사교육비 [단위 만원. 출처: 통계청]

과목 및 유형	2009				
	평균	중졸이하	고 졸	대 졸	대학원졸
대상분포(%)	100.0	5.2	42.0	42.3	6.9
사교육비	24.2	8.8	17.9	30.7	41.2
과목 :일반교과 사교육	19.7	7.3	14.6	24.9	33.3
과목 :예체능,취미,교양 사교육	4.5	1.4	3.2	5.8	7.9
과목 :취업관련 사교육	0.1	0.1	0.1	0.0	0.0

위 통계는 더욱 흥미롭습니다. 아버지가 대학원을 졸업한 경우 월 평균 사교육비가 41만2천원인데 반면, 중졸이하인 경우는 8만8천만원을 지출하는 것으로 나타났습니다. 결국 돈, 지역, 부모의 학력이 자녀들의 성적에 크

게 반영되는 것이 지금의 현실입니다. 결국 서울에서 교육받고, 적당한 경제력을 가진 집안에서 사교육비가 많이 지출될수록 공부를 잘한다는 의미가 되겠지요. 위 통계로 볼 때 우리 사회는 세습사회로 진입하고 있는 것 같습니다. 답답한 현실입니다.[98]

33. 공정한 사회란 무엇인가?

도처에서 '공정성'에 대한 논의가 한창이다. 더 구체적으로 '공정한 사회'란 무엇인가에 대한 물음이다. '공평하고 정의로운 사회'에 대한 질문이다.[99] 지난 8월8일 이명박 정부가 정권 후반기 내각을 개편하면서 '깜짝쇼'로 내보인 김태호 국무총리 후보가 결국에는 국회 인사청문회를 거치면서 말바꾸기와 거짓말이 탄로가 나 기회를 한 순간에 날려 버리고, 최소한의 도덕성마저 인정받지 못한 신재민 문화관광부 장관 후보와 이재훈 지식경제부 장관 후보마저 낙마하는 광경이 벌어졌다. 모두 준비되지 않은 채 너무 급히 말을 타려다 넘어진, 아주 당연한 결과였다. 국민의 요구는 최소한의 도덕성이다. 지난 김대중, 노무현 정부를 거치면서 세워졌던 인사청문회 기준에 조금이라도 가까이 가려는 몸부림이었다.

유명환 외교통상부 장관의 딸이 외교통상부 5급 사무관에 특채로 혼자 채용되었다는 사실은 '공정성'에 대한 질문에 불을 확 지르고 말았다. 국무총리 후보자도 낙마시킨 마당에 외교통상부 장관 딸 하나쯤 떨어뜨리는 것은 아무 일도 아니었다. 의혹을 제기하면 할수록 그대로 사실로 드러났고 의혹은 마치 양파 벗기듯 계속 속살을 드러냈기 때문이다.

국민이 안게 된 허탈함은 분노로 쌓여갔다. 신림동 고시촌에서 이른 새벽부터 오직 책과 씨름하면서 그 어렵다는 행정고시 통과를 위해 애쓰던 수

---

98) http://cafe.daum.net/wdsmor/P5SO/470?docid=1Etag|P5SO|470|20100915112803&q=%B0%F8%C1%A4%C7%D1+%BB%E7%C8%B8&srchid=CCB1Etag|P5SO|470|20100915112803(2010.10.2)
99) [정치칼럼] 김재용 / 변호사

험생들은 망연자실하였고 술집에는 오랜만에 시국을 토로하는 고시생들의 모습도 보였다. "그래, 이 놈의 사회가 공부만 죽어라 한다고 출세하더냐, 빽이 있어야지. 돈있고 권력가진 자만이 판을 치는 세상, 1등만 알아주는 세상" 하면서… '공정한' 사회, '공평하고 정의로운' 사회란 무엇인가. 사실 '공평'과 '정의'는 법률가들이 항상 추구해야 하는 가치임에 틀림없다.

민사소송의 잣대가 '공평'이라면, 형사소송의 지침은 '정의'라고 할 것이다. 물론 헌법적 최고 가치인 '인권'을 최상위에 둔다는 전제하에서이다. 그러나 '공평'과 '정의'는 법률가 뿐만 아니라 이 사회를 이끌어가는 지도자와 지도층이 항상 염두에 두어야 하는 가치라고 할 것이다. 공무원이 되려는 사람에 대한 '공정성' 심사는 아무리 강조해도 지나침이 없다. '공평'과 '정의'는 형식적인 것이 아니라 실질적인 것이어야 한다. 그저 A = B와 같다는 외적인 평등이 아니라 A의 무게와 B의 무게가 같다는 실질적인 평등이어야 한다.

법전에 있는대로 따르기만 하면 된다는 형식적인 정의가 아니라 억울함을 달래주고 잘못된 것을 바로잡는 실질적인 정의여야 한다.

물론, 절대 평등은 없듯이 모든 것이 절대적으로 같아야 한다는 것은 아니다. 수많은 사람들의 조건과 능력이 같지 않고 다른 바에야 어느 정도 차별성을 인정하고 나서 기준의 공평, 기회의 공평을 주라는 의미이다. 그런데 지난 외교통상부 장관 딸의 경우 오직 장관 딸의 합격을 위해 자의적으로 기준을 세우고 편파적으로 면접 점수를 몰아주고 심지어 법을 어기면서까지 담당자가 면접관으로 들어가는, 그야말로 무법천지를 만들어 '공정성'을 해친 것에 대해 국민은 분노하였던 것이다. 그동안 우리 사회는 민주화와 경제성장을 향해 계속 전진해왔다. 국민의 정부와 참여 정부를 거치면서 국민의 민주의식은 향상되었고 사회의 약자에 대한 배려와 관심이 높아졌다. 반면에 IMF를 거치면서 심화된 양극화 현상은 좁혀지기는 커녕 오히려 간격이 더 넓어져 갔다. 그리고 벌써 이명박 정부 3년째, 그동안 이명박 정부는 부자들을 위한 정부, 서울 강남의 정부라는 말을 들을 정도로 우리 사회 부유층을 위한 정책 위주로 정치를 해왔다. 그러다 보니 약자를 위한 정책과 배려는 줄어들고 그만큼 빈곤층의 고통은 가중되었다. 우리 사회에서 가장 관심이 많은 교육문제를 보자. 지난 3년간 이명박 정부 기간에 서울의 경우 입시학원과 교습소가 40% 가량 늘어났고 그 중에서도 31%는 강남지역에 몰려 있을 정도로 사교육 시장이 급격히 팽창하였다. 또 외국어고, 자율형 사립고와 같은 일부 특수목적고의 경우 학부모 부담이 1년에 700만~800만원에서 심지어 1,300만원에 이르기까지 하여, 일반 고등학교 1년 100만원 정도보다 7~8배 이상 든다고 한다. 이제는 돈없는 사람은 좋은 교육을 받을 수 없고 신분상승의 기대도 가질 수 없다는 자괴감이 절로 들게 된다. 이 뿐만 아니다. 예전부터 돈없는 서민들이 신분상승의 길로 여겼던 사법고시, 행정고시, 외무고시 등 고시제도는 몇 년 안에 모두 축소되고 로스쿨 및 면접 채용으로 대체된다. 그런데 로스쿨만 하더라도 1년에 수천

자료: http://cafe.daum.net/asd2329/9reT/37?docid=1KnVs|9reT|37|20100928080317&q=%B0%F8%C1%A4%C7%D1+%BB%E7%C8%B8&srchid=CCB1KnVs|9reT|37|20100928080317(2010.10.2)

만원의 돈이 드는 마당에 돈없는 사람들은 엄두도 내지 못하게 되고, 학력과 경력을 위주로 면접 채용하는 5급 사무관 공무원의 경우 학력 좋고 집안 좋고, 심지어 외국 유학이라도 다녀온 사람이 아니면 면접 신청조차 하기 힘들지 모른다. '공정한' 사회가 최소한의 '기회의 공정' '기준의 공정'을 가진 사회라고 할 때 이 사회는 점점 거꾸로 '기회의 불평등' '기준의 불공정'으로 가고 있지 않나 생각하지 않을 수 없다. 그래서 사람들은 '현대판 음서제'니 '양반사회'니 하면서 소외의식과 극단적인 단절의식까지 느끼게 되는 것이다.

자료: http://cafe.daum.net/asd2329/9reT/37?docid=1KnVs|9reT|37|20100928080317&q=%B0%F8%C1%A4%C7%D1+%BB%E7%C8%B8&srchid=CCB1KnVs|9reT|37|20100928080317(2010.10.2) 100)101)

---

100) 보듬이 10.09.29. 11:01 수고하셨네요. 우리는 언제나 공정한 사회에서 살 수 있을지 궁금하네요. 사랑더하기+ 10.09.30. 09:20 공정한 사회 우리가 만들어 가자구요!!

요즘 들어 부쩍 이명박 대통령이 '공정사회'라는 말로 국정을 챙기려 하고 있다. 좋은 현상이다. 아마도 남은 집권 2년 동안에는 그간 하지 못했던 약자에 대한 배려와 지원, 비리와 위법을 저지른 고위공무원에 대한 철저한 검증, 대기업 위주가 아닌 중소기업에 대한 지원 등 '공정성'을 실현하고 싶은가 보다. 그렇다면 반드시 명심해야 할 것이 있다. '공정한' 사회, '공평'하고 '정의로운' 사회는 몇 개의 생색내기 정책을 보여준다고 이루어지는 것이 아니다. 자신이 먼저 '공정하려는' 자세와 마음가짐을 가지고 정책과 과제를 제시할 때 조금씩 이루어진다는 것이다. 그러기 위해서는 관습화한 '불공정'의 틀을 깨기 위해, 자신의 '불공정'까지도 과감히 드러내 놓는 용기가 필요하다. '공정한' 사회, 정말 좋은 말이다. 누구나 그런 말을 할 수 있다. 그러나 그 말을 하는 사람이 '공정하다'는 평가를 받을 때만이 진정 '공정한' 사회는 조금씩 다가올 것이다.

34. 공정한 사회, 사랑의 전광판

요즘 한국사회의 화두는 공정한 사회인 듯합니다. 국무총리의 자리에서 낙마되고, 추천이 되는 걸 고사한 분이 한두분이 아니라는 걸 보면 격세지감을 느끼지요.[102] 존경받던 장관이 하루 아침에 천하에 치사한 사람이 되어 '집으로' 가는 걸 보면 우리나라도 좀 더 투명하고 좋은 나라로 가는 과정이라는 생각이 듭니다. 어제 휘트니스에 다녀오다가 문득 진정 공정한 사회는 이런 사회가 아닐까 생각이 들었습니다. 여기도 가끔 신호등이 고장나거나 수리중일 때가 있습니다. 오는 길에 평소에는 막히지 않던 길이 막히고 있었습니다.

---

101) http://cafe.daum.net/asd2329/9reT/37?docid=1KnVs|9reT|37|20100928080317&q=%B0%F8%C1%A4%C7%D1+%BB%E7%C8%B8&srchid=CCB1KnVs|9reT|37|20100928080317(2010.10.2)
102) 무년맘 조회 143 | 2010.09.15. 03:09
http://cafe.daum.net/katccafe/ESPX/9120

웬일인가 했더니 앞에 있는 삼거리(3차선 : 3차선, 2차선)에서 신호등 공사를 하고 있었습니다. 신호등은 노란불을 깜박거리고 차들은 일사분란하게 한쪽 방향이 가면 다음 방향이 가고, 신호가 살아있을 때 씽씽달리던 차들이 차례차례로 나가고 있었습니다. 혼란스러움은 없고 오히려 느리지만 차분히 진행하고 있었습니다. 물론 호르라기를 부는 모범운전자나 경찰은 없지요. 다만 스스로 지켜나가는 모범운전자들만이 있었습니다. 신호등이 없는 사거리 일단정지 표시에서도 이곳 운전자들은 먼저 도착한 운전자가 먼저 진행합니다. 다른 차가 없어도 일단 섰다가 갑니다. 이해가 안가고 바보가 아닌가 싶을 정도로 잘 지켜서 갑니다. 용감한 사람뒤에 서 있다가 빨리 가는 일도 없고, 무조건 내 차례가 되면 갈 수 있는 사회! 진정한 공정한 사회가 아닌가 싶습니다.

코에다가 산소호흡 보조기를 끼고도 레스토랑에서 웃으면서 밥 먹을 수 있는 곳, 밀차를 밀고 겨우 걸으면서도 수영장 풀에 혼자와서 운동할 수 있는 시스템이 되어있는 곳, 사회적 약자가 좀 더 혜택을 받을 수 있게 배려되는 사회가 공정한 사회가 아닐까 생각합니다.

누구보다도 운동을 잘하고 건강하고, 집안 형편도 남부럽지 않은 사람이 무슨 이유에서인지 군대를 안갔다 와서 회사 입사도 먼저하고 진급도 먼저하는 그런 사회가 아닌 공정하여 자랑스러운 대한민국이 다음 세대엔 꼭 이루어지길 기원해봅니다.[103)104]

---

103) 댓글들: 쌩큐(豫) 10.09.15. 08:34 문현이가 올 해는, 제주에서 명절을 맞게 되었네요. 일경이 되었으니, 후임들도 제법 들어왔겠지요. 상식이 통하는 사회, 균형과 질서로 아름다운 사회가 되었으면 좋겠습니다. 반장아부지 10.09.15. 10:02 2차대전시의 미국 대통령 아들이나 포클랜드 전쟁 때 영국왕자는 최전방에 자원해서 전투에 참여했었지요. 노블리스 오블리제까지는 아니더라도 가진자들이 지탄을 받지나 않는 사회가 됐으면 좋겠습니다. 동욱아부지 10.09.15. 11:02 조그만 것을 얻을려다 큰 것을 놓치는 어리석은 사람들을 종종 매스컴 접하게 됩니다. 평범한 사람들이 보아도 말도 안되는 짓을 해가면서 그렇다면 그네들이 그동안 얼마나 허튼짓을 많이 했었는가하는 반문도 생각해봅니다. 더 정치나 경제가 더투명해질 날이 오면 복지국가가 더 앞당겨 지겠지요. 아름다운 나날들 10.09.15. 15:03 요즘 매스컴 접하다 보면 옛날과는 너무 다른 느낌을 받긴 합니다..어서 투명시스템이 잘 되어서 개천에서

제2장 공정한 사회의 정치적 의미와 현실

1. 청와대가 밝힌 공정한 사회란 개천에서 용나는 사회

공정한 사회란 개천에서 용나는 사회[105] 청와대가 밝힌 '공정한 사회' '공정한 사회'란 말이 이제 유행어가 됐다. 이명박 대통령이 8·15 경축사에서 처음 썼을 때만 해도 정·관가에서만 주목했던 용어였다. 하지만 국무총리 후보자와 장관 후보자, 그리고 현직 장관이 '공정사회'란 잣대에 걸려 줄줄이 물러나면서 "도대체 '공정한 사회'가 뭐기에…"라며 궁금해하는 이들이 늘어나고 있다. 그런 가운데 '저작권'을 가진 청와대가 7일 '공정한 사회' 개념을 설명하는 자리를 마련했다. 김희정 대변인은 기자실을 찾아 "'공정한 사회'가 뭐냐고 묻는 사람이 많은데 스터디(공부)를 해보자"며 간담회를 제안했다. 그 이유는 "이 대통령의 '공정한 사회 드라이브'가 사정(司正)의 예비동작 아니냐"고 의심하는 정치권과 공직사회를 염두에 둔 것이다.

김 대변인은 '공정한 사회'의 개념을 크게 세 가지로 요약했다.

용나는 사람들이 많아졌으면 좋겠네요. 푸른솔(豫) 10.09.16. 09:14 국가를 위해 노고를 감내하고 청춘을 희생하는 우리 현역아들들과 역전의 용사 예비역들을 대접하고 우대받는 사회가 되길 간절히 희망합니다. 썬플라워 10.09.16. 09:10 요즘 땡감을 씹은듯 참 마음이 씁쓸합니다 열심히 맡은 바 임무 잘하고 있는 울아들들이 자랑스럽습니다. 은하수 10.09.16. 16:05 집 떠나 멀리서 수고하는 문현일경 추석에 가족들 생각 많이 나겠습니다.~ 건강한 모습으로 부모님께 그리운 목소리 자주 들려주길 바라구요. 무년맘님도 멀리서 고향의 명절 잘 보내시구요. 편안하세요.~~

104) http://cafe.daum.net/katccafe/ESPX/9120?docid=195Uy|ESPX|9120|20100915030923&q=%B0%F8%C1%A4%C7%D1+%BB%E7%C8%B8&srchid=CCB195Uy|ESPX|9120|20100915030923(2010.10.2)

105) 우리들 사는 이야기, 노스트라무스 조회 109 | 2010.09.14. 15:57 http://cafe.daum.net/jinjulavigne/DwLl/144

▶자유롭고 창의적인 사회
▶개천에서 용이 나는 사회
▶사회적 책임을 지는 사회

'자유롭고 창의적인 사회'를 얘기하면서 김 대변인은 "공평과 공정은 다르다"고 했다. 그는 우등반과 열등반을 예로 들었다. "우·열반을 가른 뒤 단순히 수업 진도만 달리하면 그건 그저 '공평한 사회'이지만 우등반엔 학생 자율권을 주고, 열등반에는 교사를 충원시켜 주는 것은 '공정한 사회'"라고 설명했다. '공정한 사회'는 기계적 평등을 추구하는 게 아니라 기회를 극대화하는 사회라는 게 김 대변인의 주장이었다. 그는 '개천에서 용이 나는 사회'라는 개념을 "기회에서 배제되는 국민이 없도록 하자는 뜻"이라고 풀이했다. 이와 관련해 청와대 핵심 참모는 "노점상 출신인 이 대통령이야말로 자신을 '개천의 용'이라고 생각한다"고 말했다. 그러면서 "자신과 같은 사람이 많이 나오려면 기회가 균등하게 돌아가야 하고, 실패해도 '패자부활전'을 치를 수 있는 사회가 돼야 한다는 게 이 대통령의 생각"이라고 했다.

김 대변인은 '사회적 책임을 지는 사회'에 대해선 이렇게 설명했다. "'공정한 사회'는 기회를 주는 사회이지만, 그에 따른 책임도 지는 사회다. 특히 (사회로부터 얻은 기회로) 이익을 많이 본 쪽에서 그래야 하는 것이다." '노블레스 오블리쥬(높은 지위에 따르는 사회적 의무)'를 잘 지키는 사회가 '공정한 사회'라는 것이다. 김 대변인은 이런 개념들을 설명한 뒤 "'공정한 사회'가 이뤄지면 이명박 정부는 '삼무(三無) 정권'으로 평가받을 것"이라고 말했다. '삼무'는 ▶무 게이트 ▶무 스캔들 ▶무 매너리즘을 뜻한다고 그는 설명했다.[106)107)]

---

106) 댓글들: 깜찍이 10.09.15. 08:00 요즘 노스트라무스님의 관심사는 무엇인지요? 노스트라무스 10.09.15. 17:07 공정한 한국사회의 이해와 미래에 나에게 미치는 영향에 대하여 생각중
107) http://cafe.daum.net/jinjulavigne/DwLl/144?docid=1Isxw|DwLl|144|20100914155709&q=%B0%F8%C1%A4%C7%D1+%BB%E7%C8%B8&srchid=CCB1Isxw|DwLl|144|20100914155709(2010.10.2)

2. 공정한 사회와 처리방법

올봄 천안함 사고가 일어났던 그 시각(금요일 저녁 9시경)에 충남 서해안 바닷가에서 농림식품부 개발과 직원 13명이 농촌현장학습체험을 와서 차사고로 8명이 숨진 사고가 났지요.[108] 당시 천안함 사태로 세간의 관심을 끌지 못하였는데 매스컴에 난 것을 그대로 정리해 보면 즉, 솔직하게 말하면 꽃피는 춘삼월 출장비 뽑아서 토, 일 공휴일전 금요일 오후에 단체로 야휴회 떠난 것 아닐까요? 명분은 농촌현장학습체험이구요. 그렇지 않고서야 어찌 개발과 직원 16명중 13명 전원이 농촌체험 학습을 갔는지? 그리고 하필이면 왜 토, 일 공휴일을 앞둔 금요일 오후에 떠났나요? 또 과직원 전원(16명 중 13명)이 일시에 같은 장소로 가야 하나요? 그리고 차를 운전한 그 지역 군청 직원이 만취상태라던데 학습체험가서 무슨 술을 그렇게 많이 마시나요? 그리고 꽃피는 춘삼월에 내륙이 아닌 남쪽 바다로 가야 하나요? 가려면 농번기에 가서 일손 돕는게 농촌체험학습이 아닐까요? 공직경험이 있는 사람이라면 누구나 이렇게 의심을 할 것입니다. 당시 농림식품부 장관은 이명박 대선 캠프에서 일한 실세장관이고 함께 떠난 개발과장은 실세장관의 비서를 지낸 측근이라고 하든데 그래서 그럴까요? 사망자 모두 1계급 특진하여 순직처리하였지요. 언론이나 야당은 이런 것을 밝혀서 의심을 받지않게 해야지요.

왜 단체로? 동시에? 공휴일 전날? 꽃피는 춘삼월에? 내륙이 아닌 남쪽 바닷가로? 체험학습가서 만취상태? 무슨 이런 농촌학습체험이 있는지? 그 체험학습프로그램 확인해 보셨나요. 물론 사고당하신 분들은 매우 안타까운 일이지만 일반부서의 공무원이라면 이렇게 처리되었을까요? 이러니 공무원들은 힘있는 정치세력에 몰려들고 공정하게 처리되었다고 하기에는 의문점이 너무 많지요.[109][110]

---

108) 마음의 글방, 해바라기 조회 27 | 2010.09.13. 10:59
http://cafe.daum.net/lotusloveschool/D2JL/3100, 공정한 사회
109) 댓글: 모산재 10.09.13. 16:55 온나라가 도처에 xxx판........에라이.......xxx 청백

3. 공정한 사회의 달성을 위해 국민 모두가 함께 할 일

2010. 8. 15 대통령 경축사에서 "공정한 사회"라는 단어가 등장하고, 국회 청문회에서 국무총리 후보, 장관 후보자들이 낙마하고, 외교부 장관의 딸 특채가 문제시되면서 사회 전체의 이슈가 되었고, 지금은 온 나라가 만사에 잣대로 적용하는 것 같으며, 이를 두고 희망과 걱정이 교차되는 분위기에서 오늘도 이 단어는 곳곳에서 그 역할을 톡톡히 해 가리라고 생각된다.[111] 이런 사회분위기속에서, 모 신문의 기고문에서는 "기초없는 공정사회"는 모래성이라고 지적하고, 이 기초를 도덕교육 즉, 인성교육을 통해서 기초를 다져야 한다고 강조하기도 했다.

1) "공정한 사회"가 추구하는 목표

최근 들어 이렇듯 온 나라를 소용돌이로 몰고 가고 있는 "공정한 사회"로 이룩하고자 하는 나라의 모습은 무엇이며 이를 위해서 국민은 어떻게 하기를 바라고 있단 말인가?를 한번 생각해보고 "공정한 사회"를 논해야 그 수순이 맞지 않나 여겨지는 것이다. 따라서 먼저 "공정한 사회"가 추구하는 목표는 무엇인가?를 온 국민과 함께 생각해보면, 21세기에 우리 대한민국 국민이 이룩해야 할 역사적 사명은 "선진국 진입" 즉, 선진조국건설이며 이를 부인할 국민은 아무도 없을 것이다. 따라서 우리가 이룩하고자 하는 선진국의 모습과 실상은 무엇일까?를 한번 짚어보고, 이를 달성하기 위해서 무엇을 제시하는 것이 공감대 형성에 효과적이지 않을까요?

2) 지상의 제일 선진국 미국

우리는 선진국하면 어찌했던 제일 먼저 떠올리는 나라는 미국(미합중국:

리는 눈딱고 봐도........없네

110) http://cafe.daum.net/lotusloveschool/D2JL/3100?docid=18wXI|D2JL|3100|20100913105903&q=%B0%F8%C1%A4%C7%D1+%BB%E7%C8%B8&srchid=CCB18wXI|D2JL|3100|20100913105903(2010.10.2)

111) Q "공정한 사회'달성을 위해 국민 모두가 함께 할일은?(1)|Q&A 게시판, 맑은물해사24기 | 조회 46 | 2010.09.18. 16:10 http://cafe.daum.net/fpk24/6O5K/2

United States)임을 부인할 수 없을 것이다. 그런 선진국인 미국은 법치국가의 표본이요, 신뢰를 바탕으로 하여 살아가는 국민들이요, 상식이 통하는 사회라고 다들 이구동성으로 이야기한다. 이런 시점에서 우선적으로 우리가 해야 할 주요과제로는 최선두의 선진국을 이룩해 낸 미국 국민들에게서 배워야 할 중요한 과제는 그들이 오늘의 국가가 되기까지 힘의 바탕은 엄정한 준법정신의 "선진국민의식"이라고 생각한다.

3) 공정한 사회의 목표는 법치국가 달성과 선진의식개혁

미국을 표본으로 하고, 선진국이란 법이 엄정하게 살아있는 국가, 신뢰를 바탕으로 살아가는 국민이 주인인 나라, 매사에 상식이 통하는 사회를 달성해가는 나라라고 말하면 틀린 것일까? 이에 준하여 보면 "공정한 사회"란 어디에 속하는 것인가?를 생각하여 볼진데, 한마디로 이거다라고 말할 수는 없지만, 그래도 법을 준수하는 법치국가요, 법 앞에서는 누구나 동등한 대우를 받고 사는 국민이라는 것 즉, 불평등하고 부당한 대우도, 불만스러운 대우도, 한이 매치는 대우도 아닌 사회가 바로 "공정한 사회"가 아니겠는가? 따라서 "공정한 사회"를 만들기 위해서는 변죽을 울리면서 논란 많은 말장난보다 우선적으로 할 일은 엄정하게 법과 규정을 준수하는 "법치국가"가 이룩되는 것이라고 여겨지며, 선진국 진입(공정한 사회 만들기)이 이룩될 수 있도록 대통령으로부터 온 국민이 뼈를 깎는 고통을 감수해 나가자고 주장하고 싶다. 다시 말해서 선진국 진입의 달성을 위해서는 법치국가의 달성이며, 이를 위해 온 국민들에게 "공정한 사회"를 달성해갈 수 있도록 선진의식개혁으로 나아가자고 호소하고 싶다.112)

4. 공정한 사회와 친 서민(제언)

요사이 여야를 불문하고 입만 열면 '친 서민과 공정한 사회'란 말이 불쑥

---

112) http://cafe.daum.net/fpk24/6O5K/2?docid=1LmAa|6O5K|2|20100918161058&q=%B0%F8%C1%A4%C7%D1+%BB%E7%C8%B8&srchid=CCB1LmAa|6O5K|2|20100918161058(2010.10.2)

불쑥 튀어 나오고 자기 품격을 지켜주는 넥타이 마냥 또 자기만의 명찰인 양 줄줄이 달고 다닌다.113)

눈 가리고 아웅 하는 것도 유분수다. 이쯤되면 철면피가 아니라 인면수심(人面獸心)의 극치(極致)이다. '공정한 사회'와 '친 서민정책'이 '최고의 선'이요 '만병통치'인 양 조금이라도 공직(公職)의 물을 먹고 있는 사람이면 우후죽순(雨後竹筍)처럼 너도나도 들고 일어서는 꼴이 실로 가관이다. 왜 이제야 공정한 사회고 친 서민정책이냐. 정부에서 일하든 의회에서 일하든 사법부에서 일하든 국민의 세금으로 녹봉을 받아먹고 사는 공직자들은 의당 그리 했어야 할 일이었고 본질적이고 기본적으로 주어진 의무요 책임이 아니었던가?

그동안 해야 할 일을 하지 않고 수수방관(袖手傍觀)만 해온 공복(公僕)으로서의 무사안일(無事安逸)과 직무유기(職務遺棄)에 대한 반성과 책임을 질 생각들은 않고 새삼스럽게 호들갑들인지 알다가도 모를 일이다.

가만히 생각을 해보자. 서민이 누구인가? 일반국민 아닌가? 그런데 친 서민정책이라니. 그러면서 뭐 새로운 국정의 방향을 잡기나 한 것처럼 자기자랑과 선심쓰기에 혈안이 되어 있는 모습들이 가히 볼만하다. 이러는 것을 보면 혹여 국정을 맡아 보고 있는 위정자들이나 공직자들은 오늘의 서민을 나라의 주인인 일반국민으로 보지 않고 조선조 중기 이후 관직을 도맡아온 사대부, 소위 말하는 양반 계층의 수족 노릇을 하며 사역만을 도맡아온 절대 다수의 상민(常民)이나 또는 천민(賤民)계층으로 착각을 하고 있는 것은 아닌지 심히 우려되는 바가 크다. 아니면 가진 자와 힘있는 자의 자기 우월주의(優越主義)에 빠져 나라의 근본이며 주인인 서민대중(庶民大衆)을 자기들의 하인(下人) 쯤으로 착각을 하고 있는 것은 아닌지? 나만의 기우이기를 바란다. 당연히 이 나라 국민인 서민대중을 주 대상으로 삼아야 할 때 국민정책을 있는 사람 위주로, 힘있는 사람 위주로, 권력집단 위주로 펴온 사람

---

113) 일상 이야기 방(자작글), 바오로 조회 1 | 2010.09.25. 19:08
http://cafe.daum.net/munhaksanchek/I5xm/2348, 공정한 사회와 친 서민(제언)

들이 누구들인가? 지금에 와서 무슨 큰 선심이나 쓰는 양, 경쟁하듯 나팔을 불고 있는 바로 그 사람들 아니었던가? 서민을 별나라 사람으로 따로 보지 않는 한 친 서민정책이 따로 있을 수 없고 의당 해야만 했던 일을 늦게나마 하는 것이고 그동안 잘못돼온 일을 바로 세우는 일에 불과하다.

공정한 사회도 마찬가지다. '공정한 사회'가 화두로 되는 것을 보면 지금 우리가 숨쉬고 있는 사회가 불공정한 사회라는 것을 반사적으로 입증해주고 있는 것이 분명한데 그러면 어찌하다가 우리 사회가 불공정한 사회가 되었는지 먼저 따져봐야 하지 않겠는가? 무엇이 불공정하고 불공정의 뿌리가 어디에 있는지 왜 불공정한 사회가 되었는지 정말 불공정한 사회인지.

어느 신문 칼럼을 보니까, 추석을 앞두고 어느 한 조사기관에서 실시한 여론조사에는 나라의 주인인 일반국민들의 69.6%가 우리 사회가 공정하지 않다고 대답을 했고 또 다른 기관의 여론조사에서는 우리 사회가 불공정하다는 비율이 73%나 됐다고 한다. 그리고 중소기업이 어려움을 겪고 있는 것은 대기업 때문이라는 주장에는 73.5%가 동의를 했다고 한다. 그러고 보면 대다수 우리국민인 서민의 70%가 우리 사회를 불공정한 사회로 느끼고 인식하고 있다는 셈이 된다.

되짚어 보면 객관적이고 합리적인 공정한 경쟁의 규칙이 제대로 한 번도 적용되어 본적이 언제 어디 있었던가? 공정한 사회의 기본은 누구에게나 언제나 어디서나 공정한 경쟁의 규칙이 적용되어야 하는데 법과 권력은 언제 어디서나 힘있는 자의 편을 들어 주었고 힘없는 자에게는 방패와 창이 되어주는 것이 아니라 약자의 패배를 합리화하는 한서린 옭매듭이 되어 온 것이 숨길 수 없는 사실이었다. 지금도 이점에 있어서는 별로 다를 바가 없다고 본다.

힘있는 사람은 언제나 옳았고 힘없는 사람은 언제나 나빴다. 힘있는 사람은 의도적으로 반칙을 하고 편법과 불법을 마구잡이로 저질러도 엄중한 법의 관용을 받지만 힘없는 사람들은 생활속에서 어쩔 수 없이 작은 법규 하나를 모르고 위반을 해도 가차없이 법의 제재를 받았다.

'유전무죄 무전유죄'라는 시대를 조롱하는 유행어가 한 시대를 풍미(風靡)해도 법을 집행하는 공직자들과 힘있는 사람들은 눈썹하나 까딱 않고 어제나 오늘이나 한결같이 버티고 있다. 이처럼 우리 사회의 불공정은 그 뿌리가 공직사회에 깊숙이 박혀 있고 공직사회를 에워싸고 있는 한 무리의 힘있는 자와 권력자들이 그 몸통을 이루고 있는 바 일벌백계(一罰百戒)로 공직기강(公職紀綱)을 바로 잡아 무너진 경쟁의 규칙을 바로 세우고 누구에게나 가차없이 엄정하고 투명한 법집행으로 강자의 무법적인 횡포와 반칙을 쾌도난마(快刀亂麻)하고 준법질서(遵法秩序)와 사법기강(司法紀綱)을 공고히 한다면 공정한 사회는 저절로 이루어질 것이고 친 서민을 별도로 안 챙겨도 바로 친 서민이 될 것이다. 왜냐하면 서민은 경제적인 약자이긴 하지만 무턱대고 경제적인 배려를 바라는 것이 아니라 기회의 공정성, 경쟁의 공정성, 법집행의 공정성을 진실로 갈구하고 있기 때문이다.

따라서 불공정한 사회의 원인과 책임을 대기업에 떠넘기고 있는 자의 배려를 강요하는듯한 인상을 주는 것은 큰 잘못이다. 대기업과 있는 자들에게 잘못이 있다면 그들 스스로 교정하도록 내버려 두고 법에 의한 감시와 감독 교정과 처벌을 엄격히 하면 될 것이다.

국가의 정책에 친 서민정책이 따로 있을 수 없고 정부가 벌리는 일에 '공정한 사회' 운동이 따로 있을 수가 없다. 둘 다 국가와 정부의 원천적인 책무이기 때문에 그렇다. 공직사회가 맑아야 대중사회가 맑아지고 차별없는 법집행이 이루어져야 공정한 사회가 이루어진다.

그러니 거창하고 요란스럽게 범사회운동으로 벌려 나갈 것이 아니라 공정한 사회와 친서민은 공직사회와 권력의 언저리만 다잡아 세우면 될 것이라 본다.114)115)116)

---

114) 2010. 9. 25. 人中人
115) 댓글들: 개미 10.09.25. 22:21 바오로님의 글을 읽노라면 요즘 읽고 있는 함석헌 선생님의 글이 생각납니다. 정치는 잘 모르지만, 내용을 머리속에 담아다가 생각을 합니다. 감사합니다. 바오로 10.09.26. 11:15 고맙습니다. 젊은 한 때 미치도록 흠모하고 미치도록 탐독했던 내 삶의 지침이셨던 분입니다. 감사합니다. 지금 무슨 책을

5. '공정한 사회'의 빛과 그림자

▲ 윤평중(한신대·정치철학)의 사회적 약자를 배려하는 공정사회론은 반칙·편법 문제 푸는 해법117), 口頭禪에 그치지 않으려면 말보다 실천이 중요하다.

공정(公正)사회론이 상종가를 치고 있다. 광복절 경축사의 미풍이 태풍으로 커진 건 인사청문회 때문이었다. 청문회를 강타한 공정사회의 회오리 바람은 몇몇 후보자를 '초토화'시켰다. 온갖 구설수에도 꿋꿋이 버티던 외통부 장관도 딸 특채의 비밀이 드러나자마자 전격 퇴진했다. 김황식 총리 후보자 지명에 대한 청와대의 설명은 그가 '공정한 사회'와 가장 맞는 인물이라는 것이다. 바야흐로 공정성이 시대의 화두로 떠오르는 것처럼 보인다. 그러나 정부가 외치는 공정사회론에 대한 시중의 반응은 대개 유보적이며 때로는 냉소적이다. 그동안 쌓인 이명박 정부의 이미지와 공정성이 서로 어울리지 않는다고 보기 때문이다. 이른바 '고소영·강부자 정권'과 불통(不通)·독주의 리더십이 남긴 그림자는 생각보다 짙고 크다. 의욕적으로 공정사회론을 선도한 대통령으로서는 야속하겠지만, 다치고 상한 민심은 우선적으로 존중되어야 마땅하다. 천안함 사태에서 북한을 의심하면서도 정부 발표를 믿기 어렵다는 사람들이 의외로 많은 것은 이명박 정부에 대한 신뢰의 문제와 관련해 반면교사(反面敎師)가 아닐 수 없다. 공정사회론은 정치공학적으로 해석되기도 한다. 대통령의 레임덕을 막고, 사정(司正)을 정당화하며, 정권 재창출을 위한 포석이라는 것이다. 그러나 제왕적 대통령제 아래서 대통령의 일거수 일투족이 정치적 의미를 갖는 건 당연한 일이다. 국정이념으

읽고 계신지요. 그분의 글 중에 '생각하는 백성 이래야 산다.' 나는 5.16을 이렇게 본다.' 라는 글이 있고 책 중에 '뜻으로 보는 한국역사' 책이 있습니다. 안 읽으셨으면 한 번 찾아 보십시오. 건강하십시오.

116) http://cafe.daum.net/munhaksanchek/I5xm/2348?docid=13NjS|I5xm|2348|20100925190812&q=%B0%F8%C1%A4%C7%D1+%BB%E7%C8%B8&srchid=CCB13NjS|I5xm|2348|20100925190812(2010.10.2)

117) [아침논단] '공정한 사회'의 빛과 그림자, 윤평중 한신대·정치철학, 입력 : 2010.09.20 23:30 / 수정 : 2010.09.21 05:32

격상된 '공정한 사회'의 경우에는 더욱 그렇다. 문제의 핵심은 공정사회론이 한 정권의 성패를 넘어 우리의 삶과 나라 전체에 보탬이 되는가의 여부일 터이다.

공정성은 보편적 설득력을 지니는 이념이다. 현대 정치철학의 최대과제인 정의론(正義論)은 '학문의 목표가 진리탐구에 있는 것처럼 국가의 존재이유는 정의실현에 있다'고 주장한다. 이때 정의는 곧 공정성인 바, 공정한 사회에서는 첫째, '모든 개인이 동등한 자유와 공평한 기회를 가지며' 둘째, '사회경제적 불평등은 가장 불리한 처지에 있는 사람들의 이익을 극대화하기 위해서만 정당화된다.' 난해해 보이는 두번째 원리는 미국의 케네디 전 대통령이 도입한 '소수자 우대정책'(Affirmative Action)을 보면 이해하기 쉽다. 가령 대학 신입생을 뽑을 때 소수인종 출신에게 우선권을 주는 건 백인 입장에서는 불공평하지만 궁극적으로 사회적 약자의 처지를 개선하므로 공동체 전체로는 공정하다는 것이다. 개인의 자율과 책임을 기본으로 삼되, 사회적 약자를 배려하는 '공정성으로서의 정의' 개념은 현대 복지국가의 사상적 기초로 정립된다. 공정사회론이 오래전부터 유럽과 북미의 여러 선진국에서 정치공동체의 근본 규범이 된 건 자연스러운 일이었다. 이는 공정사회론이 특정 정권의 정치적 구호로 축소 해석될 수 없다는 교훈을 시사한다. 마찬가지로 '공정한 사회' 이념은 보수나 진보진영이 독점할 수 없는 보편타당성을 지닌다. 민주당 정동영 의원이 공정사회론 자체를 비판하지 못한 채 다만 그것이 '가짜'라고 비난하는 이유가 여기에 있다. 결국 이명박 정부는 강력한 가치담론을 채택함으로써 '가치와 신념을 결여한 정부'라는 비판에 응전(應戰)하는 길을 걷기 시작한 것이다. 무상급식이 국민의 압도적 지지를 받은 것처럼 복지가 미래의 화두가 될 게 분명한데, 공정사회론은 이 점에서도 의제를 선점했다.

기적의 성장을 이루었지만, 다수 시민이 불공정한 사회라고 느끼는 나라가 선진국이 될 수 없다. 압축성장 과정에서 횡행한 반칙과 편법은 만인이 배고픈 '헝그리 사회'를 모두가 화가 난 '앵그리 사회'로 변화시켰다. 성공한 사람일수록 반칙과 특권의 유혹에서 자유롭지 않았음을 입증한 인사청문회는 르상티망(약자의 분노와 원망怨望)을 폭발시켰다. 줄 서기보다 줄타기에 능한 자들이 잘 나가는 풍토는 냉소와 불신을 일상화한다. 제대로만 시행된다면, '공정한 사회'는 이 모든 문제를 푸는 최고의 해법이 될 수 있다.

한국 역사에서 극적인 전환점이 될 수도 있는 것이다. 그러나 공정사회론이 정권의 구두선(口頭禪)에 그칠 때, 5공 전두환 정권의 '정의사회 구현'같이 되지 말란 법도 없다. 결국 '공정한 사회'는 빛과 그림자를 동반한다. 언제나 그렇듯, 정말로 중요한 것은 말이 아니라 실천이기 때문이다.[118]

6. MB의 '공정한 사회', 갈 길이 멀다

8·8 개각 인사청문회 파동에 이어 유명환 외교통상부 장관의 '딸 특혜 시비'로 한국 사회는 다시 공정성이라는 무거운 주제를 응시하고 있다. 자르고 잘라도 불공정이라는 싹이 고개를 드는 것이다. 유 장관 딸의 합격사건은 지난달 31일이었다. 이때는 총리후보 등 3인의 사퇴로 정권과 사회가 공정성의 태풍을 겪고 있던 때였다. 이런 소동의 한가운데서 핵심 국무위원이 자식의 특혜 의혹에 무심(無心)했다니 고위공직자 도덕 불감증의 심각한 수준을 보여주는 것이다. 하지만 그런 싹이 아무리 이어져도 공정한 사회를 향한 노력을 멈출 수는 없다. 고통과 소동이 커도 계속 나아가야 한다.[119]

이명박 대통령은 장차관 워크숍에서 3인의 사퇴에 대해 "아픔을 무릅쓰고 인사추천을 취소했다"고 했다. 외교부 장관 문제에 대해선 "보통 때 같으면 오래된 관습이라며 통과될 수 있는 문제인지도 모르지만 공정사회를 기준으로 보면 용납할 수 없는 사안"이라고 말했다. 대통령으로서는 8·15 연설에서 밝힌 '공정한 사회'를 실천하려는 노력을 강조한 것으로 보인다.

---

118) http://cafe.daum.net/umym/Cr9i/1541?docid=1L4Tu|Cr9i|1541|20100925165557&q=%B0%F8%C1%A4%C7%D1+%BB%E7%C8%B8&srchid=CCB1L4Tu|Cr9i|1541|20100925165557(2010.10.2)
119) 기사 입력시간 : 2010-09-06 오전 12:15:02

여권 내에서는 '공정한 사회'를 천명하는 바람에 이것이 일종의 굴레가 되어 현 정권에 더욱 가혹한 잣대가 되고 있다는 시각도 있다. 실제로 현 정권 들어 기준이 강화된 측면이 없는 것은 아니다. 김대중 정권은 장상·장대환 총리 후보와 윤성식 감사원장 후보의 임명을 강행했다가 국회 표결에서 부결되었다. 그러나 그렇다고 해도 잣대에 대한 정권의 평가는 더욱 엄정해야 한다. 진정으로 공정한 사회로 가려면 상대적인 것보다 절대적인 기준을 적용하는 노력을 기울여야 하기 때문이다. 3인 사퇴의 경우에도 대통령은 처음엔 "앞으로 엄격한 기준을 마련"이란 언급으로 '이번은 감싸려는' 모습을 보였다. 유 장관의 경우는 어느 정권에서나 통과되기 어려운 사안일 것이다. '공정한 사회'를 향한 정권의 방향은 올바른 것이다. 그러나 정권은 철저하게 실천적이어야 한다. 앞으로 많은 사례가 이어질 것이다. 대통령과 정권이 머뭇거리는지, 아니면 단호할지 국민은 지켜볼 것이다.[120]

7. 공정한 사회라, 공정한 사회라

"우리는 민족중흥의 역사적 사명을 띠고 이 땅에 태어났다"는 말로 시작되는 「국민교육헌장」을 기억하는 사람이 적지 않을 것이다.[121] 한때 이 글을 금과옥조처럼 아침저녁으로 외워야 했던 세대도 있었다. 1960년대 말에 제정·공포된 「국민교육헌장」은 당대의 석학 박종홍(朴鍾鴻) 등의 참여속에 간결하면서도 미려한 문장으로 만들어진 시대의 역작이라 할 수 있다. 내용이 문제일 뿐, 글은 지금 읽어도 과연 명문이다. 그러나 이 「국민교육헌장」은 그 제정경위나 선포절차 자체가 민주교육의 근본정신에 어긋난 데다 일제하의 교육칙어를 연상케 하는 것이라 하여 처음부터 교육계 안팎의 격렬

---

120) http://cafe.daum.net/umym/Cr9i/1294?docid=1L4Tu|Cr9i|1294|201009072057 24&q=%B0%F8%C1%A4%C7%D1+%BB%E7%C8%B8&srchid=CCB1L4Tu|Cr9i|1294 |20100907205724&re=1(2010.10.2)
121) [스크랩] 공정한 사회라, 공정한 사회라 … / 김정남| 시사만평*컬럼, 김용표(와우정) 조회 45 | 2010.09.25. 06:11 http://cafe.daum.net/jnmadunjeon/IeAq/508, 공정한 사회라, 공정한 사회라, 김정남(언론인)

한 반대를 불러일으켰다. 그 가운데 하나가 1978년 6월의 「우리의 교육지표」 사건이다. 이 일로 전남대학교의 송기숙 교수를 비롯한 여러 사람이 긴급조치위반 등으로 구속되었다. 시대의 진실을 기록하는 소설가로서 이 법정을 똑똑히 기억하겠다던 송기숙 최후진술의 목소리가 지금도 생생하다.

명문 <국민교육헌장>이 끝내 빠뜨린 것은 그들은 그들이 발표한 「우리의 교육지표」에서 "부국강병과 낡은 권위주의 문화에서 조상의 빛난 얼을 찾는 것은 잘못이며, 민주주의에 굳건히 바탕을 두지 않는 민족중흥의 구호는 전체주의와 복고주의의 도구로 떨어질 위험이 있다" "또한 능률과 실질을 숭상한다는 것이 공리주의와 권력에의 순응을 조장하고 정의로운 인간과 사회를 위한 용기를 소홀히 하는 결과가 되어서는 안될 것"이라고 주장하였다.

「국민교육헌장」 안에는 이 나라 청소년들이 교육현장에서 배우고 닦고 깨달아야 할 하고 많은 덕목들이 나열되어 있다. "성실한 마음과 튼튼한 몸으로 학문과 기술을 배우고 익히며", "창조의 힘과 개척의 정신을 기르고", "공익과 질서를 앞세우고", "자유와 권리에 따르는 책임과 의무를 다하며", "능률과 실질을 숭상하고" 등의 표현이 그것이다. 그러나 사람이 추구해야 할 아름다운 덕목들을 그렇게도 많이 나열하면서도 끝내 '정의'라는 말 한 마디도 거기에 없었다. 천려일실이었는지 의도적인 배척이었는지는 모르겠다. 이에 대해 언론인 천관우(千寬宇)는 그의 글에서 자유와 권리에 따르는 책임과 의무를 다 하라기에 앞서 '자유와 권리를 찾아서 누리라, 그와 함께 책임과 의무를 다하라'고 일러줄 친절이 아쉽다고 했다. 이어서 그는 이렇게 말한다. "성실한 마음과 튼튼한 몸으로 학문과 기술을 배우고 익히며, 창조의 힘과 개척의 정신을 가진 청년이 여기 한 사람 있다고 치자. 그런데 다른 모든 것이 다 갖추어진 그 청년이 정의를 향해 간다는 보장이 없다면, 그 모든 조건이라는 것이 어디로 동원될 것인지 두렵다." 그에 의하면 자유와 권리, 그리고 정의는 하나인 것이다.

정의는 이렇듯 우리들이 오랫동안 목말라 하던 것이었다. 얼마 전 대마도에 갔다가 일본 민주당의 선거 포스터에 '공정한 사회'라는 그들의 표어가 크게 쓰여져 있는 것을 보았다. 돌아와 보니, 국내의 모든 지면 역시 '공정한 사회'라는 말로 도배되고 있었다. '공정한 사회' 소리를 들으면서 느끼는 첫 번째 감회는 "이제 적어도 개발독재시대로 돌아가지는 않겠구나" 하는 것으로, 우선 반가웠다. 그리고 그 뒤에 쏟아지는 말들을 볼 때 8.15경축사에서 '한번 해본 말'만은 아닌 것 같다. 그 어록을 보면 더욱 그렇다. "앞으로 우리 사회의 모든 영역에서 공정한 사회라는 원칙이 확고히 준수되도록 최선을 다하겠다. 공정한 사회란 출발과 과정에서 공평한 기회를 주고 결과에 책임을 지는 것이다." "제일 바닥에 있는 사람들이 자기보다 더 바닥에 있는 사람들을 위로해 달라는 걸 보며 큰 충격을 받았다." "100만원, 200만원 꾸는 사람은 돈을 갚는 기간이 길어도 돈을 떼먹지 않지만, 오히려 수십억 빌리는 사람이 떼먹는다. 없고 힘든 사람이 남을 배려하는 순수한 마음이 크다." "이 시점에서 힘있는 사람, 가진 쪽에서 따뜻한 마음을 가져야 한다."

1) 먼저 다른 사람의 눈에 정의로워야

구구절절이 모두 다 옳은 말이다. 이 말을 듣고 눈물을 글썽이는 사람도 있었다고 한다. 물론 그럴 수도 있었을 것이다. 그러나 '공정한 사회'라는 그 지향은 옳지만, 진정성이 느껴지지 않는 것은 어인 일일까. 한 마디로 국민의 눈에는 이 정부 자체가 미덥지 않은 것이다. 그 자신이 말한 것처럼, "사회지도자급 인사, 특히 기득권자들이 공정사회의 기준을 철저히 지켜야 한다." 그러나 그들이 과연 그런가. 한 신문의 여론조사에 의하면 외무부 장관 딸 특혜사건과 관련하여 국민의 85%가 "모든 정부부처와 지방자치단체, 공기업에 그런 일이 광범하게 있을 것"으로 보고 있다.[122]

소통, 상생, 공정, 친 서민정책 등 그 모든 것이 인기를 선점하기 위한 정치적 책략에서 비롯된 것이라면 이 또한 포퓰리즘에 지나지 않는다. 누가 말했더라. 불의의 가장 나쁜 형태는 위장된 정의라고? 정의를 말하는 사람

---

122) 내일신문의 조사결과

은 먼저 다른 사람의 눈에 정의롭게 비쳐야 한다. 공정을 말하는 사람들은 과연 공정하게 살아왔는지 스스로 물어보라. 공정사회의 핵심은 뭐니뭐니 해도 인사의 공정이라 할 것인데. 인사는 과연 공정하게 이루어지고 있는가. 국회의원 퇴임 후 65세만 넘으면 무조건 매달 120만원씩 지급하도록 한 국회와 국회의원은 과연 공정한가. '공정사회'라는 말이 나에게는 왜 이렇게 공허하게 들리는지 한가위 둥근 달을 보며 되뇌어 본다. "공정사회라, 공정사회라[123)124)125)

8. 공정한 사회!!

최근에 정국을 강타하며 "공정한 사회"가 등장했다.[126] 지금까지 공정한 사회가 아니었을까? 행정자치부에서 행정고시 제도를 폐지하고 5급공무원 시험제도로 대체하면서 단계적으로 50% 정도를 시험을 보지 않고 서류면접을 통해 공무원을 특별채용하겠다고 발표했다.

그리고 얼마 안있어 외교통상부 장관의 딸이 외교통상부 사무관급인 5급을 서류, 면접, 심사로 특별채용시키면서 우리 사회에 특권층을 위한 특혜 논란이 되었고, 공정한 사회에서는 있을 수 없는 일이 일어났다. 이를 보면서 과거의 "음서제도의 부활"이라는 말을 하는 국민들도 있었다.

"음서제도"란 먼 옛날 고려, 조선시대 때 아버지가 벼슬(관직)을 하면 자식도 그 벼슬(관직)을 할 수 있었던 제도다. 지금 우리는 정보사회에 살고 있으며 공정한 사회는 우리에게 꼭 필요하지만 과연 그렇게 될 수 있을까?

---

123) 글쓴이 /김정남의 약력, 언론인, 前 평화신문 편집국장, 前 민주일보 논설위원, 前 대통령비서실 교문사회수석비서관, 저서 : 〈진실, 광장에 서다- 민주화운동 30년의 역정〉
124) 출처 :껄껄옷는 방랑자의 꿈, 방랑자(박건수)
125) http://cafe.daum.net/jnmadunjeon/IeAq/508?docid=1JI0Q|IeAq|508|20100925061101&q=%B0%F8%C1%A4%C7%D1+%BB%E7%C8%B8&srchid=CCB1JI0Q|IeAq|508|20100925061101(2010.10.2)
126) 이야기 샘터, 정혜원 조회 134 | 2010.09.09. 14:17
http://cafe.daum.net/4050cafe/4U2c/60635 공정한 사회!!

공정한 사회, 말로 폼으로 하는 것이 아니다. 행동과 실천이 중요한 것 같다. 우리 다같이 공정한 사회를 만들어 봅시다.127)128)

9. 공정한 사회?

권력을 가진 자가 보는 공정이란 무엇일까?129) 대다수의 민생들은 공정이라는 의미 자체가 피부에 와닿지 않는다고 본다. 언제 우리가 공정한 사회에서 경쟁을 하고 권리를 주장하여 왔는가 하는 것이다. 힘있는 자들은 각종이권에 개입하고, 단물을 청소기로 빨아들이다가도, 재수없어서 걸려들었다고 생각하고, 나만 그러냐고 오히려 큰소리치며, 고개를 빳빳이 세우는 그 후안무치의 동영상을 TV나 신문지상에서 자주 본다. 그들이 그렇게 당당한 이유는 '나 건드리면 다쳐' 하는 배짱이 아닐까? 소시민은 조그만 실수나 허기를 채우기 위한 그저 민생에 급해서 잘못을 저지를 때 단돈 만원도 안돼는 돈으로도 큰 죄인처럼 살 수도 있건만, 몇억 몇십억의 부당한 검

---

127) 댓글들: 꼬맹이줌마 10.09.09. 14:51 네에~~~~. 공정한 사회 맹글어 보아요. 건강한 즐건 나날 되십시오. 다시 10.09.09. 15:17 나 자신부터 털어서 먼지 이상은 안 나오는 사람이 되자구요~~바위취 10.09.09. 15:47 구호 뿐인 사회~~깨비^^* 10.09.09. 15:50 그럽시다~~^^* 뭘해도 공정한 평가를 받는 그런 사회를 만듭시다~~!!. 해수욕장 10.09.09. 19:17 특권층 자식들 군도 면제당하고 음서제도가 부활한 것인가? 그저 서민만 서럽습니다. 세금 꼬박꼬박 내고 부정된 일은 윗선에서 다흐려 놓고 청문회 보면 한숨이 절로 나옵니다. 청렴한 공무원상이 사라진지 오래된 것 같습니다. 영문비 10.09.09. 20:27 한국이 요원해요. 구석구석 썩지 않은 곳이 없는 듯. 법을 어기기 위해서 출세해야 하는듯. 해수욕장 10.09.10. 10:19 오늘 신문 보니 전 감사원장 자녀가 특혜를 줬다네요. 지들끼리 다해 먹으면 국민들은 봉인가? 캭 !!~~~테테테 1!!! 언제나38세 10.09.10. 17:42 위에 높은 놈들은 자식까지 저렇게 특혜를 주고 아래 서민들은 안전장치 하나도 없는 용광로위에서 작업하다가 떨어져서 시체도 찾을 수 없게 되었구마는 점점 더 빈익빈 부익부의 세상으로 날새 부렀어~~

128) http://cafe.daum.net/4050cafe/4U2c/60635?docid=5grW|4U2c|60635|20100909141722&q=%B0%F8%C1%A4%C7%D1+%BB%E7%C8%B8&srchid=CCB5grW|4U2c|60635|20100909141722(2010.10.2)

129) 자유게시판, master 조회 15 | 2010.09.08. 10:59
http://cafe.daum.net/worker119/Dwp6/589

은 돈의 거래는 덮어버리기에 급급한 권력층의 비리는 그동안 과연 공정이란 것이 현실속에 존재하는 것인가에 대해 회의를 느끼게 한다. 그러므로 노동자는 오래전 부도난 기업회장의 '머슴'으로 '종'으로서만 존재하는 것이 더 현실적인 것이 아닌가 스스로를 자책하게 한다. 힘없고 돈없는 자가 자기의 권리를 주장하고 노력한만큼 대우받는 사회가 된다면, 그것이 진정 '공정한 사회'인 것이다.130)131)

10. '공정한 사회' 구호보다 실천을

[논평] '공정한 사회' 구호보다 실천을 행하자.132)

◀ANC▶

MBC논평입니다.

오늘은 유명환 장관의 딸 특혜채용을 계기로 불거진 이른바 공정한 사회에 대한 내용으로 임정환 논설위원의 논평이 있겠습니다.

◀ 임정환 논설위원 ▶

유명환 외교통상부 장관의 딸 특혜채용 사건에 대한 비판 여론이 좀처럼 수그러들지 않고 있습니다. 이명박 대통령이 8.15 경축사를 통해 공정한 사회를 후반기 국정 운영의 중점 사안으로 강조했기에 더욱 그렇습니다. 이 대통령은 "공정한 사회는 출발과 과정에서 공평한 기회를 주되 결과에 대해서는 스스로 책임지는 사회다"라고 정의했습니다. 또 "공정한 사회에서는 승자가 독식하지 않고 서민과 약자가 불이익을 당하지 않는다"라고 말했습

---

130) 인사노무 및 노동법 전문 공인노무사 컨설팅 그룹 - 디지털노무닷컴 (http://www.digitalnomu.com)
131) http://cafe.daum.net/worker119/Dwp6/589?docid=1BF1n|Dwp6|589|20100908105954&q=%B0%F8%C1%A4%C7%D1+%BB%E7%C8%B8&srchid=CCB1BF1n|Dwp6|589|20100908105954(2010.10.2)
132) 임정환| 시사 논평, 구름산방 조회 15 | 2010.09.08. 08:39
http://cafe.daum.net/cloud3/RN0I/91,
http://imnews.imbc.com/replay/nw2400/article/2694077_5798.html

니다.

 그런데 유 장관의 딸을 채용하는 외통부의 시험은 출발과 과정 모두 불공정했습니다. 외교부는 유명환 장관의 딸을 특채하기 위해 관계법령을 위반했고 심사위원인 외교부 간부들은 유 장관 딸에게 면접점수를 몰아준 것으로 드러났습니다. 이같은 비리 의혹은 외교관 자녀들에게 유리하도록 만들어진 외무고시 2부에까지 미치고 있는 상황입니다. 실제로 외시 2부 시험을 만든 외교부 장관의 아들도 수혜자가 됐다는 사실이 이같은 의혹을 뒷받침해주고 있습니다. 이런 상황에서 정부가 국민들에게 공정한 사회를 강조하는 것은 우스꽝스런 모양입니다. 사실 공정한 사회는 구호로 외칠 성질이 아닙니다. 우리 사회에서 당연히 실천되고 있고 실천돼야만 하는 다시 말해 굳이 말이 필요없는 기본적인 규범에 해당되기 때문입니다.

 공정한 규칙을 깨는 것은 보통 힘있는 사람이지 힘없는 사람이 아닙니다. 따라서 정부는 국민들에게 공정한 사회를 강조할 게 아니라 공정사회를 어떻게 구현하는지를 보여줘야 하는 것입니다.[133)134)]

ⅠⅠ. 지도층 성찰없는 공정한 사회 불가능

 사회가 공정하다면 그보다 아름다울 수는 없는 일이다.[135)] 공정한 잣대로 평가하는데 그 누가 토를 달겠는가. 공정하다는 말은 제일 먼저 그 기준을 세워야 한다. 그 기준에 많은 사람들이 공감하면 그것으로 필요 충분은 하지 않겠지만 필요는 할 수 있다는 생각을 한다.

 그래서 '공정하다' 는 말은 아름다운 것이다. 이명박 대통령이 공정한 사회를 만들어야 한다고 말했다. 공정한 사회를 반대하겠다는 사람은 없을 것

---

133) MBC 논평입니다. 임정환 논설위원 / 20100906
134) http://cafe.daum.net/cloud3/RN0I/91?docid=1IHIQ|RN0I|91|20100908083903 &q=%B0%F8%C1%A4%C7%D1+%BB%E7%C8%B8&srchid=CCB1IHIQ|RN0I|91|20100908083903(2010.10.2)
135) 좋은 글 좋은 생각, 유영환(모르쇠) 조회 25 | 2010.09.08. 09:31 http://cafe.daum.net/gc43/JFey/220 -지도층 성찰 없는 공정한 사회 불가능하다-

이다. 어떻게 공정한 사회를 만들겠다고 하는데 반대를 하겠는가. 누구나 찬성하고 박수를 보내는 것이 마땅한 일이다.

문제는 공정한 사회를 만들기 위해 어떻게 정부가 행동하느냐에 달려 있다. 정부의 잣대를 보며 국민들은 공감을 할 것이며 그 잣대에 대해 수긍을 할 것이다. 공직사회에서 가장 먼저 공정한 사회를 만들기 위해 노력을 해야 한다. 법을 어긴 사람이 고위공직에 앉게 한다면 그 밑에 직원들 역시 공정한 사회를 만들지 않을 것이며 공정하다는 것은 말 뿐이라고 생각할 것이다. 윗물이 맑아야 아랫물도 맑다는 말이 있다. 위에서 하는 행동을 보며 아랫사람들은 따라 할 수밖에 없다. 그 모습을 보고 누가 뭐라고 하겠는가.

윗물이 흙탕물이면 아랫물은 당연히 흙탕물일 수밖에 없다는 뜻이다. 이제 우리 사회도 능력만 있으면 그 사람이 어떻게 살아왔던 묻지도 따지지도 말아야 한다는 사고에서 탈피를 해야 한다. 이런 사고가 공정한 사회를 만들지 못하게 하는데 그동안 큰 역할을 했다. 과정을 중요시하는 사회가 결과를 중요시하는 사회보다 더 희망적이고 인재를 더 많이 양산한다는 것을 우리 사회가 인정할 때 사회는 한층 더 공정한 사회로 나아갈 수밖에 없고 그런 사람들은 조롱당하지 않을 것이다. 무엇이 진정한 공정한 사회인지 모두가 알고 있다. 단지 사회적 분위기가 공정한 사회를 만드는데 걸림돌이 되거나 고위공직자들이 살아온 과정을 보며 공정한 사회에 대한 배신감을 느낀다면 우리 사회는 공정한 사회라는 말만 난무할 뿐 실제 공정하지 못한 사회라는 인식을 더 많이 할 것이다. 그런 사회는 결코 선진국에 진입하기 어려울 것이며 그런 사회가 발전한다는 것은 낙타가 바늘 구멍을 통과하는 것보다 어렵다는 것을 알아야 한다. 이런 분위기에 공정한 룰을 지키며 노력하는 사람들은 자괴감에 빠질 수 밖에 없을 것이고 결국 조롱만 당할 것이다.[136]

---

136) http://cafe.daum.net/gc43/JFey/220?docid=1Ipmx|JFey|220|20100908093153
&q=%B0%F8%C1%A4%C7%D1+%BB%E7%C8%B8&srchid=CCB1Ipmx|JFey|220|2
0100908093153(2010.10.2)

12. "공정한 사회"에 대한 단상

이명박 정부의 집권 후반기 국정기조가 "공정한 사회" 구축이라고 합니다.[137) [공정]이란 公正 즉, 공평하고 바른 것을 말합니다. 공정한 사회를 부르짖는 일이 발생했습니다. 경쟁사회에서, 시장경제에서, "공정"이란 질서의 기저 즉, 뿌리와 바탕을 말합니다.

[공정]없는 경쟁과 경제는 한 국가를 무너뜨리게하는 암적인 존재입니다. 세계사가 증명합니다. 작금 우리 사회에서 가장 시급한 문제가 바로 [공정한 경쟁]에 대한 국민적 공감이 많이 부족하다는 것입니다. 6.25 이전 세대가 우리 사회를 지배하는 세상에서 공정한 경쟁은 체질적으로 습득되지 못한 현대사의 비극속에서 잉태되었습니다.

이승만 독재, 황국신민교육에 철저했던 군사파시스트 박정희의 18년 철권통치, 전두환 노태우 군부통치 시대가 바로 [공정한 사회]와는 거리가 먼 시대였습니다. 식민지와 6.25를 겪으면서 오직 생존을 위한 방법만이 국민 개개인의 의식에서 만연하였지요.

그들은 식민지 교육과 절대빈곤으로 인한 건전한 민주시민의 자질을 교육받지 못하고 오직 살아남기 위한 극한 경쟁만이 개인의 삶을 보장하는 시절을 살아야만 했던 것입니다. 이해합니다. 아니 이해할 수 밖에 없는 세대입니다. 누구나 그 시절에 태어난다면 한치 앞을 예측할 수 없는 삶을 살아야 하기 때문입니다. 만시지탄입니다. 늦었지만 정확히 이 시대에 암적인 요소를 지적하고 국정기조로 설정했다는 것에 MB의 실용적인 정신을 보여줍니다. 박수를 보냅니다.

이제부터라도 우리 사회의 구성원들은 [공정한 사회]를 만들기에 동참해야 할 것입니다. 우리 근대사는 타의에 의한 봉건왕조를 타도하고 민주국가를 탄생시켰습니다. 껍데기만 인류보편적인 근대국가의 정치제도인 민주주

---

137) 내 생각을 글로 표현하다. 심재(心齋) 조회 5 | 2010.09.07. 11:33
http://cafe.daum.net/daegusubwayreaders/4xPT/62

의 국가를 받아들였습니다. 내용적인 민주의식 즉, 자유 평등 인권 복지가 꽃피는 사회를 달성하지 못했습니다. 경제적인 발전은 세계 10위권의 나라를 만들었지만 [사람이 사람답게 사는 세상]은 아직 멀었습니다. 국민 개개인의 소통의 어려움, 신뢰성의 부족은 죄수의 딜레마에 빠져버리는 세상을 우리가 만들었습니다.

자연히 결과는 최악의 선택으로 서로가 서로를 옥죄는 그래서 삶이 피팍해져 버렸습니다. 자살자가 경제선진국중에서 최고가 증명합니다. 경쟁을 하더라도 공정한 경쟁, 자유시장 경제를 하더라도 상생거래(윈윈거래)를 신봉해야만 자연히 [공정한 사회], [사람이 살만한 세상]이 이룩될 것이라고 생각합니다.138)139)140)141)

13. 공정사회와 사회적 배제

'공정한 사회에서는 패자에게 또 다른 기회가 주어지고, 넘어진 사람은 다시 일어날 수 있고, 승자가 독식하지 않는다'고 이명박 대통령이 8·15 경축사에서 말을 했다.142)

기업이 최대의 복지라는 생각에 기업 프렌들리를 강조하고 부자 중심의

---

138) http://cafe.daum.net/daegusubwayreaders/4xPT/62?docid=1Hf1Y|4xPT|62|20100907113353&q=%B0%F8%C1%A4%C7%D1+%BB%E7%C8%B8&srchid=CCB1Hf1Y|4xPT|62|20100907113353(2010.10.2)
139) '공정한 사회'에 대한 네이트뉴스 댓글, 트위터, 미투데이, @FrederichJ 그렇죠. 그건 공정한 사회가 아니죠. ㅋㅋ 타진요를 열등감덩어리로 매도하는 것도, 타블로를 이유없이 비난하는 것도 어느 쪽도 옳지 않은 것 같아요. 하지만, 타블로 논란은 단순히 연예인 안티의 문제는 아니죠.
140) 댓글들: 트위터 mildyang 39분전 RT @ozzyzzz: 해운대 화재현장 대피하는 가족 기사를 보고 엄마 핸드백이 샤넬이라고 비아냥거리는 사람들. 최근 가장 우려되는 건 불공정한 사회에 관한 분노가 정확한 방향을 찾지 못하고 쉽고 편한 대상에게 쏠리는 경향이다. http://twitpic.com/2tk5j2, 트위터 Mistyseaaaaa
141) http://search.nate.com/search/all.html?nq=&s=&sc=&afc=&j=&thr=sbma&q=%B0%F8%C1%A4%C7%D1+%BB%E7%C8%B8(2010.10.2)
142) 2010/09/29 17:04, http://blog.chosun.com/lsk9528/4997281

감세, 민영화 등을 몰아붙였던 MB정부로서는 다소 의아한 모습이 보여졌다. 그러나 며칠 안되어 진행된 개각 청문회는 우리 사회의 공정성을 교묘하게 해치면서 중요한 자원들을 거머쥐는 자들이 누구인가의 실체를 보여주게되는 꼴이 되었다. 정치적 국면 전환을 노린 낮은 수준의 보여주기식 접근이 아니라 합리적이고 정책 중심의 접근이 요구된다.

외양 공정에서 내실 공정으로 가려면 추상적이고 감상적인 수준을 벗어나 경험적 분석과 이를 통한 비전을 제시하는 것이어야 하고 원칙만 말할 것이 아니라 구체적인 공정사회가 되어야 한다. 공정하지 못한 사회에서 심각한 것이 '사회적 배제'이다. 사회적 배제란 개인, 가족, 집단, 공동체로부터 사회에 대한 사회·경제·정치 참여에 필요한 자원을 박탈당하는 과정이다.

기존의 빈곤 개념이 소득에 국한된다면 사회적 배제는 주거, 교육, 건강 및 서비스의 접근 등 권리의 부적절한 제한이 이루어지는 다양한 현대사회의 박탈과정을 제시한다는 점에서 강점이 있다. 우리 사회에서 일부 기득권층의 반공정사회 행위에 대해 감정적 소비로 그칠 것이 아니라, 공정하지 못하게 사회적으로 차별받고 배제되는 모든 과정에 대해 구체적인 정책적 대안으로 대응해야 할 것이다.

MB정부는 소외계층에 대한 '보여주기식 민생투어'보다는 변칙과 부당의 반공정 행위와 정책 실종의 결과로 인해 사회적으로 배제돼 신음하는 이들의 실질적 삶의 문제 해결에 주력해야 할 것이다. MB정부가 내건 비전은 선진화였다. 임기 반환점을 돌고있는 시점에서 MB정부의 능력을 발휘하여 국민이 사랑하고 신뢰받는 대통령으로 각인되기를 바랄 뿐이다.[143]

14. 나에게 있어 공정사회 담론

공정사회란 멀고 험하지 않다.[144] 상식적이고 간단한 것이 지켜지는 사

---

143) http://blog.chosun.com/blog.log.view.screen?blogId=89713&logId=4997281(2010.10.2)
144) 2010.09.29 13:18 | ※이슈,2010 한국을 말하자 | 에이프릴,

회...!!¹⁴⁵⁾ 제 생각이 너무 반 사회적인가요?(공정사회와 비자금?) 오늘 아침 인터넷 뉴스를 보다 보니 첫 기사가 한화그룹 비자금 수사관련 기사이고 다음이 MB정부에서 부르짖는 공정사회란 내용의 기사였습니다.¹⁴⁶⁾

우선 제가 이 글을 읽으시는 분들께 묻고 싶은 것이 있습니다. 지금 우리가 살고 있는 시대에 겨우 비자금 수백억원 횡령한 것 가지고 그리 큰죄가 됩니까? 얼마전 우리나라 대표기업의 오너는 수천억원의 비자금을 횡령하고 수사를 받았습니다. 결과는? 너무나 공정한 사회이기에 아무런 처벌없이 돈으로 처리하고 지금 잘 살고 계십니다. 그런게 겨우 몇백억원 가지고 비리수사라니, 한화그룹 김승연 회장도 삼성이 했던 법정대응을 그대로 따라하고 있다고 합니다. 한화그룹의 변명 또한 삼성과 같은 맥락입니다(선대로부터 받은 유산이다).

우리나라 법이 고무줄이 아니라면 저번과 같이 돈주고 풀려날 수 있었을 겁니다. 전 이글을 쓰면서도 한화그룹의 김승연회장이 감옥에 갈 것이라고는 생각하지 않습니다. 본보기로 걸린거면 재수없는 것이지만

- 유전무죄 / 돈있는 놈은 돈으로 죄를 사면됩니다. 그럼 사람들이 인정 해주는 시대입니다.
- 무전유죄 / 돈없는 놈은 감옥에서 몸으로 때우면 됩니다. 이것 또한 당 연한겁니다.

전 돈이 없어서 죄짓고 못삽니다. 돈이 없으니까요. 죄는 돈이 있어야 지을 수 있는 비싼 여가생활입니다. 제 생각이 너무 비관적이고 반 사회적인가요? 이 글을 보시면 아시겠지만 이글 자체가 제 사회적 가치관입니다. 권력과 돈만 있으면 무엇이든 할 수 있는 세상, 이미 확립, 고착화되었다고 생각합니다. 몇 십년동안 사회적으로 누적되어온 비리문화입니다.

---

http://kr.blog.yahoo.com/tjemsfl@ymail.com/3645
145) http://kr.blog.yahoo.com/tjemsfl@ymail.com/3645.html(2010.10.2)
146) 레옹(hs***) | 2010-09-30 01:28 | 조회 33 | 답변 1, Daum 아고라 자유토론게 시판에서 등록된 질문입니다.

공정사회를 부르짖는다고 달라지는게 있을까요? 지금은 MB정부에 대한, 우리나라에 대한 비판은 절대로 하지 않겠습니다. 역사는 돌고 돈다 하였으니, 10년 후 정부에 대한, 우리나라에 대한 내 자신의 평가를 내리겠습니다. 그리고 만약 조금이나마 공정한 사회로 발전하였다면. 당신들을 존경하겠습니다. MB정부와 공정사회를 만들기 위해 노력하신 분들을 찾아 감사하단 마음을 꼭 전하겠습니다.

제발 바랍니다. 10년 후 내가 지금의 이 글을 보며 반성할 수 있기를, 진정 바랍니다. 공정사회란 말이 흘러 지나가는 메아리가 되지 않기를, 31살에 대학나와 취직도 못하고 있는 루져남 올림[147]

문득 나를 돌아보니. 그냥 현실로 받아들이세요. 이번 정권과 비교모델을 찾으시려면 멀리 갈 것없이 저번 노무현 정부와 비교해보시면 됩니다. 뭐 이렇게 된거 누구 탓도 아닌 세상의 흐름이죠. 덧붙여 국민들의 선택이라고 해야 하나요. 노무현 대통령 그렇게 애쓰면 뭘합니까. 다들 등 돌리고 칼침 놓는데, 사실 역사를 공부해보면 그렇게 썩 잘 돌아가던 세상은 없습니다.

그렇게 암울하다고 배웠던 일제시대는 불쌍한 조선국민들 위해 학교 세워 한글 가르쳤죠(물론 부려먹기 위해서였지만). 결론적으로 그냥 꿈에서 깨세요. 마르크스가 '공산당 선언'에서 했던 '노동자들이여 투쟁하라'는 말은 아직도 유효합니다. 사실 마르크스가 하고 싶었던 말은 일자리와 정당한 임금을 달라는 거였죠(공산당 선언 읽어보면 당연한 소리만 하지만). 그러나 그런 요구에 대해 묵살을 해왔던 것은 기득권이라는 사람들이죠. 아직도 그런 믿음을 가지고 계시다니 순수하시네요. 그러나 어떤 역사에도 실현되지 못했고, 실현될 가능성도 보이지 않는 시점에서 그런 생각은 망상일 따름이죠. 노력은 해볼 수 있습니다. 과거 모든 것을 내던진 독립투사분들처럼 말입니다.[148][149]

---

147) 작은돌이(java******) | 답변 205 | 채택률 74.8%
148) 2010-09-30 12:46 | 출처 : 본인작성
149) http://k.daum.net/qna/view.html?qid=4GOrJ(2010.10.2)

15. 공정사회 비웃는 정부광고 '쏠림'

1) 언론사, 정부광고 수주 국감자료

동아 3년째 1위, KBS도 약진, MBC·경향·한겨레 급감[50] 이명박 대통령이 '공정한 사회'를 국정운영의 화두로 던졌지만 정부광고 집행내역을 살펴본 결과 보수언론의 정부광고 쏠림 현상이 심화된 것으로 나타났다.

28일 국회 문화체육관광방송통신위원회 소속 최문순 민주당 의원이 한국언론진흥재단(이사장 이성준)에서 제출받은 '정부부처 언론사 광고현황'에 따르면 2010년 1월부터 8월 현재 전국단위 종합일간지 중 정부광고 수주액이 가장 많은 언론사는 동아일보로 나타났다. 동아는 3억5500만원의 정부광고를 받아, 2~3위권과의 격차를 더욱 벌렸다. 올해 2위는 조선일보로 2억3000만원, 중앙일보는 1억8500만원으로 3위로 나타났다. 지난해는 동아·조선·중앙 순으로 3억9100만원~3억7800만 어치의 정부광고를 수주했다. 올해는 동아일보 쏠림현상이 더 심화된 셈이다.

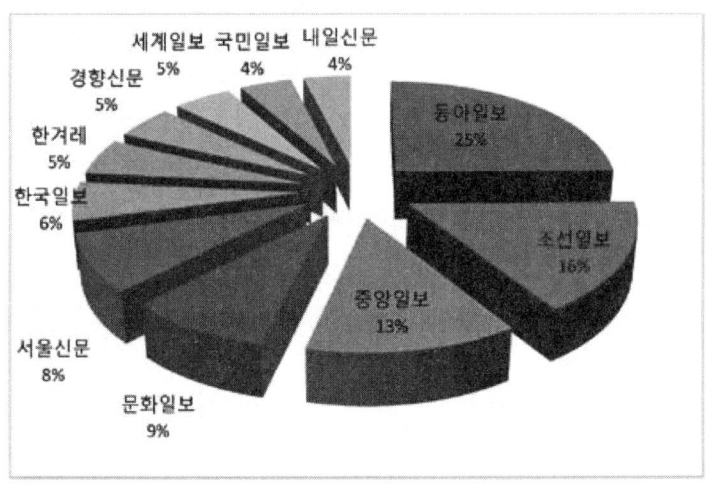

자료: http://misalee2.egloos.com/10584983(2010.10.2)

---

150) 2010년 09월 29일 (수) 11:32:08 김원정·류정민 기자

2) 언론사 정부 부처 광고현황

동아일보는 이명박 정부 출범 이후 3년 연속 일간지 중 정부부처 광고 수주액 1위를 기록했다. 참여정부 때는 중앙일보가 선두, 동아일보가 3위권이었다. 참여정부 시절 일간지 중 중위권이었던 한겨레, 경향은 이명박 정부 이후 정부광고 수주액 순위에서 고전을 면치 못하고 있다. 지난해 2억4900만원을 수주했던 한겨레는 올해 7600만원으로 급감했다. 경향신문 역시 지난해 1억9800만원에서 올해 7100만원으로 급감했다. 9~12월 정부광고 수주액을 고려해야 하지만, 지난해 수주액과는 큰 차이를 보일 전망이다. 동아일보가 8월까지 지난해 정부광고 수준에 육박한 것과 비교되는 대목이다.

한겨레와 경향신문은 전국단위 일간지 가운데 정부광고 수주액 기준으로 하위권으로 추락했다.

방송사는 KBS의 약진과 MBC의 추락이 두드러졌다. KBS는 올해 9억1000만원의 광고를 수주해 SBS(4억9200만원), MBC(3억5400만원)의 두 배 수준이었다. MBC는 2008년까지 SBS보다 정부광고 수주액이 많았지만, 2009년에 이어 올해도 8월 현재 SBS에 밀리고 있다. 정연우 세명대 교수(광고홍보학)는 "신문 발행부수는 조선일보가 더 많은데 동아일보에 정부광고가 집중된 것은 특별한 사정이 있기 때문인지 궁금하다"면서 "보수언론에 정부광고가 집중된 것을 보면 공정한 사회를 강조하면서 정부광고는 이념의 잣대를 들이대고 있다는 것을 의미한다"고 지적했다. 언론진흥재단 기획팀 관계자는 "정부광고는 광고주(각 부처)들이 배정하는 것"이라며 "재단이 매체를 정해서 광고를 집행하지 않는다"고 해명했다.[151)152)153)]

---

151) 김원정·류정민 기자, 미디어오늘(http://www.mediatoday.co.kr)
152) 댓글들: 공정사회 비웃는 정부광고 '쏠림' from misalee, [언론사, 정부 광고 수주 국감자료] 동아(수) 11:32:08 김원정·류정민 기자 이명박 대통령이 '공정한 사회'를 국정운영 화두로 던졌지만 정부광고 그들의 '공정한 사회'를 원하지 않는다. from Time capsule. 그것은 우리 스스로 공정한 사회가 될 수 없음을 그러한 말이 가당치도 않음을 잘 알고, 그 다시 한번, 이미 죽어버린 그들의 공정한 사회를 원하지 않는다. 닮은 MB정부, 4대강 홍보전에 28만 공무 ... from Green Monkey**. 개무시하

16. 공정사회는 정치이슈 아닌 국민적 요구!

　대통령은 "공정사회는 정치이슈가 아니고 국민적 요구이므로 특정정권의 문제가 아니다. 다음 정권에도 계속 되어야 완전히 공정한 사회가 될 수 있다"고 강조했다.154) 이 대통령은 이날 오전 청와대 수석비서관회의에서 "'공정사회'는 일시적인 구호가 아니다. 우리 임기 마지막 날까지 국정운용의 중심기조이고, 다음 정권까지도 계속 되어야 할 중요한 과제"라며 이 같이 말했다. 이 대통령은 이어 "공정사회는 미래지향적인 것이다. 과거 수십년 전에 사회통념적으로 이뤄진 일을 지금의 공정사회 잣대로 평가하는 것은 혼란을 일으킬 수 있고 오히려 공정사회의 발목을 잡을 수도 있다"며 "통념적으로 이뤄지던 일들은 법과 제도를 통해 고쳐나가는 것이 더 중요하다"고 말했다. 이 대통령은 또 "G20 등으로 대한민국 국격이 높아진 것에 걸맞는 우리 사회를 만들어야 한다"며 "국격이 높아지고 공정한 사회가 되면 경제적 효과도 클 것"이라고 강조했다. 또 "대한민국 제품에 대한 인식이 달라질 것이고 가격도 오를 것"이라면서, "프랑스 향수나 이탈리아 피혁 제품들에 전 세계가 관심을 가지는 것은 특정 브랜드보다는 그 국가의 이미지 때문"이라며 예를 들어 말했다. 이 대통령은 "정부 부처와 공공기관이 각 조직에서 스스로 공정사회와 관련된 업무를 찾아내 실천할 때 공정사회가 더 앞당겨 질 수 있다"고 당부했다155)

　　고 천안함 침몰당했다고 전세계에 자랑하고 친서민-공정사회 외치지만 집권말기 레임덕에 허덕이는 MB정권도 하는 일이 마음에 와 닿지않고, MB지지율이 50% 넘었다는 청와대의 뻔 ... from Green Monkey**, 부정평가가 43.1%로 나왔다 한다. 기만적인 공정사회와 말 뿐인 대기업-중소기업 상생 등에 지지가 높았다고 하는데, 재미나게 꼬드겨 세뇌시킨 궁민들은 참 공정한 MB정권에 지지표를, from Green Monkey** 그린벨트와 농경지를 아작내는 MB정부는 친서민-공정사회 주장할 시간 있으면, 4대강 삽질로 아작낸 농경지나 되살려내야 할 것이다. 팔당 유기농지마저 아작낼 궁리 말고.

153) http://misalee2.egloos.com/10584983(2010.10.2)
154) 공정한 사회는 다음정권에도 쭉~계속되야!, 사회 2010/09/28 09:33
155) http://www.blogwide.com/1614(2010.10.2)

17. "수신료 4600원, 3500원이 핵심 아니다"

[인터뷰] '수신료 인상 논의' 불참 선언한 김영호 KBS 이사, 지난달 29일 KBS 이사회를 박차고 나오며 수신료 논의 불참을 선언한 김영호 이사는 "KBS와 여당쪽 이사들이 수신료 인상을 너무 쉽게 보는 것 같다"고 했다.156)

야당 추천 김영호 이사는 "수신료 인상을 위해서는 사회적 합의를 위한 노력이 있어야 되는데, 지금처럼 야당 이사들도 납득시키지 못한 인상안을 그대로 추진한다면 국민과 국회를 설득하는 것은 불가능하다"고 지적했다.

김 이사는 "현 정권보다 공정성 시비가 덜한 상황에서도 수신료 인상은 쉽지 않았기 때문에 30년 묵은 숙원이 된 것"이라며 "KBS 경영진과 구성원이 적극적인 것은 이해가 되는데, 왜 (여당 쪽) 이사들까지 급하게 서두르는지 이해가 되지 않는다"고 말했다. 김 이사는 또 여야 이사들이 '수신료 4600원-광고 20%'안과 '수신료 3500원-광고 현행유지(40%)' 안을 조율하기로 한 것에 대해 "언론이 인상폭만 부각시키고 있다"며 "의도적인 왜곡은 아니지만 국민들이 오인할 수 있다"고 우려했다.

김 이사는 "여당 쪽이 제안한 4600원안은 광고수입이 빠져 나가기 때문에 오히려 KBS의 이익은 더 적은데, 이를 인상폭으로만 비교하면 단순히 그냥 1000원 차이구나라고 생각할 수밖에 없다. 하지만 실제 구조는 다르다"고 했다. 그는 "여당 쪽 4600원 인상안을 적용하면 2009년 기준 1800억여원의 수익이 발생하고, 야당 쪽 3500원 인상안은 2200억여원의 수익이 난다"면서 "(여당 쪽 제안은) 국민 부담만 커지고, 오히려 KBS의 수입은 줄어드는데 이를 고집하고 있다. 결국 종합편성채널의 광고 마련을 위한 것이라는 의혹을 지울 수 없다. 인상폭보다 광고를 현행대로 유지하는 게 중요하다"고 말했다.

---

156) PD저널 원문 기사전송 2010-10-02 10:02 관심지수0관심지수 상세정보 최소 0 현재 최대 100 조회 댓글 올려 스크랩 [전송시간 기준 7일간 업데이트] 도움말 닫기 글씨 확대 글씨 축소

다음은 1일 김영호 이사와 나눈 일문일답이다.

― 수신료 인상 논의에서 빠진 이유는 뭔가.

"여당추천 이사들이 신사협정을 어겼다. 지난 7월 야당추천 이사들이 수신료 논의에 복귀하면서 합의한 것들이 하나도 매듭지어지지 않았는데, 인상안을 일방적으로 상정했다. 수신료를 올리려면 정치적 공정성·독립성 확보방안을 마련해야 한다. 교과서적이지만 외부학회에 의뢰해 이것들을 만들고, KBS 구성원이 실천방안을 마련해 의지를 보여줘야 하는데 아직 마무리되지 않았다. 또 방송법에 명시된대로 국민들의 지급의사와 능력을 측정하기 위해 여론조사를 해야 하지만, 이 또한 (여당 이사들이) 계속 반대했다. 게다가 지난달 29일 이사회에는 KBS 기존 노조까지 찾아와 합의하라고 시위를 했다. 이런 억압적인 분위기속에서는 더 이상 논의가 불가능하다고 생각했다."

― 기존 노조(KBS 노동조합, 위원장 강동구)의 시위가 '압박'으로 느껴졌다고 했다.

"노조는 회의실앞에서 '만장일치 합의'를 요구했다. 여당 쪽이 큰 폭의 인상을 주장해, 야당 쪽 이사들이 합당한지 따져보자는 상황에서 그 주장은 야당 쪽이 그냥 합의하라는 것으로 밖에 들리지 않았다. 심지어 내가 입장하려는데 위원장과 집행부들이 앞을 가로 막기도 했다. 몇 분간 눈싸움을 벌인 끝에 그들이 비켜서 들어갔다. 인생 최대의 수모라고 해도 과언이 아니다. 노조는 이전에도 몇 차례 성명에서 나를 겨냥해 '지난 정권에는 수신료 인상에 찬성한 정치권 2중대'니 '정치투쟁'이니 하는 표현을 쓰며 사퇴하라고 했다. 일부 이사라고 했지만 특정단체 대표, 시사평론가라고 했으니 내가 맞다. 난 자천으로 KBS 이사가 돼 수신료와 관련해 민주당 누구와도 전화 한 번 한 적 없다. 그런데 정치투쟁이라니 이해할 수 없다. 심대한 명예훼손이다."

― 여당 쪽 이사들은 앞서 합의한대로 '연내 정기국회 처리'를 목표로 수신료 인상안 의결을 서두르고 있는데.

"정기국회를 고려해도 이렇게 난리칠 일이 아니다. 정기국회가 지난달 1일 개회해 12월 1일까지 진행되지만, 예산안 심의 등의 일정을 볼 때 수신료 인상안은 12월 임시국회에나 처리될 수 있다. 그 사이 국정감사, 민주당 전당대회, 외통부 장관 청문회 등 국회 일정 때문에 회기내에 처리하기는 어렵다. 국회 일정도 잘 모르면서 서두르고만 있다. 방송통신위원회 의결심의 기간을 얘기하는데, 방통위는 규제기관이지 상급기관이 아니기 때문에 동의만 할 수 있다. 오래 걸리지 않는다는 얘기다. 아무래도 방통위원장이 9월말까지 수신료 인상안을 의결해야한다고 언급한 것을 지키느라 그러는 것 같다. 광고 비중을 낮추는 것도 최시중 방통위원장이 말한 광고시장을 활성화하기 위한 것이라는 것과 같은 이유 아니겠나."

- 야당 쪽 이사들이 제안한 3500원안은 어떻게 나온 것인가.

"원래 공식 제안한 것도 아니고 전화로 오간 얘기를 일방적으로 상정한 것이다. 여당 추천 이사들이 들고 나온 '수신료 4600원-광고 20%'의 허구성을 지적하면서 '3500원-광고유지'를 얘기했다. 국민 부담을 최소화하는 데 초점을 뒀다. 중요한 것은 4600원으로 인상하고 광고 비중을 20%로 낮추는 것보다 '수신료 3500원-광고 현행'으로 하는 것이 KBS에 더 큰 수익이 난다는 점이다. 2009년 KBS 광고수입을 근거로 직접 계산해봤는데, 4600원안은 1800억여원, 3500원안은 2200억여원의 수익이 발생한다. 국민 부담은 늘어나고, KBS 수입이 적은 구조를 강행하려는 (여당 이사들의) 의도를 모르겠다. 결국 종합편성채널의 광고 마련을 위한 것 아니냐는 의혹을 지울 수 없다."

- 여야 이사 간 조율과정을 거쳐 6일 수신료 인상안 논의를 마무리 짓기로 했다. 합의점을 찾지 못하면 여당 쪽 이사들의 안이 강행처리될 가능성이 높지 않나.

"일단 논의에서 빠졌으니, 여야 대표단이 어떤 결론을 낼지 모르겠다. 개인적으로는 회의에 불참하고 기권할 생각이다. 여당 쪽 이사들이 단독 처리한다면 국회로 넘어간다 해도 민주당이 동의하기는 어려울 것이다."

- 시민사회진영에서는 "이사들이 KBS 정상화없이 인상폭을 두고 막판 협상을 벌이고 있다"며 비판의 목소리가 높다.

"협상보다는 논의라고 봐야한다. 액수조정을 논의하는 것이다. 4600원의 허구성을 지적하는 과정에서 3500원안이 나왔다. 중요한 것은 금액보다 광고를 현행대로 유지하는 것이다. 무조건 수신료 인상을 반대하는 논리도 이해하지만, 공영방송 KBS가 존재해야 한다고 생각하기 때문에 그런 방안을 도출한 것이다. 만약 1~2년 내에 급격한 경영난이 올 것 같다면 당장 500원~1000원이라도 인상해야 한다. KBS 이사로서 이런 상황에서 대해 충분히 진단을 해보고 그때 가서 찬성·반대를 얘기해야지, 정치구호 외치듯 반대만 할 수는 없다."

- 수신료 인상에서 가장 중요한 것은 무엇이라고 보나.

"사회적 합의를 위한 노력을 다해야 한다. 상대 이사들을 설득해야 국회가 동의하고, 국민도 동의할 것이다. 법안은 날치기 통과하면 끝날 수 있지만, 수신료는 매달 돈을 내야 하기 때문에 국회에서 안을 통과시켜도 그때부터 문제다. 수신료 납부 거부운동이 일어날 수 있다. 그래서 시간이 걸리더라도 사회적 합의를 대전제로 해야 한다고 주장하는 것이다. KBS 뉴스도 수신료 인상에 대한 찬반 의견을 적극 보도하면서 국민들을 설득하기 위한 자료를 제공해야 한다. 그런 노력이 있었는지 모르겠다."

- 수신료 인상을 추진하는 과정을 지켜본 느낌은.

"너무 쉽게 보는 것 같다. 왜 30년 동안 수신료 인상을 못했을까 생각해봐야 한다. 정치적으로 공정성 시비, 경제적으로는 국민 부담 때문에 수신료를 올리지 못했다. 공정성 시비가 덜할 때도 인상논의는 쉽지 않았는데 이번에는 시사 프로그램 폐지, 진행자 교체 등 정치적 공정성 논란이 더 많다. 사회적 합의가 없다면 저항은 필연적으로 일어날 것이다. 그게 두려워 30년 동안 수신료를 못 올렸다. 또 좌절되면 KBS만 타격을 입게 될 것이다."[157)158)]

18. MB가 "당신" 외치자, 한나라 의원들 "멋져"

  이 대통령, 한나라당 전체 의원 1일 만찬 '화합'강조 朴 옆자리에 배치 지시 등 각별 예우, 정권재창출 역설[159] 이명박 대통령과 한나라당 소속의원 전원이 참석한 1일 청와대 만찬의 키워드는 '화합'이었다. 이 대통령은 이날 "이 정권이 성공한다고 하는 것은 이명박의 성공이 아니고 결국 한나라당 정권의 성공"이라며 "이것은 다음을 기약하는 큰 밑바탕이 될 수 있다"며 협력을 당부했다. 또 이 대통령은 "나도 임기 마지막 날까지 최선을 다하겠다"고 각오를 드러냈다. 이 대통령은 이어 "요즘 한나라당이 단합된 모습으로서 특히 서민을 위하는 전략을 현장에서 아주 잘 체감할 수 있도록 활동하는 것을 보며 매우 기쁘게 생각한다"며 "그 기틀 위에 다음 정권은 탄탄대로 위에 발전할 수 있도록 하자는 확고한 생각을 갖고 있다"고 의원들을 격려했다. 특히 이 대통령은 박근혜 전 대표를 자신의 옆자리에 앉게 하는 등 각별한 예우를 했다. 이날 이 대통령과 박 전 대표는 지난 8월21일 청와대 회동 이후 40여일만에 다시 만났다. 박 전 대표가 "안녕하셨어요?"라고 미소를 띠우며 인사를 건네자 이 대통령은 "잘 있으셨죠?"라고 반갑게 맞이하며 화기애애한 분위기를 연출했다.

  만찬장 헤드테이블에는 박 전 대표를 비롯해 안상수 대표, 김무성 원내대표, 김형오 전 국회의장, 정의화 국회부의장, 정두언·나경원 최고위원, 홍사덕·이윤성 전 국회부의장, 고흥길 정책위의장, 김영선 전 대표가 함께했다. 관례에 따르면 대통령 양 옆자리는 일반적으로 당 대표와 원내대표가 앉게 돼 있으나 박 전 대표를 배려해 자리를 조정한 것으로 전해졌다. 만찬에 앞서 차를 마시는 자리에서도 이 대통령은 부드러운 분위기를 유도했다.

---

157) 김도영 기자 (circus@pdjournal.com) [PD저널] 제공, PD저널
    (http://www.pdjournal.com)
158) http://news.nate.com/view/20101002n03062(2010.10.2)
159) 뉴데일리 원문 기사전송 2010-10-02 09:44

이 대통령이 "당신(당당하고 신나고)"이라고 건배를 제의하자, 의원들이 "멋져(멋지고 가끔은 져주는)"라며 화답했다. 이 대통령은 또 "따지고 보면 여러분과 나 사이에 긴 얘기가 필요없다"면서 "이심전심으로서 무엇을 어떻게 하는 게 좋은가에 대해 긴 설명이 필요없는 그러한 관계"라며 여당 의원들과의 돈독함을 강조했다. 국정현안에 대한 언급도 오갔다. 이 대통령은 이 자리에서 후반기 국정운영 핵심 기조인 '공정한 사회'와 관련 "많은 사람들이 어쩌면 이것(공정한 사회)이 부메랑이 될 것이라고 하고 시장경제 원리에 위배된다고 하기도 한다"고 말했다. 이어 "갑과 을이 대등한 관계에 있을 때 시장경제가 성립되는 것이지 언제든지 납품업자를 끊어버릴 수 있는 상황에서는 (공정한 시장경제)가 될 수 없다"고 강조했다. 정기국회와 관련해선 "이제 앞으로 예산국회가 있는데 여기에서도 여러분이 당당하게 집권 여당으로서의 위상을 지키면서 성공적인 의회활동이 되면 좋겠다"고 당부했다.

안상수 대표는 인사말에서 "최근 당정청 소통이 아주 잘 되고 있다. 역시 소통이 잘되니까 대통령의 인기도 국정수행 지지도가 50%를 넘어갔다"고 화답했다. 또 "우리나라 국운과 국격을 한층 더 상승시키는 중요한 회의"라며 "G20 정상회의가 마칠 때까지 여야가 모든 정쟁을 중단하고 힘을 모아주실 것을 제의한다"고 말했다. 이 자리에는 한나라당 의원 150여명이 참석했으며 만찬은 중식으로 차려졌다. 또 테이블마다 막걸리 잔이 여러 순배 돌아가는 등 시종 화기애애한 분위기로 진행됐다. 이 대통령은 이날 참석자들에게 정정길 전 대통령실장이 쓴 '전문가들이 본 이명박 정부의 국정철학-중도실용을 말하다'란 책을 한 권씩 선물했다.[160][161]

19. MB정부의 고민, 탄탄한 지지도와 낮은 호감도 왜?

지난 달 27일 청와대 김희정 대변인이 정례 브리핑을 위해 마이크를 잡

---

160) 임유진 기자, 자유민주·시장경제의 파수꾼 - 뉴데일리, 2005 뉴데일리뉴스
161) http://news.nate.com/view/20101002n02916(2010.10.2)

앉다.162)

"26일 청와대의 의뢰로 한국리서치와 리서치앤리서치(R&R)가 실시한 여론조사에서 이 대통령의 국정운영에 대한 긍정적 평가가 50.9%를 기록했다"는 설명이다. 전국의 성인 남녀 1000명을 대상으로 한 이날 조사의 허용 표본오차는 95%, 신뢰 수준은 ±3.1%포인트이다.

김 대변인은 이 대통령의 지지율이 50%를 회복한 것은 7·28 재보궐선거 직전 조사(51.7%) 이후 두 달만이라는 설명도 곁들였다. 집권 초 촛불정국 여파로 25%에 그쳤던 대통령 지지도가 집권 후반기로 넘어오면서 오히려 더 탄탄해지고 있는 것은 권력 속성상 '기현상'에 가깝다. 직전 노무현 전 대통령만 하더라도 집권 초 개혁에 대한 기대감으로 높은 지지도를 누리다가 집권 말에 이르러서는 7%라는 참담한 지지율을 기록하며 결국 정권을 내줬다. 미 역사상 최초 흑인 대통령이라는 화려한 수식어를 달고 출범한 버락 오바마 미 대통령도 집권 1년 8개월만에 지지율이 70%에서 40%로 급락했다. 청와대 관계자는 "대통령에 대한 지지도 상승은 우리 사회가 목말라하는 공정 사회에 대한 확신과 친 서민 기조에서 비롯된 것으로 파악된다"면서 "공정 사회 구현에 대한 대통령의 의지는 확고하다"고 말했다. 아젠다 선정과 강력한 추진력이 높은 점수를 받은 이유라는 설명이다. 대통령 홍보 업무를 맡고 있는 청와대 실무관계자들은 그러나 고민이 깊다. 대통령에 대한 지지도는 안정적인 수준을 유지하고 있지만 '호감도'가 좀처럼 나아질 기미를 보이지 않고 있기 때문이다.

지난 달 30일 양배추 김치 논란이 대표적 사례이다. 이 대통령이 이날 "배추가 비싸니 내 식탁에는 배추김치 대신 양배추김치를 올리라"고 지시했다는 사실이 청와대 관계자를 통해 전달됐다. 배추값 폭등에 대한 대통령의 진심어린 고민은 그러나 엉뚱한 방향으로 불이 붙었다. 시중에 거래되는 양배추 가격이 배추값만큼이나 폭등했는데 대통령이 민심을 헤아리지 못했

---

162) 헤럴드 생생 원문 기사전송 2010-10-02 09:05

다는 누리꾼들의 비난 글이 폭주한 것이다. 며칠 전 수해현장을 방문한 이 대통령이 수해를 당한 주부에게 "기왕 (이렇게) 된 거니까 (마음을) 편안하게"라고 위로한 것도 "따뜻한 말 한마디가 아쉽다"는 부메랑으로 돌아왔다.

왜 이런 일이 빈번하는 것일까. 대통령의 현장 발언이 다듬어지지 않은 데 대한 아쉬움이 없지 않지만 근본적으로는 대통령에 대한 낮은 호감도의 반영이라는 지적이 나온다.

비즈니스 프렌들리에서 친 서민으로, 고소영 내각에서 공정사회로 급변하는 화두에 많은 사람들이 아직 괴리감을 느끼고 있으며 이 때문에 일부 누리꾼들은 '반대를 위한 반대'도 불사하고 있다는 것이다. 안병진 경희사이버대 교수는 "커뮤니케이션의 소통이 원활해지기 위해서는 최근 제시된 정책기조에 대한 진정성있는 실천이 담보되는 것이 중요하다"고 지적했다.[163)164)]

20. '공정사회'같은 소리하고 있네

'공정사회' 구호가 우렁차다. 불공정 장관과 총리·장관감, 가짜 나랏도장을 판 기술자, 생니를 뽑아 병역을 면제받은 가수, '내 돈 내가 쓰겠다는데…'라며 뿌리치듯 제 돈으로 도박한 연예인, 역시 제 돈으로 치장한 4억원의 명품녀, 무전취식·색한 검사, 성희롱 전문 국회의원이 제거됐거나 치명타를 입었다.[165)]

지구촌을 향해 G20 나팔을 요란하게 불고있는 국가에서 현재진행형인 기현상이다. '정의사회 구현' 완장을 차고 죽창을 든 전두환 시절로 백 투 더 퓨처한 감도 없잖다. 알면서도 모르는 척 눈감고 넘어가지 않는다는 사실에서 위안을 찾아야 하는 덜 공평한 사회. 황우석 검증이라는 선수를 외국

---

163) 양춘병 기자/yang@heraldm.com
164) http://news.nate.com/view/20101001n23594(2010.10.2)
165) 뉴시스 기사전송 2010-10-02 08:22 최종수정 2010-10-02 09:11, 【서울=뉴시스】 신동립의 잡기노트〈205〉

에게 빼앗기지 않았다며 스스로를 다독이는 심리와도 닿아있다.

금권으로 군림하는 자, 그를 등치는 정치권력이 유독 눈에 잘 들어오기는 한다. 하지만 아직 들키지만 않았을 뿐, 공공의 적은 각계 각층에 몰래 똬리를 틀고 있다. 불쌍한 '루저'인 척 가공한 이미지를 팔아 치부하는 유명인도 수두룩하다. 힘없는 인상을 연출하며 동정표로 득세하고 있는 남녀들이다.

지켜보는 약자를 방심케 하는 지능적 사술을 구사한다. 술집 '죽돌이', 열패감에 좌절했던 신경쇠약 주부 따위가 개과천선 또는 대오각성해 삶에 최선을 다한다면 지적할 까닭이 없다. 문제는 그들의 허위이력이다. 패배를 극복한 인간승리가 아니다. 유복한 환경이라 생업을 외면한 채 음주화락에 엄벙덤벙해도 좋을만큼 부양식구가 없다면 판정은 달라질 수밖에 없다. 번듯한 고소득 전문직 남편을 아내의 자아와 인생을 억압하는 존재로 몰아간 다음, 이를 몸부림쳐가며 극복해내고야 말았다는 식의 아줌마 석세스 스토리는 가증스럽다. '88만원 세대'를 본의 아닌 공산주의자로 몰아가는 작태다. 이념이 분단한 국가에 자생적 빨갱이가 없다면 이상하다. 먹을 것, 잠잘 곳이 없는 처량한 청춘들은 벼랑 끝으로 몰렸다. 도움을 청할 식구들조차 예외없이 가난에 찌들었다. 자신의 경제적 독립이 곧 가족의 생계와 직결돼 있다. 못배운 젊은이들도 아니다. 대학을 나온 고등교육 이수자라는 점이 입지를 더욱 좁히는 2중3중고 세대다. 어느 날 문득 이들이 위안의 대상으로 삼은 동병상련 스타들이 표변한다. 귀족적 성장배경을 '누설'한다. 어린 시절 가정교사이야기 등이 보기다. 이렇게 안면을 바꾸는 것으로도 모자라 루저와 세태를 꾸짖기까지 한다.

민주투사 포장지로 감싸고, 표절이나 주가조작으로 돈벌기가 특기인 연예인이 공정사회라는 대로에 쓰레기를 투기하고 있다. 아버지나 어머니가 스타이면 아들딸도 거저 스타가 되다시피 한다. '슈퍼스타 K'라는 지난한 과정에 도전하는 제목들이 안쓰럽다. PD와 한통속인 몇몇 파워 매니져들이 내놓는 신인들은 무조건 스타덤으로 치닫는다. 꿈틀꿈틀 살아 숨쉬고 있는 음서제다. 이북 김씨 조선의 제3대 왕세자 책봉 동태를 맘껏 조롱할 처지가 못된다.

공직자들은 탁상공론에 통달했다. 대학생들이 88만원 세대로 진입할 것을 우려, 그들을 위한 저가 원룸을 지어 보급하련다며 결연하다. 싱글침대도 들이기 힘든 닭장구조 원룸이다. 용이 나지 못하도록 개천을 복개하려다만 플렉서블 마인드로 개선에 나설런지 모를 일이기는 하다. 조각가 조너선 보로프스키가 공정사회를 웅변하고 있다. 서울 신문로 1가의 '해머링 맨'이 그의 작품이다. 거대하고 강렬한 노동영웅적 형상이다. 망치질하는 인간이 신성하고 숙연한 노동, 노동본능을 눈감고 되새기게 한다. 보로프스키의 부모는 아들에게 청소부의 노고를 가르쳤다. 할아버지는 일부러 버스의 흑인석에 앉는 반차별주의자였다.

공정사회가 오기 전까지는 무라카미 카즈오에게 기댈 필요도 있다. 체념에서 비롯된 위로를 전하는 일본의 응용생물학자다. 현상을 있는 그대로 솔직하게 받아들이고 주의깊게 살필 수 있는 눈을 가지라고 권한다. 헛수고를 좋아하는 마음, 실패와 실수속에 숨어있는 위대한 '뭔가'를 알아보고 그것을 끌어내는 '힘'을 중시한다. "뛰어난 업적을 남긴 사람들은 겸허함이 몸에 배어 있으며 함부로 자신을 내세우는 법이 없다. 또 스포트라이트를 받든 못받든 뽐내지도 않고 영예에 취해 타락하지도 않으며 자신이 믿는 길을 묵묵히 나아간다. 뛰어난 사람들일수록 오히려 남이 볼 때 바보천치같은 모습을 하고 있는 것이다." 노무현과 김수환도 공정하지 않은 사회에서 바보를 자처하다 갔다.166)167)

21. 김황식 총리 임명동의안 가결… 金총리 "공정사회 실현 앞장"

野의원 12명 찬성-기권… 27분만에 "통과"168) 김황식 총리는 1일 오후 서

---

166) 문화부장 reap@newsis.com, ★ 손 안에서 보는 세상, 모바일 뉴시스, '한국언론 뉴스허브' 뉴시스통신사.
167) http://news.nate.com/view/20101002n02386(2010.10.2)

울 종로구 도렴동 정부중앙청사 별관에서 열린 취임식에서 "공정한 사회의 실현을 통한 선진 일류국가의 건설이라는 이명박 대통령의 큰 뜻을 이뤄나가는 데 앞장서겠다"고 다짐했다. 그는 "내가 오랫동안 품어온 소망 또한 '자유가 들꽃처럼 만발하고 정의가 강물처럼 흐르는 사회'를 만드는 것이었다"며 공정하고 따뜻한 사회를 만들기 위해서는 법과 원칙의 준수, 소통과 화합, 나눔과 배려가 필요하다고 강조했다. 이날 본회의에서 김 총리 후보자 임명동의안 표결은 여야 간 찬반토론없이 곧바로 투표에 부쳐졌다. 안건 상정부터 박희태 국회의장이 임명동의안 통과를 선언하며 의사봉을 두드릴 때까지 걸린 시간은 27분. 1년 전 정운찬 총리 후보자 임명동의안 표결 때는 찬반토론만 32분이 걸렸고 이어 안건 상정부터 표결 결과 발표까지 다시 39분이 소요됐다. 표결에는 전체 국회의원 298명 가운데 244명이 참여해 169명이 찬성, 71명이 반대했고 4명은 기권했다. 한나라당은 의원들의 찬성 의견을 수렴한 상태에서 자유표결을 하도록 했고, 민주당과 자유선진당은 당론으로 반대 표결했다.

한나라당은 전체 의원 171명 중 153명, 한나라당과 합당 절차를 진행 중인 미래희망연대는 전체 의원 8명이 모두 참여했다. 다른 야당과 무소속의 경우 민주당은 총 87명의 의원 중 59명, 자유선진당은 16명 중 15명, 민주노동당은 5명 중 4명, 창조한국당은 2명 전원, 진보신당 1명, 무소속 2명 등 총 83명이 투표를 했다. 표결에서는 한나라당과 미래희망연대 의원들이 모두 찬성표를 던졌다고 가정해도 민주당 등 야당과 무소속에서 최소 8명이 찬성했으며, 4명은 기권한 것으로 분석된다. 표결 후 일부 호남 출신 민주당 의원은 동아일보와의 통화에서 "김 후보자에게 결정적인 부적격 사유를 발견하지 못했다"고 말해 찬성표를 던졌음을 시사했다. 민주당 지도부는 이날 이탈표를 우려한 듯 '표결 불참'을 권유하기도 했다. 박지원 원내대표는 오전 의원총회에서 김 후보자 임명동의안 반대를 당론으로 정하고도 "찬성

---

168) 동아일보 원문 기사전송 2010-10-02 03:25 최종수정 2010-10-02 04:52

하고 싶은 분은 투표에 참여하지 않아도 된다"고 말했다. 전남 출신으로 광주일고를 졸업한 김 후보자에게 그동안 민주당 의원 일부가 우호적인 감정을 보여온 점을 감안해 '찬성표를 던지려거든 아예 불참하라'고 권고한 것으로 풀이됐다.169)170)

22. "이명박 정부의 성공은 한나라당의 성공"

[앵커 멘트]

이명박 대통령이 한나라당 소속 의원 전원을 청와대로 초청해 만찬을 함께 하며 당의 화합과 친 서민정책의 실천을 당부했습니다.171) 이 대통령은 이번 정부의 성공은 곧 한나라당 정권의 성공이라고 강조했고 박근혜 전 대표는 이명박 정부의 성공을 위해 건배를 제의하겠다고 화답했습니다. 임종주 기자가 보도합니다.

[리포트]

이명박 대통령과 한나라당 소속 의원들의 만찬은 차분하고 밝은 분위기로 시작됐습니다. 이 대통령과 의원들의 건배사가 잇따르면서 만찬은 2시간 가량 진행됐습니다. 이 대통령은 '이번 정권의 성공은 '이명박의 성공'이 아니고 결국 한나라당 정권의 성공이라고 강조했습니다.

[녹취: 이명박 대통령]

"이것은 다음을 기약하는 큰 밑받침이 될 수 있다. 우리가 그렇게 해야만 우리 대한민국이 진정한 일류 국가가 될 수 있다, 저는 그렇게 생각합니다."

이에 지난 8월 회동 이후 40여일만에 다시 청와대를 찾은 박근혜 전 대표는 예정에 없던 건배사로 화답했습니다.

---

169) 황장석 기자 surono@donga.com, 이유종 기자 pen@donga.com, 관련 뉴스, 김황식 총리 인준안 통과
170) http://news.nate.com/view/20101002n01042(2010.10.2)
171) YTN 원문 기사전송 2010-10-02 02:19 최종수정 2010-10-02 03:21

[녹취: 안형환, 한나라당 대변인]

"박근혜 전 대표님께서 이명박 정부의 성공과 18대 국회 성공을 위하여 이 뜻을 잔에 담아서 건배를 제의하겠습니다. 이런 말씀을 하셨습니다." 이 대통령은 당과는 이심전심이라며 당당하게 집권 여당으로서의 위상을 지켜달라고 말하고 국정 기조인 공정사회와 친 서민정책의 추진을 당부했습니다. 이 대통령은 공정사회가 부메랑이 될 것이고, 상생은 시장경제에 위배된다는 우려도 있지만 공정사회는 일시적으로 추진하는 게 아니라고 강조했습니다. 그러면서 시장 할머니가 자기보다 못한 사람을 위로해 달라는데 재벌총수가 납품기업 위로하는 것은 너무도 당연하다고 지적했습니다. 안상수 대표는 대통령의 국정 지지도가 50%를 넘고 당정청 소통도 매우 잘되고 있어 국민의 신뢰가 두터워지고 있다고 말했습니다. 여권의 화합을 다지는 자리가 된 이 대통령과 여당 의원의 만찬은 지난 2008년 18대 총선 당선자 초청 만찬 이후 2년 5개월여만으로 소속 의원 대부분이 참석했습니다.[172)173)]

23. 내 생각은 문화유산, 장애인도 접근할 수 있어야

1년 전 석굴암을 찾은 적이 있다. 멀리 보이는 수려한 산등성이며 아득하게 보이는 동해 바다의 푸름이 예사롭지 않았다.[174)] 그 아름다운 길을 전동휠체어를 타고 만끽하면서 1200년을 넘게 이어온 호국불교의 기상을 생각했다. 석굴암까지 이어진 그 길에서 자연의 아름다움과 호국정신의 기묘한 조화에 흠뻑 취했다. 그러나 넋이 나갔을 정도로 빠져들었던 마음은 이내 차갑게 식어버렸다. 불과 십여m 목전에 두고서도 석굴암을 구경조차 할 수 없었기 때문이다. 진입로마저 이토록 아름다운데 석굴암은 얼마나 아름다울까. 그러나 아무리 해도 올라갈 길이 없는 커다란 돌계단 앞에서 전동휠

---

172) YTN 임종주[jj-lim@ytn.co.kr]입니다. 스마트폰으로 즐기는 24시간 뉴스의 세계
173) http://news.nate.com/view/20101002n00744(2010.10.2)
174) 중앙일보 원문 기사전송 2010-10-02 00:26

체어를 타고 망연자실해야만 했던 씁쓸한 기억이 남아 있다. 석굴암은 우리 민족의 기상과 역사를 대표하는 자랑스러운 문화유산이다. 그런데 명색이 국회의원인 필자조차 휠체어를 타고 있다는 이유만으로 그 위대한 문화유산을 접할 수가 없다? 그렇다면 '보통의 장애인들은 오죽하겠는가'하는 생각이 절로 들었다. 우리는 석굴암 외에도 유구한 5000년 역사속에서 자랑스럽게 간직할만한 문화유산을 적지 않게 갖고 있다. 숭례문부터 경복궁, 해인사 8만대장경같은 국보와 사적부터 민족사가 담겨 있는 낙화암이나 행주산성같은 문화유산이 도처에 있다. 그런 문화유산을 접하면서 역사에서 배운 것들을 상기하고 나라의 운명과 민족의 앞날을 유추해 보기도 한다.

그것이 역사를 배우는 이유다. 그런데 다 같은 국민이면서도 좌절해야만 하는 수백만명의 장애인이 우리 주위에 있다는 것을 생각하지는 못하는 게 우리 현실이다. 이제는 달라져야 한다. 대한민국 국민이라면 장애가 있든 없든 누구나 민족혼이 깃든 위대한 문화유산을 아무런 제약없이 볼 수 있도록 국가사회적 차원의 노력이 필요한 때다. 그것이 우리의 문화유산을 더욱 아름답고 위대하게 만드는 길이다. 이런 생각 끝에 뜻을 같이하는 사람들과 '역사의 성지 석굴암의 장애인 이동권 보장을 위한 추진위원회'를 만들었다. 전 문화재청장인 유홍준 교수와 건축가 정기용, 김성수 주교, 이영혜 디자인하우스 대표, 성타 스님(불국사 주지), 종상 스님(불국사 관장)같은 분들이 선뜻 함께 해 주셨다. 이제 그분들과 함께 석굴암을 더 위대하고 아름답게 만들기 위한 작은 행동에 나설 참이다. 현대적 미적 감각이 어우러진 유니버설 디자인(Universal design)과 자연친화적인 색채를 가미함으로써 석굴암에 더욱 완성도가 높은 아름다움을 부여하는 일이다. 석굴암에 이동편의 시설을 설치하는 것은 궁극적으로 석굴암의 위대함을 '보완'하는 작업이 될 것임에 분명하다. 최근 우리 사회에서는 '공정한 사회'가 새로운 이슈로 부각되고 있다. 시작은 미미하지만 석굴암에서 출발한 '문화유산의 공정한 향유의 물결'도 도도한 강물처럼 거스를 수 없는 시대적 추세가 될 것임을 믿어 의심치 않는다.[175][176]

24. 착한 소비, 나쁜 소비

1990년대 중반 업계 점유율 1위를 달리던 스포츠 브랜드 나이키는 축구공 꿰매는 소년의 모습이 담긴 사진 한 장 탓에 큰 곤욕을 치렀다.[177] 축구공 1개는 육각형 가죽 32조각을 1620회 바느질해야 완성된다. 나이키가 아웃소싱한 파키스탄 시알코트 공장에선 어린이들이 하루 13시간 중노동을 하고 있었다. 미국 시사지 라이프의 보도로 이 사실이 알려지면서 나이키 주가는 급락했다. 기업의 사회적 책임, 지속가능 경영 등을 얘기할 때마다 나오는 단골 사례. 물건을 살 때 생산 과정, 사회와 환경에 미치는 영향, 만든 기업의 도덕성 등을 고려하는 것이다. 최근 대두된 '윤리적 소비'다.

낮은 가격이 소비행위의 최우선 결정 요인이 아니라는 점이 흥미롭다. 젖소의 건강을 생각해 유기농 우유를 마시거나, 지역경제를 위해 자신이 사는 지역에서 나는 농산물을 먹는 식이다. '착한 소비'로도 불린다. 빈곤국 아동 노동력을 착취한 축구공은 싸도 사지 않는다. 공정무역 운동도 윤리적 소비의 한 형태다. 제3세계 농민이 커피 원두 1kg을 팔아 버는 돈은 10센트 남짓, 이윤의 99%는 커피회사와 수출입업자, 소매업자 등이 가져간다. 그러니 '공정무역 커피'를 마시면 이런 '강도질'을 피할 수 있다는 주장이다. 윤리적 소비는 쇼핑을 사회적 행위로 본다. 윤리적 소비운동을 주도하는 영국 잡지 '에티컬 컨슈머'는 심지어 "쇼핑할 때마다 투표하는 것처럼 여겨라. 연비 나쁜 4륜구동차를 안사는 건 기후변화에, 공정무역 제품을 사는 건 인권에, 유기농 식품을 사는 건 지속가능한 환경에 대한 투표행위"라고까지 한다.

윤리적 소비에 대한 반론도 만만치 않다. 이런 고려없는 소비는 '나쁜 소비'라는 흑백논리가 되기 십상이기 때문이다. 하지만 경제상황이 악화되면

---

175) 박은수 국회의원, 블로그 http://blog.joins.com/center/reporter/, [J-Hot] 중앙일보 & Joins.com.
176) http://news.nate.com/view/20101002n00236(2010.10.2)
177) [분수대] 착한 소비, 나쁜 소비, 중앙일보 원문 기사전송 2010-10-02 00:24, [중앙일보 기선민]

상대적으로 가격이 높은 공정무역 제품에 대한 구매가 줄어드는 게 현실이다. 넉넉할 땐 '착한 소비'를 하던 사람들이 그렇지 않을 때 '나쁜 소비'를 하게 되는 이유는 뭘까. 도덕성의 문제가 아니라 '돈을 아끼기 위해서'라는 게 조금 더 설득력있는 설명으로 보인다. 최근 한 대형마트 피자가 인기를 끌자 '윤리적 소비' 논쟁이 벌어졌다. "중소 피자가게를 죽이는 대기업의 횡포"라는 비난과 "싸고 좋은 제품을 원하는 건 소비자의 본능"이라는 반론이 팽팽히 맞선다. 착한 소비와 나쁜 소비, 피자 조각 자르듯 딱 잘라 말할 수 있다면 얼마나 좋을까.[178)179)]

25. 문화부, 특수활동비 폐지

문화체육관광부가 그간 국회에서 논란이 됐던 특수활동비를 폐지해 업무추진비로 전환하기로 했습니다.[180)] 문화부 박선규 차관은 공정사회를 화두로 제시한 이명박 정부의 기조에 맞게 특수활동비의 투명성 논란과 국민의 불신을 씻기 위해 특수활동비를 폐지하기로 했다고 밝혔습니다. 문화부 장차관과 실국장들이 국정홍보를 목적으로 사용 내역을 공개하지 않고 써왔던 특수활동비는 올해 9천만원이 책정돼 있습니다. 문화부는 이 조치가 다른 정부부처의 특수활동비와는 관계없다고 밝혔습니다.[181)182)]

26. "甲乙 대등한 관계 때 시장경제 성립"

李 대통령, 한나라 의원 청와대 초청 만찬…공정사회 다시 강조[183)] 朴 전 대표와 한달만에 회동…정권 재창출 협력 다짐도 이명박 대통령은 1일 한

---

178) 기선민 문화스포츠 부문 기자, 블로그 http://blog.joins.com/center/reporter/, [J-Hot], 중앙일보 & Joins.com.
179) http://news.nate.com/view/20101002n00224(2010.10.2)
180) 한국정책방송 기사전송 2010-10-01 22:13
181) KTV 한국정책방송 케이블방송, 위성방송 ch520 www.ktv.go.kr, 한국정책방송원
182) http://news.nate.com/view/20101001n22497(2010.10.2)
183) 서울경제 원문 기사전송 2010-10-01 21:36 최종수정 2010-10-02 01:05

나라당 소속 의원 전원을 청와대로 초청해 만찬을 함께하며 정권재창출을 위한 협력을 다짐했다. 이 대통령은 또 공정사회와 관련, '갑과 을이 대등한 관계가 전제돼야 한다고 강조했다. 이 대통령은 이날 만찬에서 "이 정권이 성공한다고 하는 것은 이명박의 성공이 아니고 결국 한나라당 정권의 성공이고 이것은 다음을 기약하는 큰 밑바탕이 될 수 있다"고 말했다. 또한 이 대통령은 "나도 임기 마지막 날까지 정말 최선을 다하겠다"면서 "그 기틀 위에 다음 정권은 탄탄대로 위에 발전할 수 있도록 하자는 확고한 생각을 갖고 있다"고 말했다. 이어 이 대통령은 "이제 앞으로 예산국회가 있다"면서 "여당으로서의 위상을 지키면서 성공적인 의회활동이 되면 좋겠다"고 말했다. 이 대통령은 집권 후반기 국정운영 기조로 설정한 '공정한 사회'에 대해 "요즘 공정사회 이야기를 하는데 이것도 일시적으로 하겠다는 것이 아니다"라고 강조했다.

또한 이 대통령은 "많은 사람들이 어쩌면 이게(공정사회) 부메랑이 될 거다 하기도 하고 시장경제에 위배된다 하기도 한다"면서 "그럴 때마다 갑과 을이 대등한 관계에 있을 때 시장경제가 성립되는 것이지 언제든지 납품업자를 끊어버릴 수 있는 상황에서 (공정사회는) 될 수 없다"고 지적했다. 이 대통령은 이어 대중소 상생을 강조했다. "기업 총수를 불러 자기 기업에 납품하는 사람에게 고마움을 가지고 이 사람들 덕분에 잘된다고 생각해야 한다고 했다"면서 "시장 할머니도 자기보다 못한 사람을 위로해 달라는데 재벌 총수가 납품기업 위로하는 것은 정말 당연하다"고 지적했다. 이 대통령은 "기업 총수 다음에는 최고경영자(CEO)를 불렀는데 이들을 부른 이유는 눈만 봐도 총수가 돌아가서 진심으로 하자고 했는지 알기 때문"이라면서 "갑과 을을 다 해본 내 오랜 경험에 의하면 변화가 있을 것 같다"고 전했다.

이 대통령이 한나라당 의원 전원과 자리를 함께하는 것은 18대 총선 직후인 지난 2008년 4월22일 당선자 초청 만찬 이후 2년 5개월여만으로 오랜만에 자리를 함께 한 참석자들은 화기애애하게 대화를 주고 받았다. 특히 이 대통령과 박근혜 전 대표간 우호적인 언행이 화제였다. 만찬 직전 박 전

대표는 악수를 청하는 이 대통령에게 "안녕하셨어요"라고 인사를 건넸고 이에 이 대통령은 "잘 있으셨죠"라면서 미소를 띄웠다. 이 대통령과 박 전 대표는 지난 8월21일 청와대 회동에 이어 한달여 만에 다시 만났다. 박 전 대표는 사회자가 예정에 없던 건배사를 부탁하자 "이명박 정부의 성공과 18대 국회의 성공을 위하여 건배하겠습니다. 이 뜻을 담아 건배!"라고 제안했다고 참석자들이 전했다. 또한 이 대통령은 만찬 직전 환담장에서 박 전 대표 등 의원들에게 음료로 건배를 제의하며 "당신(당당하고 신나고)"이라는 건배사를 건넸고 의원들은 "멋져(멋지고 가끔은 져주는)"라고 외치며 화답했다. 이날 만찬에서 이 대통령은 자신이 앉은 헤드테이블에 안 대표와 김무성 원내대표 등 당 지도부 뿐 아니라 박 전 대표도 착석하게 하며 '예우'했다.184)185)

27. MB "대기업 총수, 납품업자에 고마움 가져야"

갑과 을이 대등한 관계 있을 때 시장경제 성립- 한나라당 의원과 만찬186) 이명박 대통령은 1일 "대기업 총수가 자기 기업에 납품하는 사람에게 고마움을 가지고 '이 사람들 덕분에 우리가 잘된다. 뭘 도와주면 더 잘할 수 있겠느냐'며 1년에 한번이라도 하면 그 사람들이 잘될 것이다"고 말했다.

이 대통령은 이날 청와대에서 한나라당 의원들과 만찬을 함께 하면서 "대기업이 크게 발전할 수 있는 계기를 중소기업이 만들어야 되고, 중소기업도 발전하는 계기를 대기업이 만들어야 된다"며 이같이 밝혔다. 이 대통령은 또 '공정한 사회' 구현이 시장경제 원리에 위배된다는 일각의 주장과 관련, "갑과 을이 대등한 관계에 있을 때 시장경제가 성립되는 것이지 언제든지 납품업자를 끊어버릴 수 있는 상황에서는 (시장경제가) 될 수 없다"고 말했다.

---

184) 문성진 기자 hnsj@sed.co.kr, 임세원 기자 why@sed.co.kr, 인터넷한국일보 (www.hankooki.com)
185) http://news.nate.com/view/20101001n21939(2010.10.2)
186) 머니투데이 원문 기사전송 2010-10-01 20:37, [머니투데이 채원배 기자]

이어 "그래서 공정한 사회가 되어야 한다고 생각하고 우리 사회가 그렇게 되면 소득도 올라가고 존경도 받게 된다"고 강조했다. 또한 "요즘 (내가) 공정 사회를 이야기하는데, 이것도 일시적으로 하겠다는 게 아니다"고 말했다.

이 대통령은 한나라당 의원들에게 "이 정권이 성공한다고 하는 것은 '이명박의 성공'이 아니고 결국 한나라당 정권의 성공이고, 이것은 다음을 기약하는 큰 밑바탕이 될 수 있다"고 강조했다. 이어 "나도 임기 마지막 날까지 최선을 다하겠다. 그 기틀 위에 다음 정권은 탄탄대로 위에 발전할 수 있도록 하자는 확고한 생각을 갖고 있다"며 "이해해주고 뒷받침해주고 사전에 대화하고 협의하면, 더 큰 성과를 낼 수 있지 않겠느냐 생각하면서 더불어 도와달라고 협력을 부탁드린다"고 당부했다. 이날 만찬에는 안상수 대표와 김무성 원내대표 등 당 지도부와 박근혜 전 대표 등 한나라당 대부분의 의원이 참석했다. 이 대통령이 한나라당 의원 전원을 청와대로 초청해 만찬을 가진 것은 2008년 총선 직후 이후 처음이다. 또 박근혜 전 대표와의 만남은 지난 8월 21일 청와대 회동 이후 40여일만이다. 만찬에 앞서 영빈관 1층 환담장에서 박 전 대표가 "안녕하셨어요?"라고 인사를 건네자 이 대통령은 "잘 있으셨죠?"라며 웃으며 악수했다. 이어 환담장 헤드테이블에서 이 대통령이 '당신(당당하고 신나고)'이라고 말하자 의원들은 '멋져(멋지고 가끔은 져주는)라도 답하며 건배했다. 한편 안상수 대표는 "G20(주요 20개국) 정상회의는 대한민국 반만년 역사에서 가장 의미있는 정상회의"라며 "G20 정상회의가 성공적으로 마칠 수 있도록 G20회의가 마칠 때까지 여야가 모든 정쟁을 중단하고 힘을 모을 것을 제의한다"고 말했다.[187)188)]

28. 김성환 장관 내정 배경은 '전문성'과 '청렴성'

이명박 대통령은 1일 김황식 국무총리의 제청을 받아 신임 외교통상부 장관으로 김성환 대통령실 외교안보수석 비서관을 내정했다.[189)] 김 수석은

---

187) 채원배 기자 cwb@, '돈이 보이는 리얼타임 뉴스' 머니투데이
188) http://news.nate.com/view/20101001n21205(2010.10.2)

외교안보분야의 '전문성'과 '청렴성'을 인정받아 장관으로 내정됐다는 게 청와대측 설명이다. 김 내정자는 1977년부터 외무부에서 공직생활을 시작했다. 이후 외교통상부 인사기획담당관(1995) 주미국대사관 참사관(1997) 외교통상부 북미국 국장(2001) 외교통상부 기획관리실 실장(2005) 외교통상부 제2차관(2008) 등을 지냈다. 청와대 홍상표 홍보수석은 이날 청와대 브리핑을 통해 "최근 급변하는 한반도 증세에 능동적으로 대처하기 위해서는 외교분야의 전문성을 갖출 필요가 있으며 국정 하반기 핵심 기조인 '공정사회'라는 가치관에 맞는 후보로 김 내정자가 적임자"라고 밝혔다. 또 "김 내정자는 40년 가까이 외통부에 근무하면서 외교와 안보에 뛰어난 역량을 발휘했으며 청렴한 공직생활로 직원들의 신망이 높았다"고 말했다. 김 내정자가 최근 논란이 되고 있는 외교통상부 특채 파문과도 관련이 없다는 점도 장관 내정 이유로 꼽힌다. 김 내정자가 외교부 기획관리실장을 재직하던 2005년에는 문제될만한 특채 관련건은 없는 것으로 알려졌다. 홍 수석은 "인사청문회 과정에서 나올만한 쟁점들을 놓고 김 내정자를 스크린해 봤다.

특히 외교부 특채에 대해 정밀하게 스크린해보니 문제가 될만한 사례가 없는 것으로 확인됐다"고 밝혔다. 김 내정자는 장관으로 임명될 때까지 대통령실 외교안보 수석직을 유지한다. 청문회 준비로 외교라인 공백을 우려한 탓이다.[190][191]

29. '실거래가제'가 주는 교훈

의약품을 싸게 구입하는 병원, 약국에 장려금을 주는 시장형 실거래가제가 시작부터 무성한 우려를 낳고 있다. 특히 약값 거품을 빼 의약품 시장의 불법 영업자금을 없애겠다는 명분에도 불구하고 낙관적인 시각이 여전히

---

189) 뉴시스 기사전송 2010-10-01 18:50 최종수정 2010-10-01 20:00, 서울=뉴시스】 강경지 기자
190) bright@newsis.com, '한국언론 뉴스허브' 뉴시스통신사.
191) http://news.nate.com/view/20101001n19696(2010.10.2)

많다.[192] 싸게 사려는 쪽과 손실을 줄이려는 쪽의 본능적인 두뇌싸움은 시작에 불과하다. 시장에선 바잉파워((buying power·구매력)를 가진 대형 병원들의 약값 인하 압력을 벌써 체험하고 있다. 같은 효능 효과를 내는 약들이 많게는 100개 이상 존재하는 출혈경쟁 구조에서 일부 제약사는 생존을 좌우하는 대형 거래처를 잃을 위기에 놓였다. 눈을 가린 상태에서 앞을 더듬어야 하는 공포로 업계는 한동안 곤욕을 치르게 됐다. 모든 제약사와 의료인이 음성거래에 결탁하지 않았다는 점에서 소수의 잘못이 전체의 이미지로 각인됐다는 항변도 일리는 있다. 약값 규제에 치중하는 보험재정 안정화 정책이 의약품의 품질 하락과 국내 제약산업의 존립 기반을 흔들 것이라는 우려도 나올만하다. 하지만 활 시위는 이미 당겨졌다. 그동안 상당수의 제약사는 자금 여력에 따라 적게는 수백만원, 많게는 수십억원대에 이르는 대가성 자금을 직간접적으로 지급해 왔다. 유통 현장 일각에서 상식을 벗어나는 노골적인 금품수수가 오갔던 사실을 부인할 수 없다. 은밀한 거래의 특성상 자금경로를 일일이 확인하지 못한 회사들은 새어나가는 '눈먼 돈'을 감수하면서 속을 앓기도 했다. 약값 하락으로 불법 영업자금이 차단될 때, 이른바 '인 마이 포켓'을 줄인 플러스 효과와 약값 손실에 따른 마이너스 효과가 업계 손익에 어떤 영향을 미칠지 알 수 없다는 시선은 제약산업을 향한 사회 일각의 불신을 뼈아프게 보여주고 있다. 성공과 실패의 전망이 엇갈리는 가운데 시장은 어떤 대가를 요구할까. 한 번 어지러워진 시장을 바로잡기 위한 기회비용은 불공정거래에 안일하게 대처해 온 제약·의약계, 정부가 함께 져야 할 책임의 굴레다.[193][194]

30. 대학 안나와도 최고대우 약속한 삼성전자

이재용 삼성전자 부사장이 전국 공업고등학교 교장회 임원 20명을 수원

---

192) [기자수첩] '실거래가제'가 주는 교훈/허현아 기자, 파이낸셜뉴스 원문 기사전송 2010-10-01 18:49
193) pado@fnnews.com
194) http://news.nate.com/view/20101001n19667(2010.10.2)

공장으로 초청해 가진 간담회에서 "고학력자가 아니더라도 톱 클래스 대우를 받을 수 있도록 삼성이 분위기를 만들어가겠다"고 밝혀 학력중시 풍조를 바꾸는 계기가 될 것으로 기대된다.[195] 삼성전자와 같은 대표기업이 우수 기능인력 채용을 확대해 좋은 대우를 해줄 경우 간판보다 성실하고 능력있는 사람이 빛을 보고 사회적으로 대접을 받는 풍토 조성이 앞당겨질 것이기 때문이다. 현재 삼성전자에는 전국기능경기대회 입상자 233명이 근무하고 있다. 이 부사장은 올해도 기능대회 입상자 중심으로 공고 졸업생 120여명을 뽑을 계획이라고 밝혔다. 아직 채용규모 자체는 크지 않지만 삼성이 공고 교장단을 초청해 신입 채용계획을 설명한 것은 처음인데다 오너가 직접 공장시설을 안내하며 기능인 우대방침을 밝혔다는 점에서 큰 의미가 있다. 삼성의 이같은 방침은 우리 사회의 화두로 떠오른 '공정사회' 실현과도 맥을 같이 하는 것이라 할 수 있다. "삼성이 이렇게 성장한 데는 기능인력의 도움이 컸다"는 이 부사장의 말대로 기능인력은 삼성만이 아니라 우리 경제 발전에 큰 기여를 했다. 숙련된 기능인력이 없었더라면 전기전자·자동차·조선·철강 등 주력업종이 지금처럼 세계적 경쟁력을 갖기 어려웠을 것이다. 그러나 그들은 역할에 비해 대접을 제대로 받지 못하고 있다.

　세계기능올림픽에서 우승해도 눈길을 크게 끌지 못하며 급여 등 처우면에서도 대졸자와 상당한 차이가 있다. 제조업 경쟁력 유지 및 강화를 위해서는 기능인력을 우대하는 풍토가 확립돼야 한다. 기능인력이 대접받게 되면 세계에서 가장 높은 대학 진학률과 이에 따른 청년실업 문제를 해결하는 데도 큰 도움이 될 것이다. 청년실업의 큰 요인 중의 하나는 구직자의 눈높이가 높다는 점이다. 대졸 실업자가 넘치는데도 중소기업은 사람을 구하지 못해 애를 먹는 것도 이 때문이다. 공고를 나와도 취업이 잘되고 좋은 대우를 받는 사회가 되면 너도 나도 대학에 진학하려는 풍조가 개선되고 일자리 문제 해결에도 큰 도움이 될 것이다. 간판보다는 실력을 존중하는

---

195) [사설/10월 2일] 대학 안 나와도 최고대우 약속한 삼성전자, 서울경제 원문 기사전송 2010-10-01 17:26

것이야말로 교육낭비를 없애고 공정한 사회로 가는 길이다. 삼성전자가 앞장서는 기능인력 우대가 재계 전반에 확산되기를 기대한다.[196][197]

31. '김황식號', 4대강·G20회의 등 '관리능력' 시험대

김황식 총리 후보자가 1일 국회에서 인준을 받음에 따라 그동안 두 달여 동안 공백 상태에 있었던 국정운영에 숨통이 트일 것으로 기대된다.[198] 지난 이틀간의 인사청문회에서 김 후보자가 비교적 차분하게 대응한 탓에 그동안 제기된 병역면제 의혹이나 동신대 특혜 지원, 4대강 감사발표 지연, 증여세 탈루 등의 의혹이 대부분 해소, 국정운영을 힘있게 추진할 수 있는 토대가 형성됐다는 분위기가 지배적이다. 특히 이명박 대통령이 후반기 국정운영의 핵심 가치로 내세운 '공정사회'를 실현하기 위한 '적임자'라는 평가속에 김 총리 내정자의 향후 역할에 관심이 커지고 있다. 올해 62세인 김 내정자는 역대 총리 가운데 최초의 전남 출신으로 이명박 정권의 세번째 총리로 취임하게 된다. 지역 화합의 메시지는 물론 정치권에서는 '김황식 내각'의 라인업은 집권 후반기를 맞아 이 대통령의 친정체제를 구축하는 동시에 야당과의 대화·타협에도 적극 나서겠다는 이중 포석을 두고 있다는 점에서 주목하고 있다. 하지만 김 내정자 앞에 주어진 과제가 만만치 않다는 점에서 향후 그의 국정운영 조정 능력에 시선이 모이고 있다. 국무총리와 외교장관의 공석으로 이미 국정이 두 달 넘게 적지 않은 차질을 빚어온 터라 내각 진용을 서둘러 정상화해 국정운영 주도권을 확보하는 일이 무엇보다도 시급하다는 지적이다.

정권 최대 역점사업인 △4대강 사업과 권력구조 개편을 위한 개헌 및 선거구제 개편 등 정치개혁 과제 △북한의 3대 권력세습 공식화에 따른 정세 불확실성 대처능력 △코앞으로 다가온 서울 주요 20개국(G20) 정상회의를

---

196) 인터넷한국일보(www.hankooki.com)
197) http://news.nate.com/view/20101001n17517(2010.10.2)
198) 파이낸셜뉴스 원문 기사전송 2010-10-01 17:17

차질없이 성공적으로 마무리하는 것 등 그의 앞에 놓인 과제가 수두룩하다는 점에서 위기관리 능력도 시험대에 오를 것으로 보인다.

　관리 위주가 될 후반기 국정운영에 적합한 인물로 평가받고 있지만 거의 모든 공직을 법조계에서 보냈기 때문에 정치와 경제, 외교, 사회 분야를 아울러 통합·조정해야 하는 총리로서 업무 능력을 발휘할 수 있을지에 대한 우려도 제기된다. 이와 함께 권력 2인자인 이재오 특임장관의 역할이 한층 강화되면서 총리실과 특임장관 간 역할 분담과 그에 따른 여권의 권력지형에도 변화의 바람이 불 것이라는 전망도 나오고 있다. 총리실 관계자는 "김 총리 체제의 내각은 향후 정국을 안정적으로 가져가겠다는 의미를 내포하고 있다"라며 "당분간 정국은 화해 분위기를 띠고 흘러갈 것으로 보인다"고 내다봤다. 김 내정자는 이날 이명박 대통령으로부터 임명장을 받은 뒤 곧바로 취임식을 갖고 동작동 국립현충원을 참배하는 것을 시작으로 총리로서의 첫발을 내딛는다. 또 이날 총리 임명장을 받기 전에 감사원장 이임식을 가질 계획이어서 감사원장은 당분간 하복동 감사원장 대행 체제로 운영될 예정인 것으로 알려졌다.[199)200)]

32. MB "아름이도 냅다 겁없이, 소담이도 롱숏을 집어넣고..."

　"대통령님! 이명박 사랑한데이", "그래도 니밖에 없다 명박아, 이 나라 살린 사람"[201)]
　- 9월30일 경주에서 열린 제30차 UN 식량농업기구(FAO) 아태지역총회 개회식 환영 나온 시민들의 플랭카드
　"11월 G20 서울정상회의가 국가간 개발격차를 줄이고 더 '공정한 지구촌'을 위한 협력의 장이 되도록 노력하겠다"-이명박 대통령, 9월30일 경주

---

199) ktitk@fnnews.com, 김태경 기자, 파이낸셜뉴스
200) http://news.nate.com/view/20101001n17325(2010.10.2)
201) [휴 앤 락] MB "아름이도 냅다 겁 없이, 소담이도 롱숏을 집어넣고...", 아시아투데이 원문 기사전송 2010-10-01 16:35, [아시아투데이=신대원 기자]

현대호텔에서 열린 제30차 UN 식량농업기구(FAO) 아태지역총회 개회사에서 "하여튼 잘하더라. 아름이도 냅다 겁없이, 소담이도 롱슛을 집어넣고, 슬기도 패널티킥 차는데 겁도 없이 차더라"-이명박 대통령, 9월29일 U-17 여자월드컵 대표팀 초청 오찬에서,

"(6·25전쟁 서울수복기념) 60주년 행사에 참여한 70~80대 외국분들이 나보고 삼성, LG제품이 한국제품인지 이제까지 몰랐다고 하더라. 60년전 한국을 상상해보면 당연히 일제일 것이라고 생각했다고 하더라"-이명박 대통령, 9월29일 대중소기업 동반성장 보고대회에서

"한국에서도 독일의 히든 챔피언과 일본의 장수기업의 장점을 접목한 글로벌 중소기업인 스몰 자이언츠(Small Giants)가 대거 나타날 것"-이명박 대통령, 9월29일 대중소기업 동반성장 보고대회에서

"1950년 9월15일 인천상륙작전이 성공해 60년 전 오늘 서울 중앙청에 걸려있던 인공기를 내리고 태극기를 게양했다. 인천상륙작전은 대한민국과 자유민주주의를 지키는 계기가 됐고 역사적인 의미가 있다"-이명박 대통령, 9월28일 국무회의에서

"공정사회는 미래지향적인 것이다. 과거 수십년 전에 사회통념적으로 이뤄진 일을 지금의 공정사회 잣대로 평가하는 것은 혼란을 일으킬 수 있고 오히려 공정사회의 발목을 잡을 수도 있다" - 이명박 대통령, 9월 27일 수석비서관회의에서

김정일 체제가 유지되고 있는만큼 김정은이 공식직책을 부여받았다고 해서 남북관계에서 큰 변화는 없을 것이다"-청와대 외교안보라인 관계자[202][203]

33. "공정사회 외치며 '부자감세'?"

여권 일각 "감세 철회" … 위험수위 국가재정 위해 '증세' 불가피[204] 이

---

202) '글로벌 석간 종합일간지' 아시아투데이, 신대원 기자 shindw@asiatoday.co.kr
203) http://news.nate.com/view/20101001n16266(2010.10.2)
204) 내일신문 원문 기사전송 2010-10-01 14:08

명박 정부가 집권초 대대적인 감세를 추진하면서 불거졌던 '부자감세' 논란이 재부각되고 있다. 이번엔 야당이 아니라 여당 내부에서 "감세를 철회하자"는 주장을 내놓는다. 증세 주장까지 나온다. 이명박 정부가 내건 '공정사회' 건설과 국가 재정건전성 확보를 위해 불가피한 선택이라는 설명이 설득력있게 다가오면서 향후 정부와 당 지도부의 대응이 주목된다.

◆이한구 "고소득층에 세금 더 물려야" = 여권 일각에서 감세 철회를 주장하는 배경은 크게 두가지다. 우선 이명박 정부가 내건 감세정책이 공정사회와 배치되는 자기모순에 빠질 수 있다는 것이다. 현 정부가 추진한 소득세와 법인세 최고세율 인하의 혜택은 부유층(소득세 납부자의 상위 1.2%)과 잘나가는 기업(법인세 납부기업의 상위 10.4%)에게 집중된다. 서민과 대부분의 중소기업에게는 먼나라 얘기다. 또 최근 수년간 직접세 비중이 낮아지고 간접세가 높아지는 추세다. 간접세는 부자와 서민이 동일하게 내는 세금을 말한다. 따라서 간접세 비중이 높아지면 세금의 소득재분배 기능이 떨어지고 조세형평성도 흔들리게 된다.

남경필 의원은 1일 "조세정의가 전체적으로 공정사회와 연결된다고 본다면 조세정의를 확립하는 차원에서 다시 한번 세금체계 조정을 거쳐야 되지 않겠냐"며 감세 철회를 주장했다. 정두언 최고위원은 "조세정책과 관련 '공정사회' 목표를 달성하기 위해 장기적으로 검토할 내용이 있다"고 전제한 뒤 "장기적으로 소득세에 대한 누진성을 강화함으로써 다른 선진국처럼 많이 버는 사람이 세금도 많이 내는 구조로 바뀌어야 한다"고 말했다.

재정건전성 문제도 거론된다. 나라빚이 급증하면서 위험수위를 넘어선만큼 감세를 넘어 증세를 해야 한다는 것이다. 당 정책위의장을 지낸 이한구 의원에 따르면 국가채무는 지난해 말 366조원으로 2007년보다 22.4% 급증했다. 지출은 늘어나는데 세금을 깎아준 탓이다. 감세정책을 유지한다면 나라빚은 2013년엔 493조원에 달할 전망이다. 이 의원은 "세금을 낼 여력이 있는 고소득층이나 자산가에게 세금을 더 걷어야 한다"고 말했다. △연소득 1억원 이상의 고소득층을 대상으로 한 최고세율 기준 추가 △별장이나 요트, 고가 골프장 회원권 등 특별한 자산을 보유한 계층에게 세금을 더 내도록 하는 것이다. 단, 법인세 인하는 기업경쟁력 차원에서 유지하자고 했다.

◆대선 앞둔 2011년 감세논쟁 재점화될 듯 = 정부와 당 지도부는 감세 철회에 대해 조심스런 분위기다. 이명박 정부의 주요 공약을 집권 3년만에 '원상복귀'시키는게 부담스럽기 때문으로 보인다. 김황식 총리 후보자는 청문회에서 "감세는 투자의욕 고취 등 긍정적 효과가 있는만큼 정치적 입장에서 접근하고 활용해서는 안된다"고 말했다. 이재오 특임장관은 30일 기자들과 만나 "당 정책위에서 공식적인 안으로 넘어오면 검토하겠다"고 답했다.

정치권에선 당장은 청와대와 정부가 감세 철회로 돌아서긴 힘들겠지만 2012년 대선을 앞둔 내년이 되면 자연스럽게 세금 논쟁이 재점화될 것으로 보고 있다. 일부 계층만이 혜택을 입는 감세정책을 2012년에 강행할 것인지, 아니면 급증하는 간접세 비중을 줄이고 직접세를 늘리는 방향으로 선회할 것인지 격렬한 논쟁이 벌어질 것이란 예측이다. 표를 의식한 세금공방이 불가피할 것이란 얘기다.205)206)

34. 前官 공직자 '낙하산 취업' 더 엄격히 규제

고위공직자가 퇴직 후 유관 직역으로 직행하는 전관예우(前官禮遇) 취업이 누증하는 한편, 공직자윤리위원회도 수수방관하는 겹겹 불공정 사례가 국민의 빈축을 사고 있다. 참여연대 행정감시센터는 30일 '퇴직 후 취업제한제도 운영실태 보고서 2010'을 통해 지난해 6월초~ 올 5월말 퇴직 고위공직자 130명 가운데 44명, 비율로는 34%가 공직자윤리법 제17조 직접적 위반에 해당한다고 밝혔다. 우리는 참여연대가 보고서를 작성해온 5년을 역추적해 이 비율이 노무현 정부 시절인 2006년 16%→2007년 13%→2008년 10%로 점감하다가 이명박 정부 들어 2009년 14%로 반등 시작하고 1년만에

---

205) 엄경용 기자 rabbit@naeil.com, The Naeil News, (주)내일신문.
206) http://news.nate.com/view/20101001n11933(2010.10.2)

20%포인트 늘어나 2.4배에 이른 점부터 주목한다. '공정사회의 적(敵)'의 일대(一隊)가 다른 곳 아닌 공직사회라는 사실이 여실히 입증돼 더없이 민망하다.207)

이들 위법 실태는 윤리위와 정부의 합작 방치 그 침전물이라는 것이 우리 시각이다. 우선, 윤리위의 취업승인 심사부터 치레에 그쳐 설치근거인 공직자윤리법을 '배반'해왔다. 제17조는 퇴직일 이후 2년간, 퇴직 전 3년 이내 소속부서의 업무와 밀접한 관련이 있는 일정 규모 이상의 사기업체 등 취업을 금하고 있지만 정부 윤리위의 취업제한 통보는 13명에 그쳤다. 또 문제의 44명 가운데 퇴직 이튿날 취업 8명, 3개월 이내 취업은 29명에 이르지만 해임권고는 단 1건도 없었다. 윤리위도 법도 같은 구멍을 허다히 냈다. 나아가 공직자윤리법시행령 제33조도 '공직을 위한 공직의 법'일 뿐이다.

취업제한 기업을 자본금 50억원 이상이면서 동시에 외형거래 연간 150억원 이상으로, 곧 이중으로 좁혀 퇴직자의 취업문을 그만큼 넓혀두고 있다. 국회 입법조사처가 자본금 50억원 이상과 연간거래액 150억원 이상이라는 두 요건 중 하나만 충족해도 규제해야 한다면서 직급별·재직기간별 세분화를 제안한 지난해 12월9일 이후 미동도 하지 않은 것, 그것이 공정을 역설하는 이 정부의 한 이면(裏面)이다. 이 정부는 그 대통령령이나마 즉각 개정하기를 바란다.208)209)

35. 아이들 그림은 모두 '명화'다…영혼이 맑으니까

정부의 국정운영 기조인 '공정한 사회'는 문화에서도 예외일 수 없다. 경제적으로 부유하더라도 문화적 소양이 뒷받침되지 못하면 진정 풍요로운 삶이라 할 수 없다. 또 그런 나라를 선진국이라 할 수도 없다. '모든 국민이 어려서부터 문화예술을 접할 수 있는 나라, 생활 형편과 상관없이 누구나

---

207) 문화일보 원문 기사전송 2010-10-01 13:51
208) Munhwa.com, '대한민국 오후를 여는 유일석간 문화일보'
209) http://news.nate.com/view/20101001n11436(2010.10.2)

문화를 누리는 나라'를 만드는 것은 그래서 중요하다. 공정한 사회를 실천하는 정부의 문화복지정책들을 살펴봤다.<편집자 주>210) 내 화실의 작업대 위 오래 쓴 붓들이 아름답다. 그 중엔 채색붓이 달아 선붓이 된 것도 있다.

붓으로 선을 그어 본다. 선은 가락을 가지고 노는 유명한 재즈 뮤지션 루이 암스트롱의 목소리를 닮았다. 뻐세고 거칠지만 고졸하다. 다른 사람들도 이런 느낌을 가질까? 선을 공부하다 보면 선으로 표현할 수 있는 것들이 참 많다는 것을 느낀다. 선이 지닌 다양한 매력을 느끼고 아는 것은 선을 구사하는 만큼이나 쉽지 않다. 선에 민감하다는 것은 선을 그만큼 잘 구사한다는 것, 선은 화면안에서 그냥 존재하지 않는다. 선은 형태를 만든다.

그림에서 선은 곧 형태다. 현대 회화에서 선으로 그린 그림이 많다. 표현형식에 있어서 동서양의 거리가 좁혀진 이후 서양회화사에서 선에 의한 조형은 더욱 흔하다. 특히 추상 형식의 그림에선 거론할 필요조차 없다. 다양한 표정의 선묘를 할 수 있는 필기구로 한국화의 털이 긴 둥그런 모필을 능가하는 것은 없다. 모필은 가장 원시적인 붓이면서 가장 최첨단의 붓이다.

자연에서 얻은 재료로 만든 붓이지만 그 표현의 다양성에서는 다른 필기구들과 비교할 수 없기에 그렇다. 붓을 쓰는 방법에 따라 많은 표정의 선을 그을 수 있다. 보다 좋은 그림을 그리기 위해선 모필에 의한 붓공부는 작가에 있어서 필수다. 우리의 미술교육을 들여다보면 한국화 붓쓰는 법을 가르쳐주는 것은 고사하고 아예 접할 기회도 별로 없다. 인성을 기르고 정서를 함양하는 예술교육이 날로 줄어드는 현실에서, 한국화를 배우기란 더욱 힘들어졌다. 학교에서 고작 행해지는 한국화 수업이란 먹을 갈아 글씨를 쓰거나 난초나 대나무 선 몇 개 그리는 정도다. 이런 수업으론 한국화의 숨겨진 매력을 알 턱이 없다.

어떻게 하면 부실한 한국화 교육을 잘 할 수 있을까? 그 해결 방법은 무엇인가? 그 대안은 한국화의 조기 교육이라 생각한다. 공교육에서는 여러

---

210) 공감코리아 원문 기사전송 2010-10-01 13:50

가지 이유로 인하여 제대로 한국화를 가르칠 수가 없다. 사실 일반교실에서의 한국화 수업이란 영 번거롭기 그지없다. 바닥에 먹을 흘리기라도 하면 잘 지워지지 않고, 많은 접시를 쭉 늘어 놓아야하는 채색화는 공간의 제약이 심하다. 한국화의 위기가 거론될 때마다 안타까워하던 차에 한국문화예술진흥원으로부터 명예교사 의뢰가 들어왔다. 바쁘지만 흔쾌히 수락하였다.

지난 9월 말 마지막 토요일 날 드디어 첫 수업을 하였다. 고사리같은 손으로 선을 긋는 아이들을 보고 있노라니 20년 전 화실에서 가르치던 병아리같은 아이들이 생각났다. 맑은 영혼을 지닌 아이들의 그림은 모두가 다 '명화'다. 나는 학교에서 가르칠 수 없는 것들을 주로 가르칠 예정이다. 보통의 사람들은 한국화하면 수묵화를 떠올린다. 하지만 한국화에는 화려한 색상과 긴 시간을 통해 그려지는 기법도 많다. 예컨대 그 중의 하나가 장지기법이다. 장지기법은 우리 전통회화기법으로서 민화나 불화, 초상화에서 볼 수 있다. 장지기법의 특징은 발색법에 있다. 많은 덧칠을 통해 밑에 칠한 색이 위에 덧칠한 색을 통해 우러나오게 하는 기법이다. 색의 깊이가 그윽하다.

마치 우리가 즐겨 먹는 김치나 젓갈처럼 삭은 맛이 나온다. 중국이나 일본에도 없는 우리 고유의 기법이다. 명예교사 수업을 통해 아이들에게 가르쳐 주고 싶은 것은 우리 그림의 멋과 매력, 그리고 그 무한한 표현 가능성이다. 그들이 성장하여 작가가 되었을 때 보다 우리 문화와 그림에 대한 자긍심을 지니게 된다면 더 바랄 것이 없다.

첫 수업 시간, 대부분의 아이들이 신기해하면서도 낯선 표정들을 하고 있다. 먹의 자국을 이용한 나무의 나이테를 그리는 시간에 한 아이에게 물어보았다. "먹그림을 그려보니 어때 재미있어요?" "예! 재미있고 신기해요!" 첫날부터 성공 예감이 들어 기분이 좋아진다.[211]

---

211) http://news.nate.com/view/20101001n11387(2010.10.2)

36. 부자도 가난한 사람도 똑같은 금액을 내는 범칙금의 개선

공정사회를 위해선 바뀌어야 한다. 지하철에서 물건 파는 분들 많죠. 저는 그런 행동을 좋게 보지 않았으나 최근 들어서 솔깃하게 싼 제품을 파는 제품을 몇번 사봤습니다.[212] 자전거 야광등을 시중에서는 최소 5천원을 줘야 하는데 단돈 2천원에 팔고 있어서 샀고 지금도 잘 사용하고 있습니다.

싼게 비지떡은 아니더군요. 무엇보다 가격이 싸다는게 큰 메리트죠. 그런데 이 지하철에서 상품을 파는 분들은 단속에 걸리면 하루 일당을 다 떼인다고 하네요. 범칙금이 있는데 그걸 내고 나면 하루 일당 다 날린다고 합니다.

그 뿐인가요? 용달차 영업을 하는 분들 하루 종일 일하고 5만원 정도 챙겨들고 집으로 향하는데 교통법규 위반해서 범칙금을 내면 남는게 없습니다.

교통범칙금 5만원, 이건희 회장에게는 껌값이지만 하루하루 생계를 겨우겨우 이어가는 분들에게는 열흘치의 식사며 하룻밤 몸을 누일수 있는 돈입니다. 한국은 수익에 상관없이 똑같은 범칙, 과태료를 내는 나라입니다.

어떻게 보면 간접세라고 하는 부가세와 비슷한 모습입니다. 얼마전 언론에서는 이명박 정부 3년동안 서민이나 부자나 똑같은 금액을 내는 간접세가 계속 증가했다고 발표했습니다. 참 이상한게 통계수치를 보면 분명 부자들을 위한 정책을 하는게 분명한데 앞에서는 서민정책한다고 거짓말을 술술하는 정부의 모습은 참 개탄스럽기까지 합니다. 서민들을 위한다면 왜 직접세인 종부세는 감면해주고 서민들에게 큰 부담이 되는 간접세같은 것은 계속 증가하나요? 서민 주머니 털어서 부자들 주는 꼴 아닌가요? 위에서도 말했지만 교통범칙금이나 각종 범칙금들 왜 소득에 상관없이 똑같이 내야 할까요? 대학생 김모씨가 길거리에서 담배피고 꽁초를 버려서 범칙금 5만원을 내는 것과 수백억원의 자산이 있는 기업의 사장이 길거리에서 담배피고 땅바닥에 버려서 5만원을 내는 것과 누가 더 큰 타격을 받을까요? 대학생에게 5만원은 1주일 생활비일 수도 있지만 100억원대의 자산가에게는 껌

---

[212] 세상에 대한 쓴소리 2010/09/26 12:27

값이죠. 그런데 돈있는 사람이 더 한다고 돈 많은 분들이 범칙금을 더 잘 안내요. 대통령이 공정사회를 이야기했습니다. 하지만 한국은 공정한 나라가 결코 아닙니다. 국무총리 한명 뽑는게 이렇게 힘들지 않았는데, 공정사회 말을 꺼내고서 자승자박하는 꼴이 되었는지 김황식 총리 후보도 여러 안 좋은 소리가 나오네요. 앞으로 국무총리나 대통령 뽑을 때 자식이 없는 사람을 뽑아야 하는 것은 아닌지 모르겠네요.

공정사회라면 모두가 공평한 사회가 되어야겠죠. 똑같이 무단횡단을 하다가 걸려도 연봉 10억원인 사람과 연봉 1500만원인 사람이 똑같은 금액을 내는 것은 공평해 보이지 않습니다.

이런 이유로 북유럽국가중에는 재산소득에 따라서 범칙금을 다르게 내게 하는 나라들이 있습니다. 부자는 무단횡단을 하면 수백만원이 나오고 가난한 사람은 수천원이 나오게 하는 차등을 두는 것이죠. 이런 모습을 한국정부도 알고 있기에 경제적으로 궁핍한 계층은 범칙금 납부를 유예하는 제도를 도입하고 있습니다. 하지만 그건 근본적인 해결책이 될 수 없습니다.

소득에 따라서 범칙금의 금액도 달라져야죠. 하지만 현실적으로는 어려운 것도 사실이죠. 먼저 이 재산소득이 한국은 투명하지가 않습니다. 직장인이야 유리지갑이기에 꼼짝없이 수입을 다 알 수 있지만 자영업자들 특히 고소득 자영업자들이 세금을 안내기 위해서 제대로 소득신고를 안합니다. 이런 문제가 선행되어 해결되어야 하는데 쉽지 않은 일이죠.

그러나 정부가 의지만 있다면 못할 것도 아니라고 생각됩니다. 무조건 수입으로만 구분해서 차등적으로 내라고 하는 것은 아닙니다. 소득에 차등을 두되 상한선과 하한선을 두고 재산이 얼마 이상이면 범칙금이 더 증가하지 않게 하는 것도 있어야 하겠죠. 이건희 회장같은 분이 과속딱지 떼였다고 수백억원을 내면 그것도 좋은 모습 아닙니다. 상한선과 하한선을 두어 원래의 취지를 살리면서 똑같은 고통을 느끼게 하는 혜안이 필요할 것입니다.

공정사회 공정사회 말로만 하지 말고 정말 공정한 사회를 만들기 위한 제도 좀 많이 만들었으면 합니다.[213)214)215)]

37. '공정한 사회'의 비공정성

한국의 이명박 대통령이 대통령직의 후반기를 '공정한 사회'를 위한 국정운영에 역점을 두겠다고 밝혔다. 한국일보사가 이 '공정한 사회'를 이룩하기 위해 어떤 개념이 필요하고 최우선 해결 과제가 무엇인지 각 분야의 전문가 20여명에게 똑 같이 질문한 내용과 그들이 대답한 내용을 간추려 보도했다. 개념에 대한 그들의 대답을 보면 순리, 정의, 기회균등, 공평성 등이고 해결 과제에 대한 그들의 대답은 지도자의 양심 내지 솔선수범과 약자에 대한 지도자의 노블레스 오블리주, 경제적 양극화 해소, 대기업, 중소기업의 동반성장 등등이었다.216) 그들이 대답한 개념과 과제는 '이상적인 사회건설'의 그럴듯한 구호같기도 하다. 그러나 현실은 이런 사회 건설과는 거리가 있고 냉혹하기만 하다. 자본주의 체제하에서 이익을 추구하는 대기업이든, 중소기업이든 간에 그 기업들은 한 푼이라도 더 벌기 위해 열심히 뛰면서 서로 경쟁도 한다. 이 경쟁속에서 상생의 개념을 생각할 여지가 별로 없다.

대기업이 중소기업에 대해 배려한다고 하지만 그것은 미미할 따름이고, 도리어 대기업에선 중소기업의 납품가격을 인하시키겠다고 한다. 아무리 국가의 경제발전이 있다고 해도 실업률은 계속 6~8%로 유지되고, 항상 저소득층은 고소득층보다 많이 있게 마련이다.

---

213) http://photohistory.tistory.com/8822(2010.10.2)
214) 김무성, "공정한 사회, 인민재판식 단..영상을 올린 날짜 2010.09.07 13:55, [미디어 다음] 'YTN'에서 올린 동영상입니다. 김무성 한나라당 원내대표는 7일 오전에 열린 원내대책회의에서 "최근 공정한 사회에 대해 갑자기 높아진 엄격한 잣대로 관습적으로 허용됐던 부분까지 인민재판식으로 단죄해서는 안된다"고 말했습니다. 김 원내대표는 "나라를 위해 봉직해오던 사람들을 너무 나쁜 사람으로 몰아서 인민재판하듯 퇴출하는 것은 곤란하다"며 이같이 말했습니다. 지금 동영상 보기를 클릭하시면 김무성 한나라당 원내대표의 발언을 보실 수 있습니다.☞ [다운로드] 생방송과 뉴스속보를 한 눈에…YTN뉴스ON
215) http://tvpot.daum.net/my/ClipView.do?ownerid=aq95xnuxR950&clipid=26691662&lu=v_title(2010.10.2)
216) [미주한국일보] 2010년 09월 30일(목) 오전 01:19 |, 공유하기 Facebook, Twitter

그리고 모든 사람들이 저마다 원하는 직업을 가진다는 것을 포함해서 또 누구나 부유하게 잘 살 수 있는 기회균등의 사회를 구현시킨다는 것은 아주 어려운 문제이고, 잘살고 못사는 경제적 양극화는 언제나 존재한다. 이 양극화를 어느 정도 해소시키려는 노력은 할 수 있으나 사실 그것은 용이하지 않다. 한국에서는 제3국 국민들에게 제한적이지만 한국의 직업시장을 개방했다. 네팔, 베트남, 인도네시아, 태국 등 동남아 국민들이 한국에서 직장을 잡기 위해선 필수적으로 한국어 시험을 치르는데 응모자들이 몇 만 명에 이른다고 한다. 실업률이 높은 한국이지만 특종 직업을 위해서 외국인들에게도 그 직업을 개방했다니 아이러닉한 현실이다. 직업 균등의 복지사회를 이룩하자는 한국에서도 어떤 직업은 기피하고, 좀 더 낮은 직업만 선택한다. 그러나 자격과 시험에 통과되지 못하면 그 선택도 쉽지는 않다. 취직을 원하는 모든 사람들에게 취업에 균등한 기회는 주어지지 않는다. 위에서 말한 대기업-중소기업과의 관계, 경제적인 양극화 그리고 직업선택에 대한 실제적인 현상을 볼 때 비록 '공정한 사회' 속에서도 비공정한 면이 있다는 것을 말해주고 있다.

노블레스 오블리주, 균등한 기회, 약자보호, 법과 규칙 준수, 부와 소득의 균형적인 배분 그리고 공정한 관행 등이 잘 실시되고 있는 사회가 '정의로운 사회'이다. 한국은 이런 사회를 구현하기 위해 노력할 수 있는 나라이다. 선진국에서는 그래도 그런 사회가 구현되고 있다. 반면에 북한과 같은 독재국가나 일부 저개발국가 및 빈곤층의 국가에선 그런 '정의로운 사회'란 말은 그다지 통하지도 않고, 아예 그런 말을 꺼낼 수도 없을 정도다. 한국은 그래도 언론의 자유가 있는 민주국가이므로 '정의로운 사회'를 구현하기 위한 개념과 과제에 대해 자유로이 의사도 표현할 수 있고 토론에도 부칠 수 있다. 과거 45년 전 한국에서는 '돈과 빽이 있으면' 다 통한다는 말이 있었다. 그러나 지금은 그 말이 많이 사라졌을 것이다. 혹자는 아직도 그 말이 남아 있다고 말한다. 지금도 권력과 요직에 어느 지방 출신들이 편중되거나 영향력을 발휘할 수 있는 인사가 뒤에서 소위 '봐주기식'을 만들어 준다는 것이다. 지연, 학연도 작용한다. 그런데 지연에는 지역의 정서적인 면도 있다. 미국을 예를 들면 남부사람들은 공화당을 선호한다. 한국의 영, 호남 지역의 어느 당 지지 현상과 비슷하다. 지역감정 타파를 외치면서 '공정한 사회'를 만든다고 해도 지역정서는 수그러지지 않는다. 그러니 그 정서는 그냥 나눠도 문제될 것 없다. 학연을 예로 들어보면 미국 정계와 경제계에 아이비대학 출신들이 중요 위치에 많이 포진하고 있다. 한국에도 비슷한 현상이 있다. 이 현상은 일시적인 것이 아니고 과거 오랜 기간 명문대 출신들이 사회에 나가서 좋은 자리를 많이 차지했다는 말과도 같다.

'공정한 사회'를 구현하기 위해 지역의 균형, 기회의 균형, 소득의 균형, 교육의 균형을 외칠 수 있으나 언제나 거기엔 비균형도 있게 마련이다.[217)218)]

38. 공정한 사회?

공정한 사회란, 법과 원칙이 지켜지고 상식이 통하며 사회적 약자에 대한 배려와 양보가 있는 사회이다.[219)] 이명박 대통령이 집권 하반기 주요 국정 기조로 공정한 사회를 강조하면서 정관계 지도급 인사 등 사회지도층의 도덕성과 공정성이 최대 국가이슈로 부상하고 있다.

지난 8·8개각에 이명박 정부의 집권하반기 행정을 총괄하는 국무총리로 지명된 김태호 전 경남지사가 각종 비리와 부적절한 행동으로 자진 사퇴하고 장관후보 2명이 자진 사퇴하면서 지도층의 솔선수범과 겸양이 제일의 덕목으로 부각되고 있다. 여기에 유명환 외교부 장관이 자신의 딸을 고위공무원으로 특채했다는 언론보도가 나오고 이로 인해 유 장관이 낙마하면서 소위 지도층인사들의 부적절한 행동이 일반서민들에게 충격을 줌은 물론 이들의 모럴 헤저드가 도마에 오르고 있다. 이명박 대통령이 지난 8·15 경

---

217) 장윤전, 엘리콧 시티, MD, 미주한국일보(koreatimes.com)
218) http://kr.news.yahoo.com/service/news/shellview.htm?articleid=20100930011907166j5&linkid=4&newssetid=1352(2010.10.2)
219) 작성자 김종훈, 등록일 2010.09.14

축사에서 강조한 '공정한 사회'는 법과 원칙을 준수하고 누구에게나 공평한 기회를 주는 것으로 반칙과 특권을 허용하지 않으며, 실패한 사람에게도 다시 일어설 기회를 주는 것이다. 이같은 공정한 사회를 건설하기 위해서는 소위 지도층 인사들의 솔선수범과 자기희생이 관건이다.

또한 누구에게나 공평한 기회를 주기 위해서는 학연이나 지연, 혈연 등을 떠나 동일한 출발점에서 공정한 경쟁을 펼쳐야 한다는 것을 의미한다. 아울러 이를 실현하기 위해 사회적 약자에 대한 배려와 지원이 있어야 한다는 것도 주지의 사실이다. 이를 종합해보면 공정한 사회는 결국 누구나 자신의 배경이나 출신에 상관없이 균등한 기회를 통해 능력으로 승부해야 한다는 것을 의미하며, 사회지도층이나 다수자가 사회적 약자와 소수를 배려해야 한다는 것이다. 이같은 대 명제를 기준으로 현재 우리 사회의 최대 화두가 되고 있는 공정한 사회를 되돌아보면 과연 우리 사회가 얼마나 공정한지 반문해보지 않을 수 없다. 대통령의 5년 단임제가 실시된 이후 정권이 바뀔 때마다 특정 지역출신 인사들이 대거 국무위원에 진출했다거나 고위 공직자 중의 몇 %가 해당지역 인사들로 채워졌으며, 소위 권력기관의 노른자위 직위는 이들이 대부분 차지했다는 소식을 접한다. 이런 소식들을 접할 때마다 한나라당내 열심히 노력하는 호남당원 및 당협위원장들에 대한 중앙당의 시각은 공정이란 표현을 쓸 수 없을 정도로 편견이 심하다는 생각이 드는 것은 비단 일부의 생각이 아닐 것으로 보인다. 승자가 모든 것을 독식하는 이같은 정치구조는 비단 국정에만 해당되는 것은 아니어서 지방선거로 인해 선출된 전북지역 단체장들도 임기를 시작하자마자 기다렸다는 듯이 자신의 선거를 지원했던 인사들을 주요 요직에 선발하는 무리수를 두는 등 자기사람 심기에 주력하는 양상을 보인다. 실례로 민선5기 전북도지사로 선출된 김완주 현 지사가 자신의 선거운동에 주요 운동원으로 참여했던 소위 측근 인사들을 대거 산하기관의 장으로 선임하고 주요 요직에 자신과 코드가 맞는 인사들을 전면 배치하면서 친정체제를 강화했다.

또한 전북도정의 각종 현안사업에 대한 지원이나 정책협의를 오직 자신이 속한 정당인 민주당만의 힘으로 해결하려는 태도를 보이면서 집권여당인 한나라당은 물론 군소정당들을 지역내에서 지지기반이 약하다는 이유로 폄하하고 외면하는 근시안적인 태도를 보이고 있다. 이같은 일들은 결국 우리 사회를 사회적, 정치적으로 주류와 비주류를 만들고 주류는 비주류를 외면하고 억압하며 오직 자신들의 입장만을 관철하기 위해 노력할 뿐 양보와 배려라고는 찾아볼 수가 없고, 이로 인해 갈등과 반목이 주를 이루는 사회가 되어가고 있음은 물론, 소위 기득권을 지키기 위해 소수자들에 대한 편견으로 철저히 외면하고 그들의 기회를 박탈하는가 하면 온갖 특권과 편법을 활용하고 있다는 것이 국민들의 생각이다.

   이같은 정서라면 한나라당의 지도부 중 어느 누가 호남지역에서 선출직에 출마해도 현재보다 좋은 성적을 기대하기는 어렵다는 것이 일반적인 생각이다. 한나라당 지도부는 정치적으로 열악한 전북지역에 대한 조그마한 배려와 지원도 없이 일방적으로 자신들의 입장을 관철하거나 선거 때에만 지역을 찾아 당원들을 상대로 지지를 당부하거나 줄 세우기를 강요할 뿐 정치적인 고려나 지원은 그저 미사여구만 늘어놓을 뿐이다. 이로 인해 당원들은 당내 선거 때만 대우를 받는 거수기 당원에 불과함은 물론 당내 최고위원과 지도부가 대부분 전북출신 인사들로 채워진 민주당을 상대하기에는 중과부적의 양상을 보이고 있다. 이에 현재 전북도당의 당협위원장과 당직자 등이 책임당원 배가에 있어서도 엄청난 노력들을 하고 있지만 어려운 지역정서 탓에 성과가 뚜렷하게 나오지 않고 있다는 것에 비춰보면 당 지지세가 열악한 지역에 대한 배려를 통한 공정한 처우가 과연 있는지 의문이 들고 있다. 결국 공정한 사회를 만들기 위해서는 열악한 계층에 대한 동기부여를 통해 이들을 동일선상에서 출발할 수 있도록 만드는 것이 관건이다. 이는 한나라당이 열악한 지역내에서 지지기반을 확대하기 위해 반드시 필요한 것으로 인재가 없다고 한탄하기보다는 인재를 키울 수 있는 구조를 만들어야 함은 물론, 열악한 지역에서 묵묵히 활동하고 있는 당원 한 사람 한 사람을 소중히 여기고 이들에 대한 배려를 통해 한걸음 앞으로 나갈 수 있도록 만들어야 하는 것이다. 현재의 정부가 집권 하반기를 맞아 주창하고 있는 공정한 사회는 결국 국민 모두에게 동등한 기회가 부여되고, 법과 원칙에 따라 자유롭게 경쟁해 승패를 가리며, 낙오했거나 경쟁에 참여할 수 없는 사정이 있던 사람들을 국가 및 사회가 배려하는 것이다. 경제적 문제로 인하여 없는 집 아이는 교육을 못받고, 있는 집 아이만 교육받을 수 있다면, 또 돈있는 사람은 치료를 받고 돈없는 사람은 치료를 못 받으면, 없는 집 아이들은 대를 이어 빈곤의 굴레에서 벗어나지 못하는 악순환을 반복하게 될 것이다. 교육이나 의료에서 가진 자와 덜 가진 자들 간에 차이가 발생된다면 정부의 역할은 무엇이고 과연 공정한 사회라 말할 수 있을 것인가? 이번 기회에 우리 사회가 공정한 기준과 원칙을 바로 세우고 지도층의 솔선수범과 희생, 양보를 통해 약자를 배려하는 사회 분위기를 만들어야 한다.

돈이 없거나 소위 힘없는 소수자 등 사회적 약자라는 표현이 사라지고 모든 사람들이 인격적으로 동등한 관계속에서 스스로의 노력과 능력대로 자신의 삶을 행복하게 누릴 수 있는 사회를 만들 수 있는 원동력이 될 수 있도록 해야 한다. 사회적 이슈로 부상한 공정한 사회가 대한민국 국민이면 누구나 법과 원칙을 준수하면서 최선을 다하면 손해를 보지 않고 정정당당하게 살 수 있다는 신념과 사회풍토를 만드는 계기가 되었으면 한다.[220]

39. Why, '공정 사회, COMING SOON'

2010년 8월 15일 이후 지금까지 한국은 '공정한 사회'라는 말 한마디에 푹 빠져 있다. 신문, 방송, 인터넷 등 모든 매체에 공정이라는 단어가 넘쳐 흘러 다닌다.[221] '공정한 사회'는 이명박 대통령이 8월 15일 한 연설문에 등장

---

220) http://www.hannara.or.kr/ohannara/anounce/hannara_view.jsp?no=8425&fno=2(2010.10.2)
221) [Why] '공정 사회' COMING SOON…정성진 기자 sjchung@chosun.com 기자, 입력 : 2010.09.11 03:11 / 수정 : 2010.09.11 19:43, 감독 이명박, 기획 임태희, 시나리오 김영수

했다. 200자 원고지 약 30매의 연설문에 '공정'이라는 말이 무려 10번 나왔다. '공정'의 사전적 의미는 '공평하고 올바름'(두산동아 새국어사전)이다.

1) 연설문 작성자는 '운동권 이론가' 출신

'공정'이라는 말 자체는 임태희 대통령실장이 7월 중순 임명된 뒤 이명박 대통령과 얘기하는 과정에서 제시했다고 알려졌다. 그 뒤 실제 연설문은 김영수 연설기록비서관이 작성했다. 그래서 임태희 실장의 '배후'에 그가 있었다는 얘기가 나온다. 그러나 그는 "한두 사람의 머릿속에서 나온 것은 절대 아니다"라며 "수석들과 참모진들이 한 달 동안 스무 번 가까운 회의와 독회(讀會)를 통해 다듬었다"고 했다. 집단작업이었다는 주장이다. '공정한 사회'라는 말의 탄생을 영화로 비유하면, 감독은 이명박 대통령, 기획은 임태희 실장, 시나리오는 김영수 비서관, 촬영감독 등 스태프는 청와대 수석·비서관들이 맡았다고 볼 수 있다. 김 비서관은 1980년대 초 성균관대 정외과 재학 시절, 운동권의 문건인 '아방타방(我方他方)'을 썼다. 아방타방은 군사정권 세력을 타(他)로, 민주화세력을 아(我)로 규정할 수밖에 없는 시대 분석과 군사정권을 이길 전략과 전술을 쓴 소책자였다. 그는 군입대 기간 중 문건을 작성한 사실이 뒤늦게 적발돼 기무사에 끌려가 조사를 받았다. 그의 운동권 논리는 이후 주사파 등의 새로운 논리에 밀렸다. 김 비서관은 서울대 정치학과 대학원에서 석·박사를 받은 뒤 영남대 교수로 재직하다가 올 초 비서관으로 발탁됐다. 결국 30년만에 정 반대편에 서서 유명한 문구를 또 쓴 셈이다. 김 비서관은 "지난 대통령 임기 2년 반을 설명하고 미래에도 통용될 '가치'를 정리하기 위해 뭔가가 필요했다"고 했다. 이명박 대통령은 그동안 '실용'을 강조했는데, 이것은 방법론에 해당한다. 가치(價値), 혹은 국정철학이 없다는 비난은 그래서 나왔다. 김 비서관은 "정권내에 공유하는 가치가 없으면, 내적인 결속이 어려워질 수 있다"고 말했다. 그는 "수십년 동안 대기업으로 큰 중소기업이 없었고, 가난한 이들이 좋은 대학에 가는 비율도 줄었다"며 "심지어 방송 프로그램 제작자들도 강력한 지상파 방송사에 밀려 열악한 상황에 처해 있다"고 말했다. 이 때문에 한국인의 에너지가 최대한 효율적으로 발휘되지 못하며, 그래서 십수년째 1인당 국민소득이 2만달러에 멈춰있다는 것이다.

2) 노무현의 '특권없는 사회'와의 다른 점

그러나 '공정한 사회론'에 대한 각계의 반응은 천차만별이다. 학계에서는 MB가 학문적이거나 추상적인 개념 대신 현장의 용어를 많이 썼기 때문에, 학문적 용어인 '공정'이 류우익 중국대사 등 학자 출신이 생각한 말이라고 추정해왔다. 재계는 'MB의 공정'을 대기업을 감시하는 '공정거래위원회'의 '공정'이라고 생각한다. 공무원 사회는 공직자 사정을 떠올리고 있다. 출판계에서는 이명박 대통령의 휴가 도서 목록에 마이클 샌델의 '정의란 무엇인가'가 있다는 점 때문에 화제가 됐다. 김영수 비서관은 "직접 관련이 있지는 않고, 책이 잘 팔린다는 점을 시대의 집단의식을 살펴보는 데 참고했다"고 말했다. 지난 5월 출간된 이 책은 무려 35만부가 팔리며 신드롬을 일으켰다.

우파에서는 이명박 정부의 '공정한 사회'가 노무현 정부의 '특권없는 사회'론이나 사회주의의 '평등한 사회'론과 무슨 차이가 있느냐는 의문을 제기한다. '공정한 사회'와 관련, 9월 5일 장차관들을 대상으로 강의했던 한국교원대 김주성 교수는 "사회주의에서 말하는 평등은 개인의 차이를 무시한 기계적 평등에, 공정한 사회에서 말하는 평등은 개인의 차이를 인정하는 비례적 평등에 바탕을 두고 있다"고 설명했다.

문제는 대기업을 쥐어짜고, 잘못한 공무원 몇 명을 자르는 것은 지난 정권도 한 일이라는 점이다. 익명을 요구한 한나라당 의원은 " '공정한 사회'론의 가장 확실한 효과는 이명박 대통령의 레임덕을 늦춘 것"이라며 "실제 정책이 이전 정권과 다르지 않다면 '공정한 사회'는 또 다른 포퓰리즘의 도구로 끝날 것"이라고 말했다.[222)][223)]

---

222) 조선일보 & Chosun.com
223) http://news.chosun.com/site/data/html_dir/2010/09/10/2010091001316.html (2010.10.2)

제3장 공정한 사회의 실천방법과 대안

1. 불공정한 사회

자유를 구속하는 자유, 이 사회가 불공정하다는 것은 누구나 알고 있는 사람입니다. 뭐 기득권에 속한 사람이거나 세뇌당한 사람이 아니라면 누구나 아는 사실이지요.[224] 하지만 불공정한 사회 자체가 현실이기 때문에 이걸 인정하지 않는다면 변화 역시 없습니다. 다만, 그것을 인정한다고 해도 바꾸는 것과 바꿀 수 있을까는 다른 문제지요. 사실 비자금의 문제는 기업의 투명성과 관계가 있습니다. 대외비라는 이유로 많은 것들이 비밀로 분류되기에 가능한 것이지요. 실제 소위 대기업 오너들은 자신들의 개인회사를 계열사로 만들고 모든 거래를 그 회사를 통해 발주하는 방법을 사용합니다.

쉽게 말해 건설회사에 경우 아파트 하나를 짓는다고 가정했을 경우 해당 건설사는 작은 소규모 건설사에게 각각 하청을 주는데 바로 주지 않고 중간에 오너가 만든 혹은 오너 아들이 주인인 회사에 건설권을 넘겨줍니다.

그럼 그 회사는 다시 실제 건설하는 하청업자에게 넘겨주는 역할을 하게 되지요. 건설비가 1억원일 경우 오너의 개인회사는 자신이 3천만원에서 4천만원 정도 갖고 6천만원 정도를 하청업자에게 주게 됩니다. 물론 이것마저도 다행입니다. 6천만원 정도 하청받은 업체가 다시 5천만원 혹은 4천만원 정도에 다시 하도급을 주게 되지요. 덕분에 중소기업들은 노동자들의 인건비를 후려치게 되는 겁니다.

실제 유명 대기업중의 하나에서 일을 했는데(저희 쪽이 정이었습니다) 갑이 을에게 넘길 때 총액의 35%를 가져갑니다. 35%가 최저마진율이라고 하더군요. 그리고 병이 저희에게 하도급주는 방식입니다. 그래서 그 개인회사

---

[224] 2010-09-30 12:46, 꾸륵이(ywi****) | 답변 130 | 채택률 75.4%

는 처음에 자본금 10억원으로 시작해서 얼마 안되어 100억원대의 수익을 내는 회사가 되었습니다.

이게 과연 공정사회일까요? 몇년전 방송에서 한화그룹과 소위 대기업 오너들이 자식에게 회사를 넘겨주는 과정을 방송했는데 이런 방법을 사용하더군요. 자식에게 회사 하나를 차리게 하고 이권을 넘겨준 다음 그 회사를 키운뒤 그룹에 병합시키고 지주회사를 만드는 등입니다. 이제 그 구조는 간단히 바뀔 것 같지도 않고요. 사실 노무현 대통령 때 이 구조는 더욱 공고해졌습니다. 노대통령이 정치권력을 놓아버림으로써 그 권력을 고스란히 자본권력이 차지했거든요. 정조의 개혁이 전혀 다른 방향 소위 몇몇 세도가문에 힘을 강화시키고 지방수령의 권한을 강화시켜 삼정의 문란을 더욱 강화시켰던 것처럼입니다. 역사를 돌이켜 보면 기득권자들이 기득권을 포기한 적이 없습니다. 진보? 개같은 소리죠.

긴 역사적 시간을 보면 역사는 진보했지만(권력층의 범위가 커지는 것을 진보라고 생각합니다. 왕, 성직자-귀족-유력시민-시민-국민 이런 식이죠. 김대중 대통령 때 국민의 정부가 되고 노무현 대통령 때 참여정부가 되듯이 이런 것이 진보지요), 그 안을 살펴보면 모두 혁명의 산물입니다. 혁명을 통한 타협으로 세상은 변한 것이지요 소위 변증법의 정반합 경과입니다.

현실이 엿같을 때 소시민이 할 방법은 없습니다. 소위 대통령이었던 사람도 아무 것도 못하고 결국 자살하지 않습니까? 그나마 선거만이 유일한 변화의 가능성을 내포하고 있습니다. 노 대통령이 당선된 후 국민들이 환호할 때 이렇게 말했던 것이 기억납니다. 이것이 끝이 아니고 시작입니다.

말이 길어지네요 논점도 흐려지고요. 아직 그래도 세상을 변화시킬 무기는 우리가 가지고 있습니다. 미약하지만 세상은 바꿀 수 있습니다. 투사가 아니라도 기억만 하고 있다면 세상은 변화될 수 있습니다.[225][226]

---

225) 2010-10-02 12:43 | 출처 : 본인작성, Daum Communications.
226) http://k.daum.net/qna/view.html?category_id=QFD&qid=4GOrJ&q=%B0%F8%C1%A4%C7%D1+%BB%E7%C8%B8(2010.10.2)

2. 공정한 사회를 만들기 위해 우리가 해야 할 일

공정한 사회를 만들기 위해 우리가 해야 할 일이라는 과제가 있는데 검색해보니 잘 안나오네요. 정확한 답변있으면 주세요.[227]

공정한 사회를 만들기 위해서는 우선 부의 공정한 분배가 필요합니다.[228] 자본주의에서는 자기가 노력한 바에 따라 부유해질 가능성도 있고 반대로 노력을 안하고 빈둥거리면 가난하게도 되는 사회입니다. 그러나 지나친 부의 편중은 노력해서 더 나은 상태로 되고자 하는 마음을 꺾어버리고 사회적으로 가난이 대물림되는 악순환이 나타나기도 합니다. 그래서 상속세 등을 통해서 부의 상속을 막고 사회복지시설을 확충해서 균등한 사회를 만들려는 노력이 요구됩니다.

둘째는 경쟁의 평등화입니다. 우리나라는 출생에 의해 지나치게 기회가 불균형적으로 주어지는 나라입니다. 즉, 부유한 채로 태어나면 지나친 사교육비같은 것 때문에 있는 집 자식들은 좋은 대학 가서 좋은 일자리 갖고 그렇지 못한 사람들은 원천적으로 기회가 막히게 되는 구조로 되어가는 추세입니다. 이런 것을 빨리 시정해야 하는데 문제는 정치하는 사람들이 가진 자들이라 항상 가진 자들에게 유리한 정책만 펴서 잘 안고쳐진다는 점이 문제네요.[229][230]

3. 공정한 사회가 되기 위해 꼭 필요한 것

제가 학교에서 논설문으로 '공정한 사회가 되기 위해 꼭 필요한 것'을 쓰

---

227) Q : 공정한 사회를 만들기 위해 우리가 해야 할 일, 나도 평가하기 wkdrn2314 (level1) 조회: 290 답변: 1 지수: 10, 2006-11-19 17:31
228) A : 공정한 사회를 만들기 위해 우리가 해야할 일, 답변자 : soodosacho 1 2006-11-20 10:55
229) 조성태 님의 글입니다. soodosacho님의 답변을 선택하셨습니다. kwanghwany (2010-09-11 18:38) 부품원가 이야기-따져야 산다라는 책을 참고하면 도움이 될 것으로 사료됩니다.
230) http://kr.ks.yahoo.com/service/ques_reply/ques_view.html?dnum=HAI&qnum =5129689(2010.10.2)

는 데, '공정한 사회가 되기 위해 꼭 필요한 것'에 대한 자료나 근거를 좀 부탁해요.231)

질문자님께선 공정한 사회라고 하면 제일 먼저 떠오른게 무엇이죠? 그걸 잘 생각해서 준비하시면 될 것같네요. ㅋㅋ 저는 공정한 사회하면 역시 법이 먼저 떠오르는데요. 법치주의 국가로서 법의 이행이 잘 지켜질 때 공정한 사회라고 떳떳하게 말할 수 있죠. 법하면 싱가포르가 생각나지 안나요?

뭐 껌 뱉으면 태형이다. 무단횡단하면 벌금이 $500이 넘는다 하는 과장된 소문들이 많을 정도로 법률이 잘 시행되는 국가인데요. 싱가포르는 오래전부터 여러 민족들이 모여서 설립된 나라죠. 이게 영국인가? 어쨋든 이 나라가 싱가포르 경쟁력을 높이려고 많은 민족을 수용했어요. 그래서 다양한 사람들이 살다보니 당연히 강력한 법안이 필요로 하게 되었습니다. 싱가포르의 태형, 아주 유명하죠. ㅋㅋ 이 태형이 전 세계적으로 유명해진 계기는 싱가포르에서 미국인에게도 태형을 집행했는데요. ──; 대단하죠. ㅋㅋ 우리나라에선 생각도 못할 일인데. 어쨋든 미국정부의 협박, 세계언론의 비판 등을 무릅쓰고 싱가포르는 태형을 집행합니다. 이런 확고한 법안이 있기 때문에 싱가포르는 전 세계적으로 낮은 범죄율을 보이고 있죠.

두번째로는 정치적 면에서 공정한 사회가 생각납니다. 공정한 사회는 좌익들이 추구하는 평등한 사회의 개념과도 같습니다 그리고 이러한 정치체계는 북유럽에서 복지국가로 나타나는데요. 요즘 우리나라도 이명박 대통령이 광복절에 공정한 사회라는 연설을 하면서 재미있게도 이명박 대통령이 한나라당과 보수방송매체로부터 미움을 샀죠. ㅋㅋ 참고로 이명박 대통령은 우익을 추구하던 정책을 펼쳤죠. 이렇게 상반된 정책을 펼칠 정도면 공정한 사회의 중요성은 크다고 봅니다. 생각해 보세요. ㅋㅋ 이명박 대통령이 좌파들의 정책을 수용했는데 이건 한나라당의 질타를 받을 수도 있거든요. 예전에 노무현 대통령이 민주당에서 나왔지만 정책 때문에 민주당과

---

231) totoya4025 2010.09.13 22:19, 답변 2 조회 1,475

한나라당이 손을 잡고 노무현 전대통령을 탄핵시킬라고 했었죠? 어쨌든 이명박 대통령이 한국을 복지국가 체계로 변환시키려는 점을 예시로 들면서 복지국가, 평등을 추구하는 정치를 또 하나의 공정한 사회의 중요성을 보여주는 예로 들어주면 될 것 같네요. ㅋㅋ 이해가 가세요? 모르는 건 알아서 찾아보시고 잘 조합해서 논문 잘 쓰셨으면 하네요.232)233)

4. '공정한 사회' 이룩할 준비는 돼 있나?

지난 광복절 경축사에서 이명박 대통령은 '공정한 사회'를 이야기했다. 5월 말 출간된 '정의란 무엇인가'라는 책이 젊은 세대 등을 중심으로 돌풍을 일으킨 뒤였다. '정의' 열풍에 젊은 세대들이 빠진 것을 뒤늦게 알아챈 정치권과 학계는 너도나도 '정의'에 대해 이야기하기 시작했다. 이 대통령의 '공정한 사회' 발언은 이런 분위기를 종합한 것처럼 보였다.234)

하지만 이후 '공정한 사회'의 후폭풍이 불어 닥쳤다. 유명환 외교통상부 장관의 딸이 특채된 것이 알려졌다. 유 장관의 딸은 외통부내에서 '제3차관'으로까지 불렸다는 이야기도 나왔다. 결국 유 장관은 딸과 함께 외통부를 떠났다. 하지만 '공정한 사회'의 후폭풍은 여기서 그치지 않았다. '하이에나' 같은 언론들은 신이 나서 외통부에 특채된 인원들의 경력과 채용 경위를 샅샅이 뒤지기 시작했고, 외통부 전체가 아수라장이 돼버렸다. 수많은 젊은이들은 인터넷의 익명속에서 '똥돼지'라고 하는, 무능력한 데도 '배경'으로 자리를 얻은 자들을 성토하기 시작했다. 언론들은 지자체에서 있었던 '특채'에 대해서도 다양한 '사실'들을 캐내기 시작했다. 고시촌에서 공무원시험 준비를 하는 이들은 행정안전부가 '고시폐지 및 특채인원 50%로 확

---

232) 내머리 ㅋㅋ kikiji91
233) http://kin.naver.com/qna/detail.nhn?d1id=13&dirId=130102&docId=116893353&qb=6rO17KCV7ZWc7IKs7ZqM&enc=utf8&section=kin.qna&rank=2&search_sort=0&spq=0(2010.10.2)
234) [기자수첩] '공정한 사회' 이룩할 준비는 돼 있나?, [뉴데일리] 2010년 09월 11일 (토) 오후 06:54 |, 공유하기 Facebook, Twitter

대'하려는 계획을 성토했다. 결국 행정안전부도 계획을 전면 백지화할 수밖에 없었다.

1) '공정한 사회' 주장하며 분노하는 이들이 처한 현실

이런 사회적 열풍속에서 먹고 살기 바쁜 사람들, 취업 준비하기 바쁜 사람들은 '그래, 맞는 이야기야. 지금처럼 살기 힘든 세상에서 부모 덕에 자신의 능력도 없으면서 남들보다 더 좋은 자리를 차지하는 건 말이 안돼'라며 언론과 '집단'으로 위장한, 익명의 사람들이 몰아붙이는 주장에 공감을 하고 있다. 반면 지금의 '공정한 사회' 열풍에 대해 보다 냉정하게 접근하는 주장은 보기 어렵다. 특히 외교통상부 장관 딸의 특채 사건으로 시작된 '공정한 사회' 후폭풍이 과연 '공정한 것인가'는 어느 누구도 말하지 않고 있다. 우선 '공정한 사회'를 주장하며 고시폐지, 특채 인원 확대를 반대하는 이들의 주장을 살펴보자. 그들 주장의 핵심은 '고시제도'가 '돈없고 힘없는 집안 자식들이 출세할 수 있는 유일한 길'이라는 식이다. 하지만 과연 현실도 그럴까. 신림동 고시촌이나 노량진 학원가를 둘러보면 수많은 시험준비생들이 있다. 일부의 주장에 따르면 신림동 고시촌에만 15만명이 있다고 한다. 이들의 생활을 찬찬히 살펴보면 '돈있는 준비생'과 '돈없는 준비생'으로 확연히 나뉘는 걸 알 수 있다.

'돈있는 준비생'은 다양한 학원 강의를 여러 번 수강하면서 필요한 지식을 빠르게 습득한다. 영어 과외도 받는다. 헬스클럽에서 체력도 보강한다. 먹는 것 또한 영양분을 충분히 고려한 식단으로 섭취한다. 시험 준비생들에 따르면 이렇게 드는 비용이 월 평균 200만원은 되어야 제대로 시험에 대비할 수 있다고 한다. 반면 '돈없는 준비생'은 주로 지방대를 졸업하거나 지방에서 올라온 사람들이다. 이들은 돈을 아끼기 위해 학원 강의도 최소한의 것만 들으면서 거의 독학한다. 체력 단련은 스스로 맨손체조를 하는 정도다. 장기간의 시험준비에 필요한 체력을 보강하기 위한 식단이나 휴식은 꿈도 꾸기 어렵다. 시간이 흘러갈수록 가족에게 손 벌리기 민망해 고시원 총무 등 고시촌 주변에서 맴돌기 시작한다. 장기간 시험에 합격하지 못한 이들은 그 스트레스를 고시촌 또는 학원가 주변의 유흥업소에서 해결하려 한다. 그러다 유흥업소에 푹 빠져 시간을 허비한다. 결국 '고시낭인'이 돼버리는 경우가 많다. 그렇다면 각종 고시와 공기업, 언론사, 경찰 및 경찰간부후보생, 국정원 등에 합격하는 이들은 어떤 준비생일까. 짐작하겠지만 대부분 '돈있는 준비생'들이다. 그동안 대입시험에서 문제가 된 사교육이 이제는 '기회의 평등'이라고 알려져 있던 고급공무원 채용시험이나 각종 시험에서도 활개를 치고 있다는 걸 어떤 언론도 제대로 이야기하지 않고 있다.

2) '고시준비'화 되어가는 취업준비

이런 분위기는 비단 고급공무원 선발시험이나 공기업, 경찰, 국정원, 언론사에서만 있는 일이 아니다. 대기업 취업준비 스터디 그룹들을 봐도 마찬가지다. 집안에 여유가 있는 학생들은 해외 어학연수, 개인 과외, 각종 스터디에다 공모전 준비를 위해 바쁘다. 고교 시절과 다를 바 없는 일과를 보낸다. 학기당 500만원에 육박하는 학비는 부모들이 알아서 해결하기에 본인은 '좋은, 안정된 직장'을 구하기 위해 노력하면 된다. 반면 집안에 여유가 없는 학생들은 학교를 계속 다니기 어렵다. 한두 번은 학자금 대출을 받으면 되지만 빚이 쌓여가는 상황은 부담스럽기만 하다. 때문에 생활비라도 벌겠다고 온갖 아르바이트를 하게 된다.

여기에 시간을 빼앗긴다. 여유있는 집안 학생들처럼 개인 과외나 어학연수를 가는 건 거의 불가능한 수준이다. 혹자가 말하는 것처럼 '차라리 공부 열심히 해서 장학금을 받으면 되지 않느냐'고 하지만 일부 상위권 대학과 국립대를 제외하고는 장학금을 받는 대상이 한 학년 중 10% 미만에 불과하다. 게다가 장학금에는 생활비가 포함돼 있지 않다. 결국 학교를 다니기 위해 일하고, 일하다 보니 시간이 모자라 공부를 소홀히 하게 되고, 공부를 소홀히 하다 보니 성적도 떨어지고, 성적과 '스펙'이 나빠 좋은 회사에 지원할 기회가 줄어드는 악순환이 시작된다. 이상과 같은 사실을 가장 잘 아는 게 바로 시험 준비생들이다. 그럼에도 그들이 '고시폐지 반대'와 '특채' '똥돼지 고발' 등을 하는 이유는 자신이 지금까지 들인 비용의 아까움, 한 가지만 파고든 자신의 노력이 헛되이 될까하는 두려움, 여기다 그동안 '이런 자들' 때문에 시험준비가 힘들었을 것이라는 추측과 여기에 따른 분노 때문이다.

3) 나도 혹시 스스로를 '예외'라고 생각하는가

이제 보이는가. 지금 인터넷과 시중 여론에서 국민들이 각종 '특채'에 분노하는 건 단순한 '특채' 문제가 아니다. 우리 사회의 시스템 문제에 분노하는 것이다. '돈'이면 모든 게 해결되는 사회, 그 '돈'을 너무도 쉽게 모으는 '권력층', 타인에게 치명적인 피해를 입혀도 '돈'으로 입막음하려는 부자들, 직원을 채용하면 그 사람의 '능력'이나 '노동력'이 아니라 그 사람의 인격을 포함한 '모든 것'을 돈주고 샀다고 착각하는 기업주들, '돈'으로 사람의 영혼까지 사고 팔 수 있다고 착각하는 사채업자들과 유흥업소 업주들, 그리고 그런 자들의 잘못을 해결해주고 눈감아 주는 법조계까지 모두가 '시스템 에러'들이다. 이런 '에러'를 바로 잡기 위해 그동안 여러 정권이 노력해 왔다. 하지만 누구도 성공하지 못했다. 많은 이유가 있지만 가장 큰 부분은 바로 그들 내부가 이런 '에러'로 가득 차 있었고, 그들은 '나는 ○○○○○니까 예외' '우리는 □□□□라서 예외'라고 생각했기 때문이다. 이런 자들이 우리 사회 시스템의 '에러'를 고치려 했으니 제대로 될 리가 만무했던 것이다. 문제는 이런 모습을 본 일반인과 공무원들이 '저 자들만 예외냐, 나도 예외지'라며 따라 했고, 결국 'Top down' 형태로 '나는 예외'라는 생각이 우리 사회 전반에 퍼지면서 우리 사회 전반이 '에러'로 가득 차버린 것이다. 이런 상황에서 하나 드러난 '에러'만을 지적하는 게 정말 '공정'한 것일까.

4) '공정한 사회'를 이루기 위해

공정한 사회? 좋은 말이다. 하지만 이건 부끄러운 일이다. 뒤집어 이야기하면 우리 사회가 '공정하지 않다'는 의미기 때문이다. '선진국'은 커녕 '법치'조차 제대로 못하고 있다는 말로 해석될 수도 있다. 여하튼, 그렇다면 '공정한 사회'를 위해 가장 먼저 해야 할 일은 무엇일까. 바로 법 집행의 공정성과 객관성 확보이다. 앞서 언급한 것처럼 우리나라에서는 수많은 '예외'들 때문에 법 집행이 엉망인 상태다. 오히려 '예외'가 되어야 할 사람들은 '시범 케이스'로 몰려 불이익을 받고, '시범 케이스'가 되어야 할 자들이 '예외'가 되는 법률 제도에서는 '공공선'은 커녕 '공정'이라는 말 자체를 꺼내기도 어렵기 때문이다. 경찰이 시민을 폭행한 자들 편을 들며 쉬쉬하는 사회, 불법체류자들이 '종교'와 '인권'으로 포장된 단체의 비호를 받으며 온갖 범죄를 저질러도 괜찮은 사회, 미성년자까지 고용해 10여개의 성매매업소를 운영하며 5년동안 3000억원의 매출을 올리고 40여억원을 탈세한 자를 구속하자 변호사의 도움으로 법원에 1억5000만원의 보석금을 내고 풀려나는 사회, 무명의 연예인이 성매매에 내몰리다 결국 자살을 한 것으로 의심이 되도 권력과의 관계에 의해 무마되는 사회, 온갖 불법행위를 저지르는 자들이 고급 외제차를 끌고 다니면서 큰소리를 쳐도 경찰이 뭐라 말할 수 없는 사회, 이런 사회에 국민들은 분노하는 것이다. 유명환 장관의 사례, 고시폐지 반대 등은 국민들의 그런 분노들이 쌓여 있다가 터진 '임계점'이라고 봐야 한다. 이명박 정부가 '공정한 사회'를 집권 후반기의 '목표'로 생각한다면, 우리 사회의 '불공정'이 어디서 어디까지인지부터 먼저 파악하고, 그동안 이런 '불공정'으로 인해 국민들이 고통받은 것에 대해 제대로 신경쓰지 못한 것을 이전의 정권들을 대신해 인정하고 사과하는 것부터 시작해야 할 것이다.235)236)

5. 공정한 사회의 조건

<자유>

---

235) 전경웅 기자, 자유민주·시장경제의 파수꾼 - 뉴데일리, 2005 뉴데일리뉴스
236) http://kr.news.yahoo.com/service/news/shellview.htm?articleid=20100911185403981f6&linkid=4&newssetid=1364&nav=1(2010.10.2)

<평등>
<공정>
<정의>
<안정>

이 모든 덕목 중에서 MB가 굳이 <공정한 사회>를 강조하고 나선 이유가 뭘까? <공정한 사회>는 어떤 사회일까? <특별사면>이란 이름으로 범법자들에게 면죄부를 주는 사회가 <공정한 사회>인가?

광복절에 맞추기 위해, 정해진 공사기간을 갑자기 앞당겨서 광화문 복원을 마치도록 독촉하는 사회가 <공정한 사회>인가?

사람들의 통행을 강제로 막아 불편하게 하면서, 한 여름의 땡볕 아래서 광복절 기념식을 강행하는 사회가 <공정한 사회>인가?

<녹색경제>라는 가명으로 국민의 기본적 자유를 제한하는 사회가 <공정한 사회>인가?

국민의 의사를 무시하고 <4대강 사업>을 강행하는 사회가 <공정한 사회>인가?

<통일세>라는 명목의 엉뚱한 세금을 발상하는 사회가 <공정한 사회>인가?

<세금>이라는 명목으로 부자의 돈을 빼앗아 빈자에게 나눠주는 사회가 <공정한 사회>인가?

국민의 95% 이상이 전 세계에서 가장 비싼 쌀을 먹을 수 밖에 없는 사회가 <공정한 사회>인가?

<공정한 사회>를 앞세워 <개인의 자유>를 억압하는 사회가 <공정한 사회>인가?

<공정한 사회>란 정말 어떤 사회를 말하는가?

<공정한 사회>라는 가면속에 숨겨져 있는 독재적 전체주의와 독재적 사회주의의 발로를 경계해야 할 때다.[237]

---

237) http://hantoma.hani.co.kr/board/view.html?board_id=ht_politics:001001&uid=294829(2010.10.2)

6. 공정한 사회의 사례

어렸을 때 본 만화에서는 항상 주인공들이 악을 무찌르며 하는 말이 '정의는 항상 승리한다.'며 끝났다.[238] 그 때 정의라는 것이 무엇인지 제대로 알지 못했었지만, 나쁜놈을 무찌르는 것으로 이해하고 있었고 그 가치는 너무나 소중하고 중요하다는 것을 배우며 자라왔다. 어린이 프로를 조금이라도 본 사람들이라면 나와 별반 다르지 않았을 것이다. 대통령의 광복절 경축사 이후로 공정한 사회라는 단어가 화제다. 대통령이 공정한 사회라는 슬로건을 걸기에는 여러가지 배경이 있었을 것이다. 사실 나 역시 '20대와 공정한 사회'라는 주제로 '내가 대통령이라면'이라는 책에 나의 글을 실었다.

그래서 갑자기 공정이라는 단어가 유행을 하자 조금 당황도 했었다. 혹시 청와대서 이 책을 본 것은 아닌가하는 기대도 들었다. 물론 청와대에서 이 책을 봤을 리는 없을 것이다. 정의론이라는 책의 흥행 등은 한국 사회가 얼마나 정의를 원하는지는 보여줬고 그 외에 특히 영국에서는 중도파 총리 후보가 '공정'이라는 캐치프라이즈로 꽤 많은 득표를 얻었는데 중도파가 되겠다고 외치는 이명박 정부 입장에서는 영국의 이런 모습에 큰 영감을 받지 않았을까 싶다.

공정한 사회라는 것은 누구나 원하는 것이다. 공정 앞에서는 좌우가 없다. 영국과 한국, 그 많은 거리가 있음에도 불구하고 모두 공정을 외치며, 듣보잡 20대인 나로부터 대통령이 함께 공정이라는 것을 외쳤다. 이렇게 오랜 시간동안 다양한 곳에서 수많은 사람들이 공정이라는 단어를 외쳤다. 그러나 실제로는 공정이라는 단어는 어느 누군가에게는 불리하고 다른 누군가에게는 상대적으로 유리한 것이다. 힘이 있는 사람들은 그 힘을 이용하여 어떤 룰이 제대로 작동되지 않을 시 자신의 지위를 그대로 유지하거나 혹은 상승할 수 있다. 그만큼 약자들은 그 지위로 올라서거나 자신의 위치를 상승

---

[238] Economic & Political by Contender, 2010/09/06 07:51
contender.egloos.com/2648122 덧글수 : 1

시킬 기회를 잃어버린다는 것이다. 대표적인 것이 이번 외교부 장관의 딸의 사례다. 외교부 장관의 딸은 어찌됐든 아버지의 영향을 받지 않고 외교부에 갔다고 말하기는 어려워졌다. 상대적으로 그만큼 다른 능력은 있지만 그녀만큼 힘이 없는 사람들은 그 게임에서 패자로 되고 만 것이다. 이렇게 공정이라는 단어는 강자에게는 불리하고, 약자에게는 상대적으로 유리한 것이다.

'내가 대통령이라면'이라는 책을 쓸 무렵에는 노 대통령의 서거 등과 김용철 교수가 '이십대 너희들에게는 희망은 없다.'라는 글로 이십대를 한층 더 우울하게 만들었고 나는 그에 대한 반론을 쓰고 싶었다. 왜 이십대가 무기력하게 보이는가. 이십대가 그렇게 된 것은 사회가 만든 결과이며, 이 문제를 고치지 않는 한 김용철 교수가 희망을 걸고 있는 십대마저도 시간이 지나면 무기력한 이십대와 비슷하게 되는 것이 나의 예측이었다. 그렇다면 그 문제는 무엇인가. 공정하지 못한 경쟁에서 승자가 모든 것을 가지는 사회구조였다.

그러면서 모범적인 공정한 경쟁의 예로 올림픽을 들었었다. 올림픽에서는 남자와 여자 혹은 신체조건 등의 선천적인 조건들은 그것들과 비슷한 다른 선수들과 경쟁을 하게 하되, 다른 후천적인 것들은 모두 똑같은 조건으로 경쟁을 하게 하며, 그 경쟁의 결과에 따라 승자는 영광을 그리고 패자는 4년 뒤 다시 도전할 수 있는 기회가 주어진다. 그러나 한국에서는 작은 영세규모의 슈퍼와 대형할인마트가 신체 규모와 상관없이 경쟁을 하게 만들고, 지금은 조금 지나갔지만 부자들은 부동산을 통해 일을 하지 않고도 커다란 수익을 거둘 수 있으며, 한번 패자는 영원한 패자로 남게 되는 불공정한 경쟁구조가 강하다. 물론 이것은 어떻게 완벽한 공정한 경쟁을 만들 수 있는지는 논란의 여지가 있다. 올림픽도 완벽하다고 보지 않는 사람들도 많은 것처럼, 그러나 한국은 분명 개선해야 하며 할 수 있는 것들이 많다.

공정은 이념과 상관없이 보수와 진보에게 지지를 받아야 할 개념이지만 그럼에도 불구하고 보수 쪽에서는 그것이 더욱 어려울 수 있다. 왜냐하면 현실적으로 보수는 사회적 부와 권력을 진보에 비해 상대적으로 더 많이 가진 사람들이고 그만큼 그들은 무언가를 잃는다는 생각이다. 보수들이 현실에서 공정으로 인해 손해를 볼 때 그들이 할 수 있는 변명은 공정을 만들기 위해선 너무나 큰 희생이 많으며, 지금 당장으로는 경제 등 시급한 문제들이 많기 때문에 그것을 지금 당장 하기 어렵다는 식으로 이야기를 할 수 있을 것이다. 실제로 꽤 많은 경제학을 배운 사람들에게서 그런 이야기를 이미 많이 들어봤었다. 특히 보수적 경제학자들은 공정이라는 것이 사회적 이윤에 대한 계산이 잘되지 않는 한편, 그것을 시행할 시 드는 어떤 손해에 대해서는 상대적으로 계산이 쉬우며 그것이 더욱 크다고 느끼기 때문이다.

그러나 그것은 좋고 나쁜 것을 떠난 문제이다. 옳고 그른 문제를 제대로 해결하지 못할 경우, 결국 그 사회는 제대로 유지할 수 없게 된다. 공정을 희생시키는 것은 결국 그 사회의 근간을 파괴하는 것이다. 슘페터는 그의 저서 '사회주의, 자본주의, 민주주의'에서 자본주의는 결국 사회주의로 갈 것이라고 예견했다. 그 이유는 시간이 지나면서 자본주의는 자본주의를 발전시키는 동력-창조를 위한 파괴-을 잃게 되고 점차 안정성을 추구하게 되면서 관료제 성격의 사회주의로 넘어가게 된다는 것이다. 슘페터가 말하는 그런 동력은 공정과도 연관이 있다. 공정이 강한 사회는 상대적으로 부자가 다시 빈자로, 그리고 빈자가 부자로 가기가 쉬운 사회다. 그것은 빈자에게도 충분한 기회가 있으며, 그 기회를 이용해 그들은 사회의 높은 위치로 갈 수 있으며, 그들이 다시 시대에 뒤떨어질 때 도태되고 결국 빈자가 되고 말 것이다. 사회 계층의 순환이 사라져 버린 것이다. 공정하지 못한 사회에서는 부자는 어떻게든 부자로 남게 되고 빈자는 결국 빈자로 될 수 밖에 없으면서 사회의 대다수를 차지하는 빈자들은 노동 및 삶에 대한 의욕을 잃어버리게 된다. 현실사회주의가 그랬던 것처럼. 사실 이건 현실사회주의 뿐 아니라 모든 역사상의 사라져간 국가들이 소멸하게 된 이유 중의 하나다.

한국은 어떠한가. 한국이 얼마나 불공정한지를 알 수 있는 사례가 몇가지 있다.

삼성의 X파일, 한화 회장의 사건, MBC, 도청, 색검, 스폰서 검사, 유명환 외교 장관 등등..

　특히 재벌들은 감옥에 들어가도 얼마 안있어 경제적 공헌 및 그들의 역할 때문에 금방 풀려나고 대다수의 평범한 사람들에게는 법치를 강조할 때, 그것은 제대로 된 법치가 될 수 없을 것이며 공정하지 못한 것이다. 공정함은 모두 환영받아야 하는 화두이지만 현실에서는 그렇지 않으며, 그렇기 때문에 공정한 사회를 만드는 것은 쉽지 않다. 특히 진보가 공정한 사회를 만드려고 할 때 보수 쪽에서는 자신의 것들을 뺏아간다고 비난하며 여론을 만들 것이기 때문에 쉽지 않다. 그에 비해 보수가 그들 스스로 공정한 사회를 만들려고 하는 것이 현실적으로는 더욱 나은 방향이 아닌가 한다. 공정하지 못함은 곧 부패로 연결되며 이것은 한나라당의 가장 심각한 문제 중의 하나다. 차떼기로 유명한 그들의 전력은 사실 한나라당 지지자들도 그들이 깨끗한 정당은 아니라고 인식하게 만들었다. 더럽지만 일은 잘하기에 일시적인 면제부같은 것을 주면서 그들에게 표를 주지만 말이다. 만약 한나라당이 이런 공정함을 차린다면 그들은 군부독재정당에서 보수정당으로 진화한 것처럼 한번 더 커다란 진화를 하게 되는 것이다. 동시에 그런 진화를 할 수 있는 것은 그들이 지금처럼 힘을 가졌을 때다. 또한 그런 진화는 외부에서 할 수 있는 것이 아니라 결국 그들이 스스로 해야 하는 것이다. 대통령을 한번도 제대로 지지한 적은 없지만 이번 광복절 그의 경축사는 진심으로 환영할만하다. 그리고 그 과정이 쉽지 않을 것이며 많은 반대 의견에 결국 부딪칠 것이다. 그러나 그가 지금까지 보여주었던 일관된 성격으로써 그 공정함만은 그대로 밀고 나가길 바란다.[239][240][241]

---

239) TrackbackURL : http://contender.egloos.com/tb/2648122 [도움말], 하늘까지 2010/09/06 11:53 # 답글: 가난한 전두환 전대통령이 정의사회구현을 기치로 내걸었죠. 그리고 정의사회를 만들기 위해 삼청교육대를 만들었다고 하네요.
240) http://contender.egloos.com/2648122(2010.10.2)
241) http://service.openrss.co.kr/CommonView/commonview_autosearch.aspx?kword=%EA%B3%B5%EC%A0%95%ED%95%9C+%EC%82%AC%ED%9A%8C(2010.10.2)

7. 공정한 사회의 유형

압축성장을 통해 오늘날까지 온 우리 사회는 과연 공정한 사회인가를 되물어야 하는 사건이 일어났다. 유명환 전 외교통상부 장관의 딸 '특별채용' 사건은 그동안 우리 사회가 상대적으로 소홀히 해온 가치를 생각하게 하는 계기가 되고 있다.242) 제도가 정비되고 투명성이 보장되고 누구에게나 동등한 기회가 주어진 사회가 좋은 사회이다. 지금 우리 앞에 놓여진 시대정신은 훨씬 많은 공정성을 요구하고 있다. 우리는 자본주의를 채택하고 있다. 자본주의는 사기(詐欺)가 아니라 사기성이 합의되는 공간이다. 돈으로 돈 먹기가 보장된 사회로 사유재산을 인정하는 사회이다. 돈이 많아야 돈을 많이 벌 수 있다. 그러기 위해서는 대다수 사람들이 최대한 질서와 윤리 도덕만을 외치고 있게 만들어야 한다. 이 사람들은 돈을 똥같이 보기 때문이다.

착하고 순진하게 길들여진 사람들 등을 쳐 먹어야 성공하는 곳이 자본주의 사회이다. 자본주의 중심에 있는 세계 최고 부자인 빌 게이츠는 2008년 다보스 포럼에서 '창조적 자본주의'를 주장했다. 그는 그곳에 모인 많은 CEO들에게 '선한 자본가'가 되라고 주문했다. 최근 빌 게이츠를 비롯한 워런 버핏이 미국의 억만장자들에게 재산의 절반을 사회에 환원하자고 촉구했다.

미국 재력가들이 재산의 절반을 기부할 경우 총액은 무려 6,000억 달러에 이른다. 창조적 자본주의는 상생의 사회를 만들자는 의미이다. 빌 게이츠는 아프리카 사람들에게 꼭 필요한 상품이 비싸다면 그들이 싸게 살 수 있도록 기술개발을 해야 하며 그 비용은 회사가 부담해야 한다는 것이 창조적 자본주의의 주요 골자이다.

빌 게이츠가 말한 '창조'는 대기업이 갖고 있는 기득권을 유지시키기 위해서 즉, 자본주의 사회가 붕괴되지 않게 하기 위해서 기업혁신이 필요하다는 것이다. 이 혁신은 기업 이미지 쇄신에 도움이 되며, 이는 감동으로 이어

---

242) 독서신문, 조순옥 편집위원

져 기업에 도움이 된다는 것이다. 결과적으로 이들이 가지고 있는 기득권은 더욱 공고히 될 수 있는 것이다. 진정한 보수는 Noblesse Oblige(귀족의 의무)에 있다. 빌 게이츠가 자신의 재산을 사회에 환원한다는 것은 체제를 지키는 동시에 '공존'을 위한 전략인 것이다. 공존과 상생을 위한 공정성의 필수적인 전제조건은 노브리스 오블리주의 실현에 있다. 대통령이 공정한 사회에 대해 한마디했다고 우리 사회가 한번만에 공정사회로 점핑하지는 않을 것이다. 공정한 사회가 되려면 특권층의 반칙이 사라져야 한다. 즉, 자신에게 엄격해야함을 말한다. 우리의 지도층을 살펴보면 노블레스 오블리주를 실천하기는 커녕 본인과 자식이 군에 가지 않는 경우가 많은 것을 봤다.

또한 지연 학연 혈연의 연고주의를 버리고 능력 위주로 사람을 써야 할 것이며, 법앞에 만인이 평등해야하지만 유전무죄 무전유죄 상식은 법에 대한 불신을 불러오게 하여 무신불립 사회를 무너뜨렸기 때문에 신뢰하는 사회가 간절히 요청되는 것이다. 한국전쟁 때 전투 중 병사들이 '빽빽'하면서 죽어갔다는 이야기가 있다. '아는 사람' '힘있는 사람'이 없는 평범한 사람들의 절규일 것이다. '빽 문화'가 존재할 수 없도록 투명한 사회가 되어야 하며 공정한 경쟁을 통해 '다시 뛸 기회'를 동등하게 제공해야 한다. 빌게이츠의 기부사례는 우리에게 좋은 교훈을 준다. 즉, 한번 실패한 사람에게도 패자 부활의 기회를 주는 사회가 건강한 사회다. 또한 교육을 통해 '개천의 용'이 가능한 사회, 능력이 있으면 꿈을 이룰 수 있는 사회를 만들어야 한다. 상류층은 받는 혜택이 큰만큼 훨씬 엄격한 도덕률이 적용될 수밖에 없다는 것을 알아야 할 것이다.[243]

8. 공정한 사회가 근원적 처방

1) "공정한 사회"는 그 무엇으로도 안될 것

MB 자신은 실상을 아는 게 시대의 지혜다.[244] "공정한 사회"는 생사를

---

243) http://www2.readersnews.com/sub_read.html?uid=23091&section=sc51(2010. 10.2)

걸고 "불공정한 사회"를 타파하고 모두 살고자 하는 오직 한 길이며 정의다!

"공정한 사회"와 "정의로운 사회"에 딴죽걸지 마라!! 이문열씨가 "불통"이라고 파악한 시대의 질환이 문제다. 불통을 소통으로 먹통을 화통으로 변화시키는 치료약이 공정한 사회다. 한일합방이 합법이라는 이 무녀리 저 무녀리 편들지 마라!

"공정한 사회"가 문제가 아니다. "조용한 사회" "평화로운 사회" 자기 분수를 알고 자족할 줄 아는 사회가 중요하다. 박연차 같은 자가 자꾸 나와서 이 나라 이 사회를 흔들어 놓는 게 문제인 것이다. "공정한 사회"는 전혀 문제가 없는 민주주의의 이상이다. "조용한 사회" "평화로운 사회"를 위해서 "공정한 사회"는 필요충분 조건이며 선결조건이다. 박연차나 떡검 부정부패자 패악자는 "불공정한 사회"의 산물이다. 이를 근본적으로 치료하는 부저추신(釜底抽薪)의 방법이 꾸준히 "공정한 사회"로 가는 길이다.

2) 대통령 자신이 자주 흥분해서

"공정한 사회" 따위의 구호를 만들어내는 게 참으로 문제다. "공정한 사회"는 대통령의 용단이며 기득특권층의 자아반성과 자아비판 후 "불공정 사회"의 피해자인 국민께 백배사죄 살을 깎는 실천이 오직 모두가 살 길이다.

세계적 명화를 어린애 종이접기로 종이 비행기 만들어 날리고 덧칠하지 마라! 거액 수표를 종이배 접어 띄워 보내지 말고 거액수표로 선행을 해라!!

명품을 망치로 깨뜨려 조각내지 말고 명품은 최고의 명품으로 살려가자!245)246)

---

244) 구본출(hwhp) [2010-09-06 08:36:26] 조회 698
245) 박정국님의 본문글에 딴죽을 걸어봤습니다.
246) http://forum.chosun.com/bbs.message.view.screen?bbs_id=101200&message_id=605517(2010.10.2)

9. ['넷심' 편지쓰기] to 한나라당, 공정한 사회를 바라는 자체가 모순

"공정한 사회"라는 화두가 나라 안팎을 온통 휩쓸고 있다. 툭하면 정계나 사회에서 공정한 사회를 운운한다. 대한민국 건국 사상 공정한 사회는 없었다. 앞으로도 없을 것이다.[247]

흔히 말하는 병역, 탈세, 투기(부정축재), 위장전입, 논문 표절 등의 사법처리, 고위공직자의 공직에서 퇴출이라 말하는 이들도 있다. 하지만 그것은 살만큼 사는 사람들이 말하는 공정사회론이다. MB정부를 손짓하며 정치적인 사안으로 말하는 공정사회란 국민들이 피부로 느낄 수 있는 조치를 한다는 것이다. 즉, 이번 8.8개각으로 내정된 총리나 장관 후보자 3명 낙마에 이어 현직 외교장관까지 경질을 했기 때문이다. 또 서로 만나는 사람마다 공정사회를 얘기하고 언론도 공정한 사회를 보도하는데 비중을 실었기 때문이다. 진정한 공정사회란 국민들 모두가 공감할 수 있는 것이 공정한 사회라고 생각한다.

고위관료들이나 상류층들을 빗대서 공직사회론을 확대 해석해선 공정한 사회라 볼 수 없기 때문이다. 정치인들이나 부유층 사이에 백날 공정사회를 운운해봐야 국민들 피부에 닿을 수는 없다. 정치에 몸담고 있는 주류들이나 고위관료 공직자들이 하는 행동들을 국민들이 보는 관점은 통상적인 것으로 오래전부터 사회적으로 인정이 되어버린 습관이나 행동들을 무시하지 못해 그럴 것이다. 역시 그랬군 등으로 단정을 지어 버린다.

연이어 터지는 사회적 이슈속에서 정의는 슬그머니 꼬리를 감추며 왜곡되어 버리고 때론 관행이라는 미명 아래 국민들은 보잘 것 없이 무기력해지고 무덤덤하게 저 높은 산을 바라보는 것이 국민들이다. 현정부에 불만을 토로하는 것은 단지 반정부단체나 그들을 추종하는 세력들의 불만일 뿐이지, 공정한 사회를 만들자는 취지가 아니다. 공정한 사회란 1+1=2가 되야지,

---

[247] 조성화(jsh6125)　[2010-09-09 11:14:38] 조회 634　|　찬성 5　|　반대 0

1+1=3.4가 되어선 안되는 것이다. 이사회가 3.4를 바라는 사람들이 주류를 이루고 있는 한 절대 공정한 사회가 이뤄질 수 없는 것이다. 단지 바램일 뿐이다. 불공정한 사회 현실 앞에 "더 이상 참을 수 없어"라고 외치며 불끈 하는 것은 모든 국민들이 표현하는 "거룩한 분노"에의 경지이다.[248]

10. 동상이몽(同床異夢)의 공정한 사회

장애인이 꿈꾸는 공정한 사회는 대통령이 그리는 공정한 사회와 얼마나 다를까?[249] 공정한 사회, 장애인 등을 대통령이 언급하면서 '공정한 사회'라는 화두가 생겨났다. 애써 이런 표현을 할 필요도 없이 사회는 공정해야 하는 것이 기본이다. 누구나 법 앞에 평등해야 한다는 말과 같이 누구나 공정한 기회를 제공받아야 하고, 가난하고 부유하고를 떠나 사회를 구성하는 모든 성원들은 그런 노력을 기울여야 한다.

그런데 우리 사회가 공정한가? 물론 공정하지 않다고 판단을 했으니 대통령이 나서서 그런 사회를 만들겠다고 공언을 하는 것이리라. 이 공언이 허언(虛言)이 안되기를 바랄 뿐이다. '말 떨어지기 무섭게 초를 친다'고 할지는 모르겠다. 하지만 그런 생각이 새록새록 머리를 들이밀며 일어나는 것을 막지 못하겠다. 왜냐하면 이미 우리 사회는 공정이라는 단어가 뿌리까지 썩어 제 기능을 발휘하지 못하고 있기 때문이다. 공정이라는 것은 다양한 성원들에게 다양한 기회를 제공해 주어야 가능해질 일이다. 우리 사회를 구성하고 있는 성원들 중에서 공정이라는 것과 가장 멀리 있는 계층은 누구일까? 서민, 비정규직, 노동자, 도시빈민, 농민? 물론 이들도 공정한 기회를 제공받지 못하고 있는 것은 사실이다. 하지만 그보다 더 열악한 환경에서 생활하고 있는 사람들이 있으니 그들은 '장애인'이다. 우리 사회에서 장애인은 과연 사람 대접을 받으며 살아가고 있는가? 이 물음에 대통령부터 나서서

---

248) http://forum.chosun.com/bbs.message.view.screen?bbs_id=10119&message_id
=607048(2010.10.2)
249) 2010.09.20 11:20 | 최종 업데이트 10.09.20 11:20, 최석윤 (hahaha63)

솔직하게 이야기를 해 봤으면 좋겠다. 장애인들의 삶은 피폐하다는 단어로도 그 실상을 전하기가 어렵다. 솔직하게 '까놓고' 이야기를 한다면 삶 자체가 없는 사람들이라고 해도 될 정도의 생활환경에서 지내고 있다. 장애인들이 자신의 삶을 꾸려간다는 것이 얼마나 어렵고 힘든 일인지 짐작해 이야기할 수 있을 것이다. 하지만 실상에 접근을 한다면 혀를 내두를 일이 매일 일어나고 시, 분을 가리지 않고 되풀이되고 있음을 알게 될 것이다. 정부의 공언대로 공정한 사회를 만들어 가겠다면 장애인들의 삶을 어떻게 변화시켜 줄 것인지에 대한 언급이 있어야 할 것이다. 장애인들에게 제공되는 복지라는 이름의 정책들을 보면 소득으로 제한하고, 등급으로 제한하면서 기대나 희망의 싹을 잘라버리고 시작을 한다. 하나의 예를 들어 활동보조서비스를 보자면 등급으로 지원 대상을 가리는데 활동보조는 장애인들에게는 수족과 같은 의미로 이들의 도움을 받지 못하면 짐승보다 못한 생활을 해야 한다. 집에 갇히고, 먹는 것, 입는 것, 오줌 누고, 똥싸는 일부터 눈 뜨면서 시작해 잠자리에 들기까지 모든 일상을 이들의 도움을 받아야 한다. 그런 서비스를 제공하는데 등급을 따진다고 한다면 과연 적절한 것인지 따져봐야 하지 않을까.

  사람들은 장애등급에 대해서 쉽게 생각하고 쉽게 말을 할 수 있을 것이다. 하지만 장애의 정도는 나타나는 유형이 다양하고, 어떤 것은 가능하지만 어느 것은 가능하지 않은 경우가 있으니 기준을 어디에 두는가에 따라 할 수 있는 것과 없는 것이 정해진다고 하겠는데 이 등급을 정하는 것이 그 사람의 불편한 점이 어디인가를 보는 것이 아니라 움직임의 정도나 표현의 정도를 가지고 도장을 찍는 것이다 보니 장애의 특성을 고려하지 않고, 장애를 이해하지 않고, 장애의 정도를 알아보지 않고서 극히 단편적인 면을 가지고 등급을 정하다보니 1급 장애인이나 2급 장애인의 차이가 별로 나지 않는다고 해야 할 것이다. 그런 사람들에게 누구는 지원을 해주고, 누구는 지원을 안해 준다면 보편성을 어디서 찾아야 할 것인지 모르겠다. 장애인을 위해 무언가를 하겠다는 생각을 한다면 그들이 무엇을 필요로 하는지 확인을 해야 한다. 천 명에게 물어보면 천 가지 요구가 생겨나니 그걸 어떻게 다 들어줄 수 있겠냐고 하는데 그런 단순함을 떨치지 못하는 머리를 가지고 있다면 자리에 연연해하지 않았으면 한다. 욕구조사나 수요조사는 우선순위를 정하기 위한 절차에 불과한 것을 가지고 마치 다 들어주어야 한다는 식으로 생각하고 처음부터 난색을 표한다면 무엇을 할 수 있겠는가 말이다.

장애인들의 요구는 어떻게 보면 간명하다. 자립생활을 할 수 있는 환경을 조성하자는 것이 하나이고, 지역사회에서 살아갈 수 있는 다양한 참여 프로그램을 만들어 가자는 것이 하나이고, 등급이나 소득에 상관하지 않는 보편적인 복지정책을 수립해 가자는 것이다. 한꺼번에 다 만들어 가자는 것도 아니다. 현실을 인정하고 무엇이 급한 것인지를 정하고, 어떤 방식으로 정책을 실행에 옮길 것인지를 정하자는 것이다. 복지는 예산이 없으면 그냥 말잔치에 불과하다. 공정한 사회에 대해 국민이 그리는 모습과 대통령이나 정부관리들이 그리는 모습이 다르다면 좀 심각한 상황이 만들어지겠지만 상식을 가진 자들이라면 국민의 생각이나 대통령의 생각이 그리 다르지 않을 것이라는 전제로 본다면 우리 모두가 그리는 공정한 사회를 만들어 가기 위해서 그에 맞는 예산을 만들어 갈 방도는 있는 것인가? 아니면 그저 그런 세상이 되면 좋겠다는 차원에서 한 번 꺼내 본 이야기에 불과한 것인가?

보편적인 복지정책을 펼쳐 나가겠다고, 서민을 위한 정책을 만들어 가겠다고 하면서, 예산을 잘라내고 있으니 무엇을 어떻게 하겠다는 것인지 상식을 가진 선에서 설명을 좀 해야 하지 않겠는가? 부자에게 세금을 더 거둬들이자는 말이 설득력을 가지는 이유는 그것 뿐이다.

공정한 사회를 만들어 가기 위해서는 가진 자들의 주머니를 비워 필요한 곳에 쓸 수 있도록 해 나갈 때 가능해진다는 것을 이제 누구나 알고 있다.

아니면 또 서민들의 주머니를 털어 낼 묘안을 만들어 내고 있는 것인가? 진정으로 공정사회를 만들어 가겠다는 의지를 가지고 있다면 어떻게 실천할 것인지에 대한 방책을 마련해야 한다.

대통령에게 물어보자. 어떻게 공정한 사회를 만들어 내고, 복지의 보편성을 확보할 것인지 말이다. 장애인들이 꿈꾸는 공정한 사회는 가고 싶은 곳은 언제나 갈 수 있고, 하고 싶은 것은 언제나 할 수 있고, 꿈꾸는 것은 누구나 이룰 수 있는 사회다. 장애를 가졌다는 이유로 '아무 것도 못하는 사람'으로 낙인찍혀 손가락이나 빨고 살아야 하는 지금의 인식을 바꾸고, 누구나 자신의 삶을 채색해 갈 수 있어야 한다는 것을 말하고 있는 것이다.

교육을 받고, 직업을 가지고, 결혼을 하고, 가정에 대한 책임을 나누고, 사회구성원으로 자신의 역할과 책임을 수행하며 살아갈 수 있도록 하자는 것이다. 단순하게 뭐라도 하나 얻어내려고 수작을 부리는 것이 아니라, 시설에 갇혀 짐승처럼 살아가는 것이 아니라 사람다운 삶을 살아가기 위한 환경을 만들어 가자는 것이다.[250][251]

조선일보가 간만에 재미있는 사설을 내놓았네요. 어떤 사회가 공정한 사회인가? 비교적 진보적인 사람들의 모임인 클리앙에서도 공정한 사회에 대한 정의는 매우 갈리는 것 같네요. 조선일보에서 오늘 재미있는 사설을 내놓았네요.[252] 사실 내용은 별로 볼 것 없습니다. 하지만, 밑의 문장에 대해서는 생각해 볼 가치가 있다고 생각합니다. 법이 사회의 위·아래 누구에게나 공평하게 적용되고 기회의 균등이 보장되는 사회 즉, 형식적 법치(法治) 사회가 공정한 사회일까. 아니면 정치·사회적으로 뒤처진 사람에게 정치적·사회적 이익이 더 배당되는 사회가 진정한 공정한 사회일까. 이 문제에 대한 정치철학적 판단이 우선 제시돼야 한다. 형식적 법치는 어떻게 보면 지금의 고시체계와 같은 객관적 선발과정에 의해서 걸러지는 사회를 말함이라고 할 수 있겠죠. 반면에 소수자를 위한 배려는 줄 수 밖에 없습니다.

두번째 사회는 이른바 어퍼머티브 액션 (affirmative action)이 허용되는 사

---

250) 출처 : [주장] 동상이몽(同床異夢)의 공정한 사회 - 오마이뉴스
251) http://www.ohmynews.com/NWS_Web/view/at_pg.aspx?CNTN_CD=A0001449195&PAGE_CD=12(2010.10.2)
252) http://news.chosun.com/site/data/html_dir/2010/09/05/2010090500858.html

회입니다. 정치, 사회적으로 뒤처진 사람에게 정치적, 사회적 이익이 더 배당되는 사회가 바로 두번째 사회입니다. 예를 들어보면 사법고시는 예로부터 개천의 용이 되는 시험으로 알려져 있습니다. 현재 사법고시는 전형적인 형식적 법치의 세계입니다. 모든 수험자는 동일한 조건에서 시험을 칩니다(시험장 동일). 수험자의 이름은 철저하게 가려집니다. 반면에 어퍼머티브 액션이 있는 사회였다면, 아마 1000명의 정원중에 일정부분을 특별전형으로 합격시킬 수 있겠죠. 아니면 가산점을 주든지요. 예를 들면 로스쿨 전형에는 정원의 7%는 법으로 특별전형에 부여됩니다. 특별전형은 학교마다 약간씩 다르나, 대부분 사회적 약자들(가난한 사람, 장애인)들에게 배정됩니다. 특별전형은 자격요건이 되는 사람들만 응시가 가능합니다. 대부분의 학교가 10% 정도 운용합니다. 이를 사법고시에 적용한다면 70명을 무조건 특별전형으로 뽑는다든가, 아니면 이러한 사회적 약자들에게는 일정한 가산점을 주는 것이 되겠죠(위헌 가능성도 있겠네요).

여러분들은 어떤 사회가 공정한 사회라고 생각하십니까? 형식적 법치, 아니면 affirmative action이 허용되는 사회? 만일 affirmative action을 허용한다면 어느 정도까지 해야 할까요? 요즘 논의되고 있는 행정고시 특채에서 그런 것을 고려해야 할까요? 아니면 실력으로 진검승부하는 현 고시체제가 정당한 사회일까요? 대학입시에서 이러한 가산점을 주든지 특별전형을 허용하는 것은 정당한 것일까요?(예전에는 이런 전형 자체가 없었습니다)[253]

11. 공정한 사회와 패배자 보호

공정한 사회와 패배자 보호[254] 이명박 정부의 후반기 국정운영 방향이 '공정한 사회'라고 합니다. 공정한 사회는 빈부와 사회계급의 차이에도 불구하고 모두에게 기회가 균등한 사회일 것이며, 패배자도 다시 일어설 수 있

---

253) http://clien.career.co.kr/cs2/bbs/board.php?bo_table=park&wr_id=2990991 (2010.10.2)
254) 젊음최강(ys*****), 2010/09/06 조회: 417 추천: 9

는 기회가 주어진 사회일 것입니다. 또한 사회적 기초안전망이 튼튼하고 경제발전과 환경, 교육, 문화 등 사회 전반의 발전이 골고루 균형적인 사회일 것입니다. 이명박 정부는 패배자에게도 기회를 부여하여 재기할 수 있도록 가진 자들이 배려해야 한다면서 공정한 사회는 가진 자들의 노력이 필요하다고 역설합니다. 이명박 정부는 이제 아파트 푸어를 포함한 하층민에 대한 지원은 더욱 강화할 것입니다. 따라서 아파트 투기에서 실패하여 지금 고통에서 헤어나지 못하는 하층민을 위하여 많은 조치를 내릴겁니다. 이는 공정한 사회와 정의로운 사회를 만들기 위하여 하는거죠. 물론 아파트 투자 실패 하층민들의 표가 많은 것도 고려의 대상이지요.[255]

12. 공정한 사회는 역사의 발전, 그렇지 않으면 개혁

사람들은 사주팔자를 타고 났다고 한다. 이는 못난 사람은 못난대로 살고, 잘난 사람은 잘난대로 산다는 어느 유행가 가사처럼 들리지만, 나름대로 분석을 해보면 각 자의 인생에 나름대로 삶의 철학을 갖고 그들중에 리더가 있고, 따르는 사람이 있다는 것이다.[256]

아무리 작은 조직이라도 하물며 작은 미물인 꿀벌사회에서도 여왕벌을 중심으로 각 계층이 규칙을 통해 살아가는 것이 세상의 이치이다. 그런데 어느 집단이든 잘못된 리더를 만나면, 이를테면 책임질 줄 모르고, 이권만 밝히고, 방향 제시도 옳게 못하는, 시간만 죽이는 그러한 지도자를 만나면 해당 집단은 참으로 실패한 집단으로 낙인찍히고, 결국에는 모두가 공멸하고 마는 것은 역사가 증명하고 있고, 오늘을 들여다 보면 세계적으로 그것이 증명되고 있지 않는가? 우리와 적대적 관계에 있는 북한정권이 그렇고, 기타 여러나라에서도 비슷한 경우에 처한 경우를 우리는 흔히 보면서 교훈

---

255) http://neonet.moneta.co.kr/novo-moneta/view/community/CommunityBoard
&Detail.neo?id=1409662&board_gbn=C(2010.10.2)
256) [성공도우미 이기순의 일요컬럼], 공정한 사회는 역사의 발전, 그렇지 않으면 개혁
이~ 10/09/19 03:11 | 조회수 2639

으로 삼고 실패의 전철을 밟지 않기 위해 각고의 노력을 서로가 하고 있지 않는가?

　우리 대한민국이라고 예외는 아니다. 공정치 못한 일들이 곳곳에서 벌어지고 있으며, 여론의 뭇매를 맞고서야 바로 잡아지는 경우를 종종 본다. 예를 들면, 북한체제에서나 가능한 유명환 전 외통부 장관의 딸내미 직장 세습사건을 비롯한 각 지자체의 직장세습은 비일비재함을 MBC-TV '뉴스-후'를 보면서 확인할 수 있었으며, 총리 예정자 뿐만 아니라 장관 예정자 또한 낙마를 비일비재보고 있지만, 이는 사회의 일각에 지나지 않음을 대부분의 국민들이라면 알고 있다. 무엇보다도 군대에 관한 한 이명박 정부의 다수가 자유로울 수 없으니, 누가 누구를 사회적 처단을 한들, 국민적 공감대를 형성하기란 그리 녹녹하지 않으며, 그러니 공정한 사회를 이명박 정부 후반기에 기치를 올렸지만, 지도자급에서 사회적 저항 또한 만만치 않음을 안다.

　20대에 군대를, 방위조차 가지 못하는 사람은 반병신 밖에 없다고 생각했었는데, 나이 50에 돌이켜 보건데, 지금의 정부조직의 면면을 보면, 말이 나오지 않는다. 중요한 것은 사회의 지도층에 해당되는 사람이 그곳에 올라가지 않을 때까지는 즉, 사회적 검증절차를 받지 않을 때까지는 버젓이 사회의 지도층으로 허울좋은 리더로 군림하고 하고 있으니, 이를 바로 잡을 방안이 없단 말인가? 그러다 보니 곳곳에서 썩은 냄새를 풍겨도 사회적으로 둔감하지 않을 수 없으며, 왠만한 사회적 이슈가 아니면 거들떠 보지도 않으니, 말하자면 공정치 않은 사태가 곳곳에서 벌어져도 무감각해지니, 흉폭한 범죄 뿐만 아니라, 월 10%의 고리채의 잔인무도한 경제사범이 날로 기승을 부려도 눈깜짝하지 않는 것이다.

　이러니 1조2천억원이라는 천문학적 숫자의 가든파이브라는 건물 집단을 지어 놓고, 만들어 놓으면 그만인가? 누구하나 거들떠 보지 않고 있으며, 죽어 나가는 것은 입점주의 잘못된 선택이라는 자책으로 사회적 빈곤층으로 빠져들고 있어도, 그것은 단지 남의 일이라고 생각하고, 자신들의 잇속만 챙기면 되는 것이라고 생각하고, 명분있는 것들로 그럴싸하게 포장만 하면 된다고 생각하고 문화축제라는 허울좋은 돈잔치를 벌이고 있다. 지난해에 가든파이브 광고홍보비로 320억원을 쏟아 부었다고 했으며, 이번 문화축제 행사에서도 자그만치 22억원이라는 돈을 쏟아 붓고 있다고 한다. 때빼고 광내면 모든 것이 활성화되고 만사 OK인가?

일차적인 문제점, 입점율을 높여야 하는데, 특히 테크노관 지하 1층과 지상 1층은 누구에게 상납할려고 고이 모셔놓고 분양도 하지 않아, 테크노관 전체가 죽어가고 있으며, 마찬가지로 리빙관도, NC백화점, 킴스클럽이 속해있는 패션관이나 영관 또한 소규모 입점주들 또한 자유로울 수 없을 정도로 장사에 죽을 맛이다.

우리가 언제 중국의 만만디 문화를 가져왔는가? 속전속결이 국민적 속성으로 고도성장의 근간을 이루었다면, 왜 여기서는 그것이 적용이 안되고, 이해관계만 따지고, 협상을 제대로 하지 못해 질질 끌고 있는가? 능력이 없으면 당연히 물러나야 하는 것이 인지상정이다.

어느 분이 말씀하시기를 태생적 문제를 거론하기도 하지만, 나는 모두가 초심으로 돌아가야 한다고 말하고 싶다. 모든 문제는 사람이다. 서울시 복마전이라는 말이 있듯이, 서울시 → SH공사 → 활성화기획단 → 관리회사 → 관리단으로 이어지는 쇠사슬을 끊어야 하며, 언제 우리가 무능력한 활성화기획단이나 관리회사로부터 군림을 받아야 하는가?

테크노관 10층이나 패션관 11층에 올라가면 나의 혈압지수가 급상승하게 되는데, 이것이 모두 내 잘못인가? 민원접수담당부터 턱괴고 왜 왔어요? 하고 눈도 마주치지 않는, 도대체가 서비스가 저 모양인 것은 책임자가 낙하산이니, 아마도 민원접수 담당 또한 인적사항을 추적하면 사돈의 팔촌이 아니던가?

맞다. 대한민국은 단일 민족이며, 단군의 자손이니 모두가 사돈의 팔촌이라고 항변하고 싶은가? 그러니 민원인이 오든 말든, 급한 일이든, 그렇지 않든, 행정방치, 지연은 기본이요, 고객지상주의가 아닌 법규빙자, 선례답습, 업무전가가 모범답안이라고 생각하는 사람들에게 활성화를 기대하는 것은 몰염치일 것이다. 이에 앞서 언급한 것처럼 모든 것은 사람을 교육시켜서 되는 것이 아니라, 일대 혁신을 통해 바꿔야 제대로 돌아가는 것이다.

왜냐하면 서울시 복마전이라는 말이 괜히 나왔겠는가? 차라리 성실, 정직, 끈기 그리고 창의적 열정으로 넘친 대한민국의 인재를 등용하여 가든파이브를 펄떡이는 물고기처럼 입점주들께서 신바람나게 장사할 수 있도록 물심양면으로 지원할 수 있는 조직으로 재구축해야 하는 것이다. 그래서 가든파이브 비상대책위원회가 발족했으며 창의적 활동을 통해 임시총회를 개최하여 관리규약을 싹 뜯어 고칠 것이다. 가든파이브 입점주님들께~이번에 확 바꿔야 합니다. 바꿀 수 있습니다. 믿고 함께 합시다. 준비되어 있습니다. 가든파이브 비상대책위원회를 믿고, 함께 합시다. 감사합니다.[257][258]

13. 공정한 사회, MB의 '공정한 사회'

MB는 '기회균등이 공정사회의 기본 바탕'이라며 '無게이트, 無스캔들, 無매너리즘'의 3무(無) 정권으로 가겠다고 했다.[259] '말'로는 우주라도 정복할 기세다. 약자에게도 공평한 기회를 주고, 기득권층의 반칙과 특권을 허용하지 않으며 실패한 사람에게도 다시 일어설 기회를 주는 것이 공정한 사회의 핵심이라고도 했다. 즉, 공정한 사회, 공정한 경쟁, 공정한 공동체를 만들겠다는 것이다. 특히 '권력을 가진 자, 힘을 가진 자, 잘사는 사람이 공정사회를 위해 노력해야 한다'는 부분을 언급했다.

1) 실상은 '불공정 사회'

각종 특혜 채용 의혹, 고위공직자들이 퇴직 후 산하기관 요직으로 재취업하는 '낙하산 특채' 관행, 상지대를 비롯한 전국 각지의 사학비리 묵인, 황폐화된 공교육, 부동산 부양을 위한 '빚 권하는 사회' 조장, 골목상권 방치,

---

257) 가든파이브 비상대책위원회 기획본부장 이기순 배상. www.garden5-with.kr
258) http://club.paran.com/club/home.do?clubid=smartygo-bbsView.do?menuno= 3743193-clubno=1509918-bbs_no=1CBrj(2010.10.2)
259) 글 수 3,754, Tag List Classic Board Web Zine Gallery Contributors

광복절 특별사면 대상자 명단에 법조인 8명 고의누락, 비리 정치인과 기업인 특혜사면, 자그마치 1천억원에 이르는 국고 횡령과 보조금 부당수령, 불공정 규제대상 재벌계열사 1340여개, 수도권 규제완화 등은 불공정 사회의 반증이다. 어디 그 뿐인가. 대기업이 자본력을 앞세워 중소기업과 영세사업자들이 먹고사는 영역까지 잠식하는데도 골목상권법안은 아직 국회에서 잠자고 있다. 게다가 천안함 사태의 정보공개요청을 거부하고, 국민 대다수가 반대하는 4대강 사업조차 막무가내로 강행하고 있다. 특히 4대강 사업은 개발이권을 고리로 관료와 건설업자, 관련기관과 연구소 등이 '개발동맹'으로 배불리며 강물의 숨통을 조이고 있다. 그야말로 '난'이다. 국토균형발전이라는 국가의 미래를 정략싸움으로 추락시킨 것 같다.

이게 공정사회인가? 노무현 대통령 수사가 공정했나? 용산참사가 공정했나? 혹시 대상별, 계층별 공정사회를 말하는건가? 공정한 사회는 국민 모두가 예외없이 법 앞에 평등한 사회다. '상탁하부정'이라는 고귀한 성어를 아무 데다 갖다 붙일 성격이 아니다. 아마도 공정사회를 외칠 때마다 그 밑의 관료들은 빈정댈 수 있을지 모른다.

2) 위장전입

위장전입이란 재산증식이나 자녀진학을 위해 주소지를 가짜로 옮겨놓는 것을 말한다. 조현오 경찰청장은 위장전입을 행하였다. 그런데 자녀교육을 위한 위장전입은 괜찮다는 청와대 인사기준을 이해하기 어렵다. 위장전입은 목적 여하를 불문하고 주민등록법 위반에 해당되며 3년 이하 징역 또는 1000만원 이하의 벌금에 처해지는 반사회적 범죄다. 누군가의 기회를 빼앗는 '불공정한' 결과를 낳기 때문이다. 그로 인한 서민의 박탈감은 이루 말할 수 없다. 그런데 위장전입을 시인하고도 버젓이 경찰청장에 영전된 조현오는 무슨 염치로 준법과 공정을 내세울지 자못 궁금해진다. 위장전입 형량을 국회의원들에게 적용하면 의원직을 상실하고, 일반국민은 1년에 5천명 정도 실형을 선고받는다는 기록도 있다. 그런데 주민등록법을 위반하고도 장관들, 대법관, 검찰총장, 경찰청장은 여전히 공직을 호령하고 있다. 담배꽁초 하나 버려도 벌금을 물리는 세상인데, 고위공직자들은 3년 이하의 징역과 1천만원 이하의 벌금을 물어야 하는 범법을 저지르고도 죄의식조차 없다. 심지어 한나라당 원내대표는 '(위장전입 같은) 사소한 잘못까지 야당이 트집잡는다'며 투덜댔다. 도덕적 막장이다.

3) 부패정권

지난해 국제투명성기구가 발표한 국가부패지수를 보면 우리나라는 5.5점으로 180개국 가운데 39위(순위가 높을수록 부패 정도가 덜함)에 그쳤다.

OECD국가 중에선 꼴찌에서 두번째였다. OECD에서 발표한 선진화 순위에서도 24위였고, 선진화되자면 13년은 족히 걸릴거라는 판정을 받았다. 특히 지도층의 솔선수범은 꼴찌였다. 삼성경제연구소의 '한국의 선진화 수준'도 그 실상과 일치한다. 자랑스럽게도 OECD국가 중 사회지도층의 도덕적 의무(30위), 사회안전망(30위), 정치적 비전(30위)이 꼴찌였다. 3관왕이다. 사회적 대화(29위), 약자보호(29위), 표현의 자유(28위)도 최하위권이다. 그런데도 공정한 사회? 친환경 녹색성장? 친서민? 아무리 말로 현혹해봤자 백년하청이다. 전두환의 정의사회구현이나 노태우의 보통사람이나 MB의 공정사회나 그저 유행어 수준일 뿐이다.

4) 진짜배기 공정사회

진짜배기 공정사회는 법치의 실질적, 보편적 구현이다. 자유롭고 창의적이며 기회가 균등한 사회이다. 기득권의 이너서클을 까부수는 공정한 법 집행이 가능한 사회다. 권력의 필요에 의해 국민을 감시와 사찰의 대상으로 전락시키는 사회는 야만사회다. 각자 자기의 정당한 몫을 차지하고, 있어야 할 자리에 있는 것이 공정사회다. 기계적 평등이 아니라, 서로 경쟁하는 가치들을 수용할 수 있는 합리적 차별이 평등한 것으로 인식되는 사회가 공정사회다. 의견불일치를 받아들일 수 있고, 정의가 강물처럼 흐르는 사회다.

또한 그 정의에 의해 보장된 권리들이 어떠한 정치적 거래나 사회적 이득 계산에도 좌우되지 않는 사회다.

최선의 사회는 정의로운 사회이고, 정의로운 사회는 공정한 사회다. 경쟁에서 진 사람들에 대한 배려와 존중의 공리를 증진시키는 사회가 공정사회다. 그리고 자신의 이익과 관심사를 유지하고 확대하기 위해 정의를 호도하는 사회, 공정한 룰로 국민을 보호하기 위한 법치가 아니라 통치수단으로서의 법치가 자행되는 사회를 '불공정 사회'라고 한다.

5) MB정권에 바란다

권력의 사유화와 맹목은 퇴행의 증거다. 공권력을 사유물인양 행사한 불법사찰혐의가 짙은데도 그 몸통은 여전히 오리무중이다. 이런 상황에서 입으로만 공정사회를 외친들 누가 진정성을 믿어주겠는가. 노무현 대통령과 천안함 유족을 모욕하고, 쌍용차 진압에 보람을 느낀다고 했으며, 억대 조의금 수수와 위장전입 등 도덕적 하자까지 명백한 조현오를 경찰청장으로 임명 강행한 것은 불공정 사회의 결정판이다. 아직도 잘 모르겠으면 조선시대 신언서판(身言書判)이라도 베껴 써라. 그리고 제발 공정을 논하려거든 정의부터 제 자리에 갖다 놓아라. 아니, 공정까진 안 바란다. '정상적인 사회'에서만이라도 살게 해다오.

6) 노무현, 그리고 참여당

노무현 대통령은 서거 직전, '좌절'을 언급했다. 제왕적·권위적 지도자가 아닌, 낮은 권력을 실현했지만 근원적 문제는 치유하지 못했다는 아쉬움의 표현이었다. "중요한 것은 우리 정치의 근본적이고 본질적인 문제입니다. 이걸 해결해보자고 인생을 걸고 도전했는데 그 점에 있어서는 결국 거의 원점에 돌아와 있습니다. 분열주의와 기회주의가 원점으로 돌아와있다는 것입니다. 그것이 정치인 노무현의 좌절입니다." 사실 공정사회는 우리 당이 먼저 주창했어야 명색에 걸맞고 노무현 대통령께도 덜 죄송한데, 진하게 아쉽다. 문제의식만 화려할 뿐 이렇다 할 해답을 내놓지 못하고 있다. 민주당은 '새롭게 뜨겁게 치열하게'라는 슬로건과 '오라, 2012년!'이라는 서브슬로건을 벌써 내걸었다. 참여당도 '오만한 승자, 횡포부리는 강자를 용납하지 않는 민심의 속성'을 적극 반영한 슬로건과 '노무현의 좌절'을 다시 일으켜 세울 정책을 서둘러 내놓아야 할지 모른다.260)

정말 공정한 사회는 바둑에서처럼 차이나는만큼 접어주고 가는 것이 정말 공정한 사회 아닌가 싶습니다.261) 남편이 결혼전에 행시 7년을 공부하다가 포기, 시댁이 밀어줄만큼 재산이 있었던 것도 아니라서 그야말로 아르바이트하면서 공부해야 했고, 지방대생 그래도 지방 명문대인데도 힘들었던 모양입니다. 바둑에서 서로 실력의 차이가 나면 차이나는만큼의 돌을 실력이 낮은 사람에게 먼저 놓으라고 합니다. 일단 차이나는만큼은 접어주고 가겠다는 것이지요. 교육환경조차도 지방과 수도권은 하늘과 땅 차이입니다. 수도권안에서 조차 차이가 많구요. 없는 동네에 더 가야할 교육예산이 부자동네로 더 가버리고, 열악한 환경에서 공부할 수 밖에 없는 사람들은 바둑에서처럼 몇 수 접어주고 가는 지혜가 정말 공정한 사회 아닌가 싶네요.

예를 들면 서울대 지방출신 특례입학처럼, 저소득층, 지방출신들에게는 가산점을 주든지 하고나서 경쟁을 하게 하는 것이 정말 공정한 경쟁, 공정한 사회 아닌가 싶습니다. 구구절절 옳으신 말씀... 속이다 시원하네요.262) 사람들 속을 후벼 파헤쳐서 카타르시스까지 느끼게 해줘야 합니다.

동시에 지식도 챙겨주고요. 이 정도면 그에 합당하는 논평이 되겠다고 봅니다.263)264)

14. 'MB의 공정한 사회'가 틀린 이유

▲ 이명박 대통령이 서울 광화문광장에서 열린 제65주년 광복절 경축식

---

260) 카테고리 : 소감 조회 수 : 671 추천 수 : 13 / 0 등록일 : 2010.09.09 10:22:59
(218.*.*.*) 엮인글 : http://www.handypia.org/mbstop/988031/521/trackback
게시글 주소 : http://www.handypia.org/mbstop/988031 목록
261) 축복을 2010.09.09 11:44:45 (110.*.*.*)
262) 댓글(추천 수: 1 / 0) 윤창호 2010.09.09 12:03:39 (1.*.*.*)
263) 댓글 혁신 2010.09.09 13:49:14 (180.*.*.*) 당 논평으로 추천요.
264) http://www.handypia.org/mbstop/bbs4/988031(2010.10.2)

에서 '공정한 사회'를 이룩하기 위해 집권 후반기의 국정운영 기조를 잡을 것이라고 말했다. 듣기에 따라 애매한 공정한 사회의 개념에 대해서 이명박 대통령은 "승자가 독식하지 않는" 사회를 지칭한다고 연설문에서 부연했다.

그러면서 "공정한 사회야말로 대한민국 선진화의 윤리적 실천적 인프라"라고 강조했다.[265] 이명박 대통령이 이런 말을 하는 것을 보니, 최근 베스트셀러에 올라 있는 하버드 대학 마이클 샌델 교수의 <정의란 무엇인가>를 들고 여름휴가를 갔다는 '오보'가 허언은 아니었던 모양이다. 이 대통령이 언급한 '공정성'에 대한 해석이 구구할 수밖에 없지만, 대체로 이 대통령의 연설은 '정의로운 사회'에 대한 구상을 단순하게 표현한 것이라고 생각할 수 있겠다. 이 대통령의 연설은 비교적 자세하게 자신의 공정성 개념을 설명하고 있는데, "출발과 과정에서 공평한 기회를 주되, 결과에 대해서는 스스로 책임을 지는 사회"가 곧 공정한 것이라고 규정하고 있다는 것을 알 수 있다. 여기에서 흥미로운 것은 이 대통령은 공정한 사회의 윤리로서 "개인의 자유와 개성, 근면과 창의를 장려한다"고 말했다는 사실이다. 이 대통령의 연설문에 담겨져 있는 '공정한 사회'는 평등한 경쟁의 기회를 보장하는 사회를 의미하는데, 궁극적으로 이런 기회의 균등은 '윤리적인 시장경제'를 통해 달성할 수 있을 것이라는 말이다. 윤리적 시장경제라는 것은 무엇일까? 여기에 대한 내용도 연설문에 밝혀져 있는데, 세계와 인류를 위험에 몰아넣을 수 있는 "탐욕에 빠진 자본주의"를 견제하기 위한 "윤리의 힘"을 체현하고 있는 시장경제를 지칭한다. 이 대통령이 언급하고 있는 공정한 사회를 이룩해야하는 목적은 "빈부격차의 함정"을 피해서 분열과 갈등을 해결하고 "우리가 지켜온 가치와 체제를" 지키기 위함이다.

이런 이 대통령의 발언은 지금까지 정부가 고수해온 성장 기조를 버리고 분배와 복지 위주로 국정운영의 패러다임을 바꾸자는 말처럼 들린다. 그런데 사실은 그렇지 않은 모양이다. 청와대가 급히 나서서 '공정'과 '상생'을

---

265) 미디어스 | 기사전송 2010/08/17 10:23, 블로그 트위터 페이스북 미투데이

강조한 것이 '분배 우선주의'를 의미하는 것이 아니라고 진화를 했기 때문이다. 청와대의 설명에 따르면, 이 대통령의 연설 요지는 오히려 앞으로 파이를 더 키워 함께 잘사는 선진국을 만들겠다는 뜻이란다. 그러나 이런 설명은 참으로 구차하게 느껴진다. 언제부터 한국에서 진보는 분배, 보수는 성장이라는 '기치'를 자기들 것인 양 생각하게 되었는지 모르겠지만, 분배와 성장이라는 패러다임은 자유주의 사회이념에서 서로 분리될 수가 없는 것이라고 할 수 있다. 결국 자유주의내에서 복지국가모델이냐, 신자유주의 모델이냐, 둘을 놓고 서로 싸우는 것이 지금 한국 사회에서 표면적으로 드러나는 진보-보수의 대립구도라고 볼 수 있는데, 솔직히 그 속내를 들여다 보면, 전혀 딴판의 상황이 벌어지고 있는 것이 사실이다. 진보를 표방했던 김대중-노무현 정부가 과연 복지국가모델을 추구했던 것인지 의심하지 않을 수 없고, 이명박 정부가 말처럼 '신자유주의적인 정책'을 추진하고 있는 것인지 확신할 수 없는 것이다. 4대강을 파헤치고 국가예산을 투입해서 공공근로를 확대하는 것이 정말 신자유주의적인 정책이라고 할 수 있는 것인가? 진보를 내세우면서 신자유주의적 개혁을 주장하는 이들도 적잖고, 보수를 자처하면서 사회복지국가모델을 정책으로 입안하는 이들도 많다.

이런 상황에서 이 대통령이 말하는 '공정한 사회'라는 게 분배위주의 정책기조전환이 아니라는 식으로 발뺌하는 것은 더운 열대야에 마시는 김빠진 맥주 맛처럼 느껴질 수밖에 없는 것이다. 언제부터 그렇게 한국 사회의 정치인이나 정부관계자가 이념을 위해 목숨을 걸었다는 것인지 잘 납득이 가지 않는다.

공정한 게임의 룰을 만들겠다는 것은 곧 분배를 전제하지 않고 불가능한 일이다. 한 달에 백만원 밖에 벌지 못하는 부모를 둔 아이와 한 달에 일억 원의 수입을 올리는 부모를 둔 아이에게 공정한 게임의 룰을 적용한다는 것이 무엇을 의미하겠는가? 최소한 영장류 이상의 지능을 가졌다면 대답은 아주 간단하지 않은가? 백만원 밖에 벌지 못하는 부모의 아이가 성장 과정에서 차별을 받지 않게 '분배'를 강화하는 것이다. 이것이 바로 사회적 안전망 개념이고, 이를 확보하는 것은 사회적 안정을 최소한 보장하기 위해 정부와 자본가들이 해야 할 의무이다. 왜냐하면 그래야 사회에 대한 자신들의 지배를 지속적으로 확보할 수 있기 때문이다. 결론적으로 말하자면 이 대통령이 말한 '공정한 사회'라는 것은 앞선 정부들이 실시했던 정책과 크게 다를 것이 없는 주장일 뿐이다. 다만 '친 서민'이라는 다른 말로 새롭게 포장했다는 걸 제외하고 특별히 뾰족한 수를 제시하는 것처럼 보이진 않는다.

한국 우파가 임금인상이나 최저생계비 인상을 '분배'라는 '금기어'로 분칠하기에 바쁜 까닭은 무엇일까? 복지를 자기들의 이해관계에 맞게 '시장화'하려는 의도가 숨어 있기 때문일 것이다. '사회적 안전망'이나 '제도적 인프라'라는 말을 자의적으로 해석해서 복지에 쓰일 공공자금을 사회사업에 나선 기업에게 투입하고자 하는 숨은 뜻이 없다고 말하기 어렵다. 최저생계비로 지급해버리면 아무런 이윤을 확보할 수 없지만, 차명진 의원이 참여연대 최저생계비 체험에 참가한 뒤에 발언한 것처럼, 이 자금을 '건강'과 '정보'를 제공하기 위한 인프라 구축으로 전환한다면, 일시적으로 일자리를 만들고 해당 사업에 참여하는 기업의 생산성을 높일 수 있는 것이다. 녹색성장정책의 일환으로 4대강에 친수공간을 건설하고 자전거도로를 만들어야 한다는 발상이 이를 잘 증명하고 있지 않은가?

문제는 이명박 정부도, 한나라당도 '정의'나 '공정성'에 대해 말하고 있지만, 그 규정들이 진정으로 정의로운 사회를 위한 것인지 의문을 던질 수밖에 없다는 사실에 있다. 자기들끼리만 합의한 정의와 공정성을 보편적인 것이어야 한다고 우긴다면, 그것보다 더 불의하고 편파적인 경우는 없다. 공정한 사회라는 말이 공허한 수사로 끝나지 않으려면, 어떻게 자신들의 주장을 실현시킬 수 있을지 구체적인 방안들을 내놓는 것이 수순일 것이다.[266)267)]

---

266) 미디어스(http://www.mediaus.co.kr), 이택광 / 경희대 교수, 문화평론가 (mediaus@mediaus.co.kr)
267) http://media.paran.com/news/view.kth?dirnews=2557971&year=2010&pg=1&date=20100817&dir=1&company=mi&mode=company(2010.10.2)

15. "공정사회 기준은 법·질서를 어길 땐 '노 톨러런스' 해야"

"브랜드 가치로 따진다면 총장이란 호칭이 제일 자연스럽죠. 회장이라고 하기엔 내가 돈 버는 사람도 아니고 해서 좀 그렇고 이사장은 뭐 그런대로 괜찮고요. 하지만 총장이 더 나아요, 회장보다는…"268) 송자(74) 전 연세대 총장은 빙그레 웃으며 이렇게 말했다. 지난 16일 오전 서울 관악구 봉천동 보라매공원 인근 빌딩숲에 둘러싸인 눈높이보라매센터 건물 5층의 '아이들과 미래' 사무실에서 만난 송 전 총장은 상대가 무슨 고민을 하고 있는지를 금세 알아차렸다. 화려한 이력을 많이 가진 그를 뭐라고 호칭해야 할지를 망설이는데 "편안한대로 불러 달라"며 말을 걸어왔다. 명함을 내미는데 두 개다. 하나는 '아이들과 미래' 이사장, 다른 하나는 '명지학원 이사장'. 사람을 봐서 골라서 준다며 웃는다. 연세대 총장과 명지대 총장을 거쳤고, 교육문화사업을 하는 ㈜대교 회장을 지냈다. 연세대와는 현직 감사로 몸담으면서 인연을 계속 이어오고 있다. 그는 자신의 표현을 빌자면 '예수쟁이'다.

연세대 1학년 재학 때부터 서울 마포구 아현동의 아현중앙감리교회를 다니는데 어느덧 55년이 지나 지금은 '은퇴 장로'다. 그에게는 여느 보수적인 기독교인들과는 좀 다른 분위기가 묻어난다. "최근 미국에 있는 한 목사의 '코란 소각' 문제로 발칵 뒤집힌 일이 있었죠. 그건 바람직하지 않아요. 기독교가 다른 종교하고 갈등을 일으키면 사회가 걷잡을 수 없어요."

오바마 미국 대통령이 "우리의 적은 알카에다지 이슬람이 아니다"라고 천명한 일이 생각났다. "맞는 말이죠. 오바마 대통령이 그럴 수밖에 없는 게 이름 중간에 '후세인'이라는 글자가 있잖아요. 종교든 정치든 입장과 노선이 다르다고 배타적으로 나오면 안됩니다. 포용력, 관용, 이게 참으로 중요합니다." 사실 처음 송 이사장에게 인터뷰를 제안했을 때 정치·사회적으로 예민한 현안에 대해서는 말을 안하는 게 좋겠다며 선을 그어버려서 난

---

268) 〈파워인터뷰〉"공정사회 기준은 법·질서… 어길 땐 '노 톨러런스' 해야", 문화일보 원문 기사전송 2010-09-24 14:36 최종수정 2010-09-24 16:27, 송자 명지학원 이사장

감했었다. 신문의 2개 지면을 할애하는 대형 인터뷰란에 사회 원로를 모셔 놓고 현안 얘기를 일절 못 듣는다면 맥빠진 인터뷰가 될 것이 뻔했기 때문이다. 하지만 기우(杞憂)였다. 그는 자유로운 사람이었다. 교수 출신들에게는 종종 그런 모습들이 발견된다. 묻기도 전에 송 이사장 스스로 정치 현안 얘기를 꺼내 들었다. "정치하는 사람에게 가장 중요한 건 관용과 포용력입니다. 나와 다른 것, 나와 다른 사람을 어떻게 포용할 수 있느냐가 '정치 거물'이 되느냐 마느냐의 기준이 됩니다." 송 이사장은 한국 정치인들이 갖는 가장 큰 문제로 관용의 부재를 꼽았다. '포용력이 없다'는 것이다. "한국 정치인들 그거 참 좋아하잖아요. 흑백론으로 몰아가는 거 말입니다. 이거 문제가 커요." 송 이사장의 설명이 이어졌다. "미국 예일대에 중국계 미국인 교수가 있어요. 추아(Amy chua)라고 하는 하버드대 출신의 석학인데, 세계의 제국들이 어떻게 흥망했느냐에 대해 쓴 '제국의 미래'라는 책이 있어요.

왜 히틀러가 세계를 제패하지 못했을까, 왜 일본은 그렇게 망했을까, 미국은 왜 세계를 지배하게 됐을까… 그 비결은 '톨러런스' 즉, '관용'이었습니다." 하지만 송 이사장은 톨러런스의 역설에 대해서도 강조했다. 무원칙한 관용은 안된다는 것이다. 무원칙한 관용은 '깨진 유리창'의 법칙에 따라 사회혼란을 부를 것이기 때문이다. 법과 질서를 깨는 부분에 대해서는 '톨러런스'가 아닌 '노 톨러런스'가 적용되어야 한다고 그는 말했다. 민주주의와 자유시장경제에서 공정사회를 이루고 정의를 지키는 것은 바로 '노 톨러런스'라는 게 그의 주장이다.

"공정사회란 얘기가 나와서 말인데요. 그게 위험하죠, 정치 구호로서는…." 어느덧 얘기는 이명박 정부의 공정사회론까지 이르렀다. "공정의 기준이라는 게 모두 달라요. 내가 예수쟁이라서 하는 말인데, 정말 하느님 이외는 모르는 것이거든요. 공정성의 기준을 세우고 판단할 사람이 없어요. 누가 합니까." 송 이사장은 이명박 정부가 공정사회를 추진하겠다는 열정과 의지는 평가할 수 있겠지만 정치구호로서의 논란은 계속될 것이라고 전망했다.

"인류의 문명사가 수천년동안 이어져 왔지만 철학자들의 해석이 분분했어요. 그런데 하루 아침에 어떻게 정의를 내릴 수 있겠어요. 공정이라는 게 구호가 되어 주관적 잣대로 평가되는 순간 골치 아파집니다. 국회의원마다, 기업하는 사람마다 기준이 다를 수밖에 없거든요. 또 지금의 기준으로 과거를 재단하기 어렵다는 점도 있어요. 하루 아침에 어떻게 바꾸겠어요.

그러니 정치적 구호로선 안된다는 것이죠." 송 이사장은 공정이란 말 대신 '법과 질서'를 내세우는 게 더 효과적이라고 생각하는 듯했다. "법과 질서를 지키지 않는 사람은 예외를 두면 안돼요. 아까 말한대로 노 톨러런스죠. 이번 총리·장관 인사청문회도 그래요. 공정이다 뭐다 따질 것 없이 법과 질서를 잘 따지면 돼요. 예를 들어 '납세의 의무'를 안지켰는지, 이거 굉장히 중요합니다. 그런 건 노 톨러런스해야 합니다."

― 공정사회를 표방하는 이명박(MB) 정부는 공정한 국정운영을 하고 있습니까.

"선진국이 200년동안 이룩해 놓은 것을 우리가 50년 사이에 하려고 하니까 여러 문제가 나오는 겁니다. 원론은 다 좋아요. 하지만 각론으로 들어가면 공정한 역사가 하루아침에 이뤄지겠느냐 하는 문제가 남죠."

― 최근 공무원 특채를 둘러싸고 일어난 사회적 논란을 어떻게 보십니까.

"공무원 특채가 무조건 나쁜 건 아닙니다. 예를 하나 들까요. 일본의 한 작은 시에서 '우리 지역 출신 중에서 세계적으로 성공한 사람을 데려오자'고 결의해서 메릴린치 부사장 출신 인사를 시장으로 모셨는데요. 시를 완전히 바꿔놨어요. 일본생산성본부에서 주는 큰 상도 받고 매스컴에서도 대대적으로 보도했죠. 이런 경우처럼 그런 사람을 특채한다면야…"

― 자칫 유명환 전 외교부 장관 딸의 특채 파동을 두둔하는 말씀으로 들리는데요.

'물론 (유 전 장관이) 잘못했고 실수했지요. 하지만 언론들이 매일 같은 내용을 반복하고 확대 재생산하는 건 바람직하지 않아요. 그 사건 나고 나서 어느 대학의 교수가 말한 걸 봤어요. '5급 공무원 특채 늘리기로 한 정책 백지화됐다는데, 그럼 옛날처럼 책이나 달달 외워 행정고시로 들어온 사람들이 공무원되고 국정운영하면 나라 꼴이 잘 되겠느냐'고 말하던데. 잘못한 거는 잘못한 거지만 그 제도가 가진 장점을 부정하면 안되는 거 아닌가요."
― 우리 사회의 인사 검증 기준이 지나치게 까다롭다고 생각하시는가요.
"대한민국은 다른 나라들이 수백년동안 해온 성장을 압축성장했어요. 그러다 보니 그 짧은 기간에 별별 일이 다 일어난 겁니다. 지금의 기준을 가지고 다 판단하려고 하니까 힘든 거지. 과거의 사건은 참고만 하면 돼요. 미래지향적으로 가야지. 장관의 정책이 뭔지, 그 사람의 철학과 방향이 뭔지를 봐야지 과거에 집착하면 안돼요. 청문회 제도를 없앨 수도 없고 참…"
― 인사검증에서 낙마한 김태호 총리 후보자의 문제는 어떻게 생각하십니까.
"그거야 다른 문제죠. (김 후보자가) 실수했지. 우리 사회가 일정 정도 수준에 올라와 있고, 이쯤 되면 사회여론을 읽을 수 있어야 했는데. 무엇보다 정직하지 못했잖아요. 정직성은 공직자로서 굉장히 중요한 덕목인데."

다시 화제를 이 대통령의 국정수행 평가로 돌렸다. "그에 평가는 좀 이릅니다. 어느 정치가가 잘했다 못했다를 단기적으로 평가해서는 안된다고 생각해요. 선거하고 경선할 때에는 머리 터지게 하되, 경쟁이 끝나면 주어진 임기동안에는 일을 할 수 있도록 협력을 해야 합니다. 게임이 끝났는데도 안끝난 거처럼 그렇게 하면 일이 안되는 거지." 일단 뽑아 놨으면 그 사람을 믿어주고 기대고 우리가 함께 뭘 할 수 있는가를 생각해 보는 게 우선이라는 게 그의 생각이다. 그는 혼자 할 수 있는 일은 아무것도 없다는 점, 아무리 대통령이라도 정부와 국회의 협력이 없으면 안된다는 점, 잘한다 못한다는 것을 단기적으로 판단하는 게 아니라 인내를 갖고 기다리는 게 필요하다는 점을 강조했다. 인터뷰를 하면서 송 이사장은 '공정사회' 구호보다는 경쟁을 속성으로 하는 '자유주의' 구호를 더 선호하는 것 같이 느껴졌다.

그의 지론 중 하나는 "자본주의의 가장 큰 매력은 성장"이라는 것이다. "경쟁에서 살아남는 승자의 이익은 크고 다를 수밖에 없는 게 자연스럽다"

라는 말도 했다. 송 이사장은 "경쟁을 해야 박세리도 나오고 미셸 위도 나오는 법"이라고 힘주어 말했다.

하지만 송 이사장의 생각을 경쟁과 성장만을 강조하는 프리드리히 하이에크의 신자유주의와 동일시하면 안된다. 그는 '가진 자가 그렇지 않은 자를 위해 어떻게 나누는가가 참으로 중요한 문제'라는 주의 주장을 갖고 있었다. "우선순위는 분명합니다. 제1의 가치는 성장입니다. 경쟁을 통한 부의 창출이 먼저예요. 그런데 그렇게 만들어진 빵이 전부 내 거다, 이렇게 생각하면 안돼요. 나눠줘야죠. 이걸 반복할 수 있는 게 좋은 사회예요. 빌 게이츠가 왜 칭송을 받느냐 하면 바로 기부 때문이거든요. 재산의 67%를 기부하고 있어요."

송 이사장은 기업의 구조조정으로 고통당하는 사람들을 위해 좀 더 진지한 해법을 추구해야 한다는 것, 정부가 더 많은 일자리를 만들고 같이 더불어 일할 수 있도록 하는 풍토를 만들어나가는 것, 사회가 영속성을 가지려면 지도층은 사회 구성원이 뭘 원하느냐부터 찾아내는 노력을 해야 한다는 것 등을 반복해 설명했다. 송 이사장은 에이브러햄 링컨의 말을 인용해 "기업은 'of the employee, by the employee, for the employee'의 경영철학을 가져야 한다고도 말했다. 기업인은 종업원을 섬기고, 통치자는 국민을 섬겨야 한다는 점을 분명히 한 점은 확실히 보통의 신자유주의 철학과는 달라도 한참 다른 것이었다.

송 이사장이 생각하는 오늘날의 세계는 무한경쟁의 세계다. 이 속에서 대한민국의 경쟁력을 어떻게 길러야 할까. "세계 경제력 10등 안에 드는 나라를 보면 다 작습니다. 덴마크, 싱가포르, 스위스… 공통점을 보면 첫째, 세상 어느 나라보다 개방되어 있어요. 우리도 개방을 많이 했지만 싱가포르만큼 못하거든요. 두번째, 두 나라 이상의 말을 구사한다는 거예요. 우리 교육의 문제가 뭐냐면 왜 한국사람은 2개 국어를 못하느냐 하는 겁니다. 교육이 문제죠. 국제학교를 보세요. 왜 돈 들여서 그렇게 외국으로 보내냐는 거죠. 유학가는 아이들이 그렇게 많은데 외국에서 영어공부하는 것은 괜찮고 국제학교 보내는 것은 왜 안되죠." 교육문제, 대학의 거버넌스 쪽으로 화제가 옮아갔다. "우리 교육이 다 잘못됐다는 건 아니고요. 월드비전 관련 국제회의를 간 적이 있었는데 거기 이사 국가 중 84곳은 도움받는 나라이고 16곳은 도움을 주는 나라였어요. 그 16개 나라 중 가장 인기 좋은 곳이 한국이에요. 도움을 받다가 도움을 주는 나라로 바뀌었거든요. 이유는 간단합니다.

바로 자유시장경제로 성공한 나라라는 것입니다." 월드비전이란 단체는 6·25 한국전쟁과 인연이 깊은 기구다. 당시 한국 전쟁고아들을 돌보면서 국제기구의 성격으로 발전했고 전세계에 알려지기 시작했다. "한국 전쟁고아를 안고 있는 사진, 그게 월드비전의 트레이드 마크였는데. 지금 다른 나라 사람들은 다들 사진 속 아이가 아프리카 아이인 줄 알아요."

송 이사장은 "결국은 교육이 관건"이라고 말했다. 세계 어느 나라에도 읽고 쓰고 계산할 줄 아는 국민이 99%나 되는 나라는 없다. 그래서 오바마도 한국 교육을 칭찬하고 있지 않은가. 그럼에도 불구하고 송 이사장은 한국 교육이 아직은 '세계를 앞서 가는 게 아닌, 선진국을 따라가는 데만 유용한 것'이라는 한계를 지니고 있다고 지적했다. 세계를 리딩(leading)하는 것이 안되고 있는 게 문제라는 지적이다. "세상은 잘 알고 있어요. 미국은 오래오래 갈 겁니다. 왜냐구요. 새로운 지식을 창조하기 때문이에요. 창조적인 인재를 만드는 대학이 미국에 있기 때문이죠. 세계 대학 10위권 안에 대부분 미국 대학들이 있죠. 100위권이라고 해도 절반 이상이 미국 대학이에요. 우리 대학도 변해야 합니다."

― 한국의 대학이 어떻게 변해야 합니까.

"경쟁원리를 더 확실히 도입하고 기업식 경영을 해 나가야죠. 세상은 경쟁사회예요. 대학도 경쟁을 해야 합니다. 경쟁에 있어서 가장 중요한 것은 경험이고 그 경험을 많이 갖고 있는 곳이 바로 기업이거든요. 그래서 기업식 경영을 본받아야 하는 겁니다."

― 대학 구조조정에도 당연히 찬성이겠네요.

"당연하죠. 대학 경쟁력이 올라가지 않으면 선진국이 안됩니다. 하지만

원칙이 있어요. 구조조정이 경쟁원리에 의해 돼야지 교육당국이 마구 개입하고 칼질해서 되는 게 아닙니다. 뭐든 획일적으로 하면 안됩니다."

― 자율적으로 해야 한다는거죠. 3불정책도 반대하시죠.

"그럼요. 교육도 자율을 주고 경쟁하게 만들어야 해요. 피터 드러커의 말처럼 이제는 고객을 섬기며 무엇을 원하는지 알아서 충족해줘야 하는 시대입니다. 교육도 수요자 중심이 되어야 합니다. 이런 맥락에서 MB정부와 교육 당국은 사교육 억제에만 신경 쓸게 아니라 바닥에 있는 공교육을 어떻게 끌어 올릴지를 더 진지하게 고민해야 합니다." 송 이사장에 따르면 과거에는 경쟁을 해도 '체급이 있는' 경쟁을 했다고 한다. 이를테면 권투시합 같은 것이다. 하지만 지금은 무한경쟁의 시대다. "축구하고 농구하는데 체급이고 뭐고 따지고 합니까. 선택의 여지가 없어요." 송 이사장은 "국제무대 어디서든 경쟁에 참여할 수 있는 사람, 세계 그 누구와도 더불어 살아갈 수 있는 사람, 그를 길러 내는 게 학교와 기업과 정부가 할 일이고 이것이 바로 국가경쟁력"이라고 힘을 주었다.269)270)

16. 공정에 대한 기준이라는 것은 얼마나 공정한가?271)272)273)

간만에 허세 한번 부려봄. 나이가 먹어서인지 요즘 들어 자주 여러 사람에게 평가당하는 일이 많아진다. 누군가를 평가할 때 무엇을 보는가? 재력? 능력? 성실함? 성격? 무엇을 기준으로 삼고 사람을 보는가는 중요하지 않다. 개인적이니까. 하지만, 그 개인적인 기준이 정답이 되어서는 안된다. 재력을 평가의 기준으로 보는 사람한테는 돈이 없는 사람은 틀린 사람이 되는 것이다(다른 사람이 아닌 틀린 사람이다.).

---

269) 인터뷰 = 허민 사회부장 minski@munhwa.com
270) munhwa.com '대한민국 오후를 여는 유일석간 문화일보'
271) http://blog.naver.com/jinyudajoe/80115797364
272) 잡스런 것, 2010/09/22 20:55, [사회] 네티즌 관심뉴스
273) http://news.nate.com/view/20100924n09934(2010.10.2)

종교를 기준으로 보는 사람한테 자신과 다른 믿음을 가진 사람 또한 틀린 사람이 되는 것이다. 모든 사람은 자신만의 기준이 있을 것이다. 그리고 나이가 먹을수록 평균에 의한 공식을 만들고 그 공식에 사람을 대입하게 된다. 그리고 correct와 fail로 구분하게 된다.

철수는 물을 자주 마셔서 잘 때 오줌을 자주 싼다. 영희도 물을 많이 마신다. 대체적으로 물을 많이 마시는 사람은 오줌을 자주 싼다. 그러니 영희 또한 평균에 의해서 잠자리에 오줌을 쌀 것이다. 또는 그런 애들은 잠자리에 오줌을 자주 싸더라.

위의 말도 안되는 논리가 타인의 평가 공식으로 사용하고 있지는 않은가? 타인을 평가할 때 그 사람의 이면은 모든 기준이 될 수 없다. 상황 또한 기준이 될 수 없다. 그리고 자신의 주관적인 경험 또한 기준이 될 수 없다.

자신의 나이나 경험 또한 상대방을 평가하는 기준이 될 수 없다. 단번에 첫인상으로 사람을 어쭙잖게 평가하는 사람은 믿지 않는다(물론 그 사람이 프로파일링이 전문이라든가 한다면 생각해 볼 가치가 있겠지만.).

오히려 상대방을 평가하지 않으려고 하는 사람의 말에 더 믿음이 간다. 처음부터 어떠한 잣대를 대고 평가하는 사람에게 공정한 평가라는 것은 있을 수 없기 때문이다. 더군다나 높은 위치에 있으면 사람을 평가하기는 더 쉬워진다. 경험이 많아서? 보는 시각이 더 넓어져서? 오히려 그러한 생각에 자만하기 쉬워진다. 자신의 위치가 높을수록 더 신중해야 한다. 오히려 상대방이 평가기준에 알아서 맞추기 때문이다. 그럴수록 진실한 모습은 보기 어려워진다.

다시 처음으로 돌아가서 난 여전히 누군가에게 평가되고 분류된다. 얼마나 공정하고 객관적인 기준일까? 대부분 맞거나, 또는 그렇지 않다는 것을 알지만, 그 기준에 맞춰질 수밖에 없는 것이 현실이다. 이해하고 포기하느냐 혹은 이해하고 바꾸느냐의 두 가지가 있다. 인생은 영화가 아니지 않은가? 작게나마 소원이 있다면, 지위나 역할을 떠나서 나와 같이 일해본 많은 사람이 평가한 좋은 점들이, 나를 잘알지 못하는 단 한 명에 의해서 평가절하되는 일이 없길 바랄 뿐이다. 또는 몇몇 대단하신 분들은 내가 모르는 무엇인가의 기준으로 나를 평가한다. 그런 게 있기야 하겠지만 내가 알려주지도 않았는데 나를 어떻게 알 수 있겠는가?(너는 몰라도 돼, 너는 모르자나 쉬운 논리다. 그러면 알려주던가?ㅋㅋㅋ)

그릇된 평가에 흔들리지 않는 모습을 가질려면 무엇이 필요할까? 신념과 의지라는 것이 필요한 이유가 아닐까? 나와 가까운 사람도 나를 알지 못하는 몇몇 사람들의 말에 의해서 나에 대한 생각이 바뀜을 느낀다. 내가 제대로 하지 못했기 때문이라 생각든다. 처음과 달리 나에 대한 생각이 변하였다면 그것은 나의 잘못이 아닌가? 반성한다. 나의 그릇이 작음을, 더 반성한다. 작은 그릇임에도 채워 넣을 것이 아직 많다는 것을. 다만, 허세, 찌질, 날 그렇게만 보지마세요.274)275)

17. '공정한 사회'의 기준은 무엇일까?

이명박 대통령이 광복절 경축사에서 공정한 사회를 집권 후반기 국정 운영 청사진으로 내놓은 후 '공정 사회'에 대한 관심이 높다.276) 이 대통령은 이날 "공정한 사회는 출발과 과정에서 공평한 기회를 주되, 결과에 대해서는 스스로 책임을 지는 사회"라며 공정 사회야말로 대한민국 선진화의 윤리적·실천적 인프라라고 강조했다. 그러면서 미소금융 햇살론, 대기업과 중소기업, 노사협력 등의 상생 정책을 적극적으로 추진하겠다고 밝혔다. 우리 사회에서 커지고 있는 분야별 격차를 해소해 모두가 잘사는 따뜻한 사회를 만들겠다는 의지라고 볼 수 있다. 이 대통령이 공정한 사회를 후반기 국정운영 청사진으로 내세웠지만 사실 이는 많은 정치가들이 오래전부터 꿈꿔왔던 주제이기도 하다. 하지만 공정한 사회를 어떻게 추진할 것인가 하

---

274) [출처] 판단에 대한 기준이라는 것은 얼마나 공정한가?|작성자 Sixduck
275) http://blog.naver.com/jinyudajoe/80115797364(2010.10.2)
276) Cover Story I '공정한 사회'의 기준은 무엇일까? 생글생글 2010/08/22 20:00, http://blog.naver.com/worldeyu/90094423340

는 구체적인 방법론에 들어가면 다소 복잡한 논쟁이 벌어진다.

공정은 바로 정의라는 철학 주제와 관련이 있기 때문이다. '정의론'의 저자 존 롤스는 정의의 기준을 아예 '공정(fairness)'이라고 말했다. 그는 공정한 사회를 만들기 위해 정의의 기준을 만들어야 하는데 이때 세상 사람들은 이미 이해관계가 있으므로 세상에 태어나지 않은 '베일에 가린 상태'를 가정해야 한다는 방법론을 제시하기도 했다. 공정한 기준을 정하기가 그만큼 힘들다는 의미이다. 정의를 보는 시각은 크게 세 가지로 나뉜다. 최대다수의 최대행복을 강조하는 공리주의, 개인의 자유를 강조하는 자유주의, 그리고 미덕을 기준으로 해야 한다는 고대 철학자 등을 들 수 있다. 자유주의는 다시 평등을 강조하는 존 롤스주의자(liberalist · 점진적 자유주의자)와 개인의 자유를 강조하는 로버트 노직주의자(libertarian · 급진적 자유주의자)로 구분하기도 한다. 공리주의자는 한계효용체감의 법칙을 들며 개개인이 얻는 만족감(효용)이 최대가 되도록 해야 한다고 보았다. 철학자들이 정의의 기준으로 자유를 제시한 것은 18세기 이후부터다. 18세기 이전의 철학자들은 정의를 미덕으로 판단했다. 고대 철학자 아리스토텔레스는 정의란 사람들에게 그들이 마땅히 받아야 할 것을 주는 것이라고 보았는데 이때 마땅히 받을 자격이란 바로 미덕을 기준으로 판단했다.

바람직한 삶을 사는 사람들에게 영광과 포상이 돌아가도록 해야 한다는 것이었다. 이러한 사상은 산업혁명과 시민혁명이 일어나고 자유가 강조되면서 바뀌었다. 임마누엘 칸트 이후 철학자들은 정의란 시민들의 권리와 관련되는 것으로 미덕과 같은 주관적인 견해에 좌우되어서는 안된다고 보았다. 개인의 삶은 개인 스스로 선택할 수 있어야 한다는 것이다.

물론 고대 철학자들이 주장했던 미덕을 정의의 잣대로 삼는 시각이 18세기 이후 완전히 없어진 것은 아니다. 공동체를 강조할수록 이러한 기준이 두드러진다. 마이클 샌델 하버드대 교수는 '정의란 무엇인가'에서 자신은 미덕을 선호한다고 스스로 밝히고 있다.

미덕을 기준으로 정의를 판단하는 방법은 일견 직관적이어서 설득력이 있을 수 있다. 하지만 국가가 미덕을 정하고 판단하기 위해 개입하기 시작하면 개인의 자유는 위축될 수밖에 없다. 극단적인 경우 전체주의 국가로 흘러갈 수도 있다. 이 대통령이 8·15 경축사에서 공정한 사회를 제시한 것을 계기로 정의의 개념과 역사 등에 대해 계속 살펴 보아야 할 것이다.[277)278)]

18. 실력이 공정한 경쟁 기준이 될 수 없는 7가지 이유

2006년, 군대에서 읽으며 동감했던 로버트 크레이빌의 글이다.[279)]

1) 생물학적 제약

최홍만과 보통 청년이 힘이 다른 것은 당연한 것 아님?

2) 문화적 가치

사회에서 얼마나 가치를 두느냐에 따라 실력은 달라짐.

3) 개인적 동기 형성 과정

저는 수학을 싫어합니다. 제 친구는 수학을 좋아하죠. 과연 같은 노력을 들이면 같은 실력이 될까요?

4) 지역사회 자산

동네마다 잔디밭이 있는 곳과 공도 없는 곳에서 축구선수 실력이 같을까요?

5) 가족 안정성

가족간에 화목하고 서로의 신뢰가 있어야 한다.

6) 부/가난

역시 중요한 기준이다.

---

277) 장경영 한국경제신문 연구위원, longrun@hankyung.com, [출처] Cover Story Ⅰ'공정한 사회'의 기준은 무엇일까?|작성자 worldeyu
278) http://blog.naver.com/worldeyu/90094423340(2010.10.2)
279) 그 외의 모든 것, 2010/04/04 20:29,
http://blog.naver.com/leinon/110083808313

7) 기회

천재적인 소프라노 음성을 타고난 여자아이가 성악이 없는 나라에서 태어난다면?

원래 이 세상은 불공평하다. 그것을 최대한 공평하게 맞추는 것이 정의라고 한다면, 개인에게 주어진 것을 마음껏 사용할 수 있게 해 주는 것이 자유일 것이다. 언제나 자유와 정의는 어느 중간 지점에서 부딪히는데, 사회에서 공정하게 여기는 기준은 각자의 사정에 따라 달라지게 된다. 솔직히 말해서 이미 한국 사회에서 공부를 통해 경제적, 사회적 지위를 상승시키는 것은 30년 혹은 그 전에 비하면 불가능에 가까운 수준으로 낮아졌다. 그러나 사회 구성원들은 그렇게 여기지 않기 때문에 교육에 있어서 '평등'의 가치에 그렇게 목을 매는 것이다. 자신들과 아이들의 삶의 희망을 공부해서 '사자 들어가는 직업을 가지는 것에 걸고 있기 때문이다. 4학년 때 교생 실습을 나갔던 학교는 잘 살지 못하는 아이들이 많았고, 그 안에서 이 사회의 기준에 맞게 살아남을 수 있는 규격화된 아이는 한 반에 한 명 정도였다.

하지만 -뭐 나 자신이 학부생일 때 고액 과외도 많이 하고 그랬으니까 -_-;- 고액 과외를 받거나 할 수 있는 환경에 있는 아이는 재능이나 동기가 저 학급에서의 중간 정도만 되어도 상당한 학습 성취를 보일 수 있다. 실력으로 평가하는 것이 공정하리라 생각하지만 실은 그 조차도 완벽하지 않다는 말이다. 하지만 실제로 학문에 있어서든 직업에 있어서든 현실적인 성취는 실력으로 따지는 것이 효율적이다. 그러니 '이 세상이 원래' 불공평하다는 것이다. 그러니 모든 계층의 모든 사람들이 다 공부에 목을 매다는 것보다, 최대한 다양한 계층에서 다양한 일을 했을 때에도 생활수준이 지나치게 낮아지지 않는 사회를 만드는 것이 낫고 특히 독일의 마이스터 제도처럼 각자 자신의 분야에서 뛰어난 성취를 이루면 모든 사회 전체가 인정해 주는 시스템을 만드는 것이 중요하다. 독일에서는 20년간 소시지를 만든 명인 마이스터가 진심으로 사회의 존경을 받을 수 있으며, 뉴욕에서는 -이쪽은 직접 경험하진 못했고, 와인 스펙테이터에서 읽었음. 30년 경력의 바텐더/소믈리에가 권하는 술을 존경과 경탄을 담아 마신다. 하지만 한국이라면 오히려 못배워서 그런 일을 할 따름이라며 하대하는 사람이 굉장히 많을 것이라 생각한다.280)281)

19. 정의와 공정의 第一의 원칙과 기준은 헌법과 법률을 존중하고 보장하는 것

정의와 공정의 第一의 원칙과 기준은 헌법과 법률을 존중하는데서부터 비롯된다.282)

헌법기관인 감사원의 독립성은 지켜져야 하고 헌법에 명시된 감사원장의 임기도 지켜져야 한다. 새로운 감사원장은 감사원의 헌법상 독립성과 업무의 연속성을 위해 내부승진기용이 바람직할 것이라고 본다.283) 생각컨대 이번 총리인선에 대하여 헌법적 가치수호를 본질로 하는 정의와 공정이라는 관점을 갖고 건설적 차원에서 문제의식을 갖고 생각해 본다면 다음과 같다. 헌법기관인 감사원의 독립성은 지켜져야 하고 헌법에 명시된 감사원장의 임기도 지켜져야 한다. 감사원장은 헌법기관이고 국회동의를 거쳐야 하는 매우 중요한 자리이며 그 임기는 헌법에 규정되어 있다. 그런데 4년임기중 임기를 2년밖에 채우지 않은 감사원장을 총리로 내정한 것은 그런 점에서 볼 때 전혀 뜻밖이고 이해할 수 없다. 감사원의 독립성 측면에서 뿐만 아니라 또다시 새 감사원장 후보를 인선해서 감사원장 역시 국회동의 절차를 거쳐야 하는 복잡한 일정이 계속되기 때문에 따라서 감사원장의 임기가 아직 2년이나 남은 싯점에서 감사원장이 총리로 되는 것은 감사원의 독립

---

280) [출처] 실력이 공정한 경쟁 기준이 될 수 없는 7가지 이유.|작성자 레이논
281) http://blog.naver.com/leinon/110083808313(2010.10.2)
282) 2010.09.16 14:15 | 이런저런 생각들 | emp,
   http://kr.blog.yahoo.com/emp01sc/2552
283) 9/17,00:41

성과 업무의 연속성 그리고 새 감사원장을 인선해서 국회동의절차를 거쳐야 함으로 인한 국정의 비효율성 등의 측면을 생각해본다면 이번 인선은 뜻밖이고 이해할 수 없는 일이다. 현직 감사원장의 임기중반에 교체하는 것은 당연히 그래서는 안되는 것이고 할 수도 없는 여러가지 측면이 있기 때문에 뜻밖에도 이번에 감사원장이 임기중반에 임기를 다 채우지 못하고 교체되는 것은 참으로 안타까운 일이다. 더욱이 작금에 각 부처와 제 지자체 및 공기업에 대한 인사감사가 실시될 이 싯점에 감사원의 수장이 바뀌어 버리는 것은 그런 점에서 볼 때도 역시 문제점이 따른다고 볼 수 밖에 없다.

뿐만 아니라 이번에 다시 새로 인선될 감사원장 역시 차기 정권출범 때 다시 임기 2년여만에 교체될 가능성이 큰데 이로 인해 헌법기관인 감사원의 독립성과 임기보장규정이 계속해서 저해되게 되는 그같은 불합리한 점이 내재되어 있다. 이렇게 된다면 새로이 다시 임명될 감사원장은 임기중 감사업무를 헌법정신에 따라 제대로 소신있게 독립적으로 처리하기가 어려울 것이라는 것을 우려한다. 여러모로 참으로 안타까운 일이 아닐 수 없다.

이런 모든 점들에 대해 청와대가 모든 점들을 다 판단하고 고려할 것이라고 생각하였는데 예상과는 달리 전혀 그런 점들이 고려되지 않고 뜻밖에 이런 인선이 이루어진 것은 정말 이해할 수 없는 일이다. 더욱이 김황식 감사원장은 2년전에 역시 임기를 채우지 못하고 물러난 전윤철 감사원장의 후임으로 감사원장으로 임명된 것도 사실 임기 6년인 대법관에 2005년 임명된 뒤 아직 대법관 임기를 절반이나 남겨둔 싯점에서 헌법상 국회동의를 거쳐야 하고 임기가 보장된 대법관직의 임기를 다채우지 못하고 대법관직에서 물러난 뒤 감사원장으로 임명되었다는 점이 원칙적으로 생각해본다면 헌법상 보장된 사법부 독립과 헌법상의 대법관 임기 규정이 보장되지 못하였다는 점에서 아쉬운 측면이 있는판에 이번에는 그분이 재직하고 있는 감사원장직을 역시 헌법상 보장된 감사원의 독립성과 헌법상 규정된 임기를 채우지 못하고 감사원장 자리를 떠나게 되는 점은 바람직하다고만은 볼 수 없다.

헌법기관인 감사원의 독립성은 지켜져야 하고 헌법에 명시된 감사원장의 임기는 지켜져야 한다. 헌법에 임기가 규정되어 있는 헌법기관인 감사원장이 임기중반에 교체되어 버리는 것이 합당키나 한 일인지 생각해 볼 일이다. 안타까운 일이다. 지역출신지가 어디이냐가 중요한 것이 결코 아니다.

그리고 당정수뇌부가 모두 병역미필자라는 점도 국민정서상 개운치 않게 받아들여지고 있다는 점도 사실이다. 아울러 지난 2008년 감사원장 후보자 인사청문회에서 밝혀진 바로는 유학 중이던 자녀의 학비 700만원을 부당하게 공제받은 것이 사실로 드러난 바 있었다고 하며, 양쪽 눈의 시력 차이가 커 병역을 면제받았으나 법관 채용 신체검사 당시에는 시력 차이가 거의 같은 수준으로 판정을 받음으로써 병역기피 의혹이 제기되는 점에 대해서도 일국의 총리에게 요구되는 고도의 도덕적 자질을 입증받기 위한 명확한 해명이 필요할 것이다. 듣기로 민주당을 비롯한 야당은 지난 이천팔년 감사원장 인사청문 당시 부적격 판정을 내린 것으로 알고 있다. 정의롭고 공정한 사회의 가장 일차적인 원칙과 기준은 헌법과 법률의 존중에 있다. 그런 측면에서 이번 인사는 엄밀히 말하면 정의와 공정원칙에 합치되지 않는다.

그런 측면에서 김황식 감사원장은 헌법에 보장된 감사원의 독립성과 임기를 지키고, 아울러 감사원장을 새로 인선함으로 인해 계속해서 야기될 우려가 있는 국정의 비효율을 방지하고 아울러 감사원의 독립성과 헌법정신과 규정이 훼손되지 않도록 하기 위해 총리지명을 사양하는 것이 바람직하였을 것이라는 점도 생각하게 된다. 끝으로 위와같은 문제의식의 연장선상에서 생각해 볼 때, 새로운 감사원장은 감사원의 헌법상 독립성과 업무의 연속성을 위해 내부승진기용이 바람직할 것이라고 본다. 자유선진당 권선택 원내대표는 신임 국무총리 후보자에 내정된 김황식 감사원장에 대해 16일 "MB 정권 초기에 국민적 비판의 대상이 되었던 소위 고소영 그룹에 속하는 인물이라는 점에 주목한다"며 심도있는 검증이 필요하다고 주장했다.

진보신당 심재옥 대변인은 또한 "2008년 감사원장 청문회에서 제기된 병역기피, 세금 탈루 등 이미 불거진 의혹에 대한 재규명과 함께 김 지명자의 업무능력에 철저한 검증이 필요하다"고 밝혔다.

20. 김황식 후보자 '부당감사 지시' 의혹

내정 직후 사돈기업 입찰탈락한 산업인력공단 조사, 감사원 "제보확인 통상 절차…사돈 관련 몰라" 해명. 김황식 감사원장 후보자가 내정된지 이틀 만에 감사원이 김 후보자의 사돈이 회장을 맡고 있는 기업의 입찰 탈락 과정을 조사한 사실이 드러나, 김 후보자가 부당한 감사 압력을 넣은 게 아니냐는 의혹이 제기됐다. 백원우 민주당 의원은 1일 브리핑에서 "김황식 후보자는 내정 다음 날인 7월8일 업무보고를 받았고, 그 다음 날인 7월9일 감사원 특별조사본부가 산업인력관리공단의 '직업방송' 송출대행업체 입찰과정을 조사했다"고 말했다. 산업인력관리공단은 지난 5월 취업정보를 하루 세 시간씩 소개하는 직업방송 송출대행업체 선정 공고를 냈고 이에 김 후보자와 사돈관계에 있는 박병윤 전 의원이 회장으로 있는 일자리방송과 한국경제티브이 등이 응찰했다. 이 입찰 과정에서 한국경제티브이가 일자리방송 등을 제치고 선정됐다. 백 의원은 "박 회장은 김 후보자의 사돈이고, 이 방송의 40% 지분을 갖고 있는 일진그룹의 허진규 회장은 후보자의 매형"이라며 "감사원은 5월6일부터 6월4일까지 공공기관 실태조사 일환으로 산업인력관리공단 감사를 벌인 적이 있는데, 한달 뒤 특별조사팀이 이례적으로 다시 파견됐다"고 말했다. 백 의원은 "김 후보자가 감사원 업무보고를 받으면서 일자리방송과의 사적인 관계 때문에 부당한 감사를 지시했을 정황이 높다"고 주장했다. 이에 대해 감사원은 해명자료를 내 "7월3일 '한국경제티브이가 시청가구수를 부풀린 제안서를 제출해 선정됐다'는 제보가 들어와, 7월9일 산업인력관리공단의 설명을 들었다"며 "제보 신빙성을 확인하려고 통상 절차에 따라 사실을 확인한 것"이라고 반박했다. 감사원은 "제보를 확인할 때 김 후보자의 사돈이 일자리방송 회장인지 전혀 몰랐다"며 "김 후보자는 업무보고를 받을 때 일자리방송 관련 내용을 보고받거나 지시한 사실이 없다"고 설명했다. 민주당은 또 김 후보자가 2006년 대법관으로 재직할 때 아들의 대학원 학비 700만원에 대해 부당하게 소득공제 받은 것에도 문

제제기를 했다. 대학원에 다니는 자녀 학비는 소득공제 대상이 아니다.284)

80억원의 사학교비를 횡령한 민주당 강성종 의원이 구속기소되었다고 한다. 강의원에 대한 국회체포동의안이 가결되었고 그뒤 구속영장 실질심사에서는 강의원의 증거인멸우려가 인정되어 영장이 발부되었다고 한다.

깨끗한 사학구현을 위해 참여정부 때 사학법을 개정했던 일을 생각해 본다면 이같은 사학교비 횡령비리는 유권자들을 매우 실망시킨 일이다.

지방행정개편특별법에 광역시 구의회 폐지 조항이 삭제된 것은 자치행정의 효율성이라는 한쪽 측면만을 보기보다는 근본적으로 풀뿌리 민주주의의 기본원리와 절차적 민주주의 등을 종합적으로 고려한 고민의 결과라고 해야 하겠다…일각에서 이를 문제삼는 시각도 있지만 오히려 경실련을 비롯한 사회각계 및 시민들은 구의회의 문제점을 바로잡기 위한 대책 마련 및 사회적 공론화를 거치지 않은 채 풀뿌리 지방자치의 기초인 구의회를 폐지하려는 발상에 대해 강력하게 반대해오고 있었던 바, 생각해 볼 때 효율성이라는 한쪽 측면만 보고서 구의회를 폐지하기 보다는 가능하면 풀뿌리 지방자치와 풀뿌리 민주주의를 최대한 존중하면서 구의회의 비효율성 문제를 보완할 수 있는 대책을 마련해 보고 심도깊은 사회적 공론화도 거쳐가면서 민주적으로 신중하게 접근하기 위하여 이번에 구의회 폐지조항을 삭제한 것으로서 이는 합리적인 접근이라고 생각한다.

작금에 국가안보가 가장 중요한 국가과제로 떠오르고, 얼마전 국가안보총괄점검회의에서는 대통령님께서 군이 거듭나야 하며 군이 보다 강해질 필요가 있고 이를 위한 군개혁을 강조하셨다. 한반도 안보현실과 우리 군의 전력증강계획 이행상황 등 및 굳건해진 한미전략동맹관계 등을 종합적으로 고려하여 전시작전권이 이천십오년 십이월 일일까지 연기된 배경을 받아들여 내년도 예산안중 국방예산을 최우선적으로 배려해야 함을 다시금 상기해 본다.285)

---

284) 9/16, 20:26
285) 9/16, 21:15

최전방에서 발견된 백몇십기의 목함지뢰의 실체규명은 어떻게 되었는가. 그리고 북한이 서해북방한계선 이남해역으로 해안포를 발사한데 대해 우리 군당국은 북한에 어떤 의사표시를 하였는가. 적어도 안보에 있어서만큼은 확실하게 대처해야 할 것이다[286]

21. 법관에게 판단의 기준을 제공하는 양심은 공정성과 합리성에 담보

李 대법원장, "상식과 동떨어진 법관의 양심은 곤란"[287] "다른 법관들이 납득할 수 없는 유별난 법관 개인의 獨斷을 양심이라고 할 수 없다". 이용훈 대법원장이 22일 "법관의 양심은 사회로부터 동떨어진 것이 되어선 곤란하다"고 말하였다. 李 대법원장은 오전 대법원 청사 대강당에서 열린 新任법관 89명을 임명하는 자리에서 "우리 사회의 일반적인 상식에 비추어 받아들일 수 없는 기준을 법관의 양심이라고 포장해서도 안된다"면서 "그것은 개인의 독단적 소신을 美化하는 것에 지나지 않는다"고 말했다. 조선닷컴은 李 대법원장의 발언은 최근 時局사건에 대한 잇단 無罪 판결로 인한 논란 등으로 사법부가 위기에 처한 상황에서 일선 판사들의 自重을 당부하기 위한 것으로 해석된다고 분석하였다. 李 대법원장은 또 "법관에게 판단의 기준을 제공하는 양심은 다른 법관과 공유할 수 있는 공정성과 합리성이 담보되는 것이어야 한다"며 "다른 법관들이 납득할 수 없는 유별난 법관 개인의 獨斷을 양심이라고 할 수 없다"고 말했다.[288]

---

286) 9/16, 22:30, http://kr.blog.yahoo.com/emp01sc/2552.html(2010.10.2)
287) 조회 410.02.23 17:10, 겨울여행 unio****
288) http://bbs1.agora.media.daum.net/gaia/do/debate/read?bbsId=D109&articleId=230874(2010.10.2)

22. 공정한 기준과 잣대를 가지고 판단

쇠고기 한 조각 훔친 죄로 교수형을 받게 된 도둑이 왕 앞에서 최후 진술을 하게 되었습니다.[289] "폐하, 사실 저는 사과씨를 심어 하룻밤 사이에 열매 맺게 하는 비법을 알고 있는 유일한 인간입니다. 속죄하는 뜻에서 폐하와 대신들에게 그 비법을 전해드리고 죽게 허락해주십시오." 왕이 그의 부탁을 허락하자, 그는 삽과 씨를 준비해 달라고 부탁합니다. 호기심에 많은 사람들이 모여들었고, 도둑은 한껏 신중한 동작으로 삽질을 하여 작은 구덩이를 판 다음 물을 부었습니다. 그리고 이렇게 말했습니다. "이제 씨를 심을 차례가 되었습니다. 그런데 이 씨앗은 아직까지 자기 것 아닌 물건에 손댄 적이 없는 사람이 심어야 합니다. 아무리 사소한 물건이라도 또 잠깐이라도 손대지 않았어야 합니다." 왕이 가장 신임하는 외무대신에게 씨를 심도록 시키자, 외무대신이 머뭇거리며 뒤로 물러서며 말했습니다. "폐하, 저는 안되겠습니다. 어렸을 때 남의 외투를 입고 다닌 일이 있거든요." 그러자 왕은 재무장관에게 씨를 심도록 시켰습니다. 그러자 재무장관이 당황하여 말했습니다. "저는 지난번에 왕실 금고에서 돈을 꺼내어 쓰다가 문책당하지 않았습니까?" 이렇게 차례로 대신들에게 사과씨를 심으라고 했지만, 결국 씨를 심겠다고 나서는 사람은 하나도 없었습니다. 왕 자신도 어렸을 때 아버지 물건을 가져다 쓴 일이 생각났습니다. 그렇게 시간이 흐른 뒤에, 도둑이 왕에게 말했습니다. "왕실의 대신들은 모두가 고상하고 훌륭한 인격을 지니신 분들로 알고 있습니다. 그런데도 어느 한 분, 남의 물건에 손대지 않은 사람이 없군요. 그런데 제가 먹을 것을 조금 훔쳤다는 이유로 목매달려 죽어야 하는 것입니까?" 그러자 왕이 그 도둑의 슬기롭고 교활한 지혜에 놀라며, 그를 살려주었다고 합니다.

도둑이 이해할 수 없었던 것은 모두가 지을 수 있는 사소한 죄를 짓고 사

---

289) 김기현 2009-10-30 10:46:18 주소복사 조회 7, 연중 제30주간 금요일(루카복음 14장 1~6절)

형이라는 큰 벌을 받았던 것일 겁니다. 도둑은 그러한 판결이 부당하다는 것을 말하기 위해서 신비스런 씨앗 이야기를 만들어냈고, 그것을 통해 왕과 대신들이 자신들도 사소한 죄를 지었던 적이 있음을 기억하고 합리적이고 올바른 판단을 내리기를 기대했을 겁니다. 오늘 복음의 상황도 비슷합니다.

율법학자들과 바리사이들은 안식일법을 적용하는데 있어서, 자신들과 관련된 사람들에게는 유연한 잣대를 적용하고 자기들과 관련이 없는 사람들에게는 엄격한 잣대를 적용했습니다. 예수님은 그러한 바리사이들과 율법학자들의 부당함을 지적하기 위해 이런 말씀을 하십니다. "너희 가운데 누가 아들이나 소가 우물에 빠지면 안식일일지라도 바로 끌어내지 않겠느냐?"

예수님의 말씀을 다르게 표현하면, "너희들도 너희 가족이나 가축의 생명을 살리기 위해서 안식일에 일하면서, 내가 안식일에 생명을 살리는 일을 했다고 비난하고 트집을 잡는 이유가 무엇이냐?"라고 할 수 있을 겁니다.

예수님의 지적을 받은 바리사이들과 율법학자들은 자신들의 잘못을 알기에 더 이상 아무 말도 하지 못합니다. 오늘 하루, 다른 사람들을 판단하고 지적하는 나의 기준이 공정한지 생각해 보셨으면 좋겠습니다.[290][291]

23. 불공정거래, 기준과 처벌은?

불공정거래란 정상적인 수요와 공급원리에 의해 가격이 형성되지 못하고 인위적으로 부당하고 불공정한 방법에 의하여 가격이 형성되는 것을 말한다.[292] 증권시장에서도 시장의 특수성과 매매의 전문성으로 인해 비정상적인 방법에 의해 매매거래가 이루어질 가능성이 높아 다음과 같은 불공정거래는 금지되어 있다.

---

[290] 닫기 "생명을 살리는 일을 생각하자…"김기현 믿음의 열매 큰 솔 9/7 福音.默想 (복음 묵상) 고집 28주간 수요일 수제자 10월 31일 : SAY "YES" TO THE LORD! 다람쥐신부, Loading
[291] http://www.cyworld.com/kimki1004/3130838(2010.10.7)
[292] 창돌이3 08. 12.15 10"33

① 통정매매 및 가장매매
② 표시에 의한 시세조종
③ 사기적 행위에 해당하는 거래
④ 시세의 고정 또는 안정행위

위의 금지사항을 위반하는 경우 3년 이하의 징역 또는 2천만원 이하의 벌금이 부과되며, 위의 사실에 의해 형성된 가격으로 증권시장에서 매매거래를 한 투자자의 손해에 대하여 위반자가 손해배상을 할 의무가 있다. 손해배상청구권은 청구권자가 그 사실을 안 때로부터 1년, 그 행위가 있었던 때로부터 2년간 행사되지 않으면 시효로 인하여 소멸한다.[293]

24. '공정'의 기준이 뭐냐…與도 오락가락

국정운영 우려…'신중' 목소리, 당내서도 이견 진통예상[294]

한나라당이 추진 중인 공정사회법안

법안	내용
집시법	야간 옥외집회 금지
유통산업발전법	기업형 슈퍼마켓(SSM) 규제
소비자기본법	소비자 집단분쟁 사건의 조정 기간 연장
하도급거래공정화법	한국공정거래조정원의 하도급 분쟁조정 설치 근거 마련
가맹사업거래공정화법	가맹 사업자 권익 보호 및 불합리한 규제 정비
방송광고판매대행법	방송광고 판매시장에 경쟁제도 도입
방송법	방송시장 불공정거래 금지행위 신설
고용보험법	영세자영업자에 대한 실업급여 임의 가입 허용
교원노조법	교원노조의 단체교섭 절차 개선
교원능력개발평가제도입법	교원능력개발평가제 도입
국립대학재정회계법	재정회계 운영 자율성과 투명성 제고
공익신고자 보호법	공익신고자 보호제도 도입
부패방지 및 국민권익위원회 설치법	부패 방지 규정이 적용되는 공공기관 확대
행정규제 피해구제 및 형평보장법	행정규제 피해에 대해 맞춤형 구제제도 도입
국가유공자 예우·지원법(2건)	월남참전유공자를 국가유공자로 인정
보훈보상대상자지원법	군인·경찰·공무원 등 보훈 대상자 지원 내용 규정

자료: http://biz.heraldm.com/common/Detail.jsp?newsMLId=20100908000282(2010. 10.2)

---

293) http://knowhow.moneta.co.kr/know.know.qry.screen?num=45798&listGubun =&first_class=1&second_class=-1(2010.10.2)
294) 2010-09-08 11:01

'공정사회법안' 기준이 무엇이냐를 놓고 여당 내부에서 논란이 일고 있다. 한나라당 정책위원회가 지난 6일 160개 중점처리 법안 중 17개 '공정사회법안'을 공개하면서 선정기준과 의미를 놓고 당내 혼선을 빚고 있다. ▶표 참조

정책위는 현재 '공정사회법안' 최종 결정을 보류하고 있는 상태다. 고흥길 한나라당 정책위의장은 8일 "(공정사회법안 중점 처리에 대해) 당내에서 그게 어떻게 공정사회법안이냐, 다른 게 더 중요하지 않느냐는 등 이견이 존재한다"고 말했다. 당내에선 공정의 의미가 복합적으로 파생될 수 있는 만큼 자칫 잘못했다가는 국정운영에 악영향을 끼칠 수 있다는 우려 아래 신중을 기해야 한다고 보고 있다. 안상수 한나라당 대표도 "공정한 사회의 개념이 너무 추상적이고 광범위해 엄격한 기준이 필요하다"며 "여의도연구소에서 다듬고 정책위에서 구체적으로 검토하는 것이 좋을 것"이라고 말한 바 있다. 공개된 법안 중 가장 논란이 일고 있는 부분은 야간옥외집회 금지를 골자로 한 집시법 개정안과 유통산업발전법이다. 여당 내부에서도 의견이 갈리고 있다. SSM(기업형 슈퍼마켓) 규제법인 유통산업발전법의 경우 야당은 대·중소기업 상생협력촉진법과 동시에 처리해야 한다는 입장이나 여당은 난색을 보이고 있다. 고 의장은 "유통산업발전법은 여야 이견이 없지만, 대·중소기업 상생협력촉진법은 자칫 잘못하면 WTO 등에서 이의를 제기할 가능성이 있다"며 "통상당국이 유보해 달라는 요청이 있었다"고 전했다.295)296)

25. "공정사회의 기준에 부합되는 장관 많지 않을 것"

"공정사회의 기준에 부합되는 장관 많지 않을 것"297), 임태희 대통령실장

---

295) 이지상 기자/sang@
296) http://biz.heraldm.com/common/Detail.jsp?newsMLId=20100908000282(2010. 10.2)
297) [10.09.09 서울경제] "공정사회의 기준에 부합되는 장관 많지 않을 것", 정옥임 2010-09-09 19:36:31

은 9일 "(최근 임명된 장관 중) 아마 스스로에게 양심껏 손을 얹고 '당신이 임명된 것이 공정하다고 생각하느냐고 하면 자신있게 말할 수 있는 사람이 많지 않다고 생각한다"고 밝혔다. 한편 임 실장은 '대통령의 대북철학이 무엇인가'라는 정옥임 한나라당 의원의 질의에 대해 "(북측) 국민들이 자유롭고 지금보다 개선된 삶을 사는 게 기초적 목표가 돼야 하고 그 바탕에서 남북 간 평화, 경제를 넘어서 민족통일까지 가는 정책적 목표를 갖고 계신다"고 답했다.[298]

"정의가 깃발이라면 상식은 깃대에 해당한다. 깃대가 사라져 버린 사회에서 어찌 깃발이 제대로 펄럭일 수가 있으랴."(이외수 트위터) <정의란 무엇인가>의 저자 마이클 샌델 교수가 어떻게 생각할지 궁금? 아마 이렇게 말할 것 같다. "우선 이외수씨가 생각하는 '정의와 상식', 깃발론과 깃대론'이 정의로운가부터 공부해 봅시다. 사실 마이클 샌델은 '정의'를 정의하지 않았습니다. 책의 끝자락에 가서야 자신의 견해를 살짝 피력하지요. 이명박 정부 하반기 국정운영의 기조는 '공정사회의 구현'이다. 공정이라는 보편적 기준과 인식의 지평을 어떻게 세우고 넓힐 것인지 걱정스럽다. 정의와 마찬가지로 공정이라는 뜻도 사람에 따라 해석이 다를 수 있기 때문이다. 상식이라는 깃대없이 공정의 깃발만 나부낄 수 있을까. 깃대없는 깃발은 무용지물이다. 바람의 강도, 방향에 따라 어느 지점에 낙하할지 아무도 모른다. 깃발 가는대로 이리 저리 정처없이 떠돌 수 없는 노릇 아닌가. 사람이 살면서 자주 쓰는 언어 중의 하나가 '상식'이다. 상식적이지 못하다, 상식에 어긋난다 등. 상식은 국어사전적 의미가 아니라, 사람이 살면서 보편적으로 체감하고 있는 앎과 행동의 기준이다. 몰상식, 예를 들어 박희태 국회의장이 IMF 이후 세비가 오르지 않았다고 한 발언은 몰상식이다. 13년 동안 국회의원 세비가 65%나 올랐다는 사실을 몰랐기 때문이다. 일반 사람이면 당연히 모르는 게 상식이다. 하지만 국회를 총괄하는 사람 아닌가. 즉, 몰상식한

---

298) http://www.cyworld.com/oknimchung/4789069(2010.10.2)

인식과 자세는 아무리 공정이라는 깃발을 세우려 해도 상식이라는 깃대가 없기 때문에 별 의미가 없다.

공정한 사회라는 말이 나오자, 이명박 정부의 굴레가 될 것이라고 말하는 사람이 많다. 만사가 인사인데, 같이 일하고 있거나, 일하고자 했던 사람들이 공정하게 살아오지 않은 사람들이기 때문이다. 공정한 사회에 앞서 과연 한국 사회가 상식적인 수준에서 균형을 잡아가고 있는가를 살펴봄이 마땅하다. 4대강 살리기 사업에서 '살리기'란 죽어가고 있는 것을 대상으로 한다. 아니면 언제가 죽을 수 있다는 전제가 깔려있어야 한다. 살아있는 것을 대상으로 살린다는 말을 쓰지 않는다. 상식이다. 강의 흐름을 막는 것은 상식이 아니다. 4대강 사업을 반대하는 사람들의 목소리를 귀담지 않는 것은 공평한가. 공평하지 않다. 고로 공정하지 않다. 고로 정의롭지 못하다. 4대강 사업이 국익을 위한 것이라는 말도 맞지 않다. 일부 사람들의 사익을 위한 것이다. 개발 이익이 균등하게 개개인에게 돌아가는가. 정말 깨끗한 물을 공급받을 수 있는가. 예를 들어 물 공급을 민영화시킨다고 생각해보자.

어떤 일이 벌어지겠는가. 물 값은 지금보다 대폭 인상될 것이고, 질은 떨어질 것이 뻔하다. 이렇듯 한 문제를 놓고 상식의 잣대로 파고들면 말이 되지 않는 것이 너무 많다. 이명박 정부가 정말 공정한 사회를 만들기 위해서는 사회적 합의가 필요하다. 무엇이 공정함의 기준인가. 그렇다면 이명박 정부가 추진하고 있는 정책사업이 공정의 기준을 넘어서지 않았는가부터 살펴보아야 한다. 공정하지 않은 인사와 사업이 있다면 정리를 해야 한다.

그런 다음 공정한 사회를 이야기해야 한다. 상식적인 언행을 하지 않은 사람이 공정한 사회를 이야기한다면 믿음이 가겠는가? 공정이라는 말도 쓰기에 따라 관념적이고 추상적이다. 실용과는 거리가 멀어 보인다. 사회가 스포츠 경기처럼 공정한 룰을 만들고 할 수 없는 노릇 아닌가. 불공정한 심판이 있다면 공정한 룰도 스포츠에서는 깨질 수 있다. 결국 공정한 사회는 중도실용과 함께 이명박 정부의 대표적인 엇박자, 불협화음이 될 것 같다. 공정한 사회로 국고만 축나지 않길 바랄 뿐이다. 해당 싸이트를 클릭하시면

많은 사람들과 관련 주제에 대해 이야기를 나눌 수 있습니다[299]

26. "강호동.유재석 잡으려면 최소 20억원 있어야"

"억만금을 줘서라도 강호동, 유재석을 잡아라!"[300] 예능 MC계 양대 산맥을 차지하고 있는 강호동(40)과 유재석(38)이 소속사 전속계약 만료를 앞두면서 연예기획사 간 영입경쟁에 불이 붙었다. 현재 스톰이앤에프(옛 디초콜릿이앤티에프)에 함께 소속돼 있는 강호동과 유재석은 각각 내년 7월과 2월에 전속 계약이 만료된다. 이에 연예기획사들은 이들을 잡기 위해 수십억원의 계약금을 마련하기 위해 동분서주하고 있다. 두 사람의 계약금으로는 최소 20억원 이상이 거론되고 있다. 톱 배우들의 경우도 많아야 10억원 정도를 계약금으로 받는 것과 비교하면 배 이상 높은 금액이다. 그러나 이들을 잡으려는 기획사들은 20억원도 아깝지 않다는 입장이다.

◇회당 900만원 안팎의 출연료 + 프로그램 제작권 = 강호동과 유재석은 현재 업계 최고인 회당 900만원 안팎의 출연료를 받고 있다. 강호동은 MBC TV '황금어장 - 무릎팍도사', SBS TV '스타킹'과 '강심장', KBS 2TV '해피선데이-1박2일'을, 유재석은 MBC TV '무한도전'과 '놀러와', KBS 2TV '해피투게더3', SBS TV '일요일이 좋다-런닝맨'을 각각 진행하고 있다. 한 달 출연료 수입만 4천만원 정도인 데다, 두 사람은 광고계에서도 인기 모델로 활동중이다. 여기에 더해 연예기획사들이 이들에게 주목하는 또 다른 이유는 이들과 계약하면 이들이 출연하는 예능 프로그램의 외주제작권을 따낼 수 있기 때문이다. 대부분의 연예기획사들이 매니지먼트만으로는 수익을 창출하기 힘든 상황에서 강호동과 유재석이 출연하는 예능 프로그램의 제작은 회사에 안정적인 수익을 안겨준다. 둘이 출연하는 프로그램은 각 방송사가 가

---

299) http://bopstory.tistory.com/2188?srchid=BR1http%3A%2F%2Fbopstory.tistory.com%2F2188(2010.10.2)
300) 연합뉴스 | 입력 2010.10.03 09:08 | 수정 2010.10.03 10:23 |, (서울=연합뉴스) 윤고은 기자

장 주력하는 프로그램이라 지원도 많을 뿐만 아니라, 강호동과 유재석이라는 카드만으로 제작사의 입김이 커지기 때문에 예능프로그램 제작사의 입장에서는 두 사람을 잡는 것이 바로 '로또'다. 한 연예기획사 대표는 3일 "강호동, 유재석은 최소 20억원이 있어야 잡을 수 있다. 20억원이 큰돈이지만 두 사람을 영입해서 창출할 수 있는 수익이 그보다 크다"며 "현재 둘을 영입하려는 기획사들은 자금을 마련 작업에 돌입했다"고 밝혔다.

◇수년째 소속사 문제로 골머리.."당분간 홀로서기 할 수도" = 그러나 방송가에서는 두 사람이 현 소속사와 계약이 만료돼도 당분간은 홀로서기를 할 가능성이 큰 것으로 관측하고 있다. SBS 예능국 관계자는 "두 사람이 소속사 문제로 잇달아 골머리를 앓았기 때문에 당분간은 어떤 회사와 계약을 맺기보다는 혼자서 일을 할 것 같다"고 말했다. 현재 두 사람의 소속사는 지난 5월 말 채권단으로부터 80억원 상당의 가압류 처분을 받아 소속 연예인들에게 2-3개월씩 출연료, 광고료를 지급하지 못하고 있다. 이에 유재석 등은 소속사에 밀린 출연료 지급을 요청하는 내용증명서를 발송했다.

경영권 분쟁으로 디초콜릿이앤티에프에서 스톰이앤프로 사명이 바뀌고 사주도 바뀐 이들의 소속사는 경영악화로 외주제작하던 '황금어장'의 제작사에서도 손을 뗐다. 평소 이미지 관리에 누구보다 철저했던 두 사람은 회사 사정이 복잡해지면서 본의 아니게 안좋은 일로 계속 이름이 오르내리면서 남모르는 마음고생을 심하게 한 것으로 알려졌다. 한 연예 관계자는 "강호동과 유재석은 본인을 비롯해 주변이 시끄러워지는 것을 누구보다 싫어하는 사람들이다"며 "사실 사태가 이 정도면 다른 연예인은 벌써 회사에 계약해지 통보를 하고도 남았을텐데 두 사람이 안한 것도 이미지관리 때문"이라고 밝혔다. 특히 유재석의 경우는 이번 사태에 앞서 과거 속했던 DY엔터테인먼트가 자신의 의지와 상관없이 디초콜릿이앤티에프에 합병되는 일을 겪었기 때문에 더욱 새로운 소속사를 찾는 데 신중을 기할 전망이다.

◇"강호동.유재석 합칠 가능성은 거의 없어" = 그렇다면 두 사람이 함께 움직일 가능성은 없을까. 이에 대해 연예가에서는 "강호동과 유재석은 서로를

존중하고 아끼는 사이지만 함께 회사를 만들거나 특정 회사에 나란히 소속될 가능성은 거의 없다"고 진단하고 있다. 한 방송국 관계자는 "둘 다 몸집이 워낙 큰 특급스타라 한 소속사에서 관리하기는 이제 힘들다. 두 사람의 프로그램이 모두 경쟁관계일 수밖에 없는 데다, 두 사람 역시 일적으로는 알게 모르게 부딪힐 수밖에 없는 위치"라고 말했다.301)302)

그런데 곰곰이 생각해 볼 필요가 있다. 과연 이들이 받는 출연료는 일반 직장인의 급여에 비해 공정한가. 그들이 출연하는 TV프로그램을 보는 시청자들 때문에 높은 출연료가 책정되지만 결코 사회정서적으로 공정하지 않다고 생각한다. 그들의 출연을 자제시키고 단순 우수개의 개그성격에서 탈피하여 공정 성격인 TV프로그램으로의 질적 개선을 요구한다.

27. 공정한 경쟁속의 서열화가 필요

이명박 정부에서의 교육계는 공교육과 사교육, 경쟁과 서열화 등으로 지금까지도 정립되지 못한 가치관과 교육시스템으로 혼란을 지속하고 있다.

이제는 대학입시 뿐만 아니라 고등학교 입시, 나아가 중학교 입시까지 확대되어가고 있으며, 지방자치에 따른 교육감들의 정치성향에 따라 교육시스템이 제 각각이다 보니, 학부모들 입장에서는 지방뉴스나 언론지에 조금이라도 신경을 쓰지 않으면 자녀가 불이익을 받을 것 같은 불안감을 느끼곤 한다.303) 대학입시를 보자면, 2012년도 입시에서는 60퍼센트를 상회할 정도로 확대되어가는 입학사정관제 도입으로, 한 대학에서도 전형이 수십 종류가 만들어지고 있으며, 전형별로 지원조건과 가산점 부가방식 등이 다르게 설정되어 있어, 구체적으로 분석하지 못하면 같은 입학조건을 가졌음에

---

301) pretty@yna.co.kr, 뉴스의 새 시대, 연합뉴스 Live, 연합뉴스
302) http://media.daum.net/entertain/others/view.html?cateid=100030&newsid=20101003090803770&p=yonhap&t__nil_news=downtxt&nil_id=18(2010.10.3)
303) 타임즈 포럼, 2010년 09월 07일(화) 충청타임즈, webmaster@cctimes.kr, 최현식 〈주성대학 보건행정과 교수〉

도 불구하고 지원조차 못하는 불이익을 받을 수 있는 수준에 이르고 있다.

또한 고등학교 입시는 어떠한가. 자립형 사립고, 외국어고등학교, 자율형 사립고 및 자율형 공립고, 개방형 자율학교 등 고교의 형태를 조사하다 보니, 학교설립 취지에 따른 다양성은 이해가 되나 도표로 분석하지 않으면 차별할 수 없을 정도로 다수가 존재하고 있다. 일단, 정부의 교육의 다양성 확보라는 측면은 외형상 성공적으로 보이나, 누구나 보편적으로 이해하고 접근할 수 있는 공정성이라는 측면에서는 확신이 서지 않는다. 최근에는 이러한 다양성에 공정사회 구현이라는 화두가 전이되어 입시에서의 공정성 논란이 벌어지고 있다. 특히 입학사정관제의 공정성 확보시스템의 구축 필요성이 대두되고 있는 것이다.

교과부는 입시제도에서의 소비자 즉, 수험생과 학부모들의 혼란을 방지하기 위한 방안으로 정보제공이란 수단을 강구함으로써 경쟁을 통한 대학과 고교의 서열화를 유도하는 정책을 펼치고 있다는 생각이 든다. 경쟁이란 발전을 이루는 기본 단위임에는 틀림없으나 공정한 법칙이 존재하고 선의의 경쟁이 있을 때, 비로소 경쟁은 발전을 이루는 초석이 될 수 있다. 공정한 경쟁의 법칙이 존재하지 않는다면, 오로지 상대방을 이기기 위한 전략 구상에 몰두하여 종국에는 서로가 자멸하는 모습으로 변모해 갈 것이기 때문이다.

현재 정부의 교육정책에는 공정성과 속도의 완급이 필요하다. 정부에서 추구하는 다양성과 특성화에 대한 메시지는 이미 교육계에 가치와 필요성에서 뿌리를 내려가고 있다. 그러나 이명박 정부 이전의 공교육을 전제로 실행되어 온 평등교육이란 체제에 익숙해져 있는 교육계로선 갑작스러운 체질변화가 그리 쉽지만은 않은 일일 것이다. 또한 속도의 조절은 제도의 정비에서도 필요한 요소인 것이다. 최근까지 교과부의 정책 추진과정을 보면 가장 논란이 되는 부분이 정책의 추진 일정이 다소 일방적으로 이루어진 경향이 있다는 것이며, 정책의 사항 중 형평성 논란을 일으킬 소지가 있는 것들이 존재하곤 했다는 것이다. 이로 인해 교육협의체들로부터 형평성으로 인한 논란을 야기하였으며, 교육의 평등권에 대한 부분이 적지 않게 지적되곤 하였다. 오랜 관행과도 같이 이어온 교육정책의 전환이다 보니 정책의 취지와 목표, 시기적 다급함은 이해가 되는 부분이지만, 정책시행에 앞서 교육기관들의 공정한 경쟁을 유도할 최소한의 기간을 둠으로써 정책의 완성도를 높이는 방안의 마련이 아쉬운 부분이라고 생각된다.304)305)

28. 공정한 게임의 법칙

오는 10월 미국・영국・독일・호주・일본 등 40여개 국가로 구성된 세계 프랜차이즈 이사회(WFC・World Franchise Council) 총회가 서울에서 개최된다.306) 우리나라는 지난 2008년 WFC에 가입 후 빠르게 발전하는 한국프랜차이즈 산업의 위상을 각국에 잘 알린 덕에 올해 총회 개최권까지 따내는 영광을 얻었다. 사실 회원국으로 좀 더 일찍 가입했어야 하는데 사소한 오해로 시간이 지체됐다. 결국 한국이 회원국이 되기 위한 가장 큰 대의적 조건은 한국 프랜차이즈 사업의 활성화를 위한 기본적인 인프라 형성 여부였던 것이다. 사실 우리나라의 가맹법이 제정되기까지의 과정을 찬찬히 살펴보면 초기 도입과정에서 일부 가맹본부들의 부정적인 방법으로 인해 가맹점주들의 피해가 발생하자 공정거래위원회에서 가맹약관을 제정하고 또한 가맹분쟁조정위원회를 설치하는 것에서 출발했으며 그 후로 가맹본부와 가맹점주 간의 상호이익을 위한 플랫폼들을 마련하며 발전해왔다. 하지만 가맹점을 무조건 약자로 간주하는 것은 다시 한번 짚고 넘어가야 할 문제다. 실제로 일부 중요한 법안들 가운데 글로벌 스탠더드에 반함에도 불구하고 한국 토양에 부합한다는 이유로 아직도 존속하는 법조항이 있는 것은 큰 문제가 아닐 수 없다. 그중 가장 대표적인 것이 가맹금 반환에 관한 것이다. 이를테면 가맹본부가 아무런 잘못이 없어도 가맹점주가 어떠한 사유로든

---

304) 충청타임즈(http://www.cctimes.kr)
305) http://www.cctimes.kr/news/articleView.html?idxno=211818(2010.10.4)
306) 박기영 (한국짐보리㈜짐월드 대표이사) [로터리/2월 26일] 공정한 게임의 법칙

가맹계약 기간에 계약 해지를 원하면 계약 잔여기간의 가맹금을 반환해줘야 한다는 규정이 있는데 이는 시급히 시정해야 할 부분이다. 만일 본부의 귀책사유로 가맹점이 피해를 입고 사업을 더 이상 지속할 수 없어 계약을 해지해야 할 경우, 이는 비단 가맹비만의 문제가 아닌 그에 응당한 손실비용을 가맹본부가 지불해야 함은 말할 나위도 없다. 이제 우리나라의 가맹법도 가맹본부나 가맹점주 어느 일방에게 유리한 것이 아닌 양자가 합리적이고 공정한 게임을 펼칠 수 있는 법안으로 조속히 마련돼야 한다. 10년 전 몇몇 가맹본부들이 부정한 거래를 했다는 기억만으로 모든 환경이 변화한 지금 여전히 당시의 녹음기를 틀어놓는 것이야말로 불공정한 게임일 것이기 때문이다.[307)308)]

29. "공정한 게임의 법칙이 필요하다"

정치 현역, "프리미엄 맘껏 누려", 地選 준비 정치신안"민심 얻기 힘드네"[309)] 현역 선출직이 각종 행사를 쫓아 경쟁하듯 '얼굴 내밀기'에 올인하고 있는 반면 정치 신인들은 행동에 제약을 받아 공정한 게임의 법칙이 필요하다는 여론이 일고 있다. 지역정치권에 따르면 군수와 지방의회 의장 등 이른바 지방정부의 행정 및 입법 수장까지 작심한 듯 각종 행사장에 얼굴을 내미느라 혈안이다. 특히 단체장과 군의장의 공통점은 행사장에서 축사나 격려사 등의 메시지를 전달한 뒤 곧바로 행사장을 빠져나와 또 다른 행사를 쫓아 이동하고 있는 상황이다. 심지어 행사 시간이 중복될 경우 도착 시간을 감안, 행사를 지연하는 상황까지 빚어지고 있다. 이같은 현역 선출직의 낯내기는 지방선거가 다가오면서 더욱 잦아지고 있는 상태이고 지역주민들에게 생색을 낼 수 있는 사업에 집중한다. 더욱이 지방선거는 정치적 변수

---

307) 인터넷한국일보
308) http://economy.hankooki.com/lpage/opinion/201002/e2010022518262048320.htm(2010.10.4)
309) 2009-11-23 오후 1:18:33 >> 담양곡성타임스

가 크다 보니 현역 선출직들의 불안감이 적지 않다. 공천을 장담할 수 없어 이른바 행사장에서의 '눈도장 찍기' 현상은 더더욱 심화될 수밖에 없는 실정이다. 더욱이 공직선거법상 선거일전 180일부터 선거일까지(12월4일~6월2일) 단체장은 근무시간 중 공공기관이 주최하는 행사 외엔 참석할 수 없다. 이렇다 보니 제한 전까진 행사 참석에 전력투구할 것으로 보인다. 이에 반해 6·2 지방선거에 첫 도전하는 정치신인들이 예상 외로 높은 현실 정치의 진입장벽에 속앓이를 하고 있다. 낮은 지명도, 지역의 배타적 정서, 그리고 엄격한 선거법에 익숙하지 않은 이들은 손발이 묶이다 시피하는 3중고를 겪으면서도 정치적 입문에 전력을 다하는 모습이다.

정치 신인들이 겪는 가장 큰 어려움은 바로 낮은 지명도다. 이들은 지역 내 애경사와 각종 행사는 물론, 주민들의 야유회까지 꼭 챙기면서 지명도를 높여 나가느라 하루해가 짧기만 한 상황이다. 엄격한 선거법도 정치신인들이 공통적으로 토로하는 고충이다. 현직의 경우 하루 10~20건의 행사 참석이 합법적이어서 공공연한 선거운동이 가능하지만 정치신인들은 그같은 상황을 꿈도 꾸지 못하는 게 현실이다. 이들은 "불과 서너명만 만나도 누가 무슨 말을 했는지 금방 알려지는 상황에서 식사를 함께 하는 등 선거법을 위반하려는 시도는 생각도 할 수 없는게 안타까운 현실이다"고 말한다. 지방정계 관계자는 "단체장이나 지방의회 의장할 것 없이 이른바 '쇼'행정을 펼치는 것 같아 씁쓸하다"면서 "조직적인 관치선거에 의존할 것이 아닌 지역발전과 행정의 소신 등으로 인정받는 성숙한 정치문화가 시급하다"고 희망했다.[310][311]

---

310) 정종대 기자, 담양곡성타임스, jjd7963@hanmail.net, 기사등록 : 2009-11-23 오후 1:18:33기사수정 : 2009-11-23 오후 1:25:00
311) http://www.yestv.co.kr/SubMain/News/News_View.asp?bbs_mode=bbs_view&tni_num=261223&nG=n(2010.10.4)

30. 위기 돌파는 오너경영인의 숙명

　프랑스 파리에서 열리고 있는 세계 모터쇼의 화두 중의 하나는 전기자동차다. 폭스바겐, 르노, BMW, 푸조 등 유럽 자동차 메이커들이 앞다퉈 미래형 컨셉트를 공개하고 다양한 전기차 모델을 쏟아낸다는 계획을 발표했다. 기아자동차도 3인승 소형 전기 컨셉트카 팝(POP)을 처음으로 선보이며 관심을 끌었다. 파리 모터쇼를 계기로 자동차 시장의 판을 바꿀 전기차 전쟁이 마침내 포문을 열었다는 게 전문가들의 관전평이다.[312] 전기차 시대는 자동차산업의 패러다임 변화를 예고하고 있다. 전통적 엔진 대신 모터를 쓰는 전기차는 대규모 인력을 투입해야 하는 완성차 조립공정은 물론 부품사들 간의 수직계열화 체계, 정유, 강판을 비롯한 소재 등 기존의 산업질서에 예상치 못한 충격과 변화를 가져올 것이 분명하다.

　무엇보다도 배터리가 핵심이다. 배터리 기술과 가격경쟁력을 갖추는 곳이 최후 승자가 될 것이란 관측이 나오는 것이 당연하다. 미국의 GM과 포드, 중국의 창안자동차, 유럽의 볼보와 르노 등을 2차전지 공급선으로 확보한 LG화학이 메이저 플레이어로서 주목받는 이유다. 10년 전 2차 전지사업을 놓고 경영진 사이에서 비관론이 나오고 갑론을박이 벌어졌을 때 "포기하지 말고 밀어붙이자"는 구본무 회장의 강력한 의지와 실천이 LG의 경쟁력으로 이어졌다는 게 그룹 안팎의 평가다. 구 회장의 동생 구본준 부회장이 지난 1일부터 최고경영자(CEO)를 맡아 글로벌 스마트 대전(大戰)에서 밀리고 있는 LG전자의 명예회복에 나섰다. "잠시만 방심해도 추월당할 수밖에 없는 냉혹한 게임법칙에서 위기가 비롯됐다"는 그의 판세 진단은 명쾌하다. 신중하면서도 공격적 경영스타일로 정평이 나있는 그의 처방은 "잘못된 것은 빨리 고치고 잘하는 것은 발전시켜 나가자"는 속전속결식이다. 양대 주력사업인 TV와 휴대폰 사업본부장을 바꾸고 조직에 긴장과 '다시 해보자'는 바람을 불어넣기에 앞장섰다. 구 부회장이 LG전자로 돌아온 것

---
312) [한경데스크] 입력: 2010-10-03 17:16 / 수정: 2010-10-04 03:42

은 15년 만이다. 1년 전만 해도 글로벌 빅3 휴대폰업체를 향해 질주하던 LG 전자는 애플 발(發) 스마트 열풍에 눌려 순식간에 3분기엔 영업적자를 걱정할 지경까지 몰려 있다. 경영진은 MS 윈도 운영체제(OS)에 의존한 채 스마트폰 개발에서 6개월 가량의 시간을 허비한 것이 엄청난 격차를 가져왔다며 땅을 치고 있다. 구 부회장에겐 화려한 취임식도 없었다. 내년 3월 정기 주주총회에서 정식 선임될 때까지는 CEO로서 법적 권한을 행사하는 데 한계가 있을 수 있다. 재계 일각에선 경영자로서 그의 도전은 마치 칼날 위에 서 있는 것과 같을 수 있다는 평도 내놓는다. 글로벌 스마트 대전이라는 게 마라톤처럼 한번 선두에서 밀려나면 회복하기 쉽지 않다는 견해도 있다. 그의 어깨에 실려 있는 주주와 임직원들의 기대가 무거울 수밖에 없을 듯하다.

2008년 말 글로벌 경제위기를 딛고 한국 기업들이 가장 먼저 승기를 잡을 수 있었던 원동력은 오너 경영인들의 강력한 리더십과 실행력이다. 지난 3월 말 이건희 회장 복귀 이후 삼성전자가 애플 반격에 속도를 내고 있는 것도 의사결정이 신속하게 이뤄지고 있는 덕분이다. "이제 시작일 뿐이다. 반드시 기회는 찾아올 것"이라는 오너 경영인의 믿음과 리더십이 빠르게 전파될 때마다 우리 기업들은 '역전의 신화'를 창조해내곤 했다.[313][314]

31. 새 패러다임 스마트 문화

1) 인터넷세상 스마트문화 시대 열자[315]

인터넷으로 시작된 정보통신기술(ICT)은 이제 인터넷을 넘어 융복합화 시대의 최전선에 있는 IPTV와 스마트폰 등으로 영역을 넓히며 없어서는 안 될 생활기술로 자리를 잡았다. ICT가 기본으로 자리하지 않는 일상은 이미

---

[313] 유근석 산업부장 ygs@hankyung.com
[314] http://www.hankyung.com/news/app/newsview.php?aid=2010100338041(2010. 10.4)
[315] 김성태 한국정보화진흥원장, 입력: 2010-09-30 20:10, ■ 스마트 시대 스마트 문화 만들자

상상하기 어려워졌고, 생활양식의 대변혁이 곳곳에서 진행 중이다. 사회의 다양한 부문을 빠르게 변화시키는 정보기술 발전은 단순한 기술문명의 진보가 아니다. 놀이와 노동, 소통 등 우리 삶의 가장 근본적인 영역에 새로운 체계와 방식을 도입시켰으며, 그 특유의 운동법칙을 창조해 정치 경제 사회 문화적 차원에서 근본적인 변화를 이끌고 있다. 인터넷이 가져온 가장 큰 사회적 순기능은 동호회의 확산이다. 개인은 다른 사람들과 자신이 좋아하는 취향과 호감을 공유할 때 군중속의 고독을 극복하게 된다. 아울러 특정 사안에 대한 이념적 동질성을 발견하는 즐거움의 공유가 인터넷을 발전시킨 원동력의 하나이기도 하다. 이제 사람들은 사이버 공간을 통해 자신의 의사를 정치과정에 반영할 수 있는 통로를 충분히 확보하게 되었다. 시민의 참여의식은 급격히 높아지고 자신의 권리를 찾으려는 노력이 활발해졌다.

우리 사회에서 그동안 소통이 막혔던 가장 큰 이유는 소위 학연 지연 혈연에 의한 수직적이고 분절화된 이익집단의 벽쌓기 탓이 컸다. 그러나 사이버 공간은 전혀 모르는 사람들을 수평적으로 연결하며 새로운 차원의 소통 방식을 만들어냈다. 악성 댓글과 사생활 침해 등 기존의 갈등을 심화시키는 역기능도 있지만, 다양한 커뮤니티에 의한 소통 활성화와 지식 재능 물질의 나눔 실천운동 등의 순기능이 훨씬 크다고 봐야 할 것이다. 따라서 이전과는 매우 다른 양상으로 전개되는 사회 각 영역의 요구와 갈등의 분출을 조화시키고 사회통합을 이루기 위해서는 시대 변화를 반영한 새로운 패러다임으로의 전환이 필요하다. 과거 빈곤 해결과 사회질서 강화라는 산업사회의 패러다임은 이제 개개인의 민주적 가치 실현, 사회 신뢰 형성이라는 지식정보사회적 패러다임과 가치체계로 바뀌어야 하는 것이다. 컨버전스 기술의 확대로 인한 사회구조 및 시민 행동양식의 복합작용은 우리 사회에 이미 폭풍과도 같은 질적 변화를 가져오고 있다. 이러한 물결을 우리는 스마트 사회(Smart Society)의 등장이라고 일컬으며 스마트 사회의 시민들이 창출하는 문화가 곧 스마트 문화(Smart Culture)다.

스마트 문화는 기술의 융 복합 현상과 사회의 구조 및 제도, 인간의 사고 행동 양식의 변화가 총체적으로 맞물려 새롭게 등장한 삶의 양식이자, 사회 발달 과정의 새로운 문화 패러다임이다. 문화 패러다임의 변화는 사회 공동체 유지에 새로운 가치를 요구한다. 스마트 사회에서의 시민은 책임감을 가지고 공정하고 창의적인 활동을 수행할 수 있는 사람이어야 한다. 미래사회가 신뢰공간이 되는데 기여하며, 사회의 모든 주체들 사이의 상생과 통합을 일구어 나가고자 노력해야 한다. 이러한 스마트 시민의식은 사회가 요구하는 것이기도 하지만 개인이 새로운 사회에 적응하기 위한 생애 능력(life skills)의 중요한 부분이다. 그리고 이에 바탕을 둔 스마트 문화는 미래의 중요한 사회적 자본(social capital)이다. 스마트 문화의 활성화야말로 미래사회의 삶을 풍부하게 하는 동시에, 향후 우리 사회가 직면할 사회갈등을 완화시키고 불공정한 사회의 문제를 풀어나가는 해법이 될 수 있는 것이다.316)

32. 가랑이와 겨드랑이 사이

오늘로 5만8천6백원이다. 프라푸치노 10잔이나 세일에서 티셔츠 한 장, 또는 U2 한정판 DVD를 살 수 있었던 돈이다. 그 돈이 모두 크고 작은 사다리게임을 통해 저 얄미운 B에게 가고 말았다. 이건 불합리하다. 확률로 따져 봐도 일방적인 나의 패배는 설명이 안된다. 더구나 B는 나처럼 쩨쩨하게 여태껏 잃은 액수를 계산하지 않아도 되는 넉넉한 경제력의 소유자다.

나는 녀석이 관심없는 아프리카 어린이 후원도 하고 무엇보다 녀석처럼 여자를 많이 울리고 살지도 않는다. 그런데도 사다리는 나에게 더 많은 돈을 토해내라 한다.317)

단 한 골이 문제였다. 나에게도, 이동국에게도. 오늘 내기는 한국-우루과이 전이었다. B는 우루과이 승에, 나는 90분 무승부에 걸었다. 애초 둘 다

---

316) http://www.dt.co.kr/contents.html?article_no=2010100102010460634003(2010.10.4)
317) [봉샘의 피투성이 백일장] 차상 이대경, 2010년 09월 28일 (화) 19:18:40 이대경 1@1.com

한국승리에 걸고 싶었기에 사다리로 결정한 내기였다. 이동국의 막판 슈팅이 골키퍼 가랑이를 맞고 골라인 바로 앞에 멈췄을 때 나의 행운도 거기까지였다. 빌어먹을 가랑이.... 그 순간 토크쇼에서 본 황선홍의 얘기가 떠올랐다. "스페인전 승부차기는 실축이었어요. 그런데 운 좋게 카시야스 겨드랑이를 맞고 들어가더라고요." B와 나의 차이는 바로 그런 겨드랑이와 가랑이 차이다. 무슨 말이냐고? 그냥 밑도 끝도 없는 복불복이라는 얘기다. 이동국도 마찬가지다. 그는 작년에 22골을 성공시키고 득점 순위 맨 위에 자신의 이름을 올린 남자였다. 하지만 월드컵에서 단 한 골이 부족해 그 스물두 번의 성공이 빛을 잃고 말았다. '1>22' 같은 부등식이 성립하곤 하는 게 수학책 밖의 현실이다. 인생의 어느 지점에선가 고약한 사다리게임에 올라타버린 이동국이 불쌍해졌다. 마키아벨리는 이런 운명에 관한 흥미로운 비유를 남겼다. 로마신화에서 운명은 포르투나(fortuna)라는 여신의 모습으로 표현되는데, 마키아벨리는 운명의 신이 여성이라는 점에 주목했다. 운명이란, 그 시대 여성관처럼, 밑도 끝도 없이 변덕을 부린다는 것이다. 포르투나는 디케처럼 공정하게 저울 양쪽을 가늠하지 않는다. 굳이 여유있는 B보다 나에게서 돈을 걷어가고 똑같이 부상과 불운을 겪었던 황선홍과 이동국에게 완전히 다른 결말을 쥐어준다. 한 명에겐 월드컵의 영광을, 한 명에겐 끝내 씁쓸한 월드컵의 기억만을. 그래서 우리 개개인은 특별하지 않다. 특별한 것은 운명 혹은 바깥에서 우리를 쥐고 흔드는 불편부당한 법칙일 뿐이다. 생각이 여기에 이르고, "세상은 평범한 불행속에 나를 살게 해"라는 이소라의 노래라도 들어버린다면 보통 선택지는 둘 중 하나다. 냉소주의자가 되거나, 염세주의자가 되거나. 하지만 이 어두운 갈림길 사이에 진정한 선택지가 숨어있다. 우리는 우리에게 주어지는 운명이나 상황을 선택할 수는 없다. 그런데 그것과 대면했을 때 어떤 태도를 취할 것인지는 선택할 수 있다. 이 선택에서부터 도덕이니 자유니 하는 것들이 시작된다. 이 선택 덕분에 염세주의의 유혹을 벗어날 수 있고 제 스스로 '쿨하다'고 뻐기는 냉소주의자들을 비웃을 수 있다. 마키아벨리도 변덕스러운 포르투나를 정복하는 남자가 되라고 하지 않았던가. 다시 투지에 가득찬 눈으로 B에게 새로운 내기를 걸러 가야겠다. 이동국과 또 각자의 1승, 1골을 위해 고군분투할 모두에게 응원의 마음을 전하며.318)319)

33. 희한한 '동문 만들기'

동문(同門)은 같은 스승에게서 배운 사람을 말한다. <예기(禮記)>에 공자의 제자 자하(子夏)가 증자에게 "내가 동료(群)들을 떠나 혼자 산지가 오래 되었다(吾離群而索居 亦已久矣)"라고 말하는 부분이 있는데, 한나라의 경학가(經學家) 정현(鄭玄)은 "동료(群)는 동문붕우(同門朋友)를 말한다."고 주해를 달고 있다. '동문'은 한나라 때까지 거슬러 올라가는 오래된 말인 것이다.

뜬금없이 왜 '동문'이란 말을 들먹이냐고? 요즘 동문이란 말의 용법이 하도 희한해서다.320)

1) 원래는 같은 스승의 제자

학문이 뛰어난 분이 있다. 찾아가 제자가 될 것을 청한 뒤 허락을 받으면, 그 분은 스승이 된다. 다른 사람도 스승을 찾는다. 유성룡과 김성일, 정구(鄭逑)는 퇴계 문하의 고제들이다. 이 분들은 퇴계의 고명한 학문을 듣고 찾아가 스승으로 섬겼다. 10평도 채 되지 않는 도산서당에서 한 스승 아래 학문에 전념했으니, 서로간에 남다른 유대감이 있었을 것이다. 이런 관계가 곧 동문이다. 자하가 말한 '동료(群)'도 역시 공자 문하의 동문을 말하는 것이다. 오늘날의 동문은 이와 사뭇 다르다. 학생은 대학에 있는 어떤 분의 학문적 명성을 듣고 학문을 하기 위해 그를 찾는 것이 아니다. 수능성적에 맞추어 대학과 학과를 선택하는 경우가 대부분이다. 어느 교수가 무엇을 어떻게 가르치는지도 모른다. 한 해에 수천 명이 입학하는 대학에서는 학년과

---

318) 이대경, 단비뉴스(http://www.danbinews.com)
319) http://www.danbinews.com/news/articleView.html?idxno=403(2010.10.4)
320) [아침을 열며/9월 28일] 희한한 '동문 만들기', 강명관 부산대 한문학과 교수

전공이 다르면 서로 만날 기회도 없다. 그런데 희한한 일이다. 대한민국의 모모한 대학의 졸업생들은 전공이 하늘과 땅처럼 다르고, 학교 다닐 때 한 번도 이야기를 나눈 적도 없고, 취미도, 교양도, 재산보유 정도도 다 다르건만, 오로지 상대방이 내뱉는 '모모 대학'이란 소리가 고막을 때리는 순간 그 사람은 '거룩한 동문'이 되고, 두 사람은 졸지에 관포지교로 화한다. 대한민국처럼 급변하는 사회에서는 대학 역시 10년이면 딴판으로 변한다. 10년, 20년 전 졸업한 사람과 나는 오직 '모모 대학'이란 이름만 공유할 뿐, 달리 공유하는 것이 없다. 하지만 전에 몰랐던 10년, 20년 전의 졸업생을 우연히 만나면, 순식간에 둘도 없는 선배와 후배가 된다. 그렇게 '동문'이 된 사람들은 과거 한 스승 아래서 학문에 전념하던 시절은 결코 회상하지 않는다. 하는 일은 따로 있다. 무언가 이익이 생기는 기회가 닿으면 동문이니, 선배니, 후배니 하면서 밀고 당겨 주는 것이 그들의 일이다. 내가 경험한 대학의 경우를 예로 들어본다. 교수 공채 때 '동문 후보자'는 일면식도 없지만 무조건 당기고 본다. 총장 학장 선거가 있으면 후보자의 인격과 공약보다 '동문'이란 명사가 당선에 더 위력적인 구실을 한다. 자신과 같은 학교를 다닌 사람을 만나면 반갑기 마련이다. 그것까지 부정하고 싶지는 않다. 다만 그까지다. 동문이 패거리를 만들어 이익을 보려는 구실이 되면 동문이란 말의 아름다움은 사라지고 만다. 하지만 현실은 딴판이다. 몇몇 소수 명문대학은 대한민국을 지배하는 패거리를 생산해내는 권력기관이 된지 오래다. 그 대학의 졸업생끼리 패거리를 이루어 권세와 이익을 누리는 것을 은폐하기 위해 '동문'이란 명사를 동원하는 것일 뿐이다.

2) 이젠 권세·이익의 고리로

동문을 강조하기로 유명한 어느 사립대학이 그 대학의 이름이 들어간 학과목까지 개발해 강의한다는 소리를 들었다. 그 강의를 담당하신 분은 입학도 하기 전에 그러니까 한 시간의 강의도 듣지 않은 김연아 선수가 동계올림픽에서 금메달을 따자 자기 대학 정신을 주입한 결과라는 희한한 말씀을 하신 분이다. 하루도 같이 학교를 다니지 않아도, 한 번도 같이 강의를 듣지 않아도 오직 그 대학의 이름만으로 동문이 된다는 것이니 너무나 희한한 법칙이다. 하지만 수치스럽지 않은가. 이 희한한 동문 만들기를 타파하지 않으면 '공정한 사회'는 아마도 도래하지 않을 것이다.321)322)

34. 사적 복수보다 공적 분노를

개봉하는 영화마다 빠지지 않고 보는 영화광 친구로부터 핀잔을 들었다.323)
"<악마를 보았다> 봤어?"
"아니, 말만 들어도 끔찍해서."
"<김복남 살인사건>은?"
"그것도..."
"글 쓴다는 사람이 무섭다고 그런 문제작도 안보면 어떡하니?"
친구는 한심해서 혀라도 찰 기세다. 겁많은 나는 민망해 얼굴이 화끈거린다. 하지만 솔직히 사람을 죽이는 것도 성이 안차 온갖 잔인한 보복을 행하는 이야기가 나는 너무 무섭다. 살이 찢기고 피가 흐르는 끔찍한 묘사도 무섭고, 어지간한 복수로는 풀리지 않는 질긴 원망도 무섭고, 그런 핏빛 복수의 이야기를 만들고 즐기는 사람도 무섭다. 그러나 문제는 영화가 아닐 것이다. 제 아무리 독창적인 영화도 현실을 떠나서는 존재할 수 없는 것, 화제가 된 영화들은 깨진 거울과도 같다. 깨진 거울에 비친 현실은 그로테스크 해 보이지만 그 또한 엄연한 현실이니, 바로 복수에 매달린 이 사회의 모습을 투영한다. 그렇다. 바야흐로 복수의 시대다. 물론 복수의 드라마도 복수를 꿈꾸는 마음도 새삼스러운 것은 아니다. 새삼스러운 것은 요즘처럼 사적

---

321) 인터넷한국일보, 입력시간 : 2010/09/27 21:01:40
322) http://news.hankooki.com/lpage/opinion/201009/h2010092721014024370.htm (2010.10.4)
323) [삶과 문화/9월 25일] 사적 복수보다 공적 분노를, 김이경 소설가·독서칼럼리스트

복수심이 대중적으로 공공연하게 표출된 적이 없다는 사실이다.

국가가 발달하고 법이 체계화되면서 인류는 사적인 복수를 공적인 법체계 안에서 해결하기 위해 애써왔다. 예컨대 기원전 1750년 경에 만들어진 함무라비 법전은 '눈에는 눈, 이에는 이'라는 복수법으로 알려져 있지만, 실제론 가해자의 신분에 따라 형벌을 차등 적용하고 사적 복수를 금지한 합리적인 법 정신을 담고 있었다. 가난한 채무자를 위해 이자율을 제한하고 노동자들에게 최저임금을 보장해준 함무라비 법전의 내용을 상기한다면, '눈에는 눈'이라는 탈리오의 법칙이 복수를 부추긴 것이 아니라 실은 복수를 규제한 것임을 알 수 있다. 무한 보복에 나서려는 피해자의 사적인 복수심을 법적인 규정으로 제한한 것이다.

그러나 지금 이 사회엔 공적 제재 대신 사적인 복수만 횡행한다. 대표적인 것이 도박 파문과 병역기피 의혹, 학력위조 시비에 시달리는 몇몇 연예인들에 관한 반응이다. 의혹이 사실로 드러나면 법적인 처벌을 받을텐데도 사람들은 비난과 저주의 말을 퍼부으며 다시는 연예계 활동을 못하게 해야 한다고 아우성이다. 이것은 정의가 아니라 복수다. 시인 김수영이 자탄했듯이 정작 분노해야 할 것에선 비켜나 "조그만 일에만 옹졸하게 반항"하는 비겁이다. 부동산투기, 직권남용, 위장전입, 특혜 취업 등 온갖 위법행위가 드러났지만 법적인 처벌을 받지 않는 고위 공직자들에 대해선 벌써 침묵하면서 연예인들만 문제삼는 것은 혹 약한 자에게 더 가혹한 심리는 아닌가.

우리가 분노해야 할 것은 연예인 개인의 치부가 아니라 이 사회의 잘못된 소득구조이며, 돈과 권력을 동원해 병역을 기피하는 불공정한 관행이며, 실력보다 학력을 우대하는 왜곡된 시선이다. 이 모든 배후에 침묵하면서 몇몇 연예인의 부도덕을 물고 늘어지는 것은 치사하고 부질없는 짓이다. 설사 그들 몇몇을 퇴출시킨다고 해도 이 사회의 그릇된 구조가 온존하는 한 그런 일은 계속될 것이기 때문이다. 그때마다 공익을 내세워 그들에게 돌을 던진다고 해서 사회구조에 연원한 좌절과 분노가 해소되지는 않는다. 복수는 그저 복수를 부를 뿐이니, 지금 필요한 것은 눈 먼 복수심이 아니라 눈

밝은 분노이다. 4000년 전 바빌로니아인들이 세우고자 했던 공정한 사회를 향한 분노 말이다.324)325)

35. 윤증현 "몰락의 길 다양…세계 공조 필요"

한러 경제과학기술공동위원회서326) 윤증현 기획재정부 장관이 러시아에서 지속가능한 성장을 위해서 세계의 공조가 필수적이라고 강조했다.

윤증현 장관은 20일 러시아 상트페테르부르크에서 개최된 제10차 한·러 경제과학기술공동위원회에서 오찬사를 통해 안나카레니나의 법칙(principle)을 인용하며 이같이 밝혔다. 윤 장관은 결혼생활이 행복해지려면 수많은 요인들이 골고루 충족되어야 함을 강조하는 영화 '안나카레니나'의 대사 '행복한 가정은 모두 엇비슷하고 불행한 가정은 불행한 이유가 제각기 다르다'를 언급하면서 경영학의 대가인 짐 콜린스가 이 대사처럼 기업이 위대해지는 것보다 몰락하는 길이 더 다양하다는 결론을 내리게 됐다고 소개했다.

윤 장관은 콜린스가 "기업이 몰락에 이르지 않기 위해서는 철저한 위기진단과 과감한 개혁이 필요함을 강조했다"면서 "정책을 성공시키고 세계경제의 지속 가능한 성장을 위해서는 경제위기 등 실패사례의 발생을 막기 위한 진단과 개혁을 위한 세계의 공조가 필수적"이라고 강조했다. 윤 장관은 "한러 양국간의 상호 보완적인 경제구조를 감안할 때 교역 및 투자가 더욱 증대될 필요가 있다"면서 "러시아의 우수하고 독보적인 원천기술과 자원이 한국 기업의 상용화 능력 및 경험과 결합된다면 양국간 교역과 투자확대의 시너지 효과는 더욱 제고될 것"이라고 말했다. 윤 장관은 "G20 서울 정상회의에서 한국은 신흥국의 입장이 보다 잘 반영되는 공정한 지구촌 건설을 위해 최선을 다하고자 한다"면서 "글로벌 금융안전망 구축, 개발이

---

324) 인터넷한국일보, 입력시간 : 2010/09/24 21:11:24
325) http://news.hankooki.com/lpage/opinion/201009/h2010092421112481920.htm
   (2010.10.4)
326) 2010-09-20 09:30:00, 이투데이=이한선 기자

슈 등 한국이 주도하고 있는 코리아 이니셔티브에 러시아의 많은 관심과 협조를 요청한다"고 밝혔다.

윤 장관은 "300여년 전 피오토르 대제께서 불굴의 개척정신으로 오늘의 상트 페테르부르크를 건설하였듯이 한국과 러시아는 양국의 보다 나은 미래를 구축하도록 협력하여야 할 것"이라면서 "양국 관계가 보드카처럼 강한 전략적 협력 동반자 관계로 지속 발전해 나갈 수 있도록 노력할 것을 다짐한다"고 말했다.[327][328]

36. 정보 비대칭의 해결 주력

롱테일법칙(Long Tail Theory), 집단지성(Collective Intelligence), 위키(Wiki), 웹 2.0(Web 2.0) 등과 같은 말들이 근래 회자되고 있다.[329] 이 개념들은 디지털 네트워크를 기반으로 개인과 집단들, 수많은 구성요소들 간 정보의 공유와 협업, 집단화된 지적활동 위에 생겨나게 되었다. 그리고 이것들은 정보 제공자와 소비자들이 융합된 환경속에서 서로간의 상호작용으로 이전에 알지 못했던 가치를 디자인할 뿐만 아니라 창조적인 지식을 만들어내는 새로운 정보교환 체계를 가져왔다. 이러한 새로운 정보교환 체계는 몇 가지 점에서 과거와는 다른 새로운 가치를 제시하고 있다. 먼저 지식정보의 값어치를 크게 늘려주었다. 지금까지 일방향적으로 제공되었던 정보는 한 번의 사용이 지난 후 그 가치가 소멸되었지만, 새로운 체계에서는 지금 사용되고 있는 지식과 정보들이 새로운 덩어리로 만들어지고 이것들이 다시금 재생산을 위한 역할을 한다. 다음으로 정보의 거래비용을 획기적으로 줄이고 있다. 로널드 코스(Ronald Coase)는 정보의 수집, 협상, 조정의 단계에

---

327) 이한선 기자 (griffin@etoday.co.kr), 미래경제 선도하는 바른뉴스 이투데이
328) http://www.etoday.co.kr/news/section/newsview.php?TM=news&SM=0399&idxno=360163(2010.10.4)
329) [DT 시론] 정보 비대칭 해결 주력할 때다. 정택현 한국지역정보개발원장, 입력: 2010-09-19 21:14

서 거래비용이 발생하며 이 비용을 줄일 수 있다면 조직의 덩치를 키워야 한다고 보았다. 하지만, 지금의 새로운 디지털경제는 과거의 정보교환방식과는 전혀 다른 정보의 획득체계를 제시하고 있다. 즉, 정보획득의 각 단계를 온라인에서 해결하게 됨으로써 정보교환에 따르는 거래비용을 상당히 줄이게 되었고 비대해지는 조직을 유지해야 하는 부담을 해소할 수 있게 되었다. 한국의 경우 이러한 정보의 공유와 개방을 근간으로 하는 협업의 방식이 민간부문 뿐만 아니라 공공부문에서도 활발히 일어나고 있다. 특히, 지난 전자정부 준비지수 평가시 정보자원의 공유와 연결성 체계에서 높은 점수를 획득한 것은 이러한 정보의 공유와 개방을 위한 바탕이 상당히 밀도있게 구성되어 있다는 것을 방증해 주는 것이라 할 수 있다. 이제 이러한 기반을 바탕으로 정보의 활용성을 높이고 사회적 비용을 줄이기 위한 고민을 시작해야 한다. 정보고객들이 정부로부터 제공된 정보를 단순하게 얻어 쓰던 시기는 이미 과거일 뿐이다. 지금의 정보고객들은 네트워크화된 집단을 형성하고 그 속에서 새로운 지식을 만들고 있다. 또한 그들이 필요로 하는 새로운 디자인을 스스로 정의하고 창조할 뿐만 아니라 그것에 대한 잠재적 사용자이기도 하다. 앞에서 말한 고민의 첫 걸음은 정보자원의 효율적 활용을 이끌 수 있는 기반을 만드는 것이다. 근래 한국의 자치단체들이 통합데이터센터 구축과 클라우드 컴퓨팅, 공통플랫폼 구축과 Open API의 제공 등 정보자원을 보다 효과적으로 활용하기 위해 추진하고 있는 것들을 보면 이미 그 첫 발걸음을 내디뎠다고 할 수 있다. 하지만 이러한 노력들과 함께 고민해야 할 것들이 있다. 먼저 지금과 같이 정보제공을 위한 인프라가 적극적으로 투자되고 있는 시점에서 간과할 수 있는 것들이다. 바로 수요자의 입장에서 생겨나게 되는 정보의 비대칭성에 관한 문제를 해결해야 한다. 이를 위해서는 반드시 정보접근의 형평성이 확보되고 접근장벽이 제거되어야 할 것이다. 다음으로는 제도적인 기준과 규칙 그리고 감시기능이 만들어져야 한다. 이것은 고객들이 누구나 공정하고 균형적으로 정보를 공유할 수 있도록 한다는 것이고, 서로가 신뢰할 수 있는 관계를 구축하는 것이다. 또한 새로운 지식의 창조를 위한 최소한의 씨앗을 제공하는 것이다.

집단의 지성이 만들어 내는 창조는 무에서 생겨나는 것이 아니다. 고민하고 나눌 수 있는 꺼리가 있어야 하고 그것이 중심이 되는 것이다. 끝으로 착안대국(着眼大局) 착수소국(着手小局)이란 말이 있다. 크게 생각하고 멀리 바라보는 것도 중요하지만, 실행에 옮길 때는 한 수 한 수 천천히 고민하고 사려깊게 행동해야 한다는 것이다. 지금의 한국은 정보의 공유와 개방 그리고 협업을 통한 새로운 패러다임에 큰 발걸음을 내딛고 있다. 한 걸음 한 걸음 큰 걸음을 내딛는 그 속에도 세세한 부분에 집중해서 사려깊은 능력을 또한 가져야 할 것이다.[330][331]

37. 대기업의 바람직한 '서비스 확장 법칙'

기업들이 자기 기업을 키우는 방법으로 어떤 방법을 택할까? 대기업들이 새로운 시장에 진출할 때 주로 택하는 방법은 무엇일까? 기업을 키우는 방식에 있어서 국내와 해외에는 확실한 차이가 있다. 앞으로 쓰는 얘기는 내 주변에서 들은 이야기와 인터넷을 통해서 얻은 정보를 바탕으로 쓴 글이니 참고하길 바란다. 글을 읽는 동안에 자신과의 생각과 많이 다를 수도 있음을 미리 알아줬으면 좋겠다.[332] 국내에는 삼성, LG, 현대 등 대기업들이 많다. IT 시장에도 대기업이라 불릴만한 회사들도 많다. 대표적인 회사가 네이버를 운영하는 NHN, 네이트를 운영하는 SK컴즈 등일 것이다. 해외에는 MS, 애플, 구글과 같은 잘 알려진 기업들이 많다. 또 오래된 기업으로 IBM, HP, 오라클 등의 기업들도 있다. 이들 해외 대기업들은 국내에도 지사를 갖고 있는 글로벌 기업들이다. 먼저 해외 기업들의 서비스, 솔루션 확장 방법을 좀 살펴봤다. MS, 애플, 구글, IBM, HP, 오라클 등 알려진 글로벌 기업들

---

330) DT파트너스, DIGITALTIMES
331) http://www.dt.co.kr/contents.html?article_no=2010092002012351697019(2010. 10.4)
332) 전자신문 | 입력 2010.09.13 14:36 | 수정 2010.09.13 18:56, [쇼핑저널 버즈]

은 어떻게 자사의 서비스, 솔루션들을 확장할까? 해외의 경우 M&A(적대적 인수)가 활발히 진행된다. 기업인수 혹은 해당 서비스를 매입함으로써 자사의 서비스나 솔루션을 늘린다.

구글의 경우 검색서비스로 시작했지만 지메일을 인수하고 블로거를 인수해서 자신의 서비스로 흡수했다. 라이틀리를 인수해서 구글독스를 만든 것은 유명한 일화다. 유튜브는 구글이 인수한 최고의 서비스로 구글의 대표적인 수익원이 되었다. MS 역시 기업인수를 통해서 솔루션을 확장해왔다.

MS 오피스 역시 자체적으로 만든 것이 아닌 기업인수를 통해서 확보한 솔루션이다. HP의 경우 같은 경쟁사였던 컴팩을 인수해서 규모를 키웠고 오라클은 솔라리스, 선 서버로 유명한 선 마이크로시스템즈를 인수해서 데이터베이스 이외의 솔루션을 확보했다. 이렇듯 해외의 경우 인수합병을 통해 자기들의 솔루션, 서비스를 확장하는 방법을 많이 쓴다. 이런 인수합병이 많이 일어나다보니, 특히 구글, 애플, MS, 페이스북, 트위터 등 최근 각광을 받는 인터넷 기업들을 통해서 인수합병이 많이 일어나다보니 어떤 기업은 아예 인수합병되는 것을 목표로 서비스를 만들고 키우는 기업들도 늘고 있다. 서비스를 키워서 가능성을 인정받으면 그동안 투자했던 금액 이상의 금액으로 합병되어서 수익을 거둘 수 있기 때문이다. 인수하는 기업 입장에서도 시장에서 다시 인지도를 키우고 안정성을 갖추는데 들어가는 비용보다는 차라리 갖춰진 시장을 가져와서 쓰는 것이 훨씬 효율적이라는 판단 때문에 인수합병을 시도하는 것으로 보여진다. 하지만 이런 인수합병이 뭐든 좋은 것은 아니다. 인수한 이후 해당 서비스를 그냥 죽여버리는 일도 허다하기 때문이다. 구글의 닷지볼 서비스의 경우 인수당한 후 제대로 관리를 못해서 사장되어버렸는데 그에 열받은 닷지볼 창업자가 나와서 만든 것이 요즘 인기 좋은 포스퀘어 서비스다.

이 외에도 수많은 서비스들이 인수당한 다음 사장되어버리는 경우가 허다했다. 하지만 기업 입장에서는 적어도 같이 경쟁해서 중소기업을 죽이고 시장을 차지하는 것보다는 가능성있는 기업을 인수해서 더 키우는 것이 효율적이고 도덕적으로도 더 올바르다고 생각하는 듯싶다. 나 역시 이런 인수합병에는 찬성한다. 국내 시장을 좀 들여다보자. 지금은 덜하지만 예전에 대기업의 경우 중소기업의 기를 죽이는 싸움을 하는 것으로 유명했다.

예를 들어 어떤 중소기업이 재미난 서비스를 만들어 시장에서 어느 정도 인정을 받고 있을 때 혹은 어느 정도 시장이 성숙했다고 판단되면 비슷한 서비스를 만들어서 규모와 마케팅으로 밀어붙여서 이미 시장을 선점하고 있던 중소기업의 서비스를 죽여버리고 시장을 차지하는 경우가 허다했다.

알려지지 않은 수많은 서비스들이 이런 대기업의 횡포에 밀려서 서비스가 죽어버리고 기업 자체가 망해버리는 악순환이 계속되고 있었던 것이다.

예전에 미투데이가 NHN에 인수되기 이전에 한참 마이크로 블로그 시장에서 선전하고 있을 때 SKT는 토시라는 미투데이와 비슷한 컨셉트의 마이크로 블로그 서비스를 내놓았다. 이때 미투데이의 관계자는 그 전에 SK와 미투데이와 협력을 이끌어내기 위해 정보를 일부 공유했는데 협상이 깨진 이후 SKT가 그때의 정보를 활용하여 비슷한 서비스를 만들었다고 비난을 했다.

마이크로 블로그 서비스 시장이 슬슬 활성화될 때쯤 시장을 엿보던 대기업이 시장을 선점하던 중소기업을 밀어내기 위한 대표적인 사례로 미투데이와 토시 이야기를 하는 이유가 바로 이런 것 때문이다. 후에 미투데이는 NHN에 인수되어 네이버 서비스의 일부로 편입되었다. NHN에 인수되는 것은 해외의 인수합병과 비슷한 시너지를 가져왔다. 사람들이 그래도 NHN이라고 미투데이를 SKT처럼 비슷한 서비스를 만들어서 고사시키지 않고 인수함으로써 미투데이도 고스란히 살렸다는 평가를 받음으로 인해 안좋았던 이미지를 회복했다고 평가했다. 물론 NHN이 미투데이를 인수한 이유는 NHN이 갖고 있지 않았던 미투데이의 SMS, MMS 연동기능 때문이었지만 말이다. 전자는 국내 대기업들이 그동안 행해왔던 안좋은 서비스, 솔루션 확대의 예이고 후자는 해외와 같이 인수합병으로 서비스, 솔루션을 확장한 좋은 예로 꼽힌다. 물론 국내에서도 해외와 같이 인수합병이 무조건 좋은 것으로 연결되지 않은 예도 있다. 대표적인 예가 NHN의 첫눈 인수건이다.

검색엔진 시장에서 신선한 바람을 일으킬 가능성이 높은 서비스가 첫눈이었다. 이 첫눈 서비스를 NHN이 인수했는데 인수한 이유가 네이버 검색의 경쟁자가 될 수 있으니 차라리 인수해버리자는 이유였다(물론 이에 대해서 반론을 펴는 사람들도 많다. 또한 지금의 네이버 검색에는 그때 인수한 첫눈의 기술들이 많이 녹아져있다고 말하는 사람들도 있다). 구글의 닷지볼 인수 때와는 다르지만 인수하고 고사시키는 것은 비슷하다. 국내의 경우 이렇게 미리 가능성이 있는 서비스들을 인수해 싹을 잘라버리는 인수합병이 여러 번 있었다고 한다. 해당 서비스를 고사시켰다고 하더라도 그 기업의 엔지니어들을 그대로 흡수해서 자사의 다른 서비스를 개발하게 만들었다면 이 역시 나름대로 의미는 있을 것이다. 그냥 기업을 인수하고 서비스를 고사시키고 해당 엔지니어들을 해고시키는 이런 악행을 저지르는 대기업들이 많았다는 것은 문제가 있다. 국내든 해외든 자사의 서비스나 솔루션을 확대하기 위해 사용하는 방법에서 시장에 같이 뛰어들어 경쟁을 함으로 인해 시장을 빼앗는 경우는 어찌 보면 경쟁사회에서는 당연한 것으로 보일지 모르지만 이미 선점하고 있던 중소기업이 갖고 있는 인프라, 마케팅 능력과 대기업이 갖고 있는 인프라, 자금력, 마케팅 능력의 차이는 너무 커서 처음부터 불공정 경쟁이 되는 경우가 허다하다. 경쟁을 시켜서 시장을 키우는 역할을 한다면 저런 경쟁도 괜찮겠지만 국내 대기업의 경우 아예 독점을 해버리려고 하니 문제인 것이다. 적절하게 시장을 점유하면서 공생관계로 파이를 키워야 하는데 독점만이 살길이라고 하니 국내 대기업들이 비난을 받아도 할 말이 없는 것이다. 인수합병 역시 대기업이 시장에서 1등을 하고 있는 중소기업을 인수하는 것도 좋지만 규모는 작지만 성장가능성이 충분한 회사를 인수함으로써 시장에 뛰어들어 같이 공정경쟁을 하도록 하는 것이 좋은데 시장에서 수익을 내기 위해 처음부터 1등 기업을 인수해서 시장에 뛰어들면 다른 경쟁하던 중소기업 서비스들을 다 죽여버리는 상황을 연출하니 이 역시 좋은 인수합병은 아닌 듯 싶다.

어찌되었던 대기업이 자사의 서비스나 솔루션을 확대하기 위해서 다양한 방법을 사용하지만 시장을 키우고 서로 공생하면서 살아남을 수 있는 방법을 선택하는 것이 대기업이 사회를 위해서 선택해야 할 방법이 아닐까 싶다. 기업이 클수록, 시장에서 영향력이 높을수록 더 도덕적이어야 하고 더 정직해야 하며 더 사회적이여야 하는 것은 당연한 것이다. 그만큼 시장에서의 영향력을 키워준 것이 바로 그 기업을 지탱하는 고객들이며 사회이기 때문에 그들을 배신하는 행위는 용서받지 못한다는 것을 국내 대기업들이 알았으면 좋겠다.[333)334)]

38. '공정한 사회'의 과제와 실천방안

권력층·기득권 세력, 자기 절제·희생 뒷받침돼야.[335)]

이명박 정권의 '공정한 사회' 기치가 사방에서 펄럭이고 있다. 하반기 국정 전반의 새로운 잣대가 된 것이다. 기회와 조건에서 공정한 게임의 법칙이 통용되도록 하겠다는 것이다. 이에 이견을 다는 이는 없는 것 같다. 소득, 교육 등의 양극화가 갈수록 심화돼 '공정하지 않다'는 인식이 확산되고 있다.

하지만 공정한 사회 논의에 대한 우려 또한 적지 않다. 우선 이 대통령이 제시한 공정한 사회의 실체와 기준이 불분명하다. "출발과 과정에서 공평한 기회를 주되 결과에 대해서는 스스로 책임을 지는 사회"라는 이 대통령의 개념은 구체성이 떨어진다. 그렇다 보니 '공정'이란 잣대로 정권의 입맛대로 모든 것을 재단하려는 것이 아니냐는 관측도 나온다. "가치와 신념이 부족해 보였던 정부"가 공정사회를 들고 나오니 야권과 국민이 의혹을 가질 법하다. 정치적 계산인지 인식의 전환인지를 판단하기 어려운 탓이다.

◇'공정한 사회'가 이명박 정부 후반기 국정운영 화두로 제시됐지만 기대

---

333) 이학준 버즈리포터(www.poem23.com), ebuzz.co.kr.
334) http://media.daum.net/digital/others/view.html?cateid=100031&newsid=20100913143650544&p=etimesi(2010.10.4)
335) [이슈&현장] '공정한 사회' 과제와 실천방안〈세계일보〉입력 2010.09.13 (월) 17:34, 수정 2010.09.13 (월) 20:29 권력층·기득권 세력, 자기 절제·희생 뒷받침돼야 20100913003524

만큼 우려의 시선도 적지 않다. 뚜렷한 잣대와 지속적 실천이 없다면 한 때의 정치적 구호로 그칠 것이란 우려다. 그래서 공정한 사회는 정권 내부의 희생에서 출발해야 한다는 지적이다. 중요한 것은 권력층의 불공정에 대한 단죄를 각오하고 실천으로 옮겨야 한다. 그렇지 않다면 정통성없는 전두환 군부정권이 '정의사회구현'이란 구호로 국민을 현혹시키고 길들였던 꼼수와 다를 바 없다는 지적이다. 특히 자기 절제와 희생이 뒷받침되지 않는 공정은 스스로를 파괴하는 부메랑이 될 것이란 전망이다. 이 대통령의 자성과 성찰도 뒤따라야 한다는 주장도 나온다. '강부자'(강남땅부자), '고소영'(고려대·소망교회·영남) 내각은 이미 이명박 정부 초반의 불공정 사례로 기록된 상황이다. 때로 국민여론과 달리 부자감세, 세종시 수정과 4대강 사업을 밀어붙여 국론을 분열시킨 점도 공정사회의 가치에는 부합하지 않는다는 평이다.

　다음에는 더 높은 관문을 넘어야 한다. 기득권 세력과의 힘든 전쟁이다. 경제, 교육, 문화 등 각 부문의 특권층과 지방토착세력이 정부의 공정 강요에 조직적으로 반발할 가능성도 배제할 수 없다. 이들은 자신들의 능력과 별개로 역차별을 받는다고 주장할 수 있다. 자기반성과 제살깎기가 전제되지 않는다면 이들의 반발은 필연적이다. 포퓰리즘으로 흐르는 것도 경계해야 한다는 지적이다. 확고한 원칙없이 여론에 따라 공정 잣대가 흔들릴 경우 '마녀사냥'식 여론몰이에 그칠 수 있다는 것이다. 한나라당 지도부가 공정사회의 원칙과 기준의 마련이 필요하다고 촉구한 이유다. 정두언 최고위원은 "총론만 있고 각론이 없다면 시행에 혼란을 불러오고 정치적 부담이 될 수 있다"고 밝혔다. 공정사회의 실천방법도 정략적 추진을 경계해야 한다는 지적이 많다. 진정성에서 신뢰를 잃는 순간 정책 실패는 자명하다. 레임덕(권력 누수) 방지를 위해 권력기관을 동원해 '사정카드'를 뽑아들었다가 자칫 '정치적 꼼수'란 비판에 직면해 정권 몰락을 자초할 수 있다는 관측이다. 한 여권 관계자는 "현 정권이 권력기관을 효과좋은 통치수단으로 간주해 반대 정파에 칼을 들이대는 데 동원할 경우 정권의 발목을 잡는 부메랑이 될 것"이라고 밝혔다. 어쨌든 공정사회 드라이브는 시작됐다.

'공정한 사회' 구현의 중심축은 '친 서민·중산층 정책강화'다. 친 서민정책은 교육, 정치, 경제, 사회 등 전반에 걸쳐 추진될 것으로 보인다. 이 대통령은 지난 6일 정례 라디오연설에서 "서민과 중산층을 위한 정책에 더욱 역점을 둘 것"이라고 말했다. 이에 따라 당·정은 친 서민·중산층 강화 정책 발굴에 착수했다. 여당은 당 인사에도 공정성 잣대를 엄격히 적용하려는 움직임이다. 한나라당은 첫 단계로 12개 사고 지역 당협위원장 선정에서 심사기준을 강화하기로 했다. 원희룡 사무총장은 13일 "내달 초 사고 당협위원장 공모에 앞서 이달 말쯤 새 기준을 공표할 것이며 그 기준은 구체적이고 엄격한 수준이 될 것"이라고 말했다. 후보자 재산형성 과정, 세금 납부실적, 주변문제 등을 포함해 두루 검증하는 방안이 검토되는 것으로 알려졌다. 나아가 2012년 총선에서 계파 나눠먹기식 공천을 차단하기 위해서라도 공천기준을 명확히 한다는 방침이다. 공직사회엔 고강도 '사정 드라이브'도 예상된다. 이 대통령이 "아마도 기득권자에게는 매우 불편스럽고 고통스러운 일인지 모른다"고 강조한 것은 하나의 신호탄이다.[336)337)]

39. 그들은 정말로 '또 하나의 가족'

삼성을 비롯해 임원 자녀를 채용에서 우대하는 대기업 수두룩. 남보다 더 빨리, 더 높이 출세하는 신분세습 사회는 공정한가.[338)] 취업은 오늘날 젊은 이들에게 쉽게 넘을 수 없는 관문이다. 채용 과정이 공정하지 않다면 이들의 절망도 깊어질 것이다. 한 채용박람회에서 면접 이미지 연출법을 연습하고 있는 젊은이들. "삼성 사장들의 자녀, 특히 딸들은 모두 삼성에 다닌다는 말이 있다." 삼성 계열사의 한 임원이 살짝 털어놓는 얘기다.[339)] 대학생

---

336) 남상훈 기자
337) http://www.segye.com/Articles/News/Politics/Article.asp?aid=20100913003524&subctg1=&subctg2=(2010.10.4)
338) [2010.09.17 제828호], ■ 곽정수

들이 취업을 가장 선호하는 일부 대기업이 임원 자녀에게 입사 때 혜택을 주고 있는 사실이 확인됐다. 유명환 전 외교통상부 장관 딸의 특별채용을 계기로 제기된 '현대판 음서제도' 논란이 정부 부문에서 민간기업으로도 확산될 조짐이다.

1) "삼성 임원 자녀 가산점이 당락 좌우"

삼성은 대기업의 임원 자녀 채용 우대의 대표적 사례다. 삼성전자의 한 임원은 "임원 자녀에게는 채용시 가산점을 부여하는 '임원 자녀 우대 프로그램'을 운영하고 있다"고 말했다.

삼성의 채용 절차는 '서류심사→직무적성검사(SSAT)→면접' 3단계다. 임원 자녀에 대한 가산점은 면접점수 100점 기준으로 5~10점이라고 한다. 삼성은 <한겨레21>의 확인 요청에 대해 제도 운영 사실은 인정하면서도, 세부 규정 공개는 거절했다. 규정상으로는 20년 이상 장기근속 직원 자녀도 우대 대상이지만, 실제로는 임원 자녀 위주로 운영되는 것으로 알려졌다.

삼성 계열사의 한 간부는 "응시자 간 점수 차이가 크지 않기 때문에 이 정도의 가산점은 사실상 당락을 좌우한다"고 말한다. 또 다른 임원은 "계열사 사장급 자녀들은 성적에 상관없이 입사 혜택을 주는 것으로 안다"고 귀띔했다. 삼성 고위 임원들의 경우 삼성에 다니는 자녀가 유달리 많다. '삼성의 2인자'로 불리는 이학수 삼성전자 고문(전 그룹전략기획실장·부회장)은 두 아들이 모두 삼성전자에 입사했다. 장남은 핵심 부서인 재무팀에서 경리·회계 업무를 담당해, 재무통인 부친과 똑같은 길을 밟았다. 현재 '우수사원 양성코스'에 선발돼 미국 연수 중인데, 삼성전자에서는 아예 회사를 그만둔 것으로 안다고 밝혔다. 차남은 홍콩의 외국회사로 직장을 옮겼다. 삼성전자의 최고재무책임자(CFO)를 지내며 이건희 회장의 '집사'로 불렸던 최도석 삼성카드 부회장의 경우 아들은 삼성전자에, 딸은 금융계열사에 입사했다. 삼성전자 신사업추진단장인 김순택 부회장의 아들도 삼성전자에 입사했

---

339) 사진 한겨레 김정효 기자 hyopd@hani.co.kr

다. 전자와 함께 삼성의 두 축을 이루는 삼성생명의 이수창 사장의 두 딸은 금융계열사에 입사했다. 그중 한 명은 아버지와 같은 회사에 다닌다. 삼성그룹 홍보책임자를 지낸 이순동 삼성미소금융재단 이사장도 두 딸이 모두 삼성 계열사에 다닌다. 권상열 삼성생명 부사장의 딸도 아버지와 같은 회사에 다닌다. 배정충 삼성생명 부회장과 이상완 삼성사회공헌위원회 사장은 딸이 삼성 계열사에 입사했다. '황의 법칙'(반도체 메모리 용량이 1년마다 2배씩 증가한다는 이론)으로 유명한 황창규 전 삼성전자 사장의 딸도 삼성전자에 입사했는데, 지금은 그만뒀다. 한용외 전 삼성사회봉사단 사장은 아들과 딸이 모두 삼성에 입사했다. 이 중 아들은 삼성전자가 운영하는 디자인스쿨에 다니다가 성적 우수자로 특채됐다고 한다. 삼성전자의 전직 임원은 "외환위기 이후 삼성의 사세가 급성장하면서 사장단 수도 늘어나고, 고위 임원 자녀의 입사도 급증했다"고 말했다. <한겨레21>은 삼성에 고위 임원 자녀의 근무 현황에 대해 확인을 요청했으나, 삼성은 "개인 신상 문제이기 때문에 어렵다"고 답해왔다. 대기업 직원 채용에서도 공정성은 절대적 원칙이다.

2) 정치인·관료 자녀 인사청탁도 많아

다른 주요 대기업은 삼성처럼 규정으로 만들지는 않지만 관행적으로 고위 임원 자녀에 대해 입사 때 우대를 해준다. 현대·기아차그룹의 한 고위 임원은 "ㅊ 부회장, ㅇ 사장 등 고위 임원의 자녀가 상당수 근무한다"면서 "회사에서 고위 임원 자녀에 대해서는 입사시 우대해주는 것으로 안다"고 말했다. SK그룹의 고위 임원은 "기업마다 정도의 차이는 있겠지만 어디나 그런 관행이 있지 않느냐"고 말했다. 고 최종현 SK 회장은 생전에 최고경영자 교육 때 "자기 자식을 자랑스럽게 넣을 수 있는 회사를 만들어야 한다"고 강조했다. SK의 경우 주력 계열사이고 대우도 좋은 SK텔레콤이 임원 자녀들의 선호 대상인 것으로 알려졌다. LG 고위 임원은 "임원 자녀에 대해서는 입사시 배려를 하는 것으로 안다"면서 "하지만 그룹 최고경영자인

강유식 LG 부회장과 남용 LG전자 부회장, 김반석 LG화학 부회장 등의 자녀 중에는 입사자가 없다"고 말했다. 젊은이들의 선호 직장 중의 하나인 은행권도 고위 임원 자녀가 많다. 최근 경영진 내홍을 겪고 있는 신한이 대표적이다. 라응찬 신한지주 회장과 신상훈 사장의 아들, 이백순 신한은행장의 딸이 은행에 입사했다. 4대 시중은행의 한 간부는 "당사자나 회사가 모두 쉬쉬하니까 정확히 집계된 적은 없지만 임원 자녀는 상당수에 달한다"면서 "전체 임직원이 1만5천여명인데 전·현직 임원 자녀가 100명은 넘을 것"이라고 말했다. 또 다른 은행의 지점장은 "지금은 많이 달라졌지만, 2000년대 초까지만 해도 임원 자녀는 100% 입사 혜택을 줬다"고 말했다. 물론 대기업 임원 자녀 중에는 회사의 혜택 부여와 상관없이 자기 실력으로 당당히 입사한 경우도 적지 않다. 삼성전자의 한 간부는 "상당수는 굳이 삼성에 들어오지 않아도 다른 좋은 직장을 얼마든지 구할 수 있는 훌륭한 인재"라고 말한다. 문제는 고위 임원인 부모의 후광이 없었다면 자력으로 입사하기 어려웠을 사람들이다. 삼성의 한 임원은 "그룹 실세로 불리우는 한 부회장의 아들은 성적이 좋지 않았던 것으로 안다"고 말했다. 또 다른 삼성 임원은 "일부 고위 임원 자녀는 상대적으로 업무 부담이 크지 않은 부서에 배치된다"면서 "삼성에 들어왔다가 다른 곳으로 직장을 옮기는 임원 자녀들의 경우도 삼성 근무 경력이 현실적으로 큰 도움이 된다"고 말한다. 현대차그룹의 한 간부는 "고위 임원 자녀 중 일부는 주위의 부담스러운 시선과 업무 부담을 견디지 못하고 스스로 회사를 그만두는 경우도 있다"고 말했다. 삼성 고위 임원 딸들의 경우 결혼과 함께 회사를 그만두는 일이 많다. 이를 두고 대학생들이 취업을 위해 다양한 스펙을 쌓듯이, 삼성 고위 임원 자녀들도 삼성 입사를 더 좋은 미래를 위한 일종의 스펙쌓기 수단으로 활용한다는 얘기가 나온다. 대기업은 임원 자녀 우대보다 정치인이나 정부 고위 관료, 언론계 간부의 낙하산식 인사 청탁이 더 심각하다는 지적도 나온다. 재계 10위권의 한 대기업 간부는 "감독이나 인허가권을 쥔 정부부처의 고위 관료로부터 자녀나 친척 인사 청탁이 오면 정말 난감하다"고 말했다. 4대 그룹의 한 고위 임원은 "무리한 청탁이 줄어드는 추세지만, 부득이한 경우는 서류심사와 필기시험을 합격시켜서 면접은 볼 수 있도록 배려한다"고 털어놨다. 삼성의 한 전직 임원은 "회사 업무와 밀접한 연관이 있는 A부처 장관과 B위원회 위원장의 자녀들이 회사에 들어왔다는 얘기가 파다한 적도 있다"고 귀띔했다. 이명박 대통령의 사위인 이상주 삼성화재 상무는 장인이 대통령이 된 직후인 2008년 여름에 삼성전자 해외법무 담당으로 영전했다.

3) "얼굴만 보아도 누구의 아들·딸인지 알아"

대기업은 채용 때 공정한 평가와 부당한 인사 청탁 차단을 위해 지원자 정보를 가리는 '블라인드 면접', 면접관으로 대리·과장을 참여시키는 '실무자 면접' 등 다양한 장치를 활용한다. SK의 고위 임원은 "최종 채용결정권을 제외한 나머지 채용 과정의 관리를 외부 전문기관에 맡기고 있다"고 말한다. 하지만 이것들이 채용의 공정성을 100% 보장하는 안전장치가 되기에는 역부족으로 보인다. 4대 그룹의 한 임원은 "블라인드 면접을 한다고 하지만 고위 임원의 자녀는 면접에 들어갈 때 이미 누구의 아들·딸이다 해서 다들 안다"고 말한다. 또 다른 4대 그룹의 고위 임원은 "사장이 인사담당자에게 직접 지시를 하면 누가 거부할 수 있겠느냐"면서 "다른 사람은 그 내막을 알기 어렵다"고 말했다. 대기업은 임원 자녀 우대를 평생 회사를 위해 기여한 임원에 대한 보상 차원으로 설명한다. 4대 그룹의 한 고위 임원은 "임원 자녀가 다른 사람들에 비해 회사에 대한 충성심도 더 크지 않겠느냐"면서 "삼성 비자금 사건같은 내부고발의 위험성도 덜할 것"이라고 말했다.

LG그룹의 간부는 "임원 자녀의 경우 부모를 생각해서라도 회사에서 더 열심히 일하지 않겠느냐"고 말했다. 삼성 홍보팀은 "민간기업에서는 다양한 인센티브 정책을 실시한다"면서 "민간기업의 임원 자녀 입사 우대를 이번 외교통상부 사건과 동일한 시각으로 보는 것은 곤란하다"고 말했다.

하지만 대기업의 임원 자녀 우대가 헌법의 '기회균등 원칙'에 어긋난다는 지적도 적지 않다. 삼성은 대학생들이 들어가고 싶어하는 직장 조사에서 매년 붙박이로 1위를 한다. 해마다 삼성 신입사원 채용시험 지원자는 10만명에 육박하고, 경쟁률은 수십대 1에 이른다. 서울대 경제학과를 졸업한 ○씨는 "졸업 뒤에도 바로 취업이 안돼 재수삼수도 흔할 정도로 청년실업이 심각한 상황에서 아버지가 고위 임원이라는 이유만으로 특혜를 주는 게 공정한 사회냐"고 반문했다. 고위 임원 자녀가 특혜의 기쁨을 맛보는 순간, 그 이면에서는 똑같은 수의 다른 일반 경쟁자들이 탈락의 쓴잔을 마실 수밖에 없다는 것이다.

4) 직원은 안되고 임원은 된다고?

민간기업이라고 직원 채용을 제멋대로 할 수 있는 것은 아니다. 부당한 신입사원 선발은 법으로 금지한다. 지난해 연령차별금지법이 제정되면서 공무원과 공기업은 물론 민간기업들도 사원 채용 때 응시자 연령을 제한하지 못한다. 남녀 차별도 남녀고용평등법에 의해 금지돼 있다. 이를 어기면 형사처벌을 받는다. 국가인권위원회의 조사국 관계자는 "대기업의 임원 자녀 우대가 불합리한 차별에 해당하는지는 충분히 조사할만하다"면서 "피해자의 진정이 들어와 조사하는 게 일반적이지만 위원회가 직권으로 조사할 수 있다"고 말했다.

과거 일부 사립대학에서 음성적으로 이뤄졌던 교수교직원 자녀에 대한 입시 우대도 사회적 비판과 정부의 규제로 지금은 사라졌다. 입시 시즌을 맞은 교육과학기술부는 9월9일 주요 대학 처장들을 긴급 소집해 사전 단속에 나섰다. 교육부 대학교육선진화과의 송선진 사무관은 "예전에는 일부 대학에서 그런 관행이 있었다고 하는데, 지금은 말도 못 꺼내는 분위기"라며 "오히려 자녀가 지원하는 교수나 교직원은 입학관련 업무에 관여하지 못하도록 하는 상피제도(기피제도)를 엄격히 운영하고 있다"고 말했다. 대기업의 임원 자녀 우대는 노조의 반발을 살 가능성도 있다. 현대차 등 일부 대기업 노조는 이전부터 직원 자녀 채용 우대를 요구해왔는데, 특혜 시비를 이유로 받아들여지지 않았다. 일부 대기업은 이런 문제점을 감안해 아예 고위 임원 자녀는 별도 정원으로 관리한다고 말한다. SK의 고위 임원은 "임원 자녀는 선발 정원 외로 별도 관리하기 때문에, 이들을 우대한다고 해서 다른 지원자가 불이익을 받는 일이 없는 것으로 안다"고 말했다. 대기업의 임원 자녀 채용 우대는 우리 사회의 계층 고착화를 더욱 심화할 수 있다.

부자 부모를 만나 좋은 교육을 받고 대한민국 최고 직장까지 보장받아, 남보다 더 빨리, 더 높이 출세하는 갑(甲)과 그렇지 못한 을(乙) 간의 격차가 대를 이어 계속되는 이른바 '신분세습'이 심해질 수 있는 것이다. 이회창 자유선진당 총재가 외교통상부 장관의 딸 특채 파동과 관련해 "지금 시중에선 학부모들이 (좋은 자리는) 장관이나 고관대작의 자녀들이 다 차지할텐데 뼈 빠지게 돈 벌어 자녀 교육을 해서 뭐하냐는 얘기가 돌고 있다"고 질타한 것이 민간기업에도 똑같이 적용될 소지가 있다. 삼성의 일부 고위 임원 딸들의 경우 삼성에 들어간 뒤 삼성의 엘리트 직원과 결혼해, 아버지와 딸 그리고 사위가 완벽한 '삼성 가족'을 이루는 일도 드물지 않다.

임원 자녀 우대제가 기업경영에 꼭 긍정적인 것은 아니라는 지적도 있다. 현대차의 한 임원은 "임원 자녀들이 입사는 물론 보직 부여, 승진, 급여, 교육에서 계속 혜택을 누린다면 다른 직원들로서는 얼마나 맥이 풀리겠느냐"면서 "그런 조직은 오래가지 못한다"고 말했다. SK의 한 부장은 "공정하지 않기 때문에 일반 직원들은 모두 싫어할 것"이라고 말했다. 삼성의 한 전직 임원은 "고위 임원 자녀는 잘못을 해도 인사권자가 야단을 치거나, 고과를 나쁘게 주기 어렵다"면서 "부모와 자녀가 같은 회사에 근무할 때는 더욱 그렇다"고 털어놨다. 강성춘 서울대 경영대 교수(인사조직)는 "임원 자녀 우대제도가 정당성을 확보하려면 전체 구성원의 동의와 투명성 등 절차의 공정성이 갖춰져야 한다"면서 "특히 사내외에서 제도 시행의 성과를 객관적으로 평가할 수 있게 관련 내용을 공개하는 투명성이 중요하다"고 말했다.

5) "주식회사 공공성에 위배"

대기업의 임원 자녀 우대제의 뿌리는 총수 가족 중심인 한국 재벌의 후진적 지배구조에서 찾을 수 있다. 총수 자녀들이 20대 후반이나 30대 초반의 어린 나이에 아무런 경영능력의 검증없이 회사 임원이나 최고경영자로 초고속 승진하는 것이 관행화된 현실에서 임원 자녀들의 우대는 큰 문제가 아닌 것처럼 여겨질 수 있다. 삼성의 한 고위 임원은 "삼성안에서도 몇 년 전 이 문제가 거론됐는데, 당시 이학수 부회장이 '할아버지·아버지가 만든 회사에 (그 자녀들이) 들어오는 게 뭐가 문제냐'고 일축한 적이 있다"고 말했다. 삼성 비자금 사건을 폭로한 김용철 변호사는 "재벌 주력 기업의 대부분은 상장기업으로, 주식의 대부분을 일반 주주가 갖고 있다"면서 "(지분이 4~5%에 불과한) 총수 일가가 주인 행세를 하며 자기 자식이나 임원 자녀에게 특혜를 주는 것은 주식회사의 공공성에 위배된다"고 지적했다. 김상조 경제개혁연대 소장도 "임원이 회사에 기여했다고 해서 그 혜택을 자녀 입사시에 부여하는 것은 민간 기업에 허용된 권한의 범위를 이탈한 것 같다"면서 "임원 자녀 우대는 '재벌 총수-임원-자녀'에게로 이어지는 일종의 인센티브 구조를 통해 총수를 중심으로 한 한국 재벌의 지배구조를 확대재생산하는 데 일조한다"고 말했다. 이런 지적에 대해 4대 그룹의 한 고위 임원은 "결국 임원 자녀 우대제는 정도의 문제 아니겠느냐"면서 "회사로서는 그로 인해 정상적인 경영 시스템이 망가지지 않도록 조심하는 노력이 필요하다"고 말했다.[340] 마치 고려시대 음서제의 부활을 보는 것 같아 소름이 돋을 지경이네요![341][342][343]

40. 정치인을 닮아가는 관리들

공직사회가 뒤숭숭하다. 그렇지 않아도 '철밥통' 소리를 듣더니 외교통상

---

340) 곽정수 기자 jskwak@hani.co.kr
341) rokkkj (211.201.***.***), 2010년 09월 17일 12:47, AMSupported by 피플커뮤니케이션즈
342) http://h21.hani.co.kr/arti/cover/cover_general/28178.html(2010.10.4)
343) The Hankyoreh.

부 특채 파문으로 더욱 따가운 눈총을 받게 됐다. 딸 특채 의혹이 터지자 "요즘 어떤 세상인데…"라며 강하게 부인하던 유명환 전 장관을 TV에서 봤던 이들은 놀라움을 금치 못했을 것이다. 비리 등의 혐의로 검찰 조사를 받는 와중에도 "한점 부끄러움이 없다."며 결백을 주장했지만 결국 감옥으로 갔던 정치인 모습과 너무나 흡사했다. 진실이 드러날 때 드러나더라도 '오리발'부터 내미는 것이다.344) 공직자들이 '나쁜' 정치인을 닮아가고 있다. 정치인의 몰염치야 다 알지만 관리들도 결코 뒤지지 않음이 이번 일로 드러났다. 국민 무서운 줄 모르고, 자리를 즐기는 관리들을 먼 발치에서 한 번이라도 봤어도 그리 놀랄 일이 아니라는 이들도 있지만 그래도 이렇게 썩었을 줄이야. 친인척들을 보좌관으로 쓰는 국회의원이나 자식에게 공직까지 '대물림'하려는 관리 모두 한 통속이지 싶다. 공직사회에서 나랏일보다 자리를 탐하고, 소리(小利) 앞에서도 물불 가리지 않는 이른바 '정치관료'들이 설친 지 오래됐다. 전 총리 A씨가 중앙 부처 1급으로 있을 때 김대중 대통령이 당선되자 총무과에 전화를 걸어 본적을 호남으로 바꾸도록 한 일은 유명하다. 혀를 내두르게 한 그의 약삭빠른 처세 덕분인지 총리 자리까지 올랐고, 이명박 정부에서도 요직을 맡고 있다. 흔히 정치인은 표를 위해서라면 영혼도 판다고 하는데, 정치관료들은 출세를 위해 영혼은 물론 한 술 더 떠 본적까지 '세탁'한다.

이들은 학연·지연은 기본이고 엮을만한 것이 있다면 지푸라기라도 엮어 자신의 이익을 위한 발판으로 삼는다. 전 장관 B씨는 고교 선배인 총리가 테니스를 잘 친다는 얘기를 듣고 테니스 모임에 들어가기 위해 안간힘을 다했다고 한다. 전 부총리 C씨는 고교 후배가 부인의 부동산 투기 의혹으로 두 번이나 승진에서 물을 먹자 청와대 인사담당자를 찾아 구원투수 역할을 자청했다. 정치관료들은 초선의원이 명함도 못 내밀 정도의 정치 감각과 처세술을 갖고 있다. '영포라인' '서울랜드(서울고-서울대)' '이헌재 사단'이

---

344) [서울광장] 정치인을 닮아 가는 관리들/최광숙 논설위원

뜬다 싶으면 거기에 올라타기 위해 모든 수단을 동원한다. 영향력이 있으면 아랫사람에게도 머리를 조아린다. 차관 인사를 앞둔 한 인사는 밤 늦게 청와대 인사라인과 가깝던 후배 집까지 찾아가 무릎을 꿇었다고 한다. 정권 교체에도 살아남는 '슈퍼 정치관료'들도 적지 않다. 한 차관은 남들은 한 번도 어렵다는 청와대 파견근무를 세 정권을 넘나들며 했다. 이쯤 되면 그 놀라운 생존력에 '감화' 받은 후배들이 모여들기 마련이다. 한 차관급 인사는 참여정부 임기말 혁신도시로 지정된 고향에서 착공식을 강행해 정권이 바뀌어도 끄떡없도록 '대못박기'를 했고, 다른 차관은 재임 중 특정 대학에 연구개발비를 몰아주고 퇴임 후 그 대학의 교수로 갔다고 한다.

정치관료들이 판치면 공직사회는 병들게 된다. 능력이 있어 장차관을 하면 누가 욕하겠는가. 실세 정치인이 뒤를 봐줘서, 줄서기에 성공해 윗자리에 올라가면 그 조직은 정치 바람을 탈 수밖에 없다. 자신을 돌봐준 '누군가'에게 '보은'해야 하기 때문이다. 인사청탁을 거절하기 어려워 조직인사는 왜곡된다. 이익집단을 대표한 '누군가'의 입김에 정책은 뒤틀린다. 그 과정에서 부패와 비리가 싹튼다. 정치관료들의 바이러스는 전파력이 강해 '줄서야 성공한다.'는 인식을 퍼트려 너도나도 정치관료의 길을 유혹받게 된다. 언변이나 감각은 부족해도 묵묵히 뒤에서 일에 몰두하는 참다운 공직자의 사기와 의욕을 떨어뜨리는 것이 가장 큰 문제다. 깨진 유리창을 방치하면 인근 유리창이 모두 깨진다는 '깨진 유리창' 법칙은 여기에도 적용된다.

공직사회도 보다 공정해져야 한다. 그러려면 '깨진 유리' 정치관료부터 솎아내야 한다. 그들은 공직사회를 좀먹고, 궁극적으로 정부의 경쟁력을 떨어뜨린다.345)346)

---

345) bori@seoul.co.kr, 2010-09-16, 31면
346) http://www.seoul.co.kr/news/newsView.php?id=20100916031007(2010.10.4)

제4장 공정한 사회의 문화형성

1. 공정한 사회, 무엇이 필요할까?

대통령이 하반기 국정지표로 삼은 '공정한 사회'가 광복절 이후 우리 사회의 화두가 되었다.[347] 특별히 개혁과 변화의 상징으로 내세웠던 총리 후보자가 국민의 신뢰를 얻지 못해 낙마하며 그 중요성은 더욱 커져가고 있다. 과연 지금 우리에게 공정한 사회는 어떤 의미인지, 현실적으로 어떻게 만들어 나가야 하는지에 대한 담론이 활발하다. 사회의 모순과 불공평속에서도 희망을 잃지 않고 변화를 만들어나가는 사람들의 이야기를 담은 책들을 소개해 본다.

1) 엘 시스테마, 꿈을 연주하다

자료: http://www.asiae.co.kr/news/view.htm?idxno=20100916152215864488(2010.10.4)

---

[347] 트위터 미투데이, 기사입력2010.09.16 15:30최종 수정2010.09.16 15:30, 아시아경제 박충훈 기자

베네수엘라는 남미 최대의 산유국이지만 극심한 빈부격차로 전 국민의 30퍼센트 이상이 빈민층인 국가이다. 가난한 이들은 총을 들고 거리를 떠돌며 하루 벌어 하루 먹고사는 고단한 삶을 이어간다. 이런 베네수엘라에서 빈곤과 체념이 대물림되는 것을 막고, 아이들을 가난과 폭력에서 구해내기 위해 '엘 시스테마(El sistema)'가 시작되었다. 엘 시스테마는 1975년 경제학자이자 음악가인 호세 안토니오 아브레우가 최초의 국립 청소년 오케스트라를 창립한 것으로 그 기원을 찾을 수 있다. 빈민가의 차고나 창고를 전전하며 연습하던 오케스트라는 국내외 성공적인 공연을 통하여 성장하였고, 오케스트라 멤버들은 전국 각지에 음악 교육 센터를 세워 빈민가 아이들에게 악기 연주를 가르치기 시작했다. 그 가운데 60퍼센트 이상이 사회경제적 빈곤 계층으로, 가난과 폭력에 무방비 상태로 노출되어 있던 아이들은 음악을 배우며 비로소 자신이 소중한 존재라는 것을 자각하고, 미래를 꿈꾸게 되었다.

이 책은 자신의 열정과 재능, 그리고 꿈을 다른 사람에게 '꿈'으로 되돌려 줄 수 있는 가장 이상적인 모습을 그리고 있다. 그리고 그것은 단지 한명 한명의 아이의 인생을 바꾸어 놓는 것에 그치지 않고 사회 전체를 더 나은 방향으로 움직이게 하는 바람직한 모습으로 독자들에게 감동을 준다. 엘 시스테마가 베네수엘라의 많은 사람들의 삶을 구한 것처럼 이 책을 통하여 독자는 자신의 삶과 자신이 속한 사회가 더 좋은 모습으로 변화하는 방법에 대해 생각할 수 있는 시간을 얻을 수 있을 것이다.

2) 원순씨를 빌려드립니다

정의롭지 못한 세상, 불법과 불공평한 일들이 판치는 세상. 이 속에서 더욱 더 주목받는 기업이 있다. 바로 흔히들 사회적 기업이라고 알고 있는 '아름다운 가게'이다. 사회적 기업은 그저 자선활동의 하나일 뿐이라고 치부하는 현실이지만 100개의 매장과 300명의 고용창출 그리고 150억원의 매출을 이룩한 '아름다운 가게'는 우리에게 많은 시사점을 준다. 인권변호사에서 NGO 수장으로 끊임없이 대한민국을 살맛나게 바꾸고 있는 '아름다운 가게'

자료: http://www.asiae.co.kr/news/view.htm?idxno=2010091615221586488(2010.10.4)

CEO 박원순, 그는 그 원동력을 늘 깨어있고 활발히 움직이는 '상상력'이라고 자신있게 이야기한다. '원순씨를 빌려 드립니다'는 사회적 기업을 성공적으로 만들고 자생력을 갖춘 당당한 기업의 하나로 만든 박원순 변호사의 CEO로서의 면모를 살펴본다. 기업가, 직장인, 대학생 등 모든 세대와 계층의 사람들에게 박원순 변호사는 이 책이 새로운 발상을 꿈꾸고 오늘보다 나은 내일을 위한 터닝포인트 역할을 해줄 것을 기대한다. 바로 현장에서, 업무환경속에서, 일상속에서 다양하게 위력을 발휘할 박원순표 상상력이다.

3) 나비형 인간

이 세상을 변화시킨 14명의 나비형 인간과 그들을 통해 도출해 낸 7가지 법칙을 소개하는 책이다. 우리가 발견하지 못했지만 누구나 실천할 수 있고, 실천했을 때 성공할 수 있는 진리를 알려준다. 저자가 정리한 7가지 법칙은 어디서나 흔히 들어볼 수 있는 말이 아닌 우리에게 새롭게 다가오는 말들이다. 책에 등장하는 14명의 나비형 인간들은 우리의 마음을 따뜻하게 만들어주고, 아름다운 세상을 향한 열린 마음을 갖게 한다.348)349)

자료: http://www.asiae.co.kr/news/view.htm?idxno=2010091615221586488(2010.10.4)

2. 인센티브의 힘

일단의 경제학자들이 이스라엘 하이파의 놀이방 몇 군데에서 20주에 걸쳐 재미있는 실험을 진행했다. 출근할 때 놀이방에 아이를 맡긴 부모들이 자녀를 늦게 찾아가는 일이 잦아 발생하는 문제를 해결하기 위한 것이었다.

처음 4주 동안 부모들의 행태를 관찰한 결과 부모들이 놀이방 당 1주일에 평균 8번 정도 지각하는 것으로 나타나자 5주째부터 10분 이상 늦을 경우 3달러의 벌금을 내는 제도를 시행했다. 결과는? 부모들의 지각이 줄었을까.

천만에 부모들의 지각회수는 되레 2배로 늘어났다. 도대체 무슨 일이 일

---

348) 박충훈 기자 parkjovi@, 세계를 보는 창 경제를 보는 눈, 아시아경제 (www.asiae.co.kr)
349) http://www.asiae.co.kr/news/view.htm?idxno=2010091615221586488(2010.10.4)

어난 걸까.350)

■ 스티븐 레빗의 <괴짜 경제학>나오는 이 얘기는 잘못 설계된 인센티브가 어떤 역효과를 가져오는지를 잘 보여준다. 무엇보다 벌금의 액수가 너무 적었다. 한 달 내내 지각해도 월 보육료(380달러)의 6분의 1 수준인 60~70달러만 내면 되니 말이다. 더 심각한 문제는 도덕적 인센티브(죄책감과 미안함)를 경제적 인센티브(벌금 3달러)로 대체한 것이다. 부모들에게 지각의 가치가 그것밖에 되지 않는다는 생각을 갖게 한 결과 17주째부터 벌금을 폐지해도 지각하는 부모의 수는 전혀 줄지 않았다. 과거엔 지각하면 죄책감이라도 느꼈으나 이젠 그런 감각마저 무뎌진 것이다.

■ 그럼 지각 벌금을 100달러로 했으면 해결됐을까. 아마 그랬을 것이다. 하지만 지각 부모가 없는 것에 비례해 놀이방을 포기한 부모들도 적잖았을 것이다. 이 경우 역시 인센티브가 잘못됐다. 교환법칙에 기반한 거래 자체가 깨졌으니 말이다. 주류경제학계가 보기에 '발칙하고 엉뚱한' 레빗은 여기서 "경제학은 근본적으로 인센티브를 연구하고 활용하는 학문"이라고 말한다. 차에 부과한 2페니의 세금이 보스턴 차 사건을 낳고 결국 미국 독립전쟁을 이끌어낸 것처럼, 잘 설계된 인센티브는 그 자체로 총탄이고 지렛대이고 열쇠가 된다는 것이다.

■ 엊그제 청와대에서 이명박 대통령과 12개 대기업 총수가 만나 공정사회에 걸맞은 대기업의 역할과 책임을 따져봤다. 거래의 공정이 시장경제에 부합하는 모든 공정의 핵심이라는 인식의 반영이다. 하지만 재벌 총수들을 불러 대통령이 초등학생 훈계하듯 얘기하고 총수들은 숙제검사를 받듯 몸을 낮추는 모습은 언제 봐도 어색하고 껄끄럽다. 이 대통령은 제도와 규정보다 재계의 인식 변화를 강조하지만 그런 변화의 인센티브를 만드는 것은 정부 몫이다. 도덕적으로 손가락질 받고 사회적으로 왕따당하며 경제적으로 엄청난 비용을 지불해야 하는 그런 인센티브 말이다.351)352)

---

350) [지평선/9월 15일] 인센티브의 힘, 이유식 논설위원 yslee@hk.co.kr
351) 인터넷한국일보, 무단전재 및 재배포 금지, 입력시간 : 2010/09/14 21:04:14

3. IT산업에선 수요법칙이 안통한다.

정보통신산업은 급성장하고 있다. 특히 이동통신서비스와 인터넷이 초래한 변화는 가히 혁명적이라 할만하다. 2008년 정진기언론문화상 수상자인 이덕희 카이스트 교수와 카이스트 경영과학과 박사과정에 재학 중인 이동희씨가 지은 이 책은 네트워크 원리들이 현실 경제에서 어떻게 응용되고 있는지를 보여준다.[353] 정보통신산업은 자연독점적 성격이 강한 규제산업이다. 이 산업의 네트워크적 특성으로 인해 기존 사업자의 시장지배력은 탄탄하다. 이 때문에 정부의 정책적 개입이 여전히 유효하다. 기술변화와 더불어 변화무쌍한 수요구조와 기존 사업자와 신규 사업자 간 공정경쟁이라는 공급구조를 어떻게 조화시키느냐가 관건이 되고 있다.

자료: http://news.mk.co.kr/v3/view.php?year=2010&no=463860(2010.10.4)

이 문제는 정보통신이 갖는 '네트워크 외부성'에 기인한다. 네트워크 외부성은 재화나 서비스 사용자가 많을수록 그 가치가 증대될 때 존재하는

---

352) http://news.hankooki.com/lpage/opinion/201009/h2010091421041424440.htm (2010.10.4)
353) 정보통신경제학 / 이덕희·이동희 지음 / 이앤비플러스 펴냄, 기사입력 2010.08.27 14:35:17

것으로 일반 재화나 서비스와는 구별되는 성질이다. 가격이 오르면 수요가 줄어드는 기본적인 수요법칙이 성립되지 않기 때문에 기존 전통적인 경제이론에 상당한 변화가 불가피하다. 또 안정적인 단일 균형이 아닌 불안정적인 균형을 포함하는 다수 균형을 가능하게 하기 때문에 복잡한 현실 경제에 보다 가까이 가 있다. 저자들은 끼워 팔기, 보조금 정책, 신규 사업자에게 유리한 서비스 등 다양한 정보통신정책에 대한 조언을 아끼지 않는다.

하루가 다르게 변하는 정보통신산업은 경제학자들의 호기심을 자극하기에 충분한 소재기 때문이다.354)355)

4. '뷰티플 마인드'-인간행동의 법칙 탐구

게임하는 인간 호모 루두스 - 존 내시의 게임이론으로 살펴본 인간 본성의 비밀.356) 영화 [뷰티플 마인드]를 보셨는지? 독창적인 게임이론을 체계화시켜 노벨상까지 받았지만 평생 정신질환으로 시달렸던 천재 수학자 존 내시를 그린 영화이다. 동명의 베스트셀러를 영화화해서 많은 찬사를 받았지만 정작 집합적인 인간행동의 복잡성을 설명하려 했던 내시의 수학이 뭔지는 잘 알려져 있지 않다. 서양 근대의 초기 수학적 원리를 통한 눈부신 자연과학의 발전이 이루어지면서 인간의 합리성에 대한 과도한 믿음이 생겨났고 이 믿음은 인간의 행동과 상호작용을 지배하는 '법칙'에 대한 믿음으로 이어지고 수많은 철학자와 과학자, 혁명가들에게 영향을 끼쳤다. 계몽주의가 탄생하고 자유주의와 사회주의의 커다란 흐름이 이어졌다. 하지만 이러한 인간의 합리성에 대한 과도한 믿음은 동구의 몰락과 자본주의의 부침에서 단적으로 드러났듯이 역사적으로 많은 한계를 보여 주었다.357) 하

---

354) [정승환 기자], 매일경제 & mk.co.kr.
355) http://news.mk.co.kr/v3/view.php?year=2010&no=463860(2010.10.4)
356) [북카페]'뷰티플 마인드'-인간행동의 법칙 탐구, 게임하는 인간 호모 루두스 - 존 내시의 게임이론으로 살펴본 인간 본성의 비밀, 2010년 08월 23일(월) 전민용 gca027@paran.com
357) 게임하는 인간 '호모 루두스'. 톰 지그프리드 저. 자음과 모음

지만 여전히 수많은 학자들은 이 책의 주제이기도 한 "(집단적인) 인간행동을 이해하고 예측할 수 있을까?"하는 화두를 붙잡고 있다. 이 화두의 중심에 내시의 게임이론이 있다.

현대 게임이론은 1928년 발표된 폰 노이만의 논문으로부터 시작되었다고 본다. 노이만은 2인 제로섬(한 명이 이기면 다른 사람은 무조건 진다는 의미)게임의 경우 언제나 최적의 전략-게임 규칙이나 상대의 전략과 상관없이 가능한 한 자신의 승률을 최대로 높여주는 전략이 존재한다는 사실을 증명했다. 수학적으로 계산된 최적의 전략은 대부분의 경우 혼합전략이다. 카드게임으로 치면 좋은 카드를 가졌을 때만 베팅을 하는 것이 순수전략인데 간단히 말해 혼합전략이란 가끔은 나쁜 카드를 들고도 뻥을 쳐야한다는 뜻이다. 노이만은 어느 정도의 비율로 순수전략을 선택하거나 뻥을 치는 것이 최적의 전략인지 수학적으로 계산해 냈다. 폰 노이만이 2인 제로섬게임에 대해 수학적인 분석을 했다면 내시는 경기자가 여러 명인 비제로섬게임에 대한 수학적 분석을 했다. 경기자들이 각자 따로따로 최대의 이익을 추구할 때 게임을 안정적으로 만드는 전략들의 집합 즉, 모두에게 최대의 이익이 보장되는 안정된 상태인 '내시균형'이 적어도 하나 이상 존재한다는 사실을 증명하였다. 이 '내시균형' 상태에서는 누구든 전략을 수정하면 손해를 보게 되어 있다. 어떤 사회문제든 적절히 대응하는 게임을 만든 다음 내시의 수학을 적용하면 사람들이 안정을 찾고 싶어 한다면 어떤 행동을 선택할지 대략 예측할 수 있다. 이렇게 고안된 게임은 유명한 '죄수의 딜레마 게임'부터 '공공재 게임' '최후통첩 게임' 등 수없이 많은데 책을 보면 대표적인 게임들의 내용이 소개되어 있다. 물론 수학적으로 '내시균형'을 계산해 냈더라도 항상 현실과 일치하지는 않는다. 사람들이란 때로 자신의 이익보다 공정함을 우선하기도 하고 분풀이로 손해를 감수하기도 한다. 또한 현실의 사회는 경기자도 많고 보상 규칙도 매우 복잡하므로 내시균형을 계산하는 것이 쉽지 않다. 1979년 캠브리지대학 하퍼교수는 청둥오리들에게 똑같은 크기의 빵조각을 두 곳에서 한 곳은 5초 간격으로 다른 곳은 10초 간격으로 던져 주었다. 이 상황은 빵조각이 보상인 일종의 게임이다. 여러분이라면 빵을 자주 던져주는 곳으로 갈까 아니면 경쟁이 심하니까 가끔 던져 주는 곳으로 갈까? 내시균형을 계산해보면 1/3은 10초에 한번 던져주는 곳, 2/3는 5초에 한번 던져주는 곳이 최적의 전략이다. 재밌게도 오리들은 1분도 걸리지 않아 정확히 게임이론의 예측에 따라 두 그룹으로 갈라졌다. 만약 빵조각의 크기를 다르게 하면? 당연히 횟수에 크기까지 넣어 내시균형을 계산할 수 있다. 오리들 역시 시간이 더 오래 걸리지만 이 균형에 도달한다. 게임이론과 생물학이 만났던 지점이고, 현재 게임이론은 진화의 많은 양상들을 설명해 주고 있다. 정글의 법칙을 따르는 이기적인 인간들이 어떻게 협조적인 행동문화와 문명을 만들어 냈을까? 언어는 어떻게 나타났을까? 하는 의문들을 게임이론이 설명해 줄 수 있을 것으로 기대하고 있다. 인간이 자기 두뇌속을 들여다보지 못했던 시기에는 관찰 가능한 외적인 행동을 주로 연구하는 행동주의 심리학이 각광을 받았다. 하지만 MRI의 개발로 특정 행동을 할 때 두뇌속 어떤 영역이 활성화되는지 볼 수 있게 되면서 다양한 실험들이 진행되었고 신경과학과 경제학이 통합되어 신경경제학까지 등장하였다. 예를 들면 연구자들은 최후통첩게임과 뇌스캔을 결합하였다.

이 게임은 당신이 100달러를 받고 그 중 일부를 제3자에게 나눠주고 나머지는 당신이 갖는 게임이다. 단, 제3자가 당신이 제안한 일부를 거절하면 100달러 전부를 받지 못하게 된다. 이론적으로는 제3자는 당신이 제안한 액수가 아무리 적더라도 무조건 받는 게 이익이다. 그런데 실제로 게임을 해보면 사람들은 작은 액수는 그냥 거절해 버린다. 사람들은 자기가 손해를 보더라도 당신의 욕심을 응징하려는 생각이 있는 것이다. 따라서 사람들은 상당히 후한 액수를 제3자에게 제안하곤 한다. 이런 방식의 게임을 하면서 제3자의 뇌를 스캔해 보면 적은 액수의 제안을 이 사람이 받아들일지 말지를 미리 예측할 수 있다. 거절하는 사람들은 공통적으로 '뇌섬엽'과 '전측대상피질' 영역의 강한 활동이 관측된다. 특정 행동에 대한 원인이 고유한 속성일 수 있고 인간은 자신의 이익만을 위해 행동하지는 않는다는 사실을 알 수 있다. 응징자들은 개인적 만족감을 느끼는 것 같다. 인류는 응징자 개인에게는 손해일 수 있지만 사회의 이기주의자와 비협조자들을 응징함으로써 협조자들의 이익을 보장하여 결과적으로 사회 전체의 이익에 기여했을 것이다. 이런 방식의 연구를 통해 인간은 다 다르게 행동하고 사람에 따라 배신과 협력, 그리고 응징을 더 좋아하는 사람들이 있다는 것이 드러났다.

그리고 인류는 인생이라는 게임에서 협력자, 경쟁자, 응징자 등의 적절한 혼합전략을 구사하고 있는 것이다. 최후통첩게임을 다양한 문화권에서 시행해서 비교해보면 인간의 사회성은 문화에 따라 큰 차이가 있다는 것을 알 수 있다. 이기적이거나 협조적이거나 하는 다양한 편차가 발견되었고, 대체적으로 시장 거래 활동이 활발할수록 전체적인 공정함을 지향하는 경향이 관찰되었다.

자료: http://www.gunchinews.com/news/articleView.html?idxno=18475(2010.10.4)

요약해 보면 유전자와 환경, 문화는 서로 뒤엉켜서 다양한 행동 패턴을 만들어냈고 자연과 인류는 이런 행동 패턴들의 혼합전략을 선택해왔다.

게임연구자들은 내시균형같은 고전적인 게임이론의 한계를 넘어서기 위해 다양한 학문 분야들을 접목하여 이론의 구체성과 현실성을 확장해 오고 있다. 대표적인 것이 게임이론에 통계역학, 통계 물리학, 네트워크 수학 등을 접목하여 인간의 집합적 행동의 전모를 밝히기 위한 과학으로서 '사회물리학' 또는 '경제물리학'이 등장한 것이다. 양자역학적으로 보면 이 세상의 물리적 실체 자체가 게임이론의 혼합전략을 취하고 있다. 원자의 위치 자체가 원래 정해져 있지 않고 동시에 여러 곳에 존재한다. 아원자 세계에서는 모든 실체가 불분명하고 다양한 가능성들이 사이좋게 공존하고 있다. 게임이론의 최적 전략이 고정된 순수전략이 아니라 여러 행동원칙들이 특정 확률분포를 가지고 혼합된 집합인 것처럼 양자물리학에서도 입자의 위치는 특정 확률분포로 존재한다. 저자는 인간의 행동, 사회의 변화 뿐 아니라 생명의 기원, 물질의 기원 나아가 우주 전체에 대한 통합적인 설명을 할 수 있는 가능성이 게임이론에 있다고 생각한다. 한 권으로 읽는 게임이론의 모든 것, 한번 쯤 읽어 볼만하다는 생각은 없으신지? 내시균형 계산법도 부록으로 포함되어 있다.[358][359]

5. 中企 공정경쟁 환경조성 시급

최승재(경북대 교수·법학전문대학원)는 일전에 산업연구원에서 주관하는 창업규제 축소를 위한 연구모임에 참여한 일이 있었다. 논의의 중심은 중소기업 창업이었고 그 과정에서 중소기업정책에 대한 여러 가지 논의를 들을 수 있었다. 결론을 말하자면 대기업의 중소기업 특성화 시장에의 진입제한과 같은 내용도 있었지만 정부의 중소기업정책의 요지는 금전적인 지원이

---

358) 전민용, 건치신문(http://www.gunchinews.com)
359) http://www.gunchinews.com/news/articleView.html?idxno=18475(2010.10.4)

었다.360)

1) 장기비전은 지재권 축적에 달려

그런데 금전적인 지원은 단기적으로는 도움이 될 수 있지만 해당 중소기업이 장기적으로 성장하기 위한 기반으로는 문제가 있다. 정부에 의한 자금의 분배는 도덕적 해이의 문제를 낳게 되고 이러한 가능성을 알고 있지만 누가 건전한 성장을 염두에 두는 중소기업인지, 아니면 '먹튀'인지 알 수 없는 '레몬시장(lemon market)'에서 자금을 분배해야 하는 정부는 자금지원에 대한 단기적인 성과를 바라게 된다. 결국 단기과제에 집중하는 중소기업은 장기적인 비전을 가지고 사업을 구상하기 어렵게 되고 중소기업정책의 취지에도 불구하고 다람쥐 쳇바퀴도는 식으로 진행되는 것이 아닌가 하는 생각을 했다. 중소기업 정책의 중요한 한 축은 중소기업의 지식재산 축적에 있다고 본다. 그리고 이 분야에서의 중소기업정책은 한국기업의 혁신성을 높일 것이다. 이를 위한 중요한 과제는 공정거래위원회의 역할과 관련돼 있다고 본다. 클레이턴 크리스텐센 하버드 경영대학원의 교수는 기술혁신을 크게 '점진적 기술혁신(sustaining innovation)'과 '파괴적 기술혁신(disruptive innovation)'으로 구별했다. 점진적 기술혁신은 기존의 기술을 개량하고 발전시키는 것으로 중소기업은 결코 기존의 대기업을 이길 수 없다.

기존의 판을 바꾸는 파괴적 기술혁신을 주도해 나갈 기업들은 중소기업이다. 사실 중소기업이 아니라 대기업이라도 선도기업이 결정적인 경영상 실수를 하지 않는 한 선도기업을 기존 기업이 뒤집는 것은 거의 불가능하다.

하지만 정보기술(IT)업계에서 한물간 것으로 평가받았던 애플이 부활해 주요한 시장참여자가 된 것은 새로운 경쟁의 판을 조성했기 때문이다. 애플이 아이팟·아이폰·아이패드로 이어지는 일련의 혁신상품을 내놓을 수 있었던 것도 그만큼 애플이 기존 시장을, 기존 플랫폼을, 기존의 판을 그대로 두고는 기존 경쟁자를 앞지를 수 없다는 절박성을 가지고 있었기 때문이다.

---

360) [시론/9월 8일] 中企 공정경쟁 환경조성 시급

그들은 기존의 시장을 과감히 파괴하고 새로운 게임의 법칙을 내놓았다. 중소기업도 애플처럼 기존 시장에서의 점진적인 혁신이 아닌 파괴적 혁신으로 시장을 재편하고자 하는 절박함을 가지고 있다. 이 절박함에 정부의 IT 금융정책이 기술개발을 위한 '마중물(펌프에서 물이 잘 나오지 않을 때 물을 끌어올리기 위해 위에서 인위적으로 붓는 물)' 역할을 하고 혁신성이 시장에서의 상업적 성장동력으로 지속되도록 하기 위한 지식재산권 정책의 수립과 운용이 결합된다면 '혁신 한국'이 될 수 있을 것이다.

2) 지재권 불공정 거래관행 막아야

정부의 중소기업정책은 상업화를 위한 펀드 운용과 이를 뒷받침하는 특허권 등 지식재산권의 창출과 상업적 활용을 뒷받침하기 위한 유통시장의 확보, 그리고 대기업의 중소기업 지식재산권에 대한 불공정한 거래관행 감시라는 일련의 과정이 원활하게 이뤄지도록 해야 한다. 공정거래위원회의 역할은 결국 중소기업정책에 있어 불공정한 거래관행 감시 및 시정에 있다.

그리고 집행의 핵심은 단기적인 거래조건도 중요하지만 중소기업의 파괴적 혁신을 위한 궁극적인 원천이 될 지식재산권에 있다. 정부가 현재 추진하고 있는 지식재산기본법(안)과 기본계획에 이런 점이 반영돼야 할 것이라고 생각한다.[361][362]

6. 추가 기울기 시작했다.

5년 전 신문을 들춰본다. 지금과 비슷한 일이 많다.[363] 2005년 여름부터 가을까지는 국가정보원의 불법 도·감청이 뜨거운 쟁점이었다. 지금 국정원도 여당 의원 사찰 논란에 휩싸여 있다. 5년 전 이맘 때는 이광재 열린우리당 의원이 무소불위의 영향력을 지닌 정권 실세로 지목됐다. 지금은 박영준

---

361) 인터넷한국일보
362) http://economy.hankooki.com/lpage/opinion/201009/e2010090717473996930.htm(2010.10.4)
363) [아침햇발] 추가 기울기 시작했다 / 여현호 논설위원

지식경제부 차관이다. 유명환 외교통상부 장관이 딸을 외교부 5급 계약직 공무원으로 특채한 일로 사퇴한 것처럼, 5년 전 강동석 건설교통부 장관도 인사청탁을 통해 아들이 5급 지방계약직 공무원으로 채용된 사실이 드러나 물러났다. 그해 11월엔 아시아태평양경제협력체(아펙) 정상회의가, 올해 11월엔 주요 20개국(G20) 정상회의가 열린다. 5년을 사이에 둔 권력 주변의 풍경은 놀랄만큼 닮았다.

무엇보다 비슷한 점은 집권 여당의 '반란'이다. 2005년 10월 국회의원 재선거 참패 뒤 열린우리당에선 험한 말이 거침없이 나왔다. 대통령을 두고 '오만' '독주'라는 비판이 쏟아졌고, 대통령은 정치에 관여하지 말라고 공개적으로 요구하는 의원도 있었다. 대통령은 동네북이었다. 지금의 한나라당은 아직 그 정도는 아니다. 하지만 얼마 전보다는 훨씬 직접적이다. 총리·장관 후보자들의 사퇴를 두고선, 대통령을 탓할 순 없으니 인사검증 실무자들이 물러나야 한다고 말한다. 말만 바꾼 대통령 책임론이다. 정태근 의원은 '형님권력'이라는 이상득 의원이 불법사찰의 배후라고 공개적으로 비판했다. 대통령과 '형님'이 한 몸처럼 여겨지는 권력구도에선 '역린'을 건드린 셈이다. 청와대에서 반발 목소리가 나오자 정두언 의원은 "차지철이 다시 살아왔다"고 맞받았다. 박정희 전 대통령의 경호실장으로 권력을 전횡하다 비명에 죽은 그처럼 되고 싶으냐는 말로 들린다. 의원총회나 최고위원회도 대통령의 뜻을 헤아려 입조심을 하던 집권 전반기의 모습은 이미 아니다.

친이계 예비 대선주자들은 대통령과 엇박자를 놓기 시작했다. 모두 대통령 임기 반환점을 앞뒤로 해서 벌어진 일이다. 5년제 대통령의 권력 사이클은 이미 자연법칙으로 굳어진 듯하다.

어떻게 포장하든 이는 정치생명을 건 일대 싸움이다. 그 결과가 어떨지는 알 수 없다. 아직은 강과 약이 분명하지만 양상이 달라지는 것은 시간문제일 수 있다. 그리되면 싸움을 지켜보는 이들, 예컨대 검찰과 언론부터 표변할 수 있다. 그런 전례도 있다. 본격적인 레임덕은 그때부터다. 청와대도 상황을 모르진 않을 터이다. '공정한 사회'도 위기감의 반영일 수 있다. 아닌

게 아니라, 공정사회를 앞세워 대대적 사정과 공직기강 잡기에 나선 것 아니냐는 말이 나온다. 그렇게 해서 권력의 추가 급하게 기울어지는 것을 막겠다는 계산도 했음직하다. 그러잖아도 이 대통령은 전임자와 달리 권력을 쉽게 내려놓거나 나누려 하지 않았다. 그런 방향이라면 정권 안이든 밖이든 정면돌파하겠다는 강경책이다. 충돌과 갈등은 더 심해질 수 있다. 청와대 다짐대로 '공정한 사회'가 정책·제도·인사를 통해 구현될 집권 후반기의 기준과 원칙이라면 얘기가 다르다. 애초 이 대통령에겐 전임자들과 같은 열정적 지지층은 없었다. 시대를 이끌어갈 비전을 제시하지 못한 탓이 크겠다.

그런 그가 이왕 공정사회라는 화두를 들고 나섰다면, 정치적 수사로 끝낼 게 아니다. 공정이 절차적 정의, 도덕성, 사회적 약자 배려 등을 내용으로 하는 것이라면 그에겐 바꿀 것이 무척 많다. 개발주의, 실적주의, 부자감세, 정실인사 등이 바로 그렇다. 유력 언론의 도움과 환심을 사려 방송 따위 이권을 입막음용으로 안겨주지 않는 것도 그에 해당할 것이다. 대통령 말대로 기득권층이 힘들어 하고 반발할 일들이다. 아울러 그렇게만 된다면 많은 이들이 박수를 보낼 일이기도 하다. 사실, 그런 것이야말로 집권 후반기 내리막으로 걸어 들어갈 그를 지켜줄 진짜 힘이 될 수 있다. 과연 그리할 수 있을까?364)365)

7. 공정한 사회로 가는 길

이명박 대통령이 8.15 기념 경축사에서 밝힌 '공정한 사회' 발언을 무색하게 하는 사태가 연이어 벌어지고 있다.366) 국무총리를 비롯한 몇몇 장관 후보자들의 사퇴 파동은 우리의 공직사회가 얼마나 도덕 불감증에 걸려있는가 하는 사실을 보여주는 단적인 사례다. 거기에 덧붙여 유 외통부 장관의 딸이 특채에 합격했다는 SBS의 최근 보도는 우리 사회가 총체적으로

---

364) 여현호 논설위원yeopo@hani.co.kr
365) http://www.hani.co.kr/arti/opinion/column/438601.html(2010.10.4)
366) 〈칼럼〉 공직자들의 대 인식 전환이 필요한 때, 윤진섭

'도덕망국증'에 걸려있다는 사실을 보여주는 단적인 사례다. 어떻게 이런 일이 소위 민주주의를 신봉한다는 사회에서 버젓이 일어날 수 있는가? 그것도 현직 장관의 딸이 바로 그 부서에서 합격을? 설령 그만한 실력을 충분히 갖추었다고 해도 의심을 사지 않기 위해서는 당연히 응모를 하지 말았어야 했다. 우리 속담에 "오얏나무 아래서는 갓끈을 고쳐 매지 말라."고 했거늘, 왜 의심을 사는 행동을 보여 스스로 화를 자초하는가? 이 정도가 되면 공직자들의 전반적인 인식에 문제가 있는 것임에 틀림없다. 그렇다면 이번 사태는 비단 정치권에만 해당되는 일이라고 말할 수 있을까? 우리의 문화예술계는 과연 어떤가? 대중에게 가장 순수하다고 인식돼 있는 예술계는 깨끗하고 공정하다고 자부할 수 있을까? 각종 공모전을 비롯하여 공채, 콩쿠르, 수상작 선정이 과연 말 그대로 공정하게 이루어지고 있을까? 이런 의문은 겪어본 사람들에겐 고개를 흔들 정도로 부정적으로 들릴 것이다. 이른바 "짜고 치는 고스톱"이란 말은 우리 사회에 만연한 부정적 행태를 자조적으로 그려낸 자화상일 뿐이다. 우리나라가 어쩌다 이 지경에까지 이르렀는가?

1) 정교한 각본에 짜여진 심사

미술계에 국한시켜 말해보자. 말썽 많은 미술대전 비리를 비롯하여 전국에서 행해지고 있는 공공조형물, 다양한 행사의 커미셔너나 예술감독 선정이 과연 공정한 심사를 통해 이루어지고 있는가? 복잡한 규정이나 절차는 다만 요식행위에 지나지 않을 뿐 정교한 각본에 의해 이루어지고 있다면 그것은 그야말로 경천동지(驚天動地)할 일이 아닌가? 그래서 그런 신고(辛苦)를 겪은 실력자들이 사회를 등지고 은둔한다면 그것은 국가적인 손실이 아닐 수 없다. 이른바 "악화(惡貨)가 양화(良貨)를 구축하는" 그레샴의 법칙이 통용되는 곳이 바로 대중이 순수하다고 알고 있는 예술계의 실상인 것이다. 대통령이 밝힌 '공정한 사회'는 노력하는 사람이 과실을 따먹는 사회를 일컬음이다. 어떤 목표를 앞에 놓고 밤잠을 안자고 열심히 노력하여 소기의 목적을 달성하는 사회를 말한다. 공직자들은 그런 사람들이 성공할 수 있도록 공정한 절차를 마련하고 객관적 기준에 의해 합당한 인물이 선정되도록 공적 집행을 하는 사람들이다. 그 일이 중립적이어야 함은 물론이다.

그런데 만일 그런 중대한 일을 집행하는 주체들이 부정의 주체가 돼 움직인다면 이는 뭔가 잘못돼도 대단히 잘못된 일이 아닐 수 없다.

공공조형물을 비롯하여 각종 공모전의 수상작 선정은 무엇보다도 공정하게 이루어져야 할 분야이다. 그것이 공정하게 집행되기 위해서는 그것을 실행하는 주체의 인식이 바로 서지 않으면 안된다. 자신이 하고 있는 일이 공공적 이익을 도모하는 중차대한 일이라는 인식, 자신은 그 일을 공적으로 수행하는 위임받은 대리인에 불과하다는 인식, 그리고 그 일이 '공정한 사회'로 가는 길에 하나의 징검다리를 놓는 중요한 일이라는 인식이 자리잡을 때 부정의 어두운 그림자는 점차 사라지게 될 것이다. 공적인 일을 수행하는 사람들은 이제 이 심상치 않은 조짐들이 무엇을 의미하는지 조심스럽게 귀를 기울여야 할 것이다. 지진은 발생하기 전에 경고의 음을 발한다. 그것을 가장 먼저 감지하는 것은 인간이 창안해 낸 지진계가 아니라 연못의 메기들이다. 메기들이 지진이 올 것을 미리 알고 준동하는 것이다. 어찌 똑똑하다는 인간들이 한낱 미물에 지나지 않는 메기만도 못한 것인가? 과연 그래도 되는 것인가?367)368)

8. 서민이 살아야 공정한 사회

이명박 대통령이 집권 후반기를 맞아 국정운영 기조로 공정한 사회를 제시했다. 따라서 모든 사안에 대해 공정이라는 잣대가 적용되어 사회변화의 바람이 불고 있다. 특히 공직사회에서 있었던 갖가지 비리가 공정한 사회기준에 반하는 것으로 지적되어 정화운동까지 나타나고 있다. 이에 대해 국민

---

367) 윤진섭(문화저널21문화주간/미술평론가/호남대 교수), master@mhj21.com, 문화저널21
368) http://www.mhj21.com/sub_read.html?uid=32257(2010.10.4)

의 지지와 기대가 크다. 그러나 권력누수를 막기 위한 통치수단이라는 시각도 적지 않다.[369] 그동안 정부의 국정운영이 불공정했다는 비판이 많다. '고·소·영'으로 대변되는 편중인사, 영포회 사건으로 집약되는 사찰비리, 부자정책으로 귀결되는 감세, 예산을 낭비하고 환경을 훼손하는 4대강 사업 등의 평가가 비판의 근거다. 이런 상태에서 6·2 지방선거가 여당의 패배로 끝나 여론이 정부에 등을 돌린 것이 확인되었다. 이명박 대통령은 8·15 경축사를 통해 공정한 사회를 이념으로 내걸고 새로운 기조의 국정운영 의지를 밝혔다. 공정한 사회는 국민 모두가 추구해야 할 절대적 가치다. 과거 50년간 우리는 고도성장에 매진하여 경제대국을 건설했다. 이 과정에서 계층 간 소득 양극화가 심화되면서 사회분열의 고통을 잉태했다. 그렇다면 정부는 먼저 불공정했던 과거의 국정운영을 스스로 성찰하고 시정하여 새로운 국정운영 기조가 정치수단이라는 의문을 불식시켜야 한다. 특히 공정한 사회에 대한 기준을 명확히 밝히고 이를 구현하는 객관적이고 중립적인 방법을 제시해 차질없이 실천에 옮겨야 한다.

중요한 사실은 공정한 경제가 공정한 사회의 전제조건이라는 것이다. 중소기업이 계속 쓰러지고 서민경제가 무너지면 어떤 일을 해도 공정한 사회의 실현은 불가능하기 때문이다.

그러면 어떤 경제가 공정한 경제인가? 첫째, 모든 사람이 일을 할 수 있는 기회를 갖고 능력에 따라 공평한 대우를 받을 수 있어야 한다. 둘째, 누구나 원하는 교육을 받을 수 있고 노력하면 신분 상승의 기회가 주어져야 한다. 셋째, 빈부격차를 해소하는 사회적 배려와 제도적 장치가 있어야 한다. 우리 경제는 이런 경제와는 거리가 멀다. 중소기업들은 대기업의 덫에서 숨도 쉬기 어렵다. 서민들은 일자리가 부족할 뿐만 아니라 아무리 일을 해도 빚을 지고 살아야 하는 '워킹푸어'의 고통을 겪고 있다. 공교육이 무너져 돈이 없으면 자녀를 교육시키는 것도 어렵다. 여기에 기득권층은 편법과

---

369) 일요신문 | 이필상 | 입력 2010.09.20 15:43

비리로 특혜를 누리고 약자에 대해 희생을 요구한다. 정부는 공정한 경제발전을 위해 친서민 정책을 내놓았다. 이번 친 서민정책은 빈곤층을 단순히 지원하는 과거의 정책과는 달리 대기업과 중소기업의 상생, 서민금융과 조세제도 개선 등 시장의 질서와 구조를 바꾸는 진일보한 정책이다. 실로 공정한 사회를 위한 첫 정책으로서의 의미가 크다. 그러나 정부의 친 서민정책은 경제발전의 새로운 방법이 아니라 대기업 등 일부 계층에 대한 비판이나 압력 등의 형태로 추진되고 있어 인기영합주의라는 의문이 일고 있다. 이에 따라 벌써 친 서민정책이 정부와 대기업의 일회성 정치적 타협으로 끝날 것이라는 우려가 제기되고 있다. 정부는 무슨 일이 있어도 공정한 사회의 첫 단추로 친 서민정책을 올바르게 추진해야 한다. 서민경제를 근본적으로 일으키는 구체적인 청사진을 제시하고 강력한 의지로 추진해야 한다. 친서민 정책의 실패는 공정한 경제를 파괴하는 것은 물론 역사를 거꾸로 되돌리는 일이다. 한마디로, 정부는 서민이 살지 않으면 공정한 사회는 허사라는 사실을 명심해야 한다.[370)371)]

요사이 공정한 사회라는 슬로건이 정치, 사회 분야의 중요한 화두가 되고 있다. 공정한 사회란 무엇인가에 대해 아직도 논란이 많지만 최소한 공정한 사회를 만든다니까, 그 명분에 있어서는 아무도 반론을 제기할 수 없는 분위기다. 그런데 공정한 사회란 과연 무엇이고, 공정한 사회가 어떻게 이루어질 수 있는가에 대한 문제 제기는 반드시 있어야 한다고 생각한다. 왜냐하면 공정한 사회의 방향성과 그 실천 과정은 우리 모두의 삶에 영향을 미칠 뿐만 아니라 아직도 위장전입과 학위논문 표절 등의 범법 행위를 한 사람들이 장관으로 있는 상황에서, 청와대는 방향 설정과 구체적인 계획을 통해 진정성을 입증해야 하기 때문이다. 그래서 우리는 다시금 공정한 사회는 무엇인가를 생각해볼 필요가 있다는 것이다.

---

370) 이필상 고려대 교수·전 총장, 일요신문(www.ilyo.co.kr).
371) http://media.daum.net/breakingnews/view.html?cateid=100000&newsid=2010 0920154325793&p=ilyo(2010.10.4)

우선 청와대가 말하는 공정한 사회는 이른바 '상식이 통하는 사회'를 의미할 수 있다. 상식이 통하기 위해서는 우리 사회 곳곳에 스며든 부조리한 요소를 모두 제거하는 것에서부터 출발해야 한다. 이런 방향으로 공정한 사회를 추진할 경우 사정(司正) 정국은 피할 수 없을 것이다. 실제 사정이 필요한 분야는 우리 사회 거의 모든 분야라고 할 수 있다. 정치계는 물론이고, 교육계의 사정도 필수적이다. 그리고 재계의 사정 역시 중요하다. 그런데, 만일 공정한 사회가 청와대의 표현처럼 공정한 기회를 주는 것이라고 할 때는 상당한 제도적 수정이 필요하다. 왜냐하면 기회의 균등이란 바로 교육에서 비롯되기 때문이다. 유럽, 특히 독일이나 프랑스의 경우를 보면 유치원에서 대학원까지 이른바 무상교육이 실시되고 있다. 이들 국가가 무상교육을 실시하고 있는 이유는 교육이야말로 기회의 균등에서 가장 중요한 요소이기 때문이다.

1) 교육기회의 공정성

돈이 있고 없는 문제 때문에 교육의 기회를 박탈해서는 안된다는 것인데, 교육기회의 균등이 바로 사회적 차원의 기회균등의 출발점이라는 인식을 갖고 있기 때문이라는 것이다. 이렇듯 만일 기회균등을 정부가 보장해 주려고 노력한다면, 먼저 교육기회의 균등을 보장해 주어야 한다. 그렇다면 지금의 우리나라와 같은 사립대학 위주의 교육 체계는 대폭 손질되어야 한다는 결론에 다다를 수 있다. 하지만 자본주의 사회에서 사립대학을 국립으로 전환할 수도 없는 것이고 그렇다면, 교육기회의 균등을 다른 방법으로 구사해야 하는데, 마땅한 방법을 찾기란 쉽지 않을 것이다. 하지만, 이왕 대통령이 의지를 천명한 것이니 한번쯤 추진해 볼만한 일이라는 생각도 든다. 유럽과 같은 무상교육은 가능하지 않겠지만, 최소한 대학 등록금을 어느 정도 조정할 수 있는 가능성은 존재한다는 사실에 주목해야 한다.

지금의 사립대학교들의 재단전입금이 서류상으로 존재하는지, 아니면 진짜로 대학에 유입되는지부터 철저히 조사하고, 혹시 등록금 수입이 다른 곳으로 새는 것은 아닌지 철저히 사정한다면 등록금의 적정 수준은 어느 정도 가시화될 수 있을 것이기 때문이다.

그렇기에 교육계의 사정과 교육기회의 균등 그리고 그 외의 기회균등이 일정 부분 함수관계를 갖는다고 할 수 있다. 만일 청와대와 정부 여당이 이런 부문에 미온적이면서 다른 곳에 대한 사정만 하려 한다면, 이는 공정한 사회라는 말이 곧 정치적 수단에 불과했음을 스스로 인정하는 것이며, 순간적인 지지율 상승을 위한 포퓰리즘이었음을 증명하는 결과가 될 것이다. 이런 상황은 아직도 지금 국무위원 중에서 위장전입, 병역기피, 학위논문 표절을 한 사람들이 버젓이 존재한다는 사실과 맞물려 현 정권의 레임덕을 가속화시킬 것이다.

그렇기에 공정한 사회란 청와대를 조기 레임덕이라는 구렁텅이에 몰아넣을 수도 있지만, 반대로 국민적 기대에 부응함을 통해, 오히려 레임덕을 최대로 늦출 수 있는 양면적 존재라고 할 수 있다. 이런 양날의 칼 중 어떤 것을 쓰느냐는 청와대에 달렸다. 그리고 현 정권이 주장하는 국격(國格)도 국민의 신뢰를 통해서만 올라갈 수 있음을 명심해야 한다. 즉, 지금까지 인사하는 걸 보면 말 따로 행동 따로로 비쳐질 수밖에 없었지만, 공정한 사회의 추진과정에서 실추된 신뢰를 회복해야 한다는 것이다. 국민은 진정으로 공정한 사회를 원하기 때문이다.[372][373]

9. 공정사회의 전문가 진단 및 제언

김주성 한국교원대 일반사회교육과 교수는 7일 연합뉴스와 인터뷰에서 "공정한 사회라는 화두는 공정성으로 사회통합을 이뤄야 한다는 대중의 기대에 부합하고 있다"고 말했다.[374][375] 민주화 해결했으니 내실 다져야…"

---

[372] 파이낸셜뉴스
[373] http://www.fnnews.com/view?ra=Sent1801m_View&corp=fnnews&arcid=0922090977&cDateYear=2010&cDateMonth=09&cDateDay=12(2010.10.4)
[374] 2010. 9. 7 〈〈특별취재팀 기사 참고〉〉 withwit@yna.co.kr

바람직한 방향", "정치적 구호에 그치지 말고 끈기있게 추진해야" 전문가들은 이명박 정부가 통치이념으로 제시한 '공정사회론'에 대해 한목소리로 "바람직한 방향"이라고 평가했다.376) 경제적 선진화와 더불어 사회·문화적 성숙을 이뤄 일류국가로 발돋움하려면 공정이란 가치의 실현이 필수적이란 것이다. 전문가들은 그러나 공정사회가 민심을 잡기 위한 정치적 구호에 머물러선 안된다며 진정성을 갖고 끈기있게 추진할 것을 주문했다.

1) "공정사회는 선진화의 다음 역(驛)"

지난 5일 청와대에서 열린 장·차관 워크숍에서 '공정한 사회 구현을 위한 국정운영 방향'이란 주제로 강연을 한 김주성 한국교원대 사회교육과 교수는 7일 "지금 시점에서는 공정사회라는 화두가 필요하다"고 말했다. 김 교수는 "그동안 절대 빈곤의 시대를 지나 경제 개발을 했고 그 과정에서 나온 권위주의를 청산하면서 민주주의로 왔는데 이제는 공정한 사회를 만들어 성숙하고 선진화해야 할 때"라고 진단했다. 그는 이어 "이제 선진화란 경제를 조금 더 발전시키는 문제가 아니라 생활 태도, 관습, 정치 운용, 경제 운영이 공정한 기준에 의해 재정립돼야 한다는 것으로 정부가 판단한 것 같다"고 말했다. 그는 특히 "공정사회를 얘기하면 기득권을 치려고 하느냐는 말이 나오는데 공정은 모든 사람이 어울리면서 누구도 희생되지 않는 방법을 찾는 것이지, 누구를 치려는 것이 아니다"라고 강조했다.

김 교수는 "우리가 촛불시위에서 보여줬던 뜨거웠던 마음으로 현실에 대응하는 게 아니라 이제는 차분하고 냉정하게 이성적으로 살펴봐야 한다는 화두를 던진 것"이라고 풀이했다.

김호기 연세대 사회학과 교수는 "이명박 정부가 국정지표로 '선진 일류국가'를 내걸었는데 경제적으로 1인당 국민소득만 높아진다고 선진국이 되는 건 아니지 않느냐"며 "사회·문화적 선진화가 함께 가야 진정한 선진국이 될 수 있다"고 말했다. 조대엽 고려대 사회학과 교수는 "늦은 감이 있지만 어

---

375) 김주성 한국교원대 교수(청원=연합뉴스)
376) (서울=연합뉴스) 정성호 김동규 기자

이 대통령 확대비서관회의 주재

(서울=연합뉴스) 조보희 기자 = 이명박 대통령이 27일 오전 청와대에서 확대비서관회의를 주재하고 있다. 2010.8.27 《 청와대 》
자료: http://www.yonhapnews.co.kr/bulletin/2010/09/07/0200000000AKR20100907124300026.HTML?did=1179m(2010.10.4)

느 정권에서든 민주주의 정권이라면 채택했어야 할 화두"라며 "이반하는 민심을 잡기 위한 전략에서 나왔을 수 있지만 서민정책과 함께 진정성을 갖추고 추진해 나간다면 바람직한 일"이라고 말했다. 김주성 교수는 특히 공정사회가 사회통합의 기제가 될 수 있다고 내다봤다.

그는 "천안함 사건이나 광우병 촛불시위에서 보듯 우리는 공동체가 깨져 있는데 바로 공정성이 사회통합을 이루는 초석이 될 수 있을 것"이라며 "권리와 의무가 공동체안에 공정하게 배분돼 있고 거기엔 피, 사랑, 관습 등이 끼어들지 않아야 한다"고 말했다.

2) "구체적 목표·방향 갖고 긴 호흡으로 추진해야"

전문가들은 공정한 사회를 실현해가는 과정에서 공정사회의 목표와 방향을 구체화하고 장기적 안목으로 접근할 것을 주문했다. 박효종 서울대 윤리

교육학과 교수는 "공정이란 걸 좁은 의미의 '내몫 찾기' 식으로 해석해 접근하기보다는 공동선(善)의 문제, 공동체의 이익, 공동체의 유대에 관한 메시지로 해석해야 한다"고 역설했다. 박 교수는 또 "공정한 사회란 화두를 내걸고 빨리 결실을 내겠다고 생각해선 더 많은 문제를 야기할 수 있다"며 "짧은 호흡보다는 긴 호흡으로, 현 정부 집권 기간 안에 결실을 거두지 못할 수도 있지만 기초를 놓겠다는 정신으로 추진해야 한다"고 말했다. 강원택 서울대 정치학과 교수는 구체적인 실천방안을 제시했다. 강 교수는 "공정이란 가치는 현실 정치의 경계에 있는 문제를 넘어 도덕의 문제가 될 수 있다"며 "그 경우 공정은 실현하기 어려울 뿐 아니라 목표가 공허해질 수 있고, 정치적인 공격·비판에 취약해질 수 있다"고 말했다. 강 교수는 "따라서 중소기업과 대기업의 상생, 인재 등용의 객관성, 교육 기회의 균등 등 구체적인 목표로 전환하는 게 필요하다"고 제언했다. 지도층이나 상류층의 솔선수범을 역설하는 이들도 적지 않았다.

조대엽 교수는 "공정 사회의 규범을 받아들이게 하려면 국정운영 전반에 대한 절차적 공정성을 권력 핵심층, 기득권층부터 지켜야 한다"고 말했다. 김호기 교수도 "공정한 사회를 실현하려면 우선 방법론적으로 '기회의 균등'을 모든 사회 영역에서 보장해야 하고, 내용적으론 도덕성과 사회 상층의 '노블레스 오블리주'(사회지도층에게 요구되는 높은 도덕적 의무)가 요청된다"고 조 교수의 견해에 가세했다. 김주성 교수는 "공정사회 구현을 위해서는 우선 당파성을 뛰어넘어야 하고 그동안 '빨리빨리' 정신으로 과정보다 결과를 중시해온 성과주의, 힘있는 사람을 미워하는 상대적 박탈감 등을 극복해야 한다"고 말했다. 그는 "공정사회를 이루기 위해 가장 중요한 것은 양극화 극복"이라며 "중산층은 적대감이 없고 방파제 역할을 하고 중심을 잡으면서 사회의 안정화를 촉진한다"며 "소외계층이 중산층이 되도록 하는 것이 공정사회"라고 거듭 강조했다.[377)378)]

---

377) 연합뉴스, 2010/09/07 15:30 송고
378) http://www.yonhapnews.co.kr/bulletin/2010/09/07/0200000000AKR20100907

10. 공정사회의 실천방법

유명환 외교통상부 장관의 딸 특별채용 의혹을 감사 중인 행정안전부가 유 장관 딸 외에 외통부에 근무하는 다른 외교관 자녀의 특채 과정까지 감사를 확대해 파장이 커지고 있는 가운데 6일 외교통상부 직원이 서울 도렴동 청사에서 방호업무를 하였다.379)380)

李대통령 "매사 '공정사회' 기준 냉철히 생각해야"<李대통령, 신임장관들에 '공정사회 구현' 당부>, 우리나라가 '공정한 사회'를 지향하고 있지만 실상을 들여다보면 지향점과 너무 거리가 있다. 뇌물 등 검은돈 수수 등으로 얼룩진 정치권이나 관가 뿐 아니라 교육계와 법조계, 경제계, 문화계 등 각계각층에서 불공정한 단면을 쉽게 찾아볼 수 있다. 이번에 불거진 유명환 외교통상부 장관의 딸 특채 사건은 '빙산의 일각'이란 지적이 나올 정도다.381)

연합뉴스는 불공정한 우리 사회의 실태를 살펴보고 이를 구조적으로 개선하고 공정사회로 나아갈 수 있는 방안을 모색해본다. 가진 자들이 온갖 특혜를 누리고 각종 편법으로 자신들의 권력을 이어가면서 대한민국이 '중병(重病)'을 앓고 있다.382) 지도층의 검은돈 수수 등 비리 사건이 하루가 멀다 하고 터져 나오지만 검찰과 경찰, 법원 안팎에서는 '무전유죄(無錢有罪) 유전무죄(有錢無罪)'라는 말이 여전히 나돈다. 사회의 공분을 샀던 비리 지도층이나 상류층의 인사들은 비싼 돈을 들여 좋은 변호사를 동원하고, 국민 정서에 한참 못 미치는 '솜방망이 처벌'을 받는 사례가 비일비재하다는 것이다. 소득 불평등으로 말미암은 양극화로 서민들은 대(代)를 이어 팍팍한 삶을 살 수밖에 없게 된 것은 더 큰 문제다. 부자들이 자녀 교육에 돈을 아

124300026.HTML?did=1179m(2010.10.4)
379) 취업논란속의 외교통상부, (서울=연합뉴스) 안정원 기자
380) 2010.9.6 jeong@yna.co.kr
381) 편집자주
382) (서울=연합뉴스) 사건팀

끼지 않으면서 부와 권력을 대물림하는 상황이 이어지면서 힘없고 돈없는 서민이 상류층에 진출할 수 있는 `신분 상승의 사다리'는 사실상 실종되다 시피했다. 최근 교육계에서 `개천에서 용 나오는 교육'을 부쩍 강조하는 것은 이런 사회 현실을 역설적으로 대변한다. 현실이 이렇다 보니 우리 사회에는 눈에 띄지만 않을 뿐 봉건시대와 같은 계급 구조가 점차 굳어지게 됐고, 이로 인해 국민 사이에 불만과 불신의 골이 깊어지고 있다는 게 전문가들의 진단이다. 최근 불거진 유명환 외교통상부 장관의 딸 특별채용 사건은 불공정한 우리 사회의 단면을 여실히 보여줬다. 행정안전부가 지난 7월 외통부의 통상 전문가 특별채용 과정을 특별감사한 결과 당시 특채가 유 전 장관의 딸을 합격시키고자 다른 지망자들을 모두 `들러리'로 전락시킨 `쇼'에 불과했다는 사실이 드러났다. 장관 딸을 특채에 합격시키기 위한 외통부 관리들의 행각은 너무 노골적이어서 낯 뜨거울 정도였다. 우리 사회의 고위층이나 부유층이 온갖 편법을 저지르며 국민을 기만해온 사실이 드러난 것은 이 뿐만이 아니다. 지난달 개각 때 등장한 국무총리와 장관 후보자들의 인사 청문회를 지켜보던 국민은 실망을 넘어 분노를 감추지 못했다. 고위 공직자였던 후보자 대다수가 명백한 실정법 위반인 `위장전입'은 기본이고 일부는 부동산 투기 의혹까지 불거지기도 했다.

`설마 내 비위가 밝혀질 일은 없을 것'이라고 자신하며 국회 청문회 자리에 앉았던 후보자들은 줄줄이 불명예스럽게 물러날 수밖에 없었다. 이처럼 부끄러운 사건이 연이어 터지자 이명박 대통령이 급기야 `공정사회 구현'을 강도높게 주문했다. 이 대통령은 5일 청와대 영빈관에서 열린 장·차관 워크숍에서 "국정을 운영하면서 일 하나하나가 공정한 사회라는 기준에 맞는지, 맞지 않는지 스스로 냉철하게 생각하면서 살펴야 한다. 그렇게 되면 공직사회는 한 단계 발전하는 계기가 될 것"이라고 강조했다. 이 대통령은 또 "사회 지도자급, 특히 기득권자가 지켜야 할 기준이지만 아마도 기득권자에게는 매우 불편하고 고통스러운 일인지 모른다"며 "그럼에도 불구하고 공정한 사회를 만듦으로써 한단계 격이 높은 나라를 만들 수 있다"고 역설했다.

이처럼 대통령까지 직접 나선 것은 우리 사회의 상류층의 비위와 편법 정도가 시스템에 의해 스스로 정화되지 못할 수준에 이르렀다는 것을 반증한다. 이미 곪을대로 곪아 극단의 조처를 하지 않으면 더이상 안되는 상황이 됐다는 것이다.
　손봉호 서울대 명예교수는 우리 사회의 '불공정' 상황을 해결할 방법으로 ▲상벌(賞罰)의 공정한 집행 ▲법의 공정한 제정과 집행 ▲부의 공정한 분배 등 3가지를 꼽았다.
　손 교수는 "특권층 즉, 가진 자들이 스스로 조심하는 것도 중요하지만 시민과 언론도 불공정 사례에 과민하게 반응해야 권력층이 유혹을 받지 않는다"고 말했다. 그는 또 "힘과 돈이 없는 사람들은 적어도 분노할 줄 알아야 한다. 불공정한 일에 분노해야 대접을 받는다. 그렇지 않으면 안고쳐진다"고 강조했다. 경제정의실천시민연합 김미영 정치입법팀 부장은 공직사회의 투명성이 공정한 사회로 가는 지름길이라고 역설했다. 그는 "우선 공정한 경쟁을 위한 룰을 만들어 지켜야 한다"며 "하지만 룰을 제대로 준수하는지 자료가 공개되지 않고 있다. 공직사회가 공정해지려면 투명성이 확보돼야 하며 일반시민이 이해할 수 있을만한 수준으로 정보가 공개돼야 한다"고 말했다.[383)384)]

11. '지역 중소기업 참여촉진제' 등 추진

　철도공단, 철도협력사 전진대회서 상생 발전방안 발표[385)] 한국철도시설공단은 28일 대전 본사 대강당에서 협력사와 임·직원 등 400여명이 참석한 가운데 'KR-철도협력사 상생협력 전진대회'를 개최하고 철도 협력사와의 상생발전 방안을 발표했다. 이 자리에서 철도공단은 재정지원 내실화, 시장참

---

383) 연합뉴스, 2010/09/06 19:00 송고
384) http://www.yonhapnews.co.kr/bulletin/2010/09/06/0200000000AKR20100906189800004.HTML?did=1179m(2010.10.4)
385) 대전일보 원문 기사전송 2010-09-29 03:42

자료: http://news.nate.com/view/20100928n19654(2010.10.5)

여기회 확대, 상생협력사업 확대를 통한 일자리 창출, 상생협의체와 기술지원 강화 등 발주처, 원·하도급사 간 상생협력을 위한 추진전략을 내세웠다.

이에 따라 중소기업 자금난 해소를 위한 철도 투자비의 조기 집행, '하도급 대금 지급실태 확인제도' 도입 등을 추진하고 정기적으로 간담회를 열어 중소기업에 대한 부적절한 계약관행 등을 모니터링할 계획이다. 시장 참여기회 확대방안으로는 공공기관 최초로 지역 중소기업 참여시 가감점을 부여하는 '지역 중소기업 참여촉진제', '대·중소기업 주계약자 공동도급제'를 도입·운영해 200억원 미만 공사는 중소기업만 참여토록 하는 등 실질적인 참여기회 확대를 실시할 예정이다. 또 상생협력사업 확대를 통한 일자리 창출방안으로 해외사업 공동 진출, '민간투자 활성화'를 위한 역세권 등 민자사업 개발 등을 확대 추진한다.[386]

공단과 대·중소기업 간 '상생협의체' 설치 운영, 중소기업 애로지원 '신문고' 설치 및 '협력사 등록제' 시행, 고객만족센터에 '중소기업 전용창구' 등도 설치 운영한다. 조현용 철도공단 이사장은 "상생협력이 대·중소기업 간 양극

---

386) kwj5797@fnnews.com 김원준 기자, 파이낸셜뉴스

화 해소는 물론 공정한 사회질서 구축과 국가경쟁력 향상을 위한 구체적 실천방법으로 자리매김할 수 있도록 협력해 나갈 것"이라고 말했다.387)388)

12. 포스코, 4차 협력업체까지 챙긴다

포스코패밀리 상생협력 협약식 개최, 구체적 실천방안 마련389) 포스코가 4차 협력업체까지 직접 챙기는 중소기업 상생협력방안을 마련하고 구체적인 실천에 나섰다. 특히 상생협력 추진을 위해 계열사 임원들이 참석하는 전담조직을 새로 만들었다. 포스코는 기존 1차 협력 중소기업은 물론 2~4차 협력업체까지 포괄하는 상생협력을 추진키로 하고 18일 포스코센터에서 '포스코패밀리 상생협력 및 공정거래 협약식'을 개최했다.

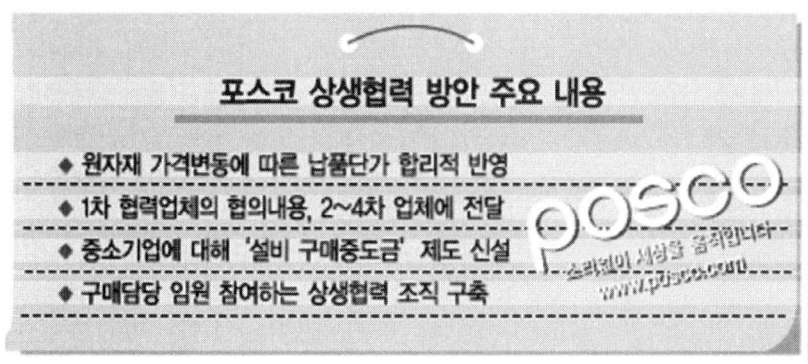

자료: http://news.nate.com/view/20100819n12434(2010.10.5)

정준양 회장은 "상생협력이 대중소기업 간 양극화 해소는 물론, 공정한 사회질서 구축과 국가경쟁력 향상을 위한 구체적 실천방법으로 자리매김할 수 있도록 다같이 협력해 나가자"고 강조했다. 이날 협약식은 포스코와 1차 거래 협력기업 1만5150개사가 협약을 맺고, 이 중 298개사가 2차 거래 협력

---

387) 맹태훈 기자 taehunm@daejonilbo.com, 대전일보사.
388) http://news.nate.com/view/20100929n01676(2010.10.5)
389) 내일신문 원문 기사전송 2010-08-19 14:14

기업 1만1783개사와 협약을 맺어 모두 2만6933개사가 참여했다. 포스코는 모든 협력기업을 '포스코패밀리'로 규정하고 '3T'를 상생협력의 핵심으로 삼았다. '3T'란 Trust(상호신뢰), Together(동반성장), Tomorrow(미래지향)를 뜻한다. '상호신뢰를 기반으로 이해관계자와의 동반성장을 통해 미래지향적 관계를 구축해 나간다'는 의미를 담고 있다. 이를 위해 포스코는 원자재 가격 변동에 따라 납품단가를 합리적으로 반영하는 동시에, 1차 협력기업의 납품단가 조정내용이 2, 3, 4차 협력업체에 전달될 수 있도록 계약약관 반영 등을 통해 적극 유도한다는 방침이다. 특히 1차 협력기업에 대한 단가조정, 제도개선 등의 내용을 2~4차 협력기업이 구성한 상생협의체에 온라인으로 실시간 전달할 계획이다. 또한 제품별·업종별 간담회를 정기적으로 개최해 다음 분기의 가격예측을 할 수 있도록 정보를 제공하기로 했다.

 2, 3, 4차 협력기업의 기술경쟁력 향상 및 성과공유를 위해 기존 포스코의 대표적 상생협력 프로그램인 테크노파트너십(맞춤형 기술지원)과 베네핏셰어링(성과공유제)을 연계하는 패키지 프로그램도 시행하기로 했다. 현재 조성해 둔 7300억원 규모의 금융지원 펀드에 대한 대출대상도 기존 1차 협력 중소기업에서 2~4차 협력 중소기업으로 확대하기로 하고, 1차 협력기업에 대한 현행 현금 결제 방식이 2~4차 협력중소기업에도 그대로 적용될 수 있도록 계도해 나갈 방침이다. 포스코는 설비 구매계약을 맺는 중소기업에 대해 '설비 구매 중도금' 제도를 신설, 중도금 지급비율을 계약금액의 30%로 정해 중소기업의 자금부담을 크게 완화시킬 방침이다. 포스코는 상생협력을 추진하기 위해 원료·자재·설비구매, 외주, 판매 등 관련부서 임원과 계열사 구매담당 임원 등 39명이 참여하는 전담조직을 새로 구축했다.

 이 조직은 중소기업관련 업무 프로세스와 지침, 거래약관을 지속 점검해, 상생협력 활동이 1차 거래기업은 물론 2~4차 거래기업까지 파급될 수 있도록 모니터링하고 지원할 예정이다.[390)391)]

---

390) 김형수 기자 hskim@naeil.com, The Naeil News
391) http://news.nate.com/view/20100819n12434(2010.10.5)

13. '공정한 사회' 출발점은 노무현의 이상한 돈 흐름 이실직고부터

언제나 그러했듯이, 그 전임자들도 모두 다 하나같이 그러했듯이, MB정부의 야심작 '개념' 놀이는 그 구호의 화려함 뒤를 실천적 조치들이 받쳐주지 못한 채 시류의 이슈에 밀려다니고 그것들을 따라다니느라 선제적 주도력을 발휘한 적이 없다. 한때는 대운하를 외치더니, 한때는 선진화 747을 외치더니, 한때는 국민통합과 소통을 외치더니, 한때는 '기업 플렌드리'를 내걸더니, 한때는 천안함 책임자에게 상응하는 대가를 보여주겠다더니, 한때는 가시적인 '친 서민'을 주문하더니, 이제는 '공정한 사회'를 화두로 내건 8.15 경축사에서부터 다시 화제를 새 낱말로 옮긴다. 일류국가가 되기 위해선 공정한 사회를 만들어야 한다는 주장이다. 말은 말로서 100% 지당한 말이다. 그런데 여전히 진정성은 보이지 않는다. 훌륭한 연설문에 감동이 묻어나지 않는다. 언제 이 말이 다시 다른 화두로 자리를 양보할지 모르기 때문이다.[392]

공정한 사회는 집권공신들에게 낙하산 태워 여러 곳에 보은인사로 앉히지 않는 사회가 공정한 사회다. 공정한 사회는 불공정이 없거나 줄어든 사회를 말한다. 공정한 사회는 유전무죄 무전유죄 탄식이 없는 사회가 공정한 사회다. 공정한 사회는 방탄국회가 없는 사회를 말한다. 공정한 사회는 정직한 사회를 말한다. 공정한 사회는 정부가 감추는 것이 없는 사회를 일컫는 말이다. 공정한 사회는 정부가 감추는 게 있을 거라고 의심받는 사회가 아닌 사회를 공정한 사회라고 한다. 공정한 사회는 정부가 신뢰받는 사회를 가리킨다. 공정한 사회는 말로만 공정성을 내세우는 사회가 아니라 실천적 불공정 타파책을 제시하는 사회이다. 공정한 사회는 정부와 국회와 권력기관이 진실을 가지고 힘겨루기 하지 않는 사회가 공정한 사회다. 정부의 천

---

[392] 작성자 관광객, 작성일 2010/09/07, 조회 243, 추천 : 6, '공정한 사회' 출발점은 노무현의 이상한 돈 흐름 이실직고부터

안함 조사발표를 믿지 않는 사람들이 상당수 존재하는 사회는 공정한 사회가 아니다. 공정한 사회는 정부기관의 민간인 사찰 하드디스크가 삭제되었다고 수사범위를 축소하는 사회가 아니다. 공정한 사회는 대통령의 비리를 눈감아주는 사회가 아니다. 공정한 사회는 돈과 권력을 가진 자들끼리 주거니 받거니 서로 나눠먹는 사회가 아니다. 공정한 사회는 결과의 평등이 아니라 기회의 평등이 보장된 사회를 일컫는다. 그래서 공정한 사회가 만드는 일류국가는 하루 아침에 무슨 선언문이나 궐기대회 열어서 도달할 수 있는 나라가 아니다. 수없이 많은 불공정 거래와 관행들 가운데 어디서부터 공정성을 복구해야 하나? 그것은 당연히 윗물부터 맑아지게 해야 하는 일이다.

윗물이 흐리면 아랫물이 맑지 않게 됨이다. 가장 높은 곳에 있는 윗물에는 대통령이라는 자리가 있다. 대통령과 그의 가족과 친인척들이 부정한 거래라고 의심받을만한 이상한 돈의 흐름과 연관되어 있을 때, 이것을 그 핵심 당사자가 수사도중 자살해 죽었다는 이유로 해서 수사를 종결하고 기록을 완전밀폐 봉인하고 마치 없었던 일처럼 역사를 지워버릴 때, 공정한 사회 건설은 한낱 말장난에 지나지 않는 것임을 다음 정부 사람들이 확인해 줄 것이다. 우리나라가 선진화로 갈 수 없는 이유가 바로 이 부분에 있다.

죽음 앞에서, 자살로의 도피 앞에서, 모든 죄업이 눈녹듯 불거지는 사회, 이것은 시행착오 학습법도 아니고, 정직도 아니고, 진실도 아니고, 역사도 아니고, 인간적인 용서도 아니다. 노무현의 수사기록을 밀봉하고 덮어버리겠다는 것은 이 사회를 불의한 사회에서 공정한 사회로 전환시키는데 들어가는 진통의 비용을 이명박 시대가 감당하지 않고 다음 시대로 떠넘기겠다는 무책임의 극치로서 적나라하고 대표적인 사례가 될 수 있을 것이다. 그래서 이명박 대통령의 '공정한 사회' 구호는 피부에 와 닿지 않으며, "아직은" 그 실천적 방법론이 구체화되어 있지 못하다고 간주된다. 공정한 사회는 정직한 사회다. 정직한 사회는 정부가 우선 정직해야 하고, 정치가 그 다음 정직해야 하는 사회이다. 역사를 가르치지 않고, 역사를 덮어버리는 사회와 국가와 정권과 정부는 그 다음 대에 가서 그 정직하지 않음에 대한 대가를 치룬다. 노무현 전대통령의 차명계좌 그 이상한 돈의 흐름을 적어도 수사마감 직전까지만의 기록이라도 밝혀야 한다.

　국민과 역사 앞에 이실직고해야 한다. 그게 공정한 사회로 진입하는 첫 문지방이 될 것이다. 그건 전적으로 이명박 대통령의 진정성과 책임감 크기에서 결정되는 일이다. 투명하지 않은 사회는 공정한 사회가 아니기 때문이다. 또한 '공정한 사회'를 주문할 자격이 있는 인물인지 지켜보기로 하자.[393]

　이런 말씀에 귀 기울리고 실천하는 인사가 많은 세상을 만들어 가야 할 것이다.[394][395]

14. 정준양 회장, 포스코 '3T' 상생경영 선포

　상생협력 펀드 및 특허기술 공유, 직업훈련 등으로 글로벌 네트워크 구축 나서[396]

　<본 기사는 주간 'CEOPLUS'紙 8월30일자에 게재된 기사입니다.>

　"상생협력이 대·중소기업 간 양극화 해소와 공정한 사회질서 구축, 국가 경쟁력 향상을 위한 구체적 실천 방법으로 자리매김할 수 있도록 협력해 나가자." 정준양 포스코 회장이 중소 협력업체와의 상생경영을 선포했다.

　상호 신뢰(Trust)와 동반 성장(Together), 미래 지향(Tomorrow) 등을 담은 '3T'가 바로 그것이다. 정 회장은 정호열 공정거래위원장, 김동선 중소기업청장, 손경식 대한상공회의소 회장, 김기문 중소기업중앙회 회장, 정병철 전국경제인연합회 부회장 등 400여명이 참석한 가운데 '포스코 패밀리 상생협력 및 공정거래 협약식'을 열고 원자재값 변동에 따른 납품단가 조정과 성과공유제(베네핏 셰어링) 등 1차 협력업체를 대상으로 했던 상생협력

---

393) 2010.9.7. 시사뽀샵 2010/09/07 19:02:56
394) 정상인 2010/09/08 22:34:05
395) http://www.nparam.com/cafebbs/view.html?gid=main&bid=cat_05&pid=17927 1(2010.10.5)
396) Hot Issue 2010/08/31 14:08.
　http://blog.naver.com/papermoon0/130093071014

▲ 정준양 회장

프로그램을 모든 협력업체로 확대한다고 밝혔다.

일회성이 아닌 영속적 대중소기업 상생방안을 모색해야 할 것을 강조한 정 회장은 지난 1~4차 협력사 간 상생협약을 체결했다. 상생협약이 체결된 업체는 총 2만6천933개. 그 가운데 1차 거래 협력기업 1만5150개사가 협약을 맺었으며, 1차 협력사 중 298개사가 1만1783개 2차 협력사와 협약을 체결했다. 우선 포스코는 1차 협력업체를 바탕으로 2~4차 업체에까지 상생 효과가 파급될 수 있도록 했다. 1차 협력업체와 납품단가 인상 계약을 맺을 경우 계약 약관에 1차 협력사가 2차 협력사로부터 납품받는 단가도 인상토록 명시하는 방식을 취해 어려운 협력업체들을 위한 자금을 마련토록 했다.[397][398]

15. 탐욕에 오염된 세계의 지붕 밑

인간 지성으로 세계는 발전하고 경제 문화 정치 환경이 선을 향하여 가는데 종교도 한판 소리 높여 기여하여 참 행복을 외치는 이 시대를 찬미하

---

397) 기사전문보기 http://www.epdaily.co.kr/news/articleView.html?idxno=309, [출처] 정준양 회장, 포스코 '3T' 상생경영 선포 |작성자 경제플러스
398) http://blog.naver.com/papermoon0/130093071014(2010.10.5)

고 인생의 행복을 보다 낫게 할 수 있는 방법을 제시하고 있다.[399] 그런데 이러한 외침의 내용을 잘 지키면서 평화론을 교육하는가. 아니다. 그들의 교육방법은 평화를 외치면서 나약한 시민의 손에 빵을 탈취해가는 무서운 이중적인 사상을 현실화하고 있다. 모든 바람직한 환경과 조직 특권을 선점하여 그것의 가치를 상속이라는 합법적인 방법으로 후손에게 전수시켜 자기 혈통 보존을 철저히 수행하고 있는 것이 오늘의 세계 지도자들의 일상이다. 이러한 목적 달성을 위하여 갖은 수단을 다 동원하여 감언이설로 지속적인 사회 필요한 정의를 소탕하고 있다. 그런데 이처럼 반인륜적인 행위를 하면서도 자기의 행위로 인한 후일의 피해를 전혀 의식하지 못하고 그러한 행위가 인간성의 절대 정도인 것처럼 이해하고 행하고 있는 천하에 오염되고 있음을 알고 정직한 심성으로 필요한만큼의 과실을 취하는 방법으로 공정분배이론을 실천하는 사회 분위기가 되기를 바란다. 하나님 감사합니다.[400]

16. 정의, 얼마나 공정한가의 문제 - 더 넓은 세상을 보여주는 교과서

살아있는 민주주의, 진화하는 민주주의를 배우는 교과서.[401] 민주주의를 실현하는 사회에서는 제도 뿐만 아니라 이를 실천에 옮기려는 사회 구성원들의 의지도 매우 중요하다. 그 사회에 살고 있는 대다수의 시민들이 민주주의에 대해 무지하거나 또는 그것을 적절히 실천할 수 있는 방법과 절차를 알지 못한다면 민주주의는 결코 진화할 수 없는 것이다.

우리나라에도 이제 민주주의가 정착되어가기 시작한지 수년이 되었다. 앞으로 민주주의를 끊임없이 발전, 실현시키기 위해서 자라나는 청소년들

---

399) 2010년 3월 6일, 탐욕에 오염된 세계의 지붕 밑
400) http://blog.daum.net/n1m2r/5713739(2010.10.5)
401) 양설, 김원태, 이미림, 인물과사상사2009.12.21. 승자의 율법, 깨어 있는 자들의 나라

이 민주주의에 대한 정확한 이해가 필요하다고 판단됨에 따라 이 책이 제작되었다. 이 책『정의, 얼마나 공정한가의 문제』는 고등학생들을 대상으로 민주주의의 주요 요소인 '정의'에 대해 알기쉽고, 폭 넓게 이야기하고 있다.

우리나라의 민주시민교육 발전을 추구하는 민주화운동기념사업회가 미국의 권위있는 시민교육기관 CCE와 손잡고 한국 상황에 맞는 민주주의 교재를 펴냈다. 이 책은 미국의 Foundation of Democracy교재 시리즈 중 정의와 책임을 각각 한국의 중학생과 고등학생에 맞게 개발한 것이다. 이 책은 우리 사회와 청소년을 '정의로운 사회', '책임감있는 시민'으로 변화시키는 데 밑거름이 될 것이다.

[YES24 제공]

출판사 서평: 미래를 위한 민주주의 교육이 필요합니다. 아이들에게 '살아있는 민주주의, 진화하는 민주주의'를 가르쳐야 합니다. 민주주의를 실현하려는 사회에서는 제도 뿐 아니라 이를 실천에 옮기려는 사회 구성원들의 의지도 중요합니다. 더 나아가 그 사회에 살고 있는 대다수의 시민들이 민주주의에 대해 무지하거나 또는 그것을 적절히 실천할 수 있는 방법과 절차를 알지 못한다면 민주주의는 결코 진화할 수 없을 것입니다. 제도 발전과 함께 올바른 의식을 갖춘 시민 양성에 관심을 갖는 일은 민주주의 발전 과정에서 자연스러운 것입니다.

우리나라의 학교는 의식적으로 계획된 교육과정을 통해 민주적인 정치의식이나 신념 및 태도들을 '어린 시민'들에게 내면화시키는 데 앞장서야 합니다. 지난 2005년 민주화운동기념사업회가 전국사회교사모임에 의뢰해 실시된 연구보고서(전국 1,000여명의 초중고 교사를 대상으로 함)는 '교육과정상의 모든 교과는 민주시민교육을 지향하고 있지만, 실제 학교교육에서는 이와 같은 교육이 절대적으로 부족하다'고 밝히고 있습니다. 이 연구보고서에 따르면 우리나라 교사들은 책임감, 인권, 참여, 정의, 관용을 우선적으로 다루는 시민교육 교재 프로그램이 필요하다고 보았습니다. 그에 따라 우리 사업회는 2008년 10월 미국시민교육센터(CCE)와 양해 각서(MOU)를 맺고 시민교육 프로그램 중의 하나인 '민주주의의 기초(Foundations of Democracy)'를 한국의 실정에 맞게 변형 개발하게 되었습니다. [402]

더 넓은 세상을 보여 주는 교과서! "평범한 사람들이 만들어 가는 사회정의와 사회를 변화시키는 책임의식을 배웁니다" 많은 학생들이 자신의 이익과 관련된 일에는 민감하게 반응하지만, 주변의 일에는 거의 무관심합니다.

도움이 필요한 같은 반 친구가 있어도, 농민들이 농작물 가격 폭락으로 피땀 흘려 지은 농작물을 불사르고 울부짖어도 무감각합니다. 또 지구촌 어느 곳에서는 식량이 넘쳐나 썩어가고, 다른 곳에서는 아이들이 굶어 죽어가고 있다고 해도 나와는 전혀 상관없다고 생각합니다. 선생님들은 이와 같은 현실이 크게 안타까워 이 책을 세상에 내놓게 되었습니다. 무엇을 옳고 바르다고 판단해야 하는지, 무엇을 부당하다고 느껴야 하는지, 정의와 불의를 구분하고 어떤 것에 문제의식을 가지고 비판적으로 접근해야 하는지, 무엇을 소중한 가치로 받아들이고 지켜야 하는지 학생들에게 가르쳐줘야 한다고 생각했기 때문입니다. 우리 청소년들은 학교 안에서든 밖에서든, 공공의 일에서든 사적인 일에서든 자신이 한 행동에 대한 사회적 및 도덕적 책임을 져야 하고 학교는 학생들이 몸소 느끼고 습득하고 실천할 수 있도록 교육을 해야 합니다. 어떤 사람들은 이같은 책임의식이나 사회정의에 대한 관념은 너무 당연한 것이라 따로 배울 필요가 없다고 주장합니다. 하지만 사실은 전혀 그렇지 않습니다. 어린 시절부터 몸으로 체험해야 하는 시민의식의 요체가 바로 책임감과 정의감입니다. 선생님들은 이 책이 여러분에게 올바르고 공정한 도리와 시민성을 제대로 보여줄 수 있기를 바랍니다. 학생 한 사람 한 사람이 정의와 관련된 민주주의 가치를 자연스럽게 받아들이고, 일상생활에서 실천할 수 있기를 희망합니다.

'청소년을 위한 민주주의' 시리즈의 특징

① 학교, 학원, 토론모임 등에서 선생님, 친구들과 함께 활용할 수 있는

---

[402] 민주화운동기념사업회 이사장 함세웅

시민교육 프로그램
　② 각각 중학생, 고등학생 아이들의 특성에 맞춘 이야기 중심의 내용 전개
　③ "개념 이해 → 방법 설명 → 생활 적용"이라는 3단계 실용 학습법
　④ 다양한 읽을거리와 생각거리 제공(한국의 어제와 오늘의, 내용 및 전래동화, 신문기사)
[YES24 제공]
목차 책을 펴내며 : 살아 있는 민주주의, 진화하는 민주주의를 위하여
엮고 쓴 이의 말 : 평범한 사람들이 만드는 사회정의가 더욱 가치 있습니다.
Part Ⅰ 정의와 분배적 정의
01. 정의란 무엇인가?
02. 분배적 정의란 무엇인가?
03. 분배적 정의의 문제 해결 길잡이
04. 전태일 분신 사건과 분배적 정의
Part Ⅱ 절차적 정의
05. 절차적 정의란 무엇인가?
06. 절차적 정의의 목표와 공정성 평가의 기준
07. 정당한 절차로 가치와 이익 보호하기
Part Ⅲ 교정적 정의
08. 교정적 정의란 무엇인가?
09. 교정적 정의 문제를 분석하는 데 필요한 내용들은 무엇인가?
10. 위반과 침해에 대응하는 방법을 결정할 때 생각해야 할 가치와 이익
[YES24 제공]
작가소개 편저 양설
　성남여고에서 있다가 야간자율학습을 감독하는 것이 싫어서 장안중학교로 전근한 지 3년째이다. 그동안 중학교 1학년생만 가르쳤는데, 이 또래아이들은 초등학생 티를 갓 벗어 조금 질서가 없어도 입시에서 거리가 멀어 가장 활기차고 사랑스럽다고 생각하고 있다. 지금은 전국사회교사모임에서

김원태 선생님과 함께 연구활동을 하고 있지만, 지난날에는 초롱초롱한 눈망울로 김원태 선생님의 수업을 듣던 학생이었다. 앞으로 2년간 한국교원대학교 파견 근무(공통사회교육과 석사과정)를 할 예정이며, 이를 계기로 우리나라 학교 시민교육 발전을 위해 더욱 열심히 공부하고 연구할 생각이다.

자료: http://book.nate.com/detail.html?sbid=5651863&mode=search(2010.10.5)

편저 김원태

영복여고, 숭신여중, 숭신여고, 안양고, 평촌공고에서 근무했으며, 지금은 군포시 산본고등학교에서 정치, 경제, 사회·문화 과목을 가르치고 있다. 청소년들을 위한 사회참여교육에 관심이 많아서, 오래 전부터 민주주의의 기초가 되는 여러 가지 가치문제를 수업시간에 어떻게 다루는 것이 좋은지 여러 선생님들과 함께 공부해 왔다. 몇 해 전부터는 프랑스의 '시민교육' 교과서와 독일의 '정치' 교과서에 흠뻑 매료되어 한국방송통신대학교 불문과에 편입해 프랑스어를 열심히 공부하고 있다. 앞으로 한국의 교과서를 이들 나라 수준으로 집필하겠다는 꿈과 목표 때문이다. 전국사회교사모임 대표를 지냈으며 저서로 여러 선생님들과 함께 지은 『아름다운 참여--청소년을 위한 사회참여 안내서』(돌베개)가 있다.

편저 이미림

성안고등학교에서 국어를 가르치고 있다. 얼마 전 미디어법 헌법재판소 판결을 보고 아이들이 '국어 수업 무용론'을 주장해 크게 당황했던 일이 있었다. 아이들이 야멸치게 쏘아붙이며 "우리나라에서 가장 공부를 잘했던 분들도 저렇게 말장난을 하며 국어를 함부로 다루는데 우리가 국어를 공부해서 무슨 소용이 있겠냐!"고 말했기 때문이다. 이 일로 이미림 선생님은 대한민국의 정의가 바로 서기 위해서는 우리말을 우리말답게 사용하는 일이 전제되어야 함을 절실히 깨달았다고 한다. '상식이 통하는 사회', '상식적인 대화가 가능한 사회'를 위해서 선생님이 해야 할 막중한 임무를 말이다.

기획: 시민교육센터

미국의 권위있는 초당파적 시민교육기관으로 헌정민주주의 기본원리와 가치에 대한 이해증진, 효과적이고 책임감있는 시민참여, 기술습득, 의사결정과 분쟁해결, 민주적 절차에 대한 의지계발을 주제로 한 시민교육사업을 펼치고 있다.

기획: 민주화운동기념사업회

"민주화운동을 기념하고 그 정신을 계승하기 위한 사업을 수행함으로써 민주주의 발전에 이바지함을 목적"(민주화운동기념사업회법 제1조)으로 설립되었으며, 국민과 더불어 민주화운동기념사업을 펼쳐나가는 특수공공법인이다.[403)404)]

---

403) [교보문고 제공]
404) http://book.nate.com/detail.html?sbid=5651863&mode=search(2010.10.5)

제5장 공정한 사회의 새로운 변화와 현실적 적용

1. 옳은 것보다 좋은 것이 '정의'

 정의란 무엇인가로 정의의 열풍을 일으킨 마이클 샌델 하버드대 교수는 2005년 9월 한국철학회가 운영하는 다산철학기념강좌의 초청 연사로 한국을 처음 방문했다. '공동체 주체와 공공성'은 그 당시 그의 4차례 강연을 엮은 책이다. 20세기 말 자유주의와 공동체주의의 논쟁이 한창일 때 샌델 교수는 공동체주의 진영에 섰다. 정의론을 쓴 존 롤스를 태두로 한 자유주의자들은 정의의 개념에 천착하며 선(the good)보다 옳은 것(the right)이 우선한다고 생각했다. 김선욱 숭실대 철학과 교수에 따르면 샌델 교수는 그에 반대하며 자유주의가 가진 문제점을 지적했다. 그리고 이를 고쳐나갈 방법은 공화주의라고 이름붙인 공동체주의적 방식을 통하는 것 뿐이라고 강조했다. 자신의 책에서 샌델 교수는 공동체주의에 입각해 자유주의와 시장논리를 공격하고 정의와 공정에 대해 얘기한다. 우선 샌델 교수는 자유주의가 공정성을 앞세워 개인의 특수성을 배제한다는 사실을 지적한다. 이는 구성원 사이에 불만을 일으키는 요인이라는 것이 샌델 교수의 생각이다. 국가가 삶의 가치문제에 중립적이어야 한다는 자유주의의 태도에 대해서도 반박한다. 자유주의의 입장과 달리 "나는 정부는 자치를 공유하기 위해 갖춰야 할 품성을 시민들 안에 육성해야 한다"고 제안한다는 것이다.
 김 교수는 샌델 교수가 도덕적이고 종교적인 신념을 정치적 담론의 현장으로 가져올 것을 주장한다고 설명했다. 샌델 교수는 김 교수와의 인터뷰에서 롤스의 자유주의에 대한 반대를 명확하게 밝혔다. "제가 롤스와 동의하지 않는 점은 두가지로 정리할 수 있습니다. 첫째는 롤스가 선 개념보다 권리가 우선한다고 주장한 것입니다. 이 주장에 대해 저는 동의할 수 없습니다. 정의의 문제를 다룰 때 우리는 도덕적 종교적 관념을 바탕으로 해야만 적절한 추론이 가능합니다. 두번째는 자유주의적 공적 이성 개념에 대한 것입니다. 정치적 논변은 도덕적 종교적 관념과 분리될 수도 없고 분리되어서도 안됩니다. 공적 담론에는 정체성에 대한 고려가 반드시 개입되어야 합니다." 그는 이어 "자유민주주의적 특성에 내재된 극단적 개인주의에 반대한다"고 밝혔다. 개인주의에 따라 시장의 힘이 극대화됐고 소비주의가 만연하면서 모든 것이 개인의 선택에 놓여 있는 것처럼 되었기 때문이라는 얘기이다. 그는 개인주의 시장논리 소비주의가 불러오는 문제를 '장기 매매'를 예로 들어 설명했다. 가난한 농부가 굶주린 가족을 위해 장기를 팔기로 결심할 경우 이를 단지 개인의 자발적 선택으로 볼 수 있는가 하는 문제를 제기하는 것이다. 샌델 교수는 "농부의 동의는 진정한 의미에서 자발적인 것이 아니라 그가 처한 상황의 필요성에 의해 강제된 것'이라고 말한다. 즉, "사람들이 경제적으로 궁핍한 조건에서 어떤 것을 사고팔 때 부정의가 발생할 수 있다"는 지적이다. 이런 문제에 도덕적 종교적 생각이 개입해야 한다는 것이 샌델 교수의 생각이다. 해제를 쓴 이양수 철학박사는 "샌델 교수는 미국 사회의 자유주의적 편향성을 거부하면서 새로운 사회환경에 발맞출 공공철학을 공화주의의 전통에서 찾으려 하고 있다"고 설명했다.[405]

2. 기업의 사회적 성격을 높이는 3가지 방법

기업의 사회적 책임(CSR) 강조되고 있어[406] 최근 '기업'과 '사회'가 서로 접근하는 현상이 두드러지고 있다. 그동안 '사회'라는 말은 주로 사회보장 혹은 '복지'라는 개념과 연결되었고, '기업'이라는 말은 '이윤'과 연결되어왔기 때문에 이 새로운 현상은 복지와 이윤이 결합하는 새로운 흐름으로 인

---

405) 금동근 기자, 2010 책읽는 대한민국(정의에 관하여 20선: 공동체주의와 공공선, 마이클 샌델 지음, 김선욱.강준호 등 옮김), 동아일보, 2010.10.6, A33.
406) Posted at 2009/09/07 19:50 Filed under 복지국가소사이어티, 홍기표 | 복지국가소사이어티 정책위원, 레디앙 기획위원

식되기도 한다. 이 양자의 접근 현상 중에 먼저 눈에 띄는 것은 '사회적 기업'이다. 2007년에 사회적 기업 육성법이 제정되었고, 최근 신영복 선생님께서 '사회적 기업가 학교'의 교장을 맡는 등으로 사회적 기업이 잔잔한 물결처럼 동심원을 그리며 확산되고 있다. '사회적 기업 육성법'에 따르면, 사회적 기업이란 "사회서비스 또는 일자리 등을 제공하여 지역주민의 삶의 질을 높이는 등의 사회적 목적을 추구하면서 재화 및 서비스의 생산·판매 등 영업활동을 수행하는 기업"을 말한다. 이러한 사회적 기업은 유럽에서는 이미 1970년대부터 그 개념이 형성되기 시작했다. 우리의 귀에 익숙한 사회적 기업으로는 요구르트 회사인 '그라민-다농 컴퍼니'가 있고, 국내 기업 중에도 '아름다운 가게'가 사회적 기업으로 많이 알려져 있다. 이같은 사회적 기업과는 별도로 1997~1998년에 미국에서는 '사회 기업가 정신(Social Entrepreneurship)'이라는 개념이 제시된 바도 있었다. 이 역시 사회복지와 자본축적을 위한 기업 활동을 결부시킨다는 용어였다.

또 기업의 사회적 책임(CSR: Corporate Social Responsibility)이라는 개념도 최근 일각에서 강조되고 있다. 1963년 맥과이어는 기업의 사회적 책임을 "기업의 사회에 대한 경제적, 법적 의무 뿐만 아니라 전체 사회에 대한 책임까지를 의미한다."고 정의한 바 있다.

전경련이 주도하는 이른바 '윤리경영'이라는 개념도 넓게 보면, 이렇게 기업과 사회가 접근하는 현상의 하나로 보인다. 물론, '윤리경영'이라는 것은 우호적인 기업 이미지를 형성해 경영성과를 높이기 위한 것이고, 따라서 그 한계가 비교적 뚜렷한 측면이 있다. 실제로 제록스, 휴렛패커드와 같은 기업들은 윤리경영으로 큰 이윤을 남겼다는 주장이 있다. 그러나 기업의 사회봉사 활동이 하나의 경영전략 차원으로 격상되었다는 점에서 윤리경영 역시 '기업'과 '사회'가 서로 접근하는 경향으로 해석할 수 있겠다.

1) 원론적으로는 모든 기업이 사회적 기업

그런데 이상 열거한 사회적 기업, 혹은 기업의 사회적 책임이라는 개념들은 다소 좁은 맥락의 의미 규정으로 보인다. 이상의 개념들을 비하하는 것은 아니지만, 이것들은 기업이 태생적으로 갖고 있는 풍부한 사회적 성격에 비하면 좀 협소한 규정이다. 원래 모든 기업은 태어나면서부터 사회적 성격을 갖고 있다. 기업은 일정하게 사회적으로 형성된 조건속에서 탄생하고, 그 활동을 통해 지속적으로 사회에 기여한다. 기업의 사회적 기여라 함은 단순한 재정 지원부터 사회적 혁신에의 기여, 고용 기여 등 매우 광범위하다. 즉, 원론적으로는 모든 기업이 사회적 기업이며, 결국 사회적인 기업이 따로 존재하는 것은 아니고, 중요한 것은 '기업이 어느 정도까지 사회적 성격을 띠느냐'의 문제라는 것이다. 기업의 사회적 성격을 높이는 데는 3가지 방법이 있을 수 있다. 즉, 조세제도, 주식제도, 회계제도를 통해 거의 모든 기업을 사회적 기업으로 만들 수 있다는 것이다.

첫째는 조세제도이다. 사실 현존하는 모든 기업은 '법인세'를 통해 이미 사회에 기여하고 있다. 물론 이윤을 내지 못해 세금을 못내는 기업도 많지만, 기본적으로 현재의 모든 기업은 법인세를 통해 사회에 기여하는 시스템 위에 존재한다. 법인세는 국가재정에 기여하는 중대한 3대 세수 중의 하나이다. 법인세율이 높을수록 기업의 사회 기여도는 높아진다. 예를 들어, 법인세율이 30%면 기업 활동으로 번 이익의 30%를 사회에 환원한다는 뜻이다. 이런 식으로 기업의 사회적 기여분을 우리는 수량적으로 파악할 수도 있고, 세율을 통해 이를 조정할 수도 있다. 이명박 정부의 감세 정책에 대해 우리는 흔히 '부자 감세'라고 표현한다. 물론, 대중 선전용으로 보면, 이렇게 의미 전달이 쉬운 용어도 별로 없다. 그러나 우리가 보다 주목해야 할 이명박 정부 감세 정책의 의미는 법인세율 인하 즉, 기업의 사회적 성격을 총체적으로 하향 조정하는 문제이다. 전두환 정권 시절에 37%가 넘었던 법인세율은 이제 20%로 하향 조정될 예정이다. 기업의 사회적 성격이 17% 포인트나 추락한 셈이다.

둘째는 주식제도를 통해 기업의 사회적 성격을 높일 수 있다. 우리는 '사회적 기업'의 사례를 통해 국가가 기업의 창설 과정에 개입하는 모습을 볼 수 있다. 국가가 민간 기업의 창설에 개입하는 것은 중요한 의미가 있다. 사실, 사회적 기업이 아니더라도 국가는 기업의 탄생과 유지에 개입해왔다.

기술보증기금, 산업은행과 같은 기관들을 동원해 기업의 설립과 회생 등을 지원하고 있다. 그런데 한 가지 아쉬운 것은 국가가 이러한 기업의 창설에 개입해서 그 소유권을 분배받는 전략에 대해서는 별로 심도있는 논의가 진행되고 있지 못하다는 것이다. 만약, 국가가 기업의 창설이나 혹은 기업의 위기에 개입해서 그 대가로 해당 기업의 소유권을 주식으로 보상받는다면 기업은 향후 배당을 통해 국가 재정에 기여하게 된다. 또한, 배당 이전에 소유 자체로서 사회적 성격을 갖게 된다. 이것은 전체 기업의 사회적 성격을 높이기 위한 전략으로써 매우 큰 가치가 있는 것이다. 그러나 아직 이런 측면이 주목을 받지 못하고 있다. 사무기기 전문제작 기업인 '신도리코' 같은 기업은 우상기 창업주가 주창한 '3애 정신'이라는 창업이념이 있다. '3애 정신'이란 '나라를 사랑하고, 직장을 사랑하고, 사람을 사랑한다.'는 것인데, 이 정신을 구현한 이윤 배당의 원칙이 <3:3:3:1> 원칙이다. 여기서 <3:3:3:1> 원칙이란 기업의 이윤 전체를 10이라고 가정했을 때, 3을 기업 발전을 위해 재투자하고, 3은 자본가에 배당하며, 3은 종업원에 지급하고, 그리고 나머지 1은 사회를 위한 공익사업에 사용한다는 원칙이다. 여기서 자본가가 가져가는 30% 외에 나머지 70%는 대개 사회적 의미를 지니는 배당이다. 이런 원칙하에서라면 아무리 민간 영리기업이라도 할지라도 그 기업의 사회적 공헌은 극대화될 수밖에 없다. 사실 국가는 여러 가지 측면에서 훌륭한 주식 투자자의 자질을 갖고 있다.

첫째, 국가는 장기투자의 주체로서 적합한 성격을 갖고 있다. 국가는 단기이익에 그렇게 목을 매지 않는다. 미국 자본주의가 겪었던 큰 문제 중의 하나가 주주들이 단기이익을 추구하기 때문에 전문경영인들이 모두 '당기업적주의자'가 되어버린다는 것이었다. 이것은 중요한 시스템상의 문제였다. 장기투자에 대한 회피요인이 되기 때문이다. 그런데 국가는 이런 습성이 없다.

둘째, 국가는 안정된 재력을 바탕으로 거대 자본을 동원할 수 있는 능력이 있다. 재정규모 자체도 크거니와 국채 등으로 동원할 수 있는 자본 여력이 어마어마하다.

셋째, 국가는 경영권에 별 관심이 없다. 국가의 기업경영 능력은 전혀 확인된 바 없기도 하고, 개별 기업의 경영권에는 관심도 없다. 단지 법인세를 많이 내면 좋아할 뿐이다. 국가야말로 이상적인 주주라고 할 수 있다. 따라서 이런 국가를 개별 기업이 소유권 분배를 통해 '주주'로 영입하지 못할 이유가 별로 없다. 그러나 쌍용차의 해결 과정에서 보듯이 오늘의 정부는 이런 방식으로 기업의 사회적 성격을 높이는 데 큰 관심을 보이지 않고 있다.

넷째, 회계제도를 통해 기업의 사회적 성격을 높일 수 있다. 회계제도를 통해 기업정보를 생산하고 공동 소유하는 것은 중요한 의미가 있다. 정보를 공동 소유하면 기업의 진로에 대한 이해관계자들의 합의를 끌어낼 수 있는 여지가 커지기 때문이다. 앞서 예를 든 신도리코는 회사의 회계장부를 누구나 한 눈에 볼 수 있는 전산시스템이 갖춰져 있다. 직원 누구나 투명하게 경영 내용을 알 수 있고, 세무서조차 이 전산시스템에 들어와 그 내용을 바탕으로 세금을 처리할 정도라고 한다.

'기업의 사회적 책임론자'들은 '기업의 사회적 책임을 어떻게 양적으로 측정하고 판단할 것인가'를 심각하게 고민했던 것 같다. 그들은 국제표준화기구(ISO)를 동원해 새로운 표준을 작성하는 데 골몰했다. 그들은 연구 끝에 ①환경 ②인권 ③노동 ④지배구조 ⑤지역사회 참여 ⑥공정관행 실천 ⑦소비자 이슈 등 7개 분야에 걸쳐 기업의 사회적 책임을 측정하기 위한 지표, 이른바 ISO 26000을 개발 중에 있다. 그러나 기존의 회계기준을 잘 활용하기만 하면 ISO 26000이 아니더라도 기업의 사회적 공헌도를 수치로 표현하는 것은 어렵지 않다. 현재 재무제표라고 부르는 것들 중에는 대차대조표, 손익계산서, 이익잉여금 처분계산서, 현금흐름표라는 것들이 있다. 그러나 이런 재무제표들은 기업의 재무상태나 손익현황을 볼 수는 있으나 그 기업이 얼마나 사회에 기여했는지는 알 수 없다.

따라서 (가칭)사회공헌이익 처분계산서 같은 새로운 재무제표를 창설해서 그 기업의 사회기여도를 종합적으로 보여줄 수 있어야 한다. 이는 그리 어려운 작업이 아니다. 어차피 재무제표의 작성이란 이미 계정과목별로 구분된 통계를 재구성하면 되는 것이기 때문이다. 이를테면, 임금으로 얼마나 지급했고, 사회봉사로 얼마를 사용했는지 등등, 기업의 사회활동과 관련된 계정과목만 따로 모으면 해당 기업이 얼마나 사회에 공헌했는지를 한 눈에 볼 수 있는 재무제표를 바로 만들 수 있는 것이다. 중요한 것은 기업의 미래다. 지금이 자본주의 사회인 이유는 사회의 모든 혁신을 자본이 주도하고 있기 때문이다. 어쩌면 사회를 바꾼다는 것은 기업을 바꾸는 것이 될지 모른다. 따라서 기업의 형질 변화는 복지국가 전략과도 관련이 깊다. 조세전략과 복지전략은 긴밀히 연관되어 있다. 조세전략이 입구 측 전략이라면 복지구현 전략은 입구에서 확보된 재원으로 일을 벌이는 출구 측 전략이다.

입구와 출구는 서로 긴밀한 전략적 분업으로 연결되어야 한다. 결국, 우리는 사회적 기업, 기업의 사회적 책임, 혹은 사회적 기업가 정신, 심지어는 윤리경영에 이르기까지 다양한 개념과 시도들을 통해 기업의 사회적 성격 확대를 추구할 필요가 있다. 또 조세, 주식, 회계 제도상의 다양한 장치들을 통해 모든 기업의 사회적 성격을 높이는 문제에 대해서도 많은 관심을 기울일 필요가 있다.[407]

3. 나랏님의 새로운 국가정책과 현실

이명박 대통령은 27일 "공정한 사회를 위해서는 실천이 가장 중요하다"면서 "청와대가 그 출발점이자 중심이 돼야 한다"고 말했다. 이 대통령은 "실천은 정책을 마련할 때와 일상생활을 할 때 두 가지 측면에서 모두 이뤄져야 한다"며 "실천할 수 있고 국민의 가슴에 와닿는 정책을 만들어야 하고, 일상생활에서도 공정사회에 걸맞은 행동을 하는지 스스로 되돌아봐야

---

407) http://basilica.co.kr/616(2010.10.5)

한다"고 당부했다. 그러면서 이 대통령은 "나 자신부터 돌아보겠다"고 덧붙였다.408)

 나랏님 이명박 대통령은 백성에 대해 모범을 보인다고 한다. 그러나 일부에서는 비판을 가한다. 이명박 대통령은 광복절 경축사에서 '공정한 사회'를 집권 후반기 국정 기조로 강조했다. 그러나 8월 8일 개각에서 내세운 새 각료들의 면면은 '공정'과는 정반대이다. 지엄한 국법을 어기면서 불공정한 생활을 자행한 者들이다. 3기 내각의 상징인 40대 총리 후보는 인사청문회 국민 앞에서 한 말을 바로 다음날 뒤집어 버린다. 신뢰가 생명인 최고 정치인이 하룻만에 말을 바꾸니 그의 인생은 신뢰성이 없다. 대법관 인사, 2기 내각에 3기 개각까지 불공정한 인생을 살아온 인사가 등용이 됐다. 서민삶을 위협하는 SSM 등 억제도 말 뿐이지 현실은 골목상권이 죽어가고 있다. 이명박 대통령의 취임 후 공정 사회 구현이 잘 떠오르지 않는다. 일부에서는 선거를 통해 자신의 견해를 밝히겠다고 한다. 즉, 2012년 총선은 4월에 치뤄진다. 채 2년이 안 남았다. 2년은 금방 간다. 사람은 이상하게도 좋은 일보다 나쁜 일을 오래 기억하는 동물이다.409)410)

4. 포항제철소 외주파트너사협회, 상생협력 위한 포스코 패밀리 간담회

 포항제철소 외주파트너사협회(협회장 박승대)는 2일 포항 포스코 국제관에서 '상생협력을 위한 포스코 패밀리 간담회'를 개최했다고 밝혔다.411) 이 자리에는 포스코 박한용 부사장을 비롯해 포스코 임직원들과 외주파트너사 직원대표, 협회관계자 등 70여명이 참석했다.

---

408) 2010/08/27 18:18, http://blog.naver.com/choih7/10093026732
409) [출처] 나랏님의 백성 희롱하기|작성자 조일현
410) http://blog.naver.com/choih7/10093026732(2010.10.7)
411) 관리자 2010-09-02 57, 포항=뉴시스, 강진구 기자

자료: http://www.kati.or.kr/news/view.php?boardsort=1&num=1399(2010.10.5)

이날 간담회는 외주파트너사협회 정성현 감사가 포스코와 외주파트너사 간 상생협력 활동에 대해 설명하고 외주파트너사 직원대표들이 의견을 교환하는 방식으로 진행됐다. 외주파트너사 ㈜대명의 김진식씨는 "포스코가 외주파트너사와 상생협력 차원에서 많은 지원을 하고 있다는 것을 간담회를 통해 알게 됐다"며 "외주파트너사도 포스코에서 배려하는만큼 외주파트너사가 할 수 있는 상생활동에 더욱 매진해야 할 것"이라고 말했다. 이어 포스코 박한용 부사장의 상생협력에 대한 포스코의 의지와 사례에 대한 설명이 열렸으며 중식 간담회를 통해 외주파트너사 직원대표들과 포스코 관계자들이 소통하는 자리도 마련됐다. 포스코는 지난 8월18일 1차 협력 중소기업은 물론 2, 3, 4차 협력 중소기업까지 포괄하는 산업생태계 차원의 상생협력을 추진하기 위해 2만6900여개의 협력 중소기업과 상생협력 및 공정거래 협약을 맺은 바 있다. 박한용 부사장은 "이해관계자와의 상생협력의 핵심은 상호신뢰"라며 "상생협력이 공정한 사회질서를 구축하는데 구체적

실천방법으로 자리매김할 수 있도록 다같이 협력해 나가자"고 말했다.[412]

5. 공정사회 '반응 좋네' 청와대 흐뭇 공정사회 담론에 국정 수행 지지도 50.9%로 상승

이명박 대통령이 연일 공정한 사회를 강조하는 것과 맥을 같이해 청와대와 정부부처가 불공정 관행에 대한 대대적인 개혁작업에 착수하는 등 여권이 강력하게 공정사회 드라이브를 걸고 있다.[413] 이명박 대통령은 27일 청와대에서 가진 수석비서관회의에서 각 수석비서관실이 취합한 공정한 사회 실천과제를 보고 받고 세부 실천방안을 놓고 수석들간에 토론이 벌어졌다.

이 대통령은 "정부 부처와 공공기관이 각 조직에서 스스로 공정사회와 관련된 업무를 찾아내 실천할 때 공정사회가 더 앞당겨 질 수 있다"며 내각에도 공정한 사회 실현을 위한 실천과제의 발굴과 추진을 지시했다. 청와대 관계자는 "대기업과 중소기업의 상생방안이 국민들로부터 관심을 끌게되는 것은 일방적 정책이 아니라 불공정하다고 느껴지는 것을 현장에서 고친 사례"라고 지적하면서 "이런 작업이 앞으로 광범위하게 추진될 것"이라고 말했다. 청와대의 다른 관계자는 "수석실별로 추진할 일을 책자로 만들어서 보고했다"며 "추진여부가 구체적으로 확정된 것은 아니지만 그 분량이 적지 않다"고 전했다. 이 대통령은 "공정사회는 일시적인 구호가 아니라 임기 마지막 날까지 국정운용의 중심기조이고 다음 정권까지도 계속되어야 할 중요한 과제"라며 "공정사회는 정치 이슈가 아니고 국민적 요구이므로 특정 정권의 문제가 아니라 다음 정권에도 계속되어야 완전히 공정한 사회가 될 수 있다"고 강조했다. 이와 함께 "공정사회는 미래지향적인 것"이라고 전제하고 "과거 수십년전 사회통념적으로 이뤄진 일을 지금의 공정사회 잣대로 평가하는 것은 혼란을 일으킬 수 있고 오히려 공정사회의 발목을 잡

---

412) http://www.kati.or.kr/news/view.php?boardsort=1&num=1399(2010.10.5)
413) 2010-09-28 06:00 CBS정치부 이재기 기자, 미투데이트위터, 네이버구글, 딜리셔스

을 수도 있다"며 "통념적으로 이뤄지던 일들은 법과 제도를 통해 고쳐나가는 것이 더 중요하다"고 말했다.

MB, "없는 사람도 공부할 수 있고, 李 대통령 "공정한 사회, 문화에서도 ..이명박 대통령, 고위공직자 재산 추적, 이 대통령의 이와같은 발언은 공정한 사회를 일회성 정책이나 구호에 그치지 않고 지속적으로 추진해 나가되 공정사회를 특정한 의도를 갖고 추진하지 않겠다는 의지를 밝힌 것으로 해석된다. 이 대통령이 추석을 기점으로 공정사회 추진의 방법론을 보다 구체화하면서 전 정부적 차원으로 확산시키고 나선 것은 추석을 거치면서 공정사회 정책기조와 담론이 여론으로부터 긍정적 평가를 받고있다는 판단이 작용했기 때문이다. 청와대는 추석 직후인 지난 26일 리서치 앤 리서치와 한국리서치에 의뢰해 실시한 여론조사 결과 대기업과 중소기업 상생발전 정책에 대한 긍정적 답변이 59.8%로 부정적 답변 23.8%를 압도한데 고무된 분위기다. 특히, 이 대통령이 추석 전 지속적으로 언급한 공정사회 담론이 민심의 반향을 불러 일으키면서 대통령의 국정수행 지지도가 모처럼 50.9%까지 올라간 데 주목하고 있다.

김희정 대변인은 "국정 지지율 상승은 8.15 경축사에서 공정사회를 국정기조로 제시하고 대중소기업 상생정책을 추진해온 것과 무관치 않다"고 말했다. 청와대는 이같은 분위기를 타고 공정사회 담론을 전방위로 확대해 나갈 것으로 관측된다.[414)415)]

6. 공정한 사회는 말이나 구호보다 실천이 우선돼야

지난 광복절 경축사에서 이명박 대통령은 '공정한 사회'를 이야기했다. 5월 말 출간된 '정의란 무엇인가'라는 책이 젊은 세대 등을 중심으로 돌풍을 일으킨 뒤였다. '정의' 열풍에 젊은 세대들이 빠진 것을 뒤늦게 알아챈 정치권과 학계는 너도나도 '정의'에 대해 이야기하기 시작했다. 이 대통령의 '공

---

414) dlworl@cbs.co.kr 미투데이
415) http://www.cbs.co.kr/nocut/show.asp?idx=1589155(2010.10.5)

정한 사회' 발언은 이런 분위기를 종합한 것처럼 보였다.416) 하지만 이후 '공정한 사회'의 후폭풍이 불어 닥쳤다. 유명환 외교통상부 장관의 딸이 특채된 것이 알려졌다.

유 장관의 딸은 외통부 내에서 '제3차관'으로까지 불렸다는 이야기도 나왔다. 결국 유 장관은 딸과 함께 외통부를 떠났다. 하지만 '공정한 사회'의 후폭풍은 여기서 그치지 않았다. '하이에나' 같은 언론들은 신이 나서 외통부에 특채된 인원들의 경력과 채용 경위를 샅샅이 뒤지기 시작했고 외통부 전체가 아수라장이 돼버렸다. 수많은 젊은이들은 인터넷의 익명 속에서 '똥돼지'라고 하는, 무능력한 데도 '배경'으로 자리를 얻은 자들을 고발하며 성토하기 시작했다. 언론들은 지자체에서 있었던 '특채'에 대해서도 다양한 '사실'들을 캐내기 시작했다. 고시촌에서 공무원 시험 준비를 하는 이들은 행정안전부가 '고시폐지 및 특채인원 50%로 확대'하려는 계획을 성토했다.

결국 행정안전부도 계획을 전면 백지화할 수밖에 없었다. "인류의 문명사가 수천년 동안 이어져 왔지만 철학자들의 해석이 분분했어요. 그런데 하루 아침에 어떻게 정의를 내릴 수 있겠어요. 공정이라는 게 구호가 되어 주관적 잣대로 평가되는 순간 골치 아파집니다. 국회의원마다 또 기업하는 사람마다 기준이 다를 수밖에 없거든요. 또 지금의 기준으로 과거를 재단하기 어렵다는 점도 있어요. 하루 아침에 어떻게 바꾸겠어요. 그러니 정치적 구호로선 안된다는 것이죠." 송 이사장은 공정이란 말 대신 '법과 질서'를 내세우는 게 더 효과적이라고 생각하는 듯했다. "법과 질서를 지키지 않는 사람은 예외를 두면 안돼요. 아까 말한 대로 노 톨러런스죠. 이번 총리·장관 인사청문회도 그래요. 공정이다 뭐다 따질 것 없이 법과 질서를 잘 따지면 돼요.

예를 들어 '납세의 의무'를 안지켰는지, 이거 굉장히 중요합니다. 그런 건 노 톨러런스해야 합니다." 이명박 정권의 '공정한 사회' 기치가 사방에 펄

---

416) [기자수첩] '공정한 사회' 이룩할 준비는 돼 있나?, [뉴데일리] 2010년 09월 11일 (토) 오후 06:54 ㅣ, 공유하기 Facebook, Twitter

럭이고 있다. 하반기 국정 전반의 새로운 잣대가 된 것이다. 기회와 조건에서 공정한 게임의 법칙이 통용되도록 하겠다는 것이다. 이에 이견을 다는 이는 없는 것 같다. 소득, 교육 등 양극화가 갈수록 심화돼 '공정하지 않다'는 인식이 확산되고 있어서다. 하지만 공정한 사회 논의에 대한 우려 또한 적지 않다. 우선 이 대통령이 제시한 공정한 사회의 실체와 기준이 불분명하다.

"출발과 과정에서 공평한 기회를 주되 결과에 대해서는 스스로 책임을 지는 사회"라는 이 대통령의 개념은 구체성이 떨어진다. 그렇다 보니 '공정'이란 잣대로 정권의 입맛대로 모든 것을 재단하려는 것이 아니냐는 관측도 나온다. "가치와 신념이 부족해 보였던 정부"가 공정사회를 들고 나오니 야권과 국민이 의혹을 가질 법하다. 정치적 계산인지 인식의 전환인지를 판단하기 어려운 탓이다.

진정 공정한 사회의 구현은 나보다 남을 배려하고 챙기는 사회가 돼야한다. 고위공직자나 사회지도층들은 마음을 비우고 함께 동참하고 솔선수범해야 한다.417) 공정한 사회에 대한 인식은 공직자가 먼저 이해하고 실천해야 하며, 약자가 보호받는 민주주의 사회를 실현하는 첩경이다. 그리고 똑같이 나라걱정하고 홀연 단신 나라위해 목숨을 바치고도 대우받지 못하고 잊혀지고 잃어버린 애국이 되는 사회가 공정한 사회인가 한번 생각해 볼 여지가 있다.

언행이 일치하지 않는 공정한 사회는 구호에 불과하고 아무 소용이 없으며, 공정한 사회만들기에 대한 인식이나 이해가 부족한 관료나 공직자는 새롭게 거듭나야 한다. 공정한 사회를 만드는 일은 냉철한 판단과 결단이 반드시 필요하며, 주변의 가까운 곳부터 그리고 먼 곳을 바라보고 살피는 노력이 필요하다고 본다. 대통령의 의지가 담긴 우리 사회를 공정한 사회로 만들자는 철학과 의지는 높이 평가되고 인정해야 하며 동참하고 실천해야

---

417) [칼럼] 공정한사회 말이나 구호보다 실천이 우선돼야, 작성자 : 정병기
2010-09-06 21:22:18   조회: 57

한다고 본다. 그러나 지금까지 공정하지 못한 것이 너무나 많았기에 새롭게 시작한다는 철저한 실천의지와 냉철한 판단과 소신있는 행동이 그 어느 때 보다 필요하며, 국민과의 약속을 반드시 실천해야 하며 공정하지 못할 때는 냉엄하고 냉철한 판단과 조치를 내리는데 주저하지 말아야 한다. 지금까지 우리사회는 가난을 벗기 위해 경제발전에 몰두하고 성장시켜왔다. 무엇이든지 수출하여 외화를 벌어들여 국가경제를 일으켜 세우는데 모든 역량을 집결시키고 집중시켜와 오늘의 한국경제를 단시간 내 성장발전시켜온 바는 그 누구도 부인할 수 없는 사실이다. 그러나 그 과정에서 많은 희생을, 없는 자가 담당하고 고통을 더 많이 분담해야 했던 것이다.

  일한 정당한 댓가를 지불받지 못하고 참아야 했고 배움의 기회나 직장의 기회도 소외당하고 묵묵히 어떠한 일이든지 감당하며 지내온 바 사회적 갈등과 양분화에 직면하게 되었다는 것이다. 우리 민족이 봉건사회를 넘어 양반사회를 거쳐 일제강점기 식민지사회를 통한 공정하지 못한 사회가 계속되어져 왔기에 늦은 감이 있지만 이번 대통령의 결단으로 공정한 사회를 만들자는 것은 매우 유익하고 합리적이라고 본다. 이제 서민들도 공정한 기회가 올 수 있다고 확신하며, 우리 사회의 공정성에 대한 새로운 인식과 자세와 각오가 필요하다고 본다. 그리고 공정한 사회는 자신에게 주어진 의무와 권리를 다 할 때 주어진다는 사실을 알아야 한다. 가만히 앉아 있거나 노력하지 않아도 공정한 사회개념으로 무엇이든 기대하거나 얻어진다는 발상과 인식은 잘못된 것이며, 투명하고 객관적이며 투명하며 논리적인 사회가 공감할 수 있는 일처리가 공정한 사회가 될 것이라고 본다. 공정한 사회 앞에는 지위고하가 없으며 우선권이나 기득권이 없다는 사실을 명심해야 하며 그렇게 마음을 비울 때에 더 공정한 사회를 만들어 갈수 있다고 본다.

  어렵게 만들어진 우리 사회의 공정한 사회 만들기는 존중되고 높이 평가해야 하며, 바로 보고 바로 실천하는 자세와 인식이 그 무엇보다 중요하다는 사실을 바로 아는 계기가 되기를 바라며, 앞으로는 노력하는 사회 노력한만큼 얻어지는 사회, 기회균등으로 누구든지 차별없고 접근하기 쉬운 사회로 국민들에게 희망을 주는 정신적 신성장동력으로 성장하는 계기가 되어 국민적 지주로 국가발전에 큰 전기가 마련되는 중요한 계기가 되고 후손들에게는 중요한 결단을 내리는 정신적 문화유산으로 빛날 업적이 되기를 바란다.418)419)

7. 공정하지 못한 사회현상

　땀흘려 농사지은 배추의 산지가 1500원, 소비자 물가 1만원 이상, 매점매석의 조짐이 보여도 누굴위한 것인지는 모르나 넘어가는 사회, 배고파 흘리는 서민의 눈물 임기 말년에 자신 다칠까봐 흘리는 눈물, 북한의 세습체제를 비판 자신도 비슷한 길을 걷는 사회, 북한의 우상화작업 비판 자신의 업적을 매스컴에 맡기는 사회, 서민들을 위한답시고 내놓은 출산대책 부유층에겐 좋은 선물, 멈추지 않는 부자감세 늘어나는 서민부담, 고관대작들은 법을 무시하고 제 멋대로 하고 서민은 법 잘지키라는 사회, 고관대작들의 탈세는 관례요 서민들의 탈세는 위법이라 말하는 사회, 고관대작들의 위법은 솜방망이 서민위법은 엄정한 법의 잣대, 국민혈세를 제 마음대로 쓰는 사회 그래도 별 탈없는 사회, 밑도 끝도 없이 무조건 믿으라는 천안함 속시원한 결말은 안보임, 세계적인 석학도 믿는 조사결과, 무지한 국민은 왜 못믿나?
　어느 나라가 남의 나라 문제를 감나라 배나라 하던가? 당연히 우리 정부의 말을 믿을 수밖에, 근데 나를 비롯한 대한민국 국민은 왜 못믿나? 의심 투성이를 어찌 믿는다는 말인가. 정상적인 군복무를 이행했다면 누구나 의심할 수 밖에 없는 조사결과, 안 믿으면 안된다고 한다. 안 그럴 경우에도 반론의 여지가 없다.
　국민에게 등지면 그것이 무능한 세력인 것을 뒤집어 말하는 사회, 자신의 의견을 말하면 자칫 공공법에 저촉되는 사회, 국민의 혈세를 먹어치우는 자

---
418) 글쓴이/정병기〈주민칼럼니스트〉, 2010-09-06 21:22:18, 218.xxx.xxx.25
419) http://www.kndaily.com/bbs/list.html?table=bbs_7&idxno=4430&page=1&total=555&sc_area=&sc_word=(2010.10.5)

도 국가저해사범으로 다스려야 한다는 생각이 저절로 드는 사회, 세금이 곧 그 나라 국력을 말하는데 세금을 제 돈쓰듯 하는 자들이 어찌 국가를 위태롭게 하는 국가안위 위반자들이 아닌가? 이런 자들을 놔두는 사회, 너무나 공명정대해 하늘이 울고 땅이 요동치는 사회, 더 이상 그들이 말하는 공명정대한 사회가 오지않길 바란다.420)

8. 공정의 정의에 관하여

《"사상 체계의 제1덕목을 진리라고 한다면 정의는 사회 제도의 제1덕목이다. 이론이 아무리 정치(精緻)하고 간명하다 할지라도 그것이 진리가 아니라면 배척되거나 수정돼야 하듯이 법이나 제도가 아무리 효율적이고 정연하다 할지라도 그것이 정당하지 못하면 개선되거나 폐기돼야 한다."》 421)

하버드대 철학과 교수를 지낸 존 롤스(1921~2002). '단일 주제의 철학자'라는 별명이 붙을 정도로 평생을 정의라는 한 주제만 연구한 철학자다. '정의론'은 그의 대표작이자 정의에 관한 연구를 촉발시킨 철학계의 대표작으로 꼽힌다.

롤스는 정의에 관한 두 가지 원칙을 제시한다. 제1원칙은 '평등한 자유(equal liberties)의 원칙'이다. 각자는 기본적 자유를 누릴 권리를 가져야 한다는 원칙이다. 여기서 기본적 자유란 정치적 자유, 언론과 결사의 자유, 양심의 자유, 사상의 자유, 이유없는 체포와 구금으로부터의 자유 등을 가리킨다. 제1원칙은 평등한 시민의 기본적 자유를 지키려는 '정의론'의 핵심을 이룬다. 제2원칙은 두 부분으로 이뤄진다. 첫번째 부분은 '차등의 원칙'으로 여기서는 사회적 경제적 차등과 불평등에 관한 원칙을 제시한다. 사회 구성원 각자가 기본적 자유를 평등하게 누려야 한다는 '정의의 원칙'을 기반으

---

420) http://hantoma.hani.co.kr/board/view.html?board_id=ht_politics:001001&uid =298280(2010.10.5)
421) 〈전재〉['정의에 관하여' 20선] "정의도 사회적 합의의 대상이다"
http://news.donga.com/view.php?id=Print_Donga|3|20100930|31496722|1

로 하되 최소 수혜 시민들의 처지를 개선시키는 한도내에서 약자를 우대하기 위한 사회 경제적 불평등이 허용돼야 한다는 내용이다. 제2원칙의 두번째부분은 모든 이에게 공정한 기회의 균등을 요구하는 것으로, 직업이나 직책의 기회만이 아니라 삶의 기회들까지 평등화하자는 원리다. 이 책을 번역한 황경식 서울대 교수는 "다시 말해 유사한 능력과 기능을 가진 사람이라면 누구나 그들이 태어난 사회적 지위와 무관하게 유사한 삶의 기회를 보장받아야 한다는 것"이라고 설명했다.

이처럼 롤스는 사회 구성원 각자의 자유를 인정하면서도 동시에 사회적 약자들을 위한 '정의론'을 수립했다. 이 때문에 그의 정의관은 자유주의적 이념과 사회주의적 이념을 가장 체계적으로 통합한 것으로 평가받는다. 단 그는 "이 두 원칙 가운데선 제1원칙이 우선돼야 한다"고 못박았다. 롤스의 정의론이 높이 평가받는 또 다른 측면은 '정의란 철학적 진리나 종교적 신념이 아닌 사회적 합의의 대상'이라는 독창적 이론을 제시했다는 점이다.

그는 사회 구성원들이 각자의 타고난 재능과 가치관, 사회 경제적 지위와 이해관계를 넘어 '정의의 원칙'과 '차등의 원칙'에 따라 정의에 관한 합의에 이를 수 있다고 가정한다. 결과적 평등을 중시하는 게 아니라 기회의 균등과 절차적 정의를 강조하는 것이다. 여기에서 그는 '공정으로서의 정의'라는 개념을 제시한다. 즉, 정의가 무엇인가라는 물음에 직접 대답하기보다는 공정한 절차에 의해 합의된 것이면 정의로운 것이라는 절차적 정의를 내세우는 것이다.

롤스는 "정의는 타인들이 갖게 될 보다 큰 선을 위하여 소수의 자유를 뺏는 것이 정당화될 수 없다고 본다"고 말하면서 정의 사회에 대해 이렇게 얘기한다. "다수가 누릴 보다 큰 이득을 위해서 소수에게 희생을 강요해도 좋다는 것을 정의는 용납할 수 없다. 그러므로 정의로운 사회에서는 평등한 시민적 자유란 이미 보장된 것으로 간주되며, 따라서 정의에 의해 보장된 권리들은 어떠한 정치적 거래나 사회적 이득의 계산에도 좌우되지 않는 것이다."[422]

9. 42조원 빚더미 지방 공기업들의 성과급 잔치에 대해서

(홍재희) ===== 2010년에도 변함없이 진실과 거리가 먼 거짓과 불공정 편파 왜곡을 시정하기 위한 사설과 칼럼을 통해 대한민국 사회의 건강한 여론형성에 걸림돌이 된다고 하지만 나름대로 역할을 하고 있는(저자 주) 방상훈 사장의 조선일보 사설은 "지방자치단체 산하 131개 공기업들은 작년에 적자 규모가 2008년보다 1057억원 늘어나 모두 4501억원의 적자를 냈다. 부채 규모도 42조6800억원으로 10조원이나 늘었다. 이렇게 경영 실적이 나빠졌는데도 임직원에 대한 성과급 지급액은 2008년 1658억원에서 2009년 1981억원으로 오히려 늘어났다.423) 성과급은 원래 열심히 일하고 생산성을 높여 이익을 많이 낸 데 대한 보상으로 주는 보너스다. 하지만 빚더미 위에서 적자만 내고 있는 지방 공기업들이 매년 성과급 잔치를 벌이고 있으니 세금을 내는 국민은 조롱받는 기분이 들지 않을 수 없다. 그중에는 부채비율이 7800%를 넘고 25억원의 적자를 냈는데도 사장에게 1200여만원의 성과급을 준 곳도 있다."

(홍재희) ===== 라고 주장하고 있다. 방상훈 사장의 조선일보 정원석 기자는 오늘자 인터넷 조선일보에 작성한 기사내용 중에 " 이명박 정부 출범 이후 정부의 직접적인 채무와 보증채무, 4대 공적연금 책임준비금 부족액과 통화안정증권 발행, 공기업 부채 등 광의의 국가부채 등을 포함한 '사실상 국가부채'가 참여정부 때보다 더 늘어났다는 주장이 제기됐다. 국회 기획재정위원회 소속 이한구 의원(한나라당)은 5일 국정감사에서 "참여정부(2003~2007년) 동안 '사실상 국채부채'가 연평균 7.9% 증가한 반면 이명박 정부(2008~2009년) 들어서는 연평균 10.4%씩 증가하고 있다"면서 이같이 주장했다.

이 의원이 집계한 자료에 따르면, '사실상 국가부채'는 지난 2007년 말

---

422) http://hantoma.hani.co.kr/board/view.html?board_id=ht_society:001016&uid=95193(2010.10.5)
423) 조선[사설] 42조 빚더미 지방 공기업들의 성과급 잔치에 대해서

1345조5000억원에서 지난해 말 1637조4000억원으로 늘어났다. 특히 지난 2008년 6.1%에 그쳤던 부채 증가율은 지난해에는 14.1%나 급증한 것으로 나타났다. 금융위기 극복을 위한 경기부양 정책을 펼치면서, 공기업 부채가 큰 폭으로 증가한 데 따른 것으로 분석된다. 공기업 부채는 지난 2007년 220조5000억원에서 2008년 264조원, 2009년 310조6000억원으로 지속적으로 늘어왔다." 라고 주장하고 있다. 이명박 정부 집권이후 부채가 300조원 가까이 증가했다는 것을 알 수 있다. 그럼에도 불구하고 중산층과 서민경제는 몰락하고 있다. 이명박 정부의 나라살림 잘못해 증가한 부채 300조원 가까이 증가한 것은 덮고 '42조원 빚더미 지방 공기업들의 성과급 잔치' 운운하면서 침소봉대하는 방상훈 사장의 조선일보가 지향하는 비판신문의 위상은 무엇인가?

조선사설은 "지방 공기업들이 실적과 관계없이 성과급을 챙길 수 있는 것은 행정안전부의 경영평가가 부실하기 때문이다. 경영 실적과 직접 관련이 있는 영업수지와 부채비율의 점수 비중이 100점 만점에 10점 정도에 지나지 않는다. 평가등급은 우수·보통·미흡 3개 뿐이어서 대부분 '보통' 이상의 평가를 받는다. 경영 실적이 형편없어도 '보통' 평가를 받으면 임원은 기본급의 300%, 직원은 200%까지 성과급을 받을 수 있다."

(홍재희) =====라고 주장하고 있다. 22조원을 투입해 지금 전국의 4대강 사업을 하고 있는 이명박 정부의 4대강 공사에 대한 비판이 여기저기서 불쑥불쑥 나타나고 있는 가운데 예기치 않은 배추가격이 폭등해 서민들 밥상에서 배추김치가 사라지고 있다. 22조원을 투입해 지금 전국의 4대강을 파헤치면서 배추재배 면적이 줄어들어 나타나고 있는 현상이라는 분석이 국민들에게 설득력있게 다가오고 있다.(저자 주)

조선사설은 "중앙부처 산하 공기업들도 마찬가지다. 공기업 경영 평가방식을 더 엄밀하게 하는 것은 물론이고 적자 공기업에는 성과급을 아예 지급하지 않는 방안까지 찾아봐야 한다."

(홍재희) =====라고 주장하고 있다. 이명박 정부가 단군 이래 최대 토목

공사인 4대강 공사에 22조원을 소요하고 있는(저자 주) 가운데 정부 공기업과 지방공기업도 경쟁적으로 이명박 정부가 재벌들에게 혜택이 될 수 있는 단군 이래 최대 토목공사에 너도나도 경쟁적으로 매달리고 있다. 이명박 정부 등장 이후 나라살림 잘못해 증가한 부채 300조원 가까이 되는 액수는 자칫하면 대한민국의 대외 신용평가등급을 추락시키는 요인으로 작용할 수 있다. 그런 300조원 가까이 되는 부채를 증가시키는 이명박 정부의 예산에 대해서 침묵하는 방상훈 사장의 조선일보 사설이 '42조원 빚더미 지방 공기업들의 성과급 잔치'에 대해 두눈 부릅뜨고 호령하는 것이야말로 눈감고 아웅하는 것이나 다름없다. 방상훈 사장의 조선일보 사설은 정론직필(正論直筆)인가?424)425)

10. 의료 양극화 · SSM · 말 뿐인 상생, 국감장서 발가벗은 '불공정 사회'

5일 국정감사에서는 여권이 하반기 국정기조로 내세운 '공정사회'가 현실과 한참 거리가 있음을 보여주는 사례들이 동시다발적으로 제기됐다. 불공정 우려가 제기되는 대학과 외고 등의 입학사정관제, 기업형슈퍼마켓(SSM)의 급증으로 인한 중소·영세 상인들의 몰락, 말 뿐인 대기업과 중소기업의 상생, 현실화되고 있는 의료 양극화 등 '불평등' '불균형'을 벗어나지 못한 우리 사회의 맨얼굴을 보여주는 갖가지 내용들이 나왔다.426)

1) 대형병원 암환자 절반이 고소득층

복지위, '의료 양극화' 이미 현실화 저소득층은 9% 이용 그쳐. 국회에서 5

---

424) (자료출처 = 2010년 10월5일 조선일보 [사설] 42조 빚더미 지방 공기업들의 성과급 잔치)
425) http://hantoma.hani.co.kr/board/view.html?board_id=ht_politics:001216&uid=298284(2010.10.5)
426) 경향신문 | 이주영·김진우·이인숙·임지선 기자 | 입력 2010.10.05 22:38 | 수정 2010.10.05 23:50

일 열린 정무위원회의 공정거래위 국정감사에서 정호열 공정거래위원장이 의원들의 질의에 난감하다는 표정을 짓고 있다. 대형병원에서 치료하는 암 환자의 절반 정도가 상위 20%의 고소득층인 것으로 나타났다. 암 발병률이 더 높은 저소득층에게 대형병원의 문턱은 높기만 한 것이다. 의료 민영화가 되면 경제적 여유가 있는 환자만 대형병원을 이용할 수 있는 '의료 양극화' 우려가 이미 현실화되어 있는 것이다.[427] 국회 보건복지위원회 소속 한나라당 이애주 의원이 5일 국민건강보험공단으로부터 제출받은 자료를 분석한 결과에 따르면 2008년 기준으로 서울대병원, 삼성서울병원, 서울아산병원, 연세세브란스병원 등 이른바 '빅4' 대형병원을 이용하는 암 환자의 46.7%가 소득 상위 20%에 해당하는 것으로 나타났다. 이들 병원에서 한 해 동안 치료받은 19만9853명의 암 환자 중 소득·재산 상위 10%에 해당하는 사람이 5만7794명(28.9%), 그 아래 상위 11~20%의 고소득층이 3만5579명(17.8%)에 달하는 것으로 조사됐다. 소득·재산 상위 20% 환자의 대형병원 점유율은 2006년 44.9%에서 2008년 46.7%로 높아졌다. 반면 2008년 4대 대형병원을 이용한 암 환자들 중 하위 20% 저소득층의 이용률은 9.3%에 그쳤다. 이날 보건복지부 국감에서는 정부가 정기국회 우선 처리법안으로 추진하는 '건강관리서비스법'이 의료 민영화 정책의 일환이 아니냐는 우려도 나왔다. 민주당 박은수 의원은 "의료서비스에서 건강관리서비스를 분리해 공공의 의무를 민간자본의 사업 수단으로 전락시킨 것은 의료 공공성을 후퇴시키고 의료비 증가를 야기할 것"이라고 지적했다.[428]

2) MB정부 들어 골목상권 급속 붕괴

지경위, SSM, 2년 반 새 2배 늘어, '조정신청제도' 유명무실. 국회 지식경제위원회의 중소기업청 국감에선 기업형슈퍼마켓(SSM) 문제가 '공정사회'의 허울을 보여주는 사례로 쟁점이 됐다. 민주당 김진표 의원은 "이명박 정

---

427) 정지윤 기자
428) 이주영 기자 young78@kyunghyang.com

부 2년반 동안 SSM이 354개에서 820개로 2배 이상 급증했다"며 "이에 따라 골목상권이 급속히 붕괴되면서 중소상인단체를 중심으로 SSM 입점을 막기 위한 사업조정신청 건수도 급증했다"고 밝혔다. 김 의원에 따르면 2009년 7월 이후 지난 8월까지 중소기업청에 접수된 SSM 관련 사업조정신청은 총 194건으로 지난 5년간 전체 사업조정신청의 77.6%를 차지했다. 여기에 대형마트 관련 사업조정신청까지 포함할 경우 전체의 84%에 달했다. SSM 피해 구제 수단인 사업조정신청 제도가 유명무실하다는 비판들도 잇따랐다.

김 의원은 "사업조정신청을 해도 자율조정비율이 95.2%에 달했으며, 중소기업청에 의한 조정권고 5건도 2건은 입점 유예, 3건은 담배·쓰레기봉투 등에 대한 품목제한 등 경미한 내용"이라고 지적했다. 또 "2009년 이후 당사자에 의한 조정 56건 중 대기업들이 입점을 철회하고 가맹점으로 전환하는 식으로 사업조정제도를 빠져나가는 경우가 25건으로 44.6%에 달했다"고 밝혔다. 한나라당 박민식 의원은 "중소상인을 보호하기 위해 SSM을 사업조정 대상에 포함시킨 2009년 7월 이후 지난 8월까지 신규 입점한 SSM 수는 무려 226개로 그 전의 증가 추세와 별다른 차이가 없다"며 "사업조정제도를 피하기 위한 가맹점형 SSM도 2009년 0건에서 2010년 8월 33건으로 늘었다"고 지적했다.429)

3) '대·중소기업 상생' 실적 비공개

정무위, 평가 저조해도 불이익 안줘, 납품단가 연동제 검토 촉구. 국회 정무위원회의 5일 공정거래위 국감에서는 정부의 대·중소기업 상생의 허구성에 대한 지적이 이어졌다. 민주당 이성남 의원은 공정거래위원회가 운영 중인 '대·중소기업 간 상생협력 및 공정거래협약(상생협약)' 절차 지원에 관한 기준을 문제삼았다. 대기업과 중소기업이 상생협약을 체결한 뒤 1년이 지나면 공정위는 제대로 이행되고 있는지 평가를 하도록 돼 있다. 그러나 공정위는 지난해 10월 개정한 공정위 기준 제11조에서 '협약내용을 불이행하

---

429) 김진우 기자 jwkim@kyunghyang.com

거나 평가등급이 저조해도 공정위가 어떤 불이익을 제공해서는 안된다'고 명시했다. 또 협약의 실제 내용인 대기업 경영지원의 구체적 계획 및 실적도 기업의 '이미지 관리에 지장을 초래할 수 있는 내용'으로 비공개할 수 있도록 해 구체적으로 대기업이 상생을 위해 무엇을 했는지 알 수 없는 구조라는 지적이다. 같은 당 조영택 의원은 정부가 지난달 29일 발표한 '대·중소기업 동반성장 추진대책'에 대해 "대기업의 시혜적 조치에 의존하고 상당수의 대책은 과거 정부가 발표한 대책을 베낀 수준"이라고 비판했다. 민주당 박선숙 의원은 "부당한 납품단가 감액 금지 등 상생협약내 3대 가이드라인을 운영 중인 78개업체 가운데 3개 기업은 하도급법을 위반했는데도 상생협약에 가입했다고 표창장을 주고 과징금을 50% 깎아줬다"고 지적했다. 한나라당 고승덕 의원은 "중소기업중앙회가 요청한 '납품단가 연동제'를 적극 검토해달라"고 촉구했다. 정호열 공정거래위원장은 "납품단가 연동제는 시장 기능을 제약하는 측면이 커 현재 정책 검토 대상에서 빠져 있다"고 답했다.[430]

4) 고대 인문계 신입생 64%가 외고생

교과위, 특목고에 유리한 전형 실시, 입학사정관 신뢰도 의구심. 국회 교육과학기술위원회의 5일 교육과학기술부 국정감사에서는 입학사정관제를 둘러싼 불공정 문제가 터져나왔다. 이주호 교육과학기술부 장관이 5일 세종로 정부중앙청사에서 열린 교육과학기술부 국정감사에서 직원과 답변 내용을 숙의했다.[431] 민주노동당 권영길 의원은 '입학사정관제 3년 실태분석 보고서'를 통해 "주요 사립대의 입학사정관 전형요소 중에 공인어학시험 등 18개는 외국어고 학생에게 유리한 어학 특기자 전형"이라며 특혜 의혹을 제기했다. 올해 신입생 중 고려대는 인문계열 64.2%, 자연계열 40%를 외고생이 점했고 연세대와 성균관대도 인문계열에서 각각 57.3%, 46.8%를 차지했다는 것이다. 한나라당 주광덕 의원도 "입학사정관제 관련 예산을 지원받

---

430) 이인숙 기자
431) 김창길 기자

은 대학 16곳에서 특목고생 입학 비중이 높았다"며 공정성 우려를 제기했다. 자유선진당 이상민 의원은 "2010학년도 대입에서 입학사정관 1명이 평균 57.3명의 지원자를 평가하는 등 과도한 업무량으로 검증의 전문성과 신뢰도가 낮아질 수 있다"며 "입학사정관제와 관련해 정부 지원을 받는 대학의 전임 입학사정관 중 78.4%는 비정규직"이라고 지적했다. 입학사정관 문제는 외고 입시에서도 제기됐다. 한나라당 배은희 의원은 "올해 경남외고의 입학사정관 1인당 학생 수는 66명이었으나 청심국제고는 11명으로 6배 차이가 났다"며 "입학사정관 전문 교육을 실시한 외고도 전체의 37%에 불과해 전문성·신뢰도에 의구심이 일고 있다"고 말했다. 또한 고려대가 2009학년도 수시모집에서 고교등급제를 적용했다는 최근 판결과 관련, 민노당 권 의원과 민주당 김영진 의원은 "고려대 행태는 공정사회에 어긋나고 교과부가 감사해야 한다"고 지적했다.[432)433)]

11. 위로부터의 공정한 사회, "대립 아닌 통합으로 가야 성공"

이명박 대통령의 집권 후반기 핵심 국정기조로 제시한 '공정한 사회'의 파장이 확산되고 있다. 김태호 국무총리 후보자 등 3명의 국무위원 후보자가 중도낙마한 데 이어 유명환 전 외교통상부 장관도 주요 20개국(G20) 서울 정상회의라는 대형 외교이벤트를 코앞에 두고 딸 특채파동으로 '공정'의 덫에 걸려 물러났다.[434)]

1) 공정한 사회의 개념도 점차 구체화되고 있다.

이 대통령은 러시아 야로슬라블 세계정책포럼 기조연설에서 "공정한 사

---

432) 임지선 기자 vision@kyunghyang.com, 〈 이주영·김진우·이인숙·임지선 기자 〉, 경향신문 & 경향닷컴(www.khan.co.kr)
433) http://media.daum.net/politics/others/view.html?cateid=1018&newsid=20101005223820982&p=khan(2010.10.5)
434) [아시아투데이] 2010년 09월 13일(월) 오전 09:36, 공유하기 Facebook, Twitter, [아시아투데이 신대원 기자]

회야말로 대한민국 선진화의 윤리적·실천적 인프라"라고 소개했다. 이어 "공정한 사회는 출발과 과정에서 균등한 기회를 줘 결과에 대해서는 스스로 책임을 지는 사회"라며 "경쟁을 통해 사회의 역동성을 살리면서 패자에 또 다른 기회를 주는 사회"라고 설명했다. 공정한 사회 개념의 입안자로 알려진 임태희 대통령실장은 지난 9일 국회에서 "공정한 사회는 개인의 자유와 개성, 근면과 창의를 장려하되 패자에게는 또 다른 기회가 주어진다"며 "출발과 과정에서 공평한 기회를 주되 결과에 대해서는 스스로 책임지는 사회"라고 말했다. 산업화, 민주화를 넘어 선진화라는 우리 사회의 당면한 과제를 수행하기 위해 정치 경제 사회 문화 전반에서 공정한 기준이 정립돼야 하며, 이를 균등한 기회와 결과에 대한 책임을 통해 실현하겠다는 것이다.

2) 공정한 사회는 어젠다의 영역을 넘어 정책적으로도 점차 가시화되고 있다.

5급 공무원의 50%를 특채로 선발키로 했던 정부의 '공무원 채용제도 선진화 방안'이 백지화되는가 하면 사전 청문회 도입 등 고위 공직후보자들에 대한 추천 및 검증절차가 대폭 강화됐다. 이 대통령이 지난주 중소기업 대표들을 만난데 이어 13일 대기업 총수들과 만난 것도 대기업·중소기업 상생과 동반발전이라는 공정한 사회 실현의 일환이다. 청와대는 최근 중앙부처 37개 기관의 감사관을 긴급 소집해 회의를 갖고 고위공직자 비리에 대해 원칙대로 징계 및 사법처리한다는 방침을 세웠으며 감사원도 이미 공무원 인사 전반에 대한 특별감사에 착수한 상황이다. 공정한 사회의 필요성에 대해서는 대체적으로 공감대가 형성되고 있다. 정치, 경제, 교육, 문화계는 물론 종교계에서조차 불공정한 관례에 의한 부와 권력의 세습이 일상화되면서 양극화 현상이 커지고 일반 국민들 사이에서 불만의 목소리가 높아지고 있는 것이 현실이기 때문이다. 그러나 공정한 사회가 아직까지는 위로부터의 개혁의 성격이 강하고 자칫 사정정국으로 이어지거나 기득권의 반발에 부딪혀 결국 유야무야되는 것 아니냐는 우려의 시각도 제기된다. 경제계에서는 "노태우 정부 이래 이만큼 많은 주문이 나온 적이 없다"는 볼멘소리도 쏟아진다. 공정한 사회의 룰이 자칫 기업들의 투자 위축으로 이어지고 일자리 감소, 서민경제 위축의 악순환으로 흐를 수 있다는 지적도 제기된다.

박효종 서울대 교수는 "정치적 슬로건에 그치는 것이 아니라 시대적 요청에 따라 우리 사회의 공정성을 한 차원 높이는 계기가 될지 지켜봐야 한다"며 "강자와 약자, 부자와 서민의 대립이 아닌 통합으로 갈 수 있는 정책으로 구체화돼야 한다. 그렇지 않으면 실패할 수밖에 없다"고 말했다.[435)436)]

12. MB가 강조한 '공정한 사회'..도대체 뭐지?

이명박 대통령이 15일 제65주년 광복절 경축사에서 '공정한 사회'를 국정운영의 핵심 화두로 꺼집어냈다.[437)] 이 대통령은 시장경제를 유지하면서 보다 성숙하고 발전한 사회로 가기 위해 '공정한 사회'로 진보해야 하며, 이를 위해 "시장경제에 필요한 윤리의 힘을 더욱 키우고 규범화해야 한다"고 강조했다.

특히 "앞으로 우리 사회 모든 영역에서 '공정한 사회'라는 원칙이 확고히 준수될 수 있도록 최선을 다하겠다"고 했다. 이는 이 대통령의 최근 친(親)서민·중소기업 행보와도 맥락을 같이 한다. 그러나 '공정한 사회'가 정책에 반영되는 것은 상황과 관점에 따라 워낙 가변적이어서 앞으로 어떻게 정책으로 구체화될지 주목된다.

1) 왜 '공정한 사회'를 언급했나?

이 대통령이 '공정한 사회'를 꺼집어낸 근간에는 시장경제와 자본주의에 대한 평소 철학이 담겨있다. 특히 세계 경제가 금융위기로 사상 최악의 침체에서 벗어나지 못하고 있는 현실에서 대한민국이 가야할 새 시장경제 모델을 제시했다는 점에서 의미가 있다. 이 대통령은 "저는 여전히 변화에 대

---

435) '글로벌 석간 종합일간지' 아시아투데이, 신대원(기자), shindw@asiatoday.co.kr
436) http://kr.news.yahoo.com/service/news/shellview.htm?linkid=433&articleid=20100913093653187j3&newssetid=5(2010.10.7)
437) 2010/08/15 13:05:48 아시아경제, [아시아경제 조영주 기자]

한 갈증을 강하게 느끼고 있다"면서 현장에서 만난 시장 할머니, 젊은 어머니, 중소기업인, 젊은이들 모두가 한결같이 미래에 대한 불안감을 호소했다고 소회를 전했다.

이어 "이러한 분들에게 희망을 드리는 것이 우리의 변함없는 국정 목표"라며 "친 서민 중도실용의 참뜻도 바로 여기에 있다"고 설명했다.

이 대통령은 정부가 일자리와 교육, 문화, 보육, 복지 등 모든 분야에서 서민 행복을 지원하는 데 더욱 노력할 것을 약속하면서 "정부는 물론 시민사회, 정치권, 기업 모두가 각자의 사회적 역할과 책임을 다해야 한다"고 지적했다.

이 대통령은 "이것이 우리의 시장경제를 보다 튼튼히 하고, 자유민주주의를 더욱 적극적으로 실현하는 길"이라며 "그러지 못한다면 우리 사회는 빈부격차의 함정을 피할 길이 없다. 분열과 갈등도 해결할 수 없다. 이는 우리가 지켜온 가치와 체제를 위태롭게 할 것"이라고 덧붙였다. 그러면서 "세계 금융위기도 우리에게 많은 교훈을 주었다. 탐욕에 빠진 자본주의는 세계와 인류를 위험에 몰아넣을 수 있다"면서 "인류 평화와 번영의 길로 가려면 우리는 시장경제에 필요한 윤리의 힘을 더욱 키우고 규범화해야 한다"고 했다. 이는 윤리의식이 없는 자본주의는 스스로 붕괴할 수 밖에 없는만큼 성숙한 자본주의를 만들기 위해서는 '노블레스 오블리주'와 같은 사회적 책임과 도덕성이 시급한 과제라는 것이다.

2) '공정한 사회'가 내포한 의미는?

'공정한 사회'라는 화두는 너무 흔하고 보편적인 명제다. 듣기에 따라 추상적이고 식상하기까지 하다. 하지만 지금 이 시기에 왜 이 화두를 꺼집어 냈느냐를 들여다 보면 적지 않은 의미를 발견할 수 있다. "공정한 사회는 출발과 과정에서 공평한 기회를 주되, 결과에 대해서는 스스로 책임을 지는 사회이다. 공정한 사회는 개인의 자유와 개성, 근면과 창의를 장려한다." 이 대통령은 '공정한 사회'의 의미를 이같이 설명했다. 또 "공정한 사회에서는 패자에게 또 다른 기회가 주어진다. 넘어진 사람은 다시 일어설 수 있고 일어선 사람은 다시 올라설 수 있다. 영원한 승자도, 영원한 패자도 없다"고 했다.

교육개혁을 통해 사교육비 부담을 줄이는 등 배움의 기회를 동등하게 만들어주고, 보금자리 등 부동산정책을 통해 서민들의 집값 걱정을 덜어주려는 것도 이 대통령의 이같은 국정철학이 반영된 것으로 풀이된다. '기회의 균등'과 '자율과 책임'을 국가와 사회의 제도적 시스템으로 갖춤으로써 당당히 선진국으로 도약하겠다는 포부도 베어있다. 이 대통령은 "이런 사회라면 승자가 독식하지 않는다. 지역과 지역이 함께 발전한다. 노사가 협력하면 발전한다. 큰 기업과 작은 기업이 상생한다. 서민과 약자가 불이익을 당하지 않는다"면서 "공정한 사회야말로 대한민국 선진화의 윤리적 실천적 인프라이다"고 언급했다.

3) 그럴듯 하긴한데, 실현은 어떻게?

이 대통령의 생각에 많은 국민들이 공감하기 위해서는 어떻게 일관된 정책으로 현실화하느냐가 관건이다. 추상적인 말은 추상에 그치기 쉽고, 현실화시키기는 녹록치 않기 때문이다. 집권 후반기에는 취임 초기 추진해온 주요 국정과제를 차질없이 마무리 하고, 권력 누수가 발생하지 않도록 하는 데에 신경을 쏟아야 함에도 너무 거대한 담론에 집착하다 보니 광복절 경축사가 겉도는 이야기로만 채워졌다는 지적도 받는다. 더욱이 이번 경축사 연설문의 핵심인 '공정한 사회'의 논리를 펼치면서 오히려 국민들에게 혼란을 부추기는 부분도 있다.

한편에서는 "시장경제에 필요한 윤리의 힘을 더욱 키우고 규범화해야 한다"면서 다른 한편에서는 공정한 사회 구현을 위한 구체적 실천으로 "정부가 이미 시행하고 있는 활기찬 시장경제를 위한 규제 개혁"을 꼽았다. 이 두 문장은 논리적으로 충돌한다. 시장 참여자들이 "그래서 앞으로 어떻게 하겠다는거지?"라는 질문을 던질 수밖에 없는 대목이다. 이번 경축사는 국민들을 위한 메시지로 보기에는 너무 난해한 암호문같다. 좋은 단어들로 가득차 있지만, 앞뒤가 논리적으로 이어지지 못하고 백화점식으로 나열만 돼 있다. 기존 정책을 무리하게 새로운 화두에 끼워맞춘 것 아니냐는 것도 이 때문이다.438)439)440)

13. 황금률로 공정한 사회 이루길

분배만 강조하면 부작용 초래, 도덕성 갖고 자율·선택 살려야441) 최근 우리 사회의 가장 큰 화두는 '공정(公正)'일 것이다. 많은 사람들이 자주 언급하는 '공정'이라는 말은 사람들의 관심을 빨아들이는 마력을 가진듯하다. 일반인들의 의식깊은 곳에 자리잡은 까닭에 정치적인 영향력을 발휘하기도 한다. 그러나 '배고픈 것은 참아도 배 아픈 것은 참지 못한다'는 말에서 '공정'의 의미가 왜곡되기도 하고, 저소득층에게 많은 혜택을 주어야 한다는 '공정'의 원칙이 반드시 옳은 것만은 아니다. '공정'이라는 말이 회자되면 될수록 우려되는 바도 그만큼 커진다. 우려를 해소하기 위해 '공정'을 두 가지로 나누어 보자. 하나는 공정을 평등한 분배나 차별 철폐를 위한 적극적 개입으로 보는 것이다. 다른 하나는 공정을 자신과 남을 재는 잣대를 늘 같게 하는 행위자의 도덕성으로 보는 것이다. 역지사지(易地思之)의 정신과 황금률('남에게 대접받고자 하는 대로 남에게 대접하라'는 기독교 윤리)의 적용을 말하는 것이다. 둘 사이에는 결정적 차이가 있다. 전자가 제3자적 관점에서 본 '공정'이라면 후자는 행위자적 관점에서 본 '공정'이다. '공정'을 전자의

---

438) 조영주 기자 yjcho@, 세계를 보는 창 경제를 보는 눈, 아시아경제 (www.asiae.co.kr)
439) MB가 강조한 '공정한 사회'..도대체 뭐지?, 2010/08/15 13:05:48 아시아경제, [출처: 팍스넷 뉴스]
440) http://cn.moneta.co.kr/Service/finan/ShellView.asp?ArticleID=20100815130
54800730&LinkID=425&Title=%EC%95%84%EC%8B%9C%EC%95%84%EA%B2%B
D%EC%A0%9C&NewsSetID=5042(2010.10.7)
441) [시론] 황금률로 공정한 사회 이루길, 입력: 2010-09-06 16:55 / 수정: 2010-09-07 04:31

의미로만 파악하고, 황금률같은 도덕준칙을 거추장스러운 것으로 간주할 경우 적지 않은 부작용을 야기한다. 결론부터 말하자면, 공정한 사회를 이루려면 전자보다는 후자의 정신에 보다 집중할 필요가 있다. 물론 분배가 잘 이루어지고, 차별이 없어야 정의롭고 공정한 사회이다. 특히 분배는 고양된 시민의식, 봉사와 희생과 같은 공동선(共同善)의 맥락에서 호소력을 갖는다. 우리에게 익숙한 하버드 대학의 존 롤스 교수와 요즈음 큰 반향을 일으키고 있는 마이클 샌델 교수의 이론이 이에 해당한다.

그러나 공정을 과도하게 강조하면, 이는 '공정'이라기보다는 삶의 조건을 교정하는 이른바 교정적 정의(retributive justice)에 가깝다. 여타의 사회적 가치보다 분배와 차별철폐에 집착하면 개인과 사회가 모두 퇴락한다는 점을 유념해야 한다. 이를테면 저소득층과 소외계층에 세제혜택과 더 많은 교육기회를 부여하는 조치에 누가 이의를 제기하겠는가마는 제3자적 입장에서 개입과 간섭이 수반된다는 부작용을 가져온다. '교정'의 대부분은 정부의 개입으로 구체화된다. 심지어 '공정'의 이름으로 사소한 문제까지 개입하게 된다. 지난 7월에 대통령은 저소득층 대출금리까지 구체적으로 지적하면서 '교정'을 당부하기도 했다. 정부 개입이 낳는 폐해라면 다 알고 있는 내용이다. 무엇보다도 국가간섭으로 자율과 선택의 원칙을 훼손한다. 그렇다고 효과를 보는 것도 아니다. 예컨대 차상위 저소득층의 역차별 문제를 비롯해 자율학교 전형시 사회적 배려대상을 할당함으로써 정원을 채우지 못하는 경우 등을 들 수 있다. 또 지나치게 공정을 이상화시키면, 조지 오웰의 소설에 나오는 '빅 브라더'가 등장한다. 따라서 공정을 명분으로 분배와 차별철폐만을 외치다 보면 전제와 압제라는 매우 불공정하고 부정의한 사태를 불러온다는 사실을 상기할 필요가 있다.

공정을 황금률 정신으로 보면, 자율과 선택을 존중하고 개입을 줄일 수 있다. 가장 전형적인 예는 공자의 경구 '자기가 하기 싫은 일을 남에게 시키지 말라(己所不欲 勿施於人)'에서 찾을 수 있다. 공직자의 자기관리에서부터 올바른 부모 역할하기의 해법도 여기에 있다. 늘 엉뚱한 일만 하면서 자식에게 공부하라고 한들 아이들이 제대로 공부를 할 수 있겠는가. 평준화를 적극적으로 지지하여 명문학교는 없애라고 하면서 자기 자식들은 외국어고나 조기유학을 보내는 교육계 안팎의 유명 인사들의 위선적 행태는 공정의 원칙에 어긋난다. 분배와 차별 철폐에만 집착해 자신을 돌보지 않는 사람들의 의식과 행위만으로 공정한 사회는 결코 이루어지지 않는다.442)443)

14. 김황식 총리내정 이후/MB 집권후반기 새 총리 리더십

김황식 총리 후보자 내정에 대해 사회 화합을 상징한다는 긍정적인 평가가 있는 반면 '청문회 통과용', '관리형 총리'에 그칠 것이라는 비판도 나온다. 정치력과 행정실무의 경험이 부족하다는 지적도 있다. 이에 전문가들은 김 후보자에게 사회 전반을 아우를 수 있는 조용한 리더십과 쓴소리를 마다하지 않는 소신있는 행보를 동시에 주문했다. 또 이명박 대통령은 새 총리를 믿고 보다 많은 권한을 줘야 한다는 의견도 내놨다.444) 김 후보자가 총리가 되면 가장 먼저 해야 할 일은 이명박 정부가 집권 후반기 국정기조로 내건 '공정한 사회'의 구체적인 방향 및 내용 설정이라는 지적이다.

경희대 정외과 임성호 교수는 "공정한 사회라는 슬로건은 자칫 잘못하면 우리 사회를 갈등으로 몰고갈 소지가 충분한 개념이기 때문에, 총리는 공정한 사회라는 메시지를 국민들이 공감할 수 있도록 구체화하는 동시에 이런 갈등을 중화하고 흡수하는 역할을 해줘야 한다."면서 "김 후보자가 정치인 출신도, 공무원 출신도 아니기 때문에 그런 측면에서 강점을 찾기 어려운 것은 사실이지만 도덕형, 국민화합형 총리 차원에서는 충분히 강점이 있다."고 평가했다. 또 "법관 출신으로서 평생 옳고 그른 것을 판단하는 일을 해온만큼 공정성과 정의감에 있어서도 상징성을 지닐 수 있다."고 덧붙였

---

442) 김정래〈부산교대 교수·교육학〉
443) http://www.hankyung.com/news/app/newsview.php?aid=2010090624161&sid= 01172003&nid=103&ltype=1(2010.10.7)
444) [서울신문], |2010-09-18|03면

다. 역대 총리 가운데 김 후보자가 참고할 가장 이상적인 모델로 꼽히는 인물은 고건(얼굴 왼쪽) 전 총리였다. 중앙대 사회학과 신광영 교수는 "고 전 총리는 우리 사회의 문제들을 정치적이 아니라 현장과 정부 차원에서 해결하기 위해 주력했고, 그를 위해 많은 지식과 경륜을 활용했다."면서 "이처럼 단순히 대통령의 입장을 대변하는 것이 아니라 실질적으로 국민들의 마음이나 한국 사회의 문제점을 해결할 역량을 가진 총리가 필요하다."고 설명했다.

명지대 정외과 신율 교수는 "고 전 총리를 두고 전형적인 관료형이라고 하는데, 정말 그렇다면 노무현 전 대통령 탄핵 당시 무리없이 국정을 이끈 그런 리더십이 나올 수 없다."면서 "보여주기 위한 것이 아니라 조용한 진짜 리더십"이라고 평가했다. 신 교수는 동시에 "하지만 고 전 총리 때는 시민사회단체 활동이 활성화되는 등 권위주의적 측면이 적었지만, 지금은 정치상황이 많이 바뀌었다."면서 "헌법상 보장된 총리의 역할을 다하려 했던 이회창 전 총리처럼 아프더라도 바른 말을 할 수 있는 총리가 필요하다."고 지적했다.

명지대 인문교양학부 김형준 교수는 "지금 총리에게는 공정한 사회라는 메시지가 사회 전반에 스며들게 하는 실천력과 지금껏 우리 사회에 존재해 왔던 공정하지 못한 요소를 찾아내 시정하는 능동성이 필요하다."면서 "이런 일은 대통령이 책임과 권한을 동시에 주지 않으면 누가 총리가 되든 힘들고, 총리 자신도 눈높이를 대통령이 아니라 국민에게 맞추겠다는 의지가 있어야 한다."고 설명했다.445)446)

15. '공정한 사회', MB의 날개냐 굴레냐?

이명박 대통령이 정의가 살아있는 '공정한 사회'를 집권후반기 국정운영

---

445) 유지혜 기자 wisepen@seoul.co.kr, 서울신문
446) http://www.mediagaon.or.kr/jsp/search/SearchKindsView.jsp?newsId=01100601.20100918100000009(2010.10.7)

의 기조로 내걸었다. 이 대통령은 '8.15 경축사'에서 "우리는 '공정한 사회'라는 가치에 주목해야 한다. 공정한 사회야말로 대한민국 선진화의 윤리적 실천적 인프라이다"라며 "앞으로 우리 사회의 모든 영역에서 '공정한 사회'라는 원칙이 확고히 준수되도록 최선을 다하겠다"고 다짐했다. '공정한 사회' 구현을 천명한 후 김태호 총리 후보자와 신재민·이재훈 장관 후보자가 거짓말, 위장전입, 쪽방촌 투기로 자진사퇴한 데 이어 유명환 외교통상부 장관이 딸의 특채 논란으로 사실상 경질됐다. 20일 만에 무려 4명이 낙마하면서, '8·8개각' 후 국정을 힘있게 끌고 가겠다는 구상은 시작부터 차질을 빚고 있었다.

특히 유명환 장관의 문제는 "공정사회를 기준으로 보면 용납할 수 없는 사안"이라고 못박고 "공정한 사회를 위해 힘있는 자, 가진 자가 노력을 해야 한다.

어쩌면 정부 여당이 먼저 많은 고통과 피해를 볼 수 있다"고 결연한 의지를 피력했다. 이 대통령이 왜 갑자기 '공정사회'를 들고 나왔는가. 그가 말하는 '공정한 사회'는 구체적으로 어떤 사회인가. 많은 국민들은 옳은 말이라고 시원해 하면서도 의아해 하고 있다. 지난 5일 장차관 워크숍에서 이대통령은 "대한민국을 공정사회로 만드는 것은 이번 정권이 마지막 기회일 수도 있다"면서 "특히 힘있는 사람들이 서민이나 약자의 것을 차지하는 문제에는 엄격한 조치가 따를 것"이라고 경고를 발했다. 이 정도의 결연한 국정 의지라면 대통령 후보로 나서기 전부터 후보자의 소신과 철학으로 표방하고 인수위 수준에서 잘 다듬어 하나의 '국정 목표'로 제시할 법도 했었다. 그러나 출범 당시 이명박 정권의 국정 목표는 '비즈니스 프렌들리'였다.

그러다 두번째 해에는 '친 서민'을 들고 나왔고, 이제는 '친 서민'+'공정한 사회'를 내놓게 된 것이다.

비리 정치인에 대해 사면권을 남발하고, 흠결 많은 총리 장관후보자를 내정한지 일주일만에 '공정한 사회'를 천명하고 나선 것은 앞뒤가 맞지 않는다. '이것이 MB식 공정사회냐'는 야당과 여론의 질타속에 스스로 발목 잡히면서도 뒤늦게 '정권의 소명'처럼 매달리는 연유는 무엇인가. 공정한 사회가 새 국정 기조로 검토되기 시작한 것은 7월 16일 임태희 대통령실장이 청와대에 들어온 직후부터로 전해진다. 청와대 내부토론과정에서도 이 말이 사사건건 청와대와 정부를 압박하고, 그 과정에서 정책의 효율성을 잃을 수 있다는 우려들이 제기됐지만 '한국의 선진화를 위해 더 미룰 수 없다'는 대통령의 뜻이 확인되면서 확정됐다고 한다. 8.15 경축사에서 이 대통령은 "공정한 사회는 출발과 과정에서 공평한 기회를 주되 결과에 대해서는 스스로 책임을 지는 사회"라고 정의했다. 그러면서 "공정한 사회에서는 패자에게 또 다른 기회가 주어지고, 넘어진 사람은 다시 일어설 수 있고, 일어선 사람은 다시 올라설 수 있다"라고 부연했다.

기회를 공평하게 주되 패자와 사회적 약자를 배려하는 사회라는 것이다. 사회적 약자에 대한 배려에다 사회적 강자의 반칙과 특권을 억제한다는 두 가지 뜻을 함께 담고 있다. 이명박 정부가 추구하고 있는 '친 서민 중도실용'이라는 몸통에 공정한 사회라는 '철학의 옷'을 입힌 것으로 비유된다. 내용적으로 공직사회의 기강확립, 대기업의 사회적 책임과 중소기업과의 상생협력 등과 맥이 맞닿는다.

친서민 중도실용을 구현하기 위해 힘있는 자와 가진 자의 부정의와 반칙에 '공정한 사회'의 이름으로 '공정의 칼'을 엄정하게 들이대겠다는 경고로 받아들여지기도 한다. 정의와 공정은 말하기는 쉽지만 명쾌하게 정의를 내리기는 어렵다. 1980년 전두환 정부는 '정의사회 구현과 선진한국 창조'를 국정기조로 내걸고 여당의 이름부터 '민주정의당'으로 자처했다. 권력형 부정축재자 응징, 공직자 숙청, 삼청교육대 설치 등이 모두 '정의사회를 구현'한다는 명분으로 진행됐었다. MB정권은 공정한 사회를 내걸고 각종 대중영합적 정책을 동원했던 지난 정권에 대한 국민적 반발을 발판으로 집권했다. 그렇다면 보수정권만이 이룰 수 있는 공정한 사회는 무엇이며, 지난 정권과 차별화된 수단과 청사진이 어떤 것인지를 내놓을 수 있어야 한다. 청와대는 기회균등과 약자 배려 등을 통해 '개천에서 용나는 세상'을 만들자는 MB의 철학을 반영한 것이며 '공정한 국가'로 표현하려다 국가가 민간에 개입한다는 어감이 강해 '공정한 사회'로 완화시켰다고 한다. 따라서 작위적으로 포괄적인 사정바람을 불러일으키겠다는 것이 아니고, 공직사회 등 공적 영역에서부터 공정사회 잣대를 철저히 적용해 민간 영역이 자발적으로 따라오도록 유도한다는 설명이다. 그러나 여당인 한나라당 대표마저 "공정한 사회의 개념이 추상적이고 광범위해 엄격한 기준이 필요하다. 정치·경제·사회·문화 모든 분야에서 기준을 만들어 보는 게 좋겠다"는 의견을 피력했다. 공정사회의 잣대가 무엇인지에 대한 판단이 먼저 있고, 그 다음 공정사회로 나아가야 하는데 지금은 그 잣대가 모호하다는 불만들도 같은 여권에서 이어진다. 현실적으로 이 대통령이 올해 초부터 강조해 온 교육, 권력, 토착 등 3대 비리 척결이 우선적인 수단이 되리라는 전망들이다.

경제적 번영이 공정함(Fairness)과 같이 가지 않는 것은 '기회의 땅' 미국에서도 사회적 문제가 된지 오래다. 빈부격차 등 불평등이 너무 심해지면 사회적 약자는 그 사회체제를 부정하고 저항한다. 공동체적 가치와 공동선을 역설한 마이클 샌델의 정의론이 주목을 끄는 것도 이 때문이다. 사회적 약자에 대한 인위적 배려를 통한 정의의 실현이 사회적 효율을 해칠 수도 있다. 그러나 궁극적으로 최고의 효율은 최고의 정의다. 정의는 곧 공정함이고, '남이 나에게 해주기를 바라는 바를 내가 남에게 행하는 것'이 정의의 최고 황금 룰이기 때문이다. 국가의 강제보다 사회 각 구성원간의 자발적 합의가 요체다. 게임의 룰을 확립해 이를 공정하고 엄정하게 집행하고, 공공부문부터 공정함을 솔선수범하는 것이 정부가 할 일이다. 사회적 강자와 약자를 편 가르고, 기득권 세력에 '공정의 칼'을 들이대는 식의 '공정한 사회'는 자칫 체제와 MB정부의 이념적 정체성을 의심케 하는 사회적 혼돈과 국력소모를 불러올 위험도 없지 않다. MB의 '공정한 사회'는 잘하면 중도실용 친 서민을 풀어가는 추동력이 될 수 있지만, 잘못하면 스스로 발목잡혀 정권의 날개 아닌 굴레가 될 가능성도 적지 않아 보인다.[447)448)]

16. 상생 넘어 동반성장으로

기업은 환경적응업이라고들 한다. 세상이 끊임없이 변하는만큼 빨리 제대로 적응하는 회사가 승리한다는 뜻이다. 작은 변화를 살피고 스스로 먼저 압박을 느끼며 언제든지 변화할 수 있는 준비가 되어있는 기업이 오래 살아남는다.449)

최근 국내 대기업들에게 엄청난 부담을 주고 있는 새로운 변화의 화두는 단연 '상생'이다. 품질 기술 혁신 등 예전의 경영 화두와는 전혀 다른 키워드다. 처음 논의가 시작된 지난 8월만 해도 강건너 불보듯 여유를 부리던 대기업들도 최근에는 비상이 걸렸다. 원칙을 강조하는 수준인 줄 알았는데 갑자기 차명계좌 수사가 들이닥치고 각 부처들이 앞다퉈 상생관련 규제정책을 내놓고 있어서다.

관전자의 시각으로 보면 상생을 둘러싼 최근 상황들은 정부와 경제계 간에 상당한 인식차가 있다는 증거다. 일단 대기업을 중심으로 한 기업들은 지나치게 과거의 시각으로 정부 정책을 보는 측면이 있다. '기업 군기 잡기' 정도로 해석해 울며 겨자 먹기로 대응하는 경향이 나타나고 있다는 얘기다.

정부로서도 그런 오해를 살 행동을 한 면이 분명히 있다. 자발성이 중요한 협력업체 문제에 대해 규제정책을 쏟아내며 지나치게 밀어붙인다는 지적을 면할 길이 없게 돼 있다. 문제는 대기업과 중소기업의 상생을 포함한 기업의 사회적 책임(CSR) 논의가 한국에서만 일어나는 일이 아니라는 점에 있다. 세계적으로 CSR에 대한 국제규범을 만들려는 움직임이 이미 구체화됐고 새로운 표준인 ISO 26000이 이르면 연내에 발효돼 국제무역에서 새로

---

447)[약력] : 동아일보 경제부기자,워싱턴특파원. 중앙일보 워싱턴주재 부국장, 경제담당 부국장, 편집국장 대리, 논설위원·고문 역임. 고대, 서강대, 외대 언론대학원 초빙교수. 조세일보 논설고문.
448) http://www.joseilbo.com/Service/nonghyup/taxnews/realtime_1_view.html?type=36&newsid=104188(2010.10.7)
449)[권영설의 경영 업그레이드], 상생 넘어 동반성장으로, 입력: 2010-10-06 17:01 / 수정: 2010-10-07 03:24

운 비관세 장벽으로 작용할 가능성이 예상되고 있는 상태다. 이런 변화에서 기회를 잡기 위한 노력이 있어야 하는데 기업의 속도는 너무 늦고 정부의 채근 강도는 너무 강한 것이 현실인 것이다. 실제 지난 1월 대한상공회의소 조사에 따르면 국내 100대 기업 가운데 ISO 26000 대응전략을 갖춘 기업은 5% 정도에 그치고 있다. 다행히 이런 오해를 줄일 길이 생겼다. 정부 핵심부에서 상생 화두를 마련하며 '스터디'했다는 소위 '4대 교과서'의 존재가 최근 알려졌다. 외국 석학들이 쓴 《정의란 무엇인가》(마이클 샌델),《위대한 기업을 넘어 사랑받는 기업으로》(라젠드라 시소디어),《위험 사회와 새로운 자본주의》(파울 놀테),《공유의 비극을 넘어》(엘리너 오스트롬) 등이다. 이 가운데 오스트롬만 제외하고는 올 들어 저자들이 이런저런 기회로 방한 세미나를 가졌다. 이 네 권 책의 키워드들을 요약해 보면 '정의' '공정' '도덕' '옳은 일' '공동선' '네트워크' '이해당사자' '사랑' '감성' '공동체적 연대' '책임' '미래 투자' '지속 가능한 미래' '환경' 등이다. 기업들이 붙잡아온 화두와는 다소 거리가 있는 새로운 키워드들이다. 자본주의 자체가 경쟁 우선, 순익 우선의 과거논리에서 협업 장려, 목적 중심의 것으로 변했으니 성공논리도 달라져야 한다는 점을 이 책들은 강조하고 있다. 최근 정부는 관련 정책을 발표하면서 상생이라는 말 대신 '동반 성장'이라는 표현을 쓰기 시작했다. 일방적 시혜를 뜻하는 상생이라는 말에 비해 '동반 성장'은 기업 프렌들리의 정서가 살아 있다. 어찌됐든 '분배'보다는 '성장'에 초점을 둘 것이라는 메시지를 주는 것이어서 의미있는 변화다. 환경변화는 좋으냐 싫으냐가 아니라 어떻게 적응할 것이냐의 문제다. 큰 흐름을 읽고 방향을 찾는 노력이 절실한 시점이다.[450][451]

---

450) 권영설, 한경아카데미 원장 yskwon@hankyung.com
451) http://www.hankyung.com/news/app/newsview.php?aid=2010100654191(2010. 10. 7)

17. 불공정 및 위법한 행위의 사례: 입학장사 사립초교

 서울 어느 사립초등학교가 1인당 1천만원씩 받고 100여명을 부정입학시켜 파문이 이는 가운데 서울지역의 또 다른 사립초등학교가 비슷한 방법으로 입학장사를 했다는 주장이 제기돼 서울시교육청이 조사에 나섰다.[452]
 시교육청은 서울 A초등학교가 다른 학교 학생의 전입을 받아주는 조건으로 학부모에게 최소 500만원에서 최대 1천500만원까지 돈을 요구해왔다는 제보를 접수해 경위를 파악하고 있다. 이같은 의혹을 제보한 학부모는 연합뉴스와의 통화에서 "지난 3월 A초등학교에 1학년인 자녀의 전학을 신청했다. 지난달 초 아이 차례가 됐다는 연락을 받고 교감선생님을 만나러 갔더니 그 자리에서 돈을 요구하더라"고 말했다. 이 학부모는 "교감은 학생이 전학을 오려면 1학년은 1천500만원, 2학년은 1천만원, 3학년은 500만원이 필요하다는 학교 내부의 잠정적 기준까지 제시하며 사실상 1천500만원을 내라고 요구했다"고 주장했다. 그는 "A초등학교에 아이를 보내려면 돈을 내야 한다는 소문을 듣긴 했지만, 전화로 문의했을 때 학교 측은 분명히 '사실이 아니다'고 말했었다. 그런데 아이를 전학시켜야 할 때가 되자 태도가 달라졌다"고 덧붙였다. 시교육청은 학부모와 이 학교 교감의 대화가 담긴 녹취록 내용을 이미 확인했으며, 제보 내용이 상당히 신빙성이 있다고 보고 다음 주초 A초등학교 관계자들에 대한 조사를 벌일 것으로 알려졌다.[453][454] 서울의 또 다른 유명 초등학교에서 교장과 교사들이 학생들을 이용해 돈을 받아 챙기다 줄줄이 경찰에 덜미를 잡혔다.[455] 이 학교 교장은 개인적으로 돈을 받고 학생을 입학시켰고 교사들은 학교 보이 스카우트 활동비 등을 떼어먹는 등 학교 전체가 비리 백화점의 전형을 보여 줬다. 서울

---

452) 연합뉴스 기사전송 2010-10-07 17:31 최종 수정 2010-10-07 18:02, 서울시교육청 학부모 제보받아 조사중, (서울=연합뉴스) 이준삼 기자
453) jslee@yna.co.kr, 〈뉴스의 새 시대, 연합뉴스 Live〉, 연합뉴스.
454) http://news.nate.com/view/20101007n20033?mid=n0403(2010.10.8)
455) 문화일보 원문 기사전송 2010-10-05 11:46 최종수정 2010-10-05 12:06

지방경찰청 광역수사대는 5일 입학전형에서 탈락한 학생들을 상대로 1000만원씩의 돈을 받고 입학시킨 혐의(배임수재 등)로 초교 전 교장 오모(64)씨와 조모(여·63)씨 등 2명에 대해 구속영장을 신청했다.

경찰은 또 이들을 도운 행정실장 정모(59)씨를 불구속 입건했다. 경찰에 따르면 오씨와 조씨는 교장으로 재직하던 2004년부터 지난 8월까지 부정 입학시킨 학생들로부터 거둬들인 학교발전기금과 수업료를 학교 직원 명의의 차명계좌에 입금하는 등 각각 16억6000만원, 1억6000만원의 비자금을 조성한 혐의를 받고 있다. 오씨와 조씨는 조성한 비자금 중 각각 3억5600만원, 6560만원을 명절 선물비, 교사 회식비, 여행 경비 등의 명목으로 썼던 것으로 드러났다. 경찰은 또 이들 교장 뿐 아니라 학교 보이 스카우트 활동비 9860만원을 자신의 대출금, 신용카드 대금 등을 갚는 데 사용한 혐의(횡령)로 이 학교 교사 조모(48)씨에 대해 구속영장을 신청했다. 또 특정업체의 인터넷 유료 영어 교육 프로그램을 필수 과정으로 지정해 주고 1060만원을 받아 챙긴 혐의로 교사 송모(44)씨를 불구속 입건했다.[456)][457)]

18. 불공정한 행위의 사례: 전·의경과 경찰대학생 음식의 심한 차별

전·의경이 경찰대학교 학생과 비교하면 급식비에서 심한 차별을 받는 것으로 나타났다.[458)] 7일 국회 행정안전위원회 문학진(민주당) 의원이 경찰청에서 받은 국정감사 자료를 보면 전·의경의 하루 급식비는 5천650원으로 한끼에 1천833에 불과했다. 이는 올해 서울의 공립 초등학교 학생의 끼당 평균 급식비 2천261원보다 적고, 경찰대 학생(한끼에 3천원)에 비해서는 턱없이 모자라는 액수다.

---

456) 채현식 기자 hschae@munhwa.com, munhwa.com
457) http://news.nate.com/view/20101005n10517?mid=n0403(2010.10.8)
458) 연합뉴스 기사전송 2010-10-07 09:46 최종수정 2010-10-07 11:18, 문학진 의원 "초등생 급식비보다 적고 영양사도 태부족", 서울=연합뉴스, 박성민 기자

육·해·공군 사관학교 생도와 일반 병사의 급식비가 비슷하다는 점에서 전·의경들이 음식의 질적 측면에서 과도한 차별대우를 받는 셈이다. 음식 재료를 검수하고 영양을 고려한 식단을 짜며 조리에도 참여하는 영양사가 있는 전·의경 부대는 전국 151개 기동대 가운데 20개(13.2%) 밖에 안되는 것으로 나타났다.

식품위생법상 50명 이상의 집단급식소에는 영양사를 의무적으로 배치하게 돼 있다고 문 의원은 전했다. 안전성 논란이 일었던 미국산 쇠고기가 전·의경 급식에 사용된 금액도 늘어났다. 경찰은 2008년 9월에서 이듬해 8월까지 전·의경 급식용 미국산 쇠고기 1천492㎏(1천400만원)을 샀지만 2009년 9월부터 올해 7월 사이에는 2천397㎏(2천200만원)을 구입했다. 특히 조현오 경찰청장이 서울청장에 부임한 올해 서울청의 미국산 쇠고기 구매량은 747㎏으로 전년도 같은 기간 구매량 221㎏에 비해 3.3배나 늘었다. 문학진 의원은 "낮은 급식단가와 영양사 부재로 전·의경의 건강에 큰 영향을 미칠 수 있어 보완이 필요하다"며 "특히 경찰대와 전·의경 부대간에 어느 정도 차이는 인정하지만 적어도 음식에서는 차이를 줄이려고 노력해야 한다"고 지적했다.[459][460]

19. 공정한 사회의 형성은 사회지도자와 권력의 몫

"공평한 기회를 보장하고, 약자를 배려하며, 반칙을 예방하는 주체는 누구인가."[461] 하버드대학의 정치철학자 존 롤스 교수는 "공정사회란 마이너리티에게 공평한 기회를 제공하는 시스템을 만드는 사회"라고 정의했다. 공정사회에 대한 이러한 정의들은 전적으로 타당한 개념규정들이지만 적어도 한 가지 사실에는 눈을 감고 있다고 말할 수 있다. 현실적으로 누가 공평한

---

459) min76@yna.co.kr, 뉴스의 새 시대, 연합뉴스 Live.
460) http://news.nate.com/view/20101007n05482?mid=n0411(2010.10.8)
461) [여의도 포럼-서정우:연세대 명예교수] 공정사회는 권력의 몫이다. [2010.09.30 18:18]

기회를 보장하는 주체인가. 누가 약자에 대하여 배려하는 주체인가. 누가 반칙을 예방하는 주체인가.

누가 사회정의로 하여금 살아 숨쉬게 하는 주체인가. 그리고 우리 사회에서 어떤 집단이 공평한 기회를 차단하고 있는가. 어떤 집단이 약자의 사정을 도외시하고 있는가. 어떤 집단이 반칙을 더 많이 자행하는가. 어떤 집단이 사회정의를 외면하고 있는가. 우리는 이러한 질문들도 함께 솔직하게 검토할 수 있어야 한다. 국회의원들은 서민을 위한 민생법안들은 외면하면서 자신들의 후생복지를 위해서는 여야가 야합해서 국민도 모르게 평생연금법을 통과시켰고, 거대정당들은 선거를 치를 때마다 100억원대의 흑자를 내고 있고, 비리정치인들은 이유 여하를 막론하고 무조건 대거 사면되고 있다. 국가기관과 대기업들은 장애인을 고용하는 데 더욱 인색하고, 야당 인사들과 진보적 사회 인사들은 천안함 사건과 관련해서 군 관계자들을 서둘러 징계하라고 호통치는 작태는 어떤 기준으로 보아도 공정사회라고 말하기 어렵다. 야당 의원들과 진보적 인사들은 군인의 징계를 요구하기 전에 천안함 사건을 촉발시킨 북한당국의 비인륜적이고 반민족적인 작태를 먼저 문제 삼아야 했다. 돈이 돈을 벌고, 돈이 권력을 사고, 돈이면 명예까지도 살 수 있는 사회, 권력을 쥐면 돈과 명예까지도 거머쥘 수 있는 사회, 돈이면 안되는 일이 없는 사회, 내가 번 돈 내가 쓰는데 네가 무슨 상관이냐고 호통치는 사회는 공정한 사회라고 말하기 어렵다. 성실한 사람보다 수단이 좋은 사람이 더 잘사는 사회, 실력보다는 연줄이나 배경이 있어야 출세하는 사회, 법대로 살다가는 손해만 보는 사회, 세상에 책임을 지는 사람이 하나도 없는 사회, 모로 가도 서울만 가면 되는 사회는 공정한 사회가 아니다.

가난한 농어촌자녀는 구조적으로 일류대학에 갈 수 없게 된 사회, 가난한 월급쟁이는 아무리 저축해도 아파트 한 칸을 살 수 없는 사회, 가난한 젊은 이들은 가난 때문에 결혼하고 출산할 수 없는 사회, 노인을 천시하는 사회는 공정한 사회라고 말하기 어렵다. 여론조사에 의하면 국민의 70% 정도는 우리 사회가 불공정하다고 말한다. 국민의 70% 정도가 우리 사회를 불공정하다고 말하는 사회는 불행한 사회이고, 갈등하고 분열하는 사회라고 말할 수 있다. 희랍의 철학자 아리스토텔레스는 "정치는 최고의 도덕이다"라고 주장하고, 독일의 철학자 헤겔은 "국가란 구체화된 도덕이다"라고 주장하고, 독일의 철학자 한나 아렌트는 "공정의 반대말은 불공정이 아니고 권력이다"라고 말한다. 공정한 사회는 일반 국민에게 요구되는 행동규범이 아니다. 공정한 사회는 권력에게 요구되는 도덕률이고 윤리규범이다. 권력이 공정한 사회 구현의 첫번째 열쇠를 쥐고 있기 때문이다.[462]

20. 공정한 사회는 누구를 위한 것인가?

공정한 사회란 무엇인가 우선 개념을 정리하자. 공정(公正)이란 공(公)은 공평(公平)의 약자로 공(公)이고, 정은 정의(正義)약자 정(正)이다. 즉, 공정이란 공평하고 바르며 옳은 것이라 할 수 있다.[463] 그러므로 공정한 사회란 공평하고, 바르며 옳은 사회이다. 또한 "정의란 무엇인가"의 저자인 마이클 샌델 교수도 극단적 우열반과 평준화도 불공정하다고 주장하면서 우반에는 학생자율을 확대하고 열반에는 교사를 추가로 지원하여 모두에게 합당한 사회조건을 추구하는 것이 공정한 사회라고 주장했다. 이를 종합해 보면 공정한 사회는 공평하고 바르며 옳은 사회로서 모두에게 합당한 사회조건을 추구하는 사회라고 정리할 수 있다. 이제 공정한 사회를 구체화하기 위해서 우리는 무엇을 어떻게 해야 되는지 알아보자. 사회는 둘 이상의 사람으로 구성된 단체이다. 또한 사람은 태어날 때에는 아무 것도 걸치지 않고 누구나 똑같은 조건속에서 태어났다. 그러나 태어난 직후부터는 부모와 가정환경에 따라 천차만별이다. 좋은 환경과 부모를 만난 사람은 특별한 노력을 기울이지 않아도 그 부모처럼 세상을 힘들여 노력하지 않아도 즐겁고 풍요

---

[462] http://news2.kukinews.com/article/view.asp?page=1&gCode=kmi&arcid=0004168194&cp=du(2010.10.98)
[463] 공정한 사회 누구를 위한 것인가? 지구대소식, 조회 23 | 2010.10.04. 17:04 http://cafe.daum.net/ja-bang/5O8o/68

롭게 산다. 그렇지만 환경과 조건이 좋지 못한 부모와 가정환경속에서 태어난 사람은 혼신의 노력을 다해도 제대로 평가받기 힘들고 하루하루를 어렵게 살아간다. 따라서 이런 불합리한 게임을 불식시키기 위해서는 공평하게 출발할 수 있는 여건을 조성해야 한다. 즉, 100m 달리기를 출발하는데 누구는 50m에서 출발하고, 누구는 0m에서 출발하는 불공정 게임을 공평하게 해야 하며 바르고 옳게 게임해야 한다. 그리고 우리 사회에서 왜 공정한 사회를 요구하는가를 묻고 싶다. 우리나라가 금융위기 등을 극복한 이후에도 상대적 빈곤 증대와 양극화가 심화되어 미래가 불안하며 위기감이 조성되고 있다. 이를 극복하는 공정한 사회가 모두에게 상생하는 사회라는 것을 인식하고 있다. 우리나라는 국민소득 1만불에서 2만불을 13년 이상 달성하지 못하고 있다. 그러나 유럽국가들은 국민소득이 1만불에서 2만불 달성하는데 대부분 8년안에 달성했다. 왜 우리나라는 유럽국가보다 5년 이상 더 걸려도 국민소득이 2만불을 달성하지 못하는가? 이것은 우리나라가 유럽국가들보다 공정하지 못한 사회이기 때문으로 보고 있다. 즉, 우리나라도 완벽한 공정사회는 아니라도 유럽국가와 근사한 공정한 사회로 만들어 나간다면 국민소득 2만불 시대는 곧 달성할 수 있다. 인간사회는 동물세계와 달리 양육강식의 세계가 아니다. 인간으로서 누려야 할 기본권을 누려야 한다. 즉, 생계유지권 및 교육과 주거안정권을 누려야 한다. 그리고 인간이 타고난 소질과 재능을 최대한 발휘할 수 있는 여건을 조성해 주어야 한다. 타고난 재능을 최대한 발휘하고, 교육 및 의료 등 인간기본권을 보장받을 수 있는 사회가 공정한 사회이다. 이것이 서로 사는 상생사회이다. 소질과 재능이 있는 사람은 자기 능력을 최대한 발휘, 인간사회에 필요한 각종 물건을 개발하여 상품화한다. 만약 막대한 재화를 획득하면 재화를 소비자층을 위해 재투자해야 한다. 그리고 그것을 필요로 하는 사람들이 구매할 수 있는 능력을 유지시키고 구매할 수 있는 소비자층을 두텁게 형성해야 한다. 즉, 중산층을 최대한 확대해야 한다는 것이다. 그래야 서로 상생하는 것이다. 공정한 사회는 서로 상생하는 사회를 만들어가는 것이다. 우리나라도 국민소득 2만불 시대를 앞당기고, 선진인류국가로 가기 위해서는 반드시 공정한 사회가 전제되어야 한다. 따라서 공정한 사회란 부유층과 하류층이 상생하는 가운데 중산층을 확대해 나가는 것이다.[464]

21. 공정사회정책의 성공조건과 과제

공정사회의 실현이 국정의 화두로 떠오르고 있다. 그러나 공정사회라는 개념을 지나치게 크게 잡아 여기저기 끌어다 쓰면 실패하기 십상이다. 고용불안이 커지고 소득분배가 악화되면서 공정성의 문제에 대한 관심이 커지는 것은 세계적인 현상이다. 이런 점에서 볼 때 공정정책을 제대로 추진하는 것은 매우 중요하다.[465] 공정사회에 대한 기대와 우려가 교차하고 있다.

공정사회가 대기업과 중소기업의 상생을 촉진하고 구조적인 문제를 해결할 것이라는 기대, 공직사회가 깨끗해질 것이라는 기대가 나오고 있다. 반면, 공정사회가 정부와 여당에게 부메랑이 될 것이라는 우려, 포퓰리즘에 빠질 것이라는 우려, 정치적 구호에 그칠 것이라는 우려도 나오고 있다. 공정정책이 성공하기 위해서는 공정성의 개념부터 명확하게 확립하는 것이 중요하다. 그 토대 위에서 공정성의 기준을 확립하고 실행 시스템을 구축해야 할 것이다. 공정성이라는 문제는 사회 구성원들의 이해관계 상충에서 비롯된다. 공정성은 도덕성과는 다른 개념이다. 공정정책을 도덕성이나 윤리 문제로 확대하면 정책은 실패할 가능성이 크다. 사회 구성원들의 이해관계 문제는 경쟁의 영역 뿐 아니라 정부의 보호와 지원의 영역에서도 발생한다.

공정정책이 민간부문의 경쟁을 규율하는데 치우치고 정부의 규제와 보호 그리고 지원의 공정성을 간과하면 공정사회는 어렵게 된다. 공정성은 갈등

---

464) http://cafe.daum.net/ja-bang/5O8o/68?docid=1DHls|5O8o|68|20101004170406&q=%B0%F8%C1%A4%C7%D1%20%BB%E7%C8%B8%C0%C7%20%B1%B8%C3%BC%C8%AD&srchid=CCB1DHls|5O8o|68|20101004170406(2010.10.8)
465) 불교방송(2010년10월 1일) : [칼럼]공정 사회 정책의 성공 조건| ♡미디어·칼 럼 ♡ --, 이근희 조회 5 | 2010.10.01. 12:47 http://cafe.daum.net/ktg2008/7vOd/376

해결의 중요한 원리이다. 또 공정정책은 경제사회적 약자에 대한 배려를 목표로 하지만 거래관계를 불확실하게 만들고 거래비용을 키우면 실패로 돌아갈 수도 있다. 공정성은 심리적인 문제이다. 공정성에 대한 사회 구성원들의 기준이 각자 다른데 공정정책이 이러한 문제를 간과하면 여론의 눈치나 살피게 되며 국정은 포퓰리즘으로 흐르게 된다. 또한 공정성은 상대적인 개념이다. 다른 사람이나 사회와 비교해서 공정한지를 판단하게 된다. 정부가 자의적인 자료나 통계를 가지고 공정정책을 추진하면 사회갈등만 부추길 수 있다. 그럼에도 불구하고 공정성은 최대한의 국민이 최소한의 기준에 대해서 동의할 수 있는 기준이 존재하고 이것은 사회통합에 기여한다. 이러한 기준에 대한 사회적 공감대를 형성하는 것은 매우 중요하다. 또한 공정성의 최소 기준 즉, 불공정성의 기준을 구체화하고 명료하게 제시해야 한다. 분야별로 공정성의 기준이 다른만큼 국정의 분야별로 구체적인 기준을 만들어야 할 것이다.[466][467]

22. 불평등하게 구조화된 사회의 근원과 해결책

1) 기능주의적 관점에서 본 사회적 불평등[468]

사회이론에 있어서 기능주의는 지난 30-40년 동안 광범위한 지적 전통을 거의 주도해왔다. 특히 교육사회학 이론에서 논쟁이 시작된 것은 기능주의 전통속에서 전개되어 온 사회학 이론에 마르크스주의 이론가들의 비판이 시작되면서부터이다. 흔히 기능이론과 갈등이론으로 불리우고 있는 경쟁적인 두 이론에서 사회의 불평등은 왜 생기는 것인가, 그리고 왜 그렇게 하는가에 대한 문제의식을 가지고 다툼을 벌이는 이유를 이해하기 위해서도 각

---

466) 김태기(단국대 경제학과 교수, 불교방송 객원논평위원)
467) http://cafe.daum.net/ktg2008/7vOd/376?docid=14Gxk|7vOd|376|20101001124747&q=%B0%F8%C1%A4%C7%D1%20%BB%E7%C8%B8%C0%C7%20%B1%B8%C3%BC%C8%AD&srchid=CCB14Gxk|7vOd|376|20101001124747(2010.10.8)
468) ethnos44 | 2009-10-30 20:30 | 조회 409 | 출처: 본인작성

이론이 함의하고 있는 사회사상에 대한 논의가 필요하다. 기능주의는 단일 이론이라기보다 오히려 사상의 한 학파이므로 기능주의 이론을 어떤 하나의 고정된 틀에 맞추어 검토하는 것은 실제로 불가능한 일이다. 그 이유는 기능주의 이론이 여러 학문분야에서 전개되어 왔으며 심지어 같은 학문분야에서도 학자들 사이에 주장하는 견해가 매우 다양하기 때문이다. 그러나 이들의 주장에서 공통적인 것은 그들 이론의 근원에 뒤르케임의 사상이 자리하고 있다는 점이다. 그러면 사회학에서 기능주의 계보에 속하는 학자들이 주장하는 견해를 이해하기 위해서 기능주의 사회사상의 중심개념과 이에 미친 뒤르케임의 영향을 살펴보기로 하자.

(1) 기능의 정의

기능주의자들 사이에서 기능의 정의에 관한 견해에는 차이가 있지만 대다수의 학자들은 기능의 개념을 사회가 유지·존속되기 위해 수행되어야 하는 임무 또는 활동을 의미하는 것으로 사용하고 있다. 그들은 기능이라는 용어 대신에 "기능적 필요조건", "기능적 선행조건", "기능적 문제" 등의 용어를 사용하고 있으나, 그것들이 뜻하는 것은 대체로 사회가 지속되기 위해서 사회의 여러 구조들이 담당해야 할 일들을 가리킨다. 이러한 일들에 포함되는 대표적인 것은 사회화와 교육, 경제적·정치적 업무, 범죄나 일탈행동의 규제 등이다. 기능주의자들이 말하는 기능의 개념에는 그들이 인식하는 사회관이 함축되어 있다. 즉, 그들은 사회를 사회 자체의 존속을 위해 제각기 고유한 임무를 수행하는 여러 사회구조들의 상호 유기적인 결합체로 보고 있다. 그리고 그들은 고유한 기능을 수행하는 하나의 사회구조도 보다는 전문화된 업무를 담당하는 여러 개의 상호의존적인 요소들이 체계를 이루고 있다고 주장한다. 예컨대 경제구조를 살펴보자.

경제구조의 고유한 기능은 사회성원들의 물질적 생존수단을 제공하는 것이다. 이러한 기능은 상호의존적인 부분 구조의 통합에 의해서 수행된다. 즉, 목재나 철광석과 같은 원료를 생산하는 일, 이러한 원료들을 합판과 강철과 같은 중간재로 가공하는 일, 중간재를 기구나 자동차와 같은 완제품을 제조하는 일, 완제품을 판매하고 수리하는 일 등이 바로 그것이다. 이것은 기능의 분화현상을 설명한 것인데, 기능주의자들은 사회가 복잡해짐에 따라 기능이 점점 더 분화된다고 보고 있다. 뒤르케임은 사회를 살아있는 하나의 커다란 유기체에 비유한다.

이 비유에서 도출되는 사회관은 사회도 유기체와 마찬가지로 사회의 존속을 위해 필요한 조건들이 충족되어야 하는데, 이러한 조건의 충족은 상호의존적인 여러 사회구조들의 기능 수행이 통합되어야 사회 자체의 존속이 가능하다는 것이다. 그러나 뒤르케임의 사회관을 이해하는 데 있어서 주의해야 하는 점은 그가 사회를 단지 경제적 차원에 국한해서 사회분업의 현상만으로 설명하고 있지 않다는 것이다. 그의 사회분석의 초점은 사회의 실체를 집합적 신념과 의식의 공동체라는 인식에 있으며, 이러한 인식을 바탕으로 사회이론을 전개하고 있는 것이다. 즉, 그의 사회이론은 사회는 안정적이고 질서가 있으며, 이 속에서 개인의 이익추구가 합리적인 경제적 교환관계에 따라 조화롭게 추구되고 있지 않다는 인식에 근거하고 있다. 뒤르케임이 주장하는 것은 공정한 경쟁에 입각한 분업체제가 유지되는 가운데서 개인의 이익추구가 이루어질 때, 상호의존적인 개인들의 유기적 결속관계가 형성되고 사회가 안정적으로 유지·존속될 수 있다는 것이다. 다시 말해, 불평등한 외적 조건을 용인한 상태에서 이루어지는 개인들의 이익추구는 사회해체의 근원이 된다는 것이다.

(2) 통합의 개념과 내용

통합의 개념은 어떻게 사회가 안정을 유지할 수 있는가 하는 질서의 문제와 관련되어 있다. 사회질서의 문제는 기능주의자들의 중요한 관심사의 하나이다.

단적으로 말하면 기능주의자들의 사회질서에 대한 공통적 견해는 특수한 경우를 제외하고 강제력의 사용이 사회질서를 유지하는 수단이 될 수 없다는 것이다. 즉, 그들은 무력의 사용을 무질서를 초래하는 원인으로 보며 사회질서의 근원을 다른 곳에서 찾고 있다. 그들에 의하면 사회질서는 주로 정당하면서도 일반적으로 수락된 사회통제의 토대로부터 비롯된다는 것이다. 즉, 규칙과 규범은 강압 혹은 처벌의 두려움 때문에 준수하는 것이 아니라, 오히려 사회성원들이 옳은 것은 행하고 그렇지 못한 것은 삼가해야 한다는 의식 내지 의무감이 내면화되어 있기 때문에 준수한다는 것이다. 이러한 현상은 사회화의 과정을 통하여 대부분의 사람들이 규칙적이고 상호간의 유익한 사회적 상호작용을 가능하게 해 주는 일련의 규정된 규칙과 규범을 받아들이는 것이 그 이유라고 주장한다. 기능주의자들이 주장하는 사회통합의 형태는 다음과 같은 몇 가지로 요약할 수 있다. 첫째, 통합은 전문화된 업무에 종사하는 개별 사회행위자들의 기능적 상호의존성에 의해 촉진된다는 것이다. 둘째, 통합은 사회적인 여러 관계의 지침이 되며 상호작용을 규제하는 특정한 규범 혹은 규칙들을 사회성원들이 집단적으로 수락함으로써 가능해진다는 것이다. 셋째, 통합은 공통된 가치 및 신념체계에 대한 대중의 고수에 의해 이루어진다는 것이다. 여기서 첫번째 통합의 형태는 뒤르케임의 유기적 연대라는 개념과 연결되는 것이고, 두번째의 형태는 그의 사회유형에 따른 사회통제 방식의 차이를 설명하는 이론에서, 그리고 마지막의 통합형태는 뒤르케임 사회사상의 중요개념인 집합의식과 관련되어 있다. 사회 불평등의 문제와 관련하여 학교 등 일반적 사회기관은 사회통제의 기제(mechanism)로서 전통사회에서의 종교와 같은 역할을 수행해야 한다는 논리가 도출된다.

(3) 합의의 의의와 공정성

합의의 개념은 사회속에서 개인과 집단의 불평등이 합의에 의해서 성립되는 것인지 아니면 주로 갈등에 의해서 성립되는 것인지를 밝히는 문제이다. 물론 어떤 사회라도 전적인 합의나 갈등으로 개인과 집단의 불평등이 결정되지는 않겠지만 합의와 갈등에 대한 인식의 차이에 따라 대체적인 불평등의 존재 근거를 해명할 수는 있을 것이다. 기능주의 이론이 사회적 불평등을 논의할 때 갈등의 존재를 무시하고 있다는 주장은 전적으로 잘못된 것이다. 그들은 단지 갈등이 사회현상을 해명하는 본질적인 요인이 될 수 없다는 관점을 제시하고 있을 뿐이다. 즉, 기능주의 이론에서는 합의를 사회구조의 토대로 보고 있다는 평가가 타당하다고 하겠다. 또 기능주의자들은 집합적으로 보유되는 신념속에 반영된 도덕적 합의가 사회성원들의 가치체계속에 구체화되어 있다는 것을 강조하고 있다. 그렇다면 기능주의자들이 개인이나 집단의 사회적 불평등을 어떻게 해명하고 있는지를 살펴보자. 기능주의 이론에서 사회의 고유한 특성 중의 하나는 불평등 혹은 계층의 존재이다. 기능주의자들은 사회구성원들이 불평등한 사회적 지위에 대해 타당한 근거를 인정하고 있음을 강조한다. 데이비스와 무어는 사회적 지위를 결정짓는 두 개의 사회적 현실을 제시하고 있다. 첫째는 사회에는 기능적으로 중요한 직업이 존재하고 있다는 것이고, 둘째는 재능이 있는 개인들이 중요한 직업에 종사하기 위해 준비를 하도록 동기를 유발하는 적절한 보상체계가 존재하고 있다는 것이다. 물론 사회적 불평등은 개인의 재능에만 전적으로 의존하는 것이 아니라 태생과 재산의 상속도 불평등의 중요한 요인임을 인정하고 있다. 그러나 일반적으로 이러한 요인들은 별로 중요한 요인으로 인식되고 있지 않다. 그 이유는 현대사회의 불평등이 업적적 원리에 기초하고 있다고 보기 때문이다. 이렇게 보면 논의의 초점은 기능적으로 중요한 직업이 무엇인가로 압축된다. 예를 들면 의사와 간호사라는 직업은 상호의존적이다. 그러나 의사는 그들의 직무수행에서 간호사의 기능을 수행하고 있으나, 이와는 달리 간호사는 의사의 기능을 수행할 수 없다. 이것은 그들의 직업적 역할의 준비과정에서도 차이가 존재하는 이유라는 것이 기능주의자들의 주장이다. 이러한 주장에 의하면 분업은 개인들을 필요한 직업구조에 배치시키는 효율적 수단을 요구하고 따라서 어느 정도 불평등한 보상이 불가피하다는 것이다. 간단히 말하면 기능주의자들의 주장은 기능의 중요성에 따라 직업적 위세와 사회적 평판을 결정하는 방식에 대한 사회적 합의가 있다고 보는 것이다. 즉, 불평등한 물질적 보상과 사회적 평판이 사회성원들의 합의에 바탕을 두고 있기 때문에 재능있는 사람들이 사회적으로 높은 지위를 차지하기 위해 동기를 부여받게 된다고 주장하고 있다.

2) 공정기준의 오류는 불공정의 수반 가능

사회에 대한 개인의 기여와 가치에 입각하지 않은 채 이루어지는 경제적 보상과 사회적 평판은 어떤 것이든 효율적인 분업을 저해하는 요인이 된다.

달리 표현하면 사회분업에 대한 사회구성원들의 일반적 합의에 의한 위계화된 계층체계는 개인의 재능에 따라 사회구성원들을 적재적소에 배치시키고 사회성원의 상호작용을 위한 규범들의 기본 유형을 제공함으로써 사회의 위계화된 질서체계를 정당화시킨다는 것이다. 이러한 기능주의자들의 주장에는 뒤르케임의 분업과 사회불평등에 대한 관점이 반영되어 있다. 뒤르케임은 정상적인 분업은 세 가지 원칙에 따라야 한다고 말하고 있다. 첫째는 개인의 타고난 능력이나 재능에 맞는 일을 하는 것이며, 둘째는 자유의지에 대한 자발적인 선택에 의한 분업이고, 셋째는 정의를 실현하는 방식으로 노동이 분화되어야 한다는 것이다. 뒤르케임의 관점은 사회의 분화과정에서 나타나는 계급구조가 개인의 타고난 재능의 차이에 기인하는 것이 아니라 외적 불평등 요인에서 비롯된 것이라면, 이것은 정상적인 합의에 토대를 두고 있지 않다는 점을 강조한다. 그는 산업사회의 사회적 불평등은 사회구성원들의 합의에 바탕을 두고 있지 않은 현실 때문이라고 인식하고 "규칙들이 있다는 것으로 충분하지 않다. 때로는 규칙 자체가 악의 원인이다"라고 쓰고 있다. 이것은 사회기능의 배분이 개인이 가진 능력이나 노력에 의하지 않는다면 사회불평등을 영속화하는 제도적 불평등의 근원이 된다는 사실을 지적한 것이다. 이렇게 보면 잘못 제도화된 규칙은 개인의 능력과 소질 등의 내적 조건에 알맞는 직업에 배치를 저해할 뿐만 아니라 심지어 개인의 타고난 잠재적 능력을 계발하는 데에도 장애로 작용할 가능성을 배제할 수 없게 된다.[469]

---

469) http://k.daum.net/qna/openknowledge/view.html?category_id=QN&qid=3xV0I&q=%B0%F8%C1%A4%C7%D1+%BB%E7%C8%B8%C0%C7+%B1%B8%C3%BC%C8%AD&srchid=NKS3xV0I(2010.10.8)

23. 필자의 종합적 견해: 제도 및 문화의 개선과 본인의 노력

공정한 사회는 오늘날 우리 사회가 추구하여야 하는 가장 큰 규범 및 이상향이다. 불공정한 사실을 공정한 사실로 바로 잡는 것은 매우 중요한 사항이며 특히 국민복리를 책임지고 있는 정치 및 행정의 역할이기도 하다.

다만, 잊지 말아야 할 것은 완전한 유토피아 혹은 낙원이 없듯이 완전한 공정함도 현실적으로 불가능하다. 왜냐하면 공정의 기준이 개인마다, 사회마다, 시대마다, 처해진 환경에 따라 계속 달라지고 있기 때문이며 특히 인간의 욕망은 무한한 그리고 이기적이기 때문이다. 예컨대 주택이 없는 사람들은 주택의 가격이 내리는 상황을 공정하다고 보지만 주택을 소유한 사람은 주택의 가격이 상승해야 공정하다고 보는 것, 행정고시를 준비하는 사람은 반드시 행시를 통해 고급공무원(5급 사무관)을 선발해야 공정하다고 보지만 일반사회인 등은 어느 정도의 전문인이 고급공무원으로 채용되어 국가의 일을 수행하는 것이 공정하다고 보는 것, 내가 하면 로맨스이지만 남이 하면 불륜, 내가 하면 투자이지만 남이 하면 투기라고 하는 등 그 사례는 수없이 많다. 또 국회의원을 겸직하는 장관 및 지방의원, 사직 대신에 휴직을 낸 상태로 정치하는 교수, 정치적 연고로 인해 지명되는 공공기관의 간부 및 경영자, 고액의 강의료를 받는 공무원, 근무시간 중에 사적 업무를 보는 직장인 등도 공정하지 못한 사람이고 필자는 대체로 언제 어디서나 누구에게서나 불공정함을 느낀다. 국가는 불공정으로 인한 갈등을 해소하고 공정한 사회를 만들어가기 위한 방법을 계속 강구해야 할 것이다. 먼저 많은 이론과 주장에서 나타났듯이 정치인 및 공직자의 정직과 도덕성이 전제되어야 하고 그렇게 되기 위한 법적 및 제도적 여건이 갖추어져야 하고 사회적 풍토가 조정되어야 한다. 더불어 특히 중요한 것은 공정한 사회를 바라는 자 스스로 그 경지에 도달하기 위해 노력하는 자세가 필요하다. 즉, 자신에게 기회나 여건이 갖추어지지 않았다고 불평하고 무엇을 요구하거나 심지어 '자포자기'에 앞서 자신의 불리한 여건을 딛고 일어서는 것을 의미한다.

　역사적으로 본다면 지금까지의 수많은 위인, 성공자, 리더, CEO들은 불공정하다고 불평하기보다는 그와같은 여건에서 벗어날려고 엄청난 노력을 가한 산물임을 잊어서는 안된다. 물론 국가적 및 정치적 차원으로 공정한 사회에 도달할려는 공정정책을 수립하겠지만 우리나라가 민주주의 및 자본주의 체제를 유지하는 한, 모든 사람이 바라고 만족할만한 정도의 공정사회를 갖는 것은 어려울 것이다. 자칫하면 대한민국의 이념인 자본주의 및 자유주의 그리고 민주주의에 역행하는 오류를 범할 수 있고 혹은 국가적 차원의 공정한 사회조성이 국민의 자생력을 저하시키거나 모든 일의 결과를 잘못된 법과 제도 그리고 남의 탓으로 돌리는 성향을 키울 수 있음에 대해서는 극히 염려스럽기까지 하다. 어려운 여건속에서도 지금까지 해왔던 것처럼 오늘날의 한국을 만든 한국인의 유전자(DNA) 및 에너지를 개인, 조직, 사회, 국가적 차원으로 승화시킴이 오히려 공정한 사회로 갈 수 있는 지름길임을 필자는 강하게 제시한다.

■ 노 순 규(魯淳圭) 경영학박사

<약 력>
고려대(석사) 및 동국대(박사)
서울대학교 행정대학원 박사과정 수료
배성여상·상서여상 등 6년간 교원역임
새마을본부 연수원 5년간 교수역임
한서대학교 경영대학원 강사역임
대한상공회의소, 한국경총, 한국생산성본부
한국능률협회, 한국표준협회, 현대중공업
현대자동차, 한국전력, 롯데제과, LG산전 강사
건설기술교육원, 건설산업교육원
영남건설기술교육원, 건설경영연구원
전문건설공제조합 기술교육원
건설기술호남교육원 외래교수
경기중소기업청 공무원 경영혁신 강사
한국기술교육대학교 노동행정연수원 강사
경기도교육청(갈등관리와 교원의 역할) 강사
대구시교육연수원(리더십과 갈등관리) 강사
충남교육연수원(공무원노조의 이해) 강사
서울시교육연수원(교육관련 노동법) 강사
경남공무원교육원(단체교섭 및 단체협약 체결사례) 강사
속초시청(공무원 노사관계) 강사
부산시교육연수원(교원노조와 노사관계) 강사
울산시교육연수원(교원노조의 이해) 강사
전남교육연수원(갈등관리의 이해와 협상기법) 강사
제주도탐라교육원(갈등 및 조직활성화 전략) 강사
경북교육청(학교의 갈등사례와 해결방법) 강사
제주도공무원교육원(조직갈등의 원인과 유형) 강사
경북교육연수원(인간관계와 갈등해결) 강사
전북공무원교육원(공무원노조법) 강사
충남공무원교육원(사회양극화 해결방안) 강사
대구시공무원교육원(복지행정) 강사
부산시공무원교육원(조직갈등의 해결방안) 강사
경북, 인천시, 광주시, 강원도 교육연수원 강사
한국기업경영연구원 원장(21년간)

강의문의 : 011-760-8160, 737-8160
www.kbmi.co.kr   E-mail : we011@hanmail.net

<주요 저서>
● 건설업의 회계실무와 세무관계
● 건설업의 타당성분석과 사업계획서
● 건설업의 원가계산과 원가절감
● 건설업의 노사관계와 노무관리
● 한미·한EU FTA와 경제전략
● 경영전략과 인재관리
● 건설업의 VE(가치공학)와 품질경영
● 부동산투자와 개발실무
● CM(건설경영)과 시공참여폐지의 노무관리
● 산재·고용·연금·건강의 사회보험 통합실무
● 토지투자와 부동산경매
● 21세기 리더십과 노무관리
● 협력적 노사관계의 이론과 실천기법
● 신입사원의 건전한 직업관
● 종업원의 동기부여와 실천방법
● 공무원노조와 노사관계
● 교원노조(전교조)와 노사관계
● 교원평가제와 학교개혁
● 학교운영의 리더십과 갈등관리
● 교사의 올바른 역할과 개혁
● 프로젝트 파이낸싱(PF)과 건설금융
● 비정규직의 고용문제와 해법
● 한·EU FTA와 경제전략
● 학교의 갈등사례와 해결방법
● 공무원의 갈등관리와 리더십 및 BSC
● 녹색성장과 친환경 경영
● 교수와 대학의 개혁
● 리더의 자기관리와 성공법칙
● 노동조합의 개혁과 역할
● 사교육 없애기 공교육 정상화
● 조직갈등의 원인과 해결방법
● 학교장 경영평가와 CEO 리더십
● 학생지도방법과 인권보호
● 건설업의 클레임과 민원해결
● 지역갈등·주민갈등·사회갈등
● 칭찬의 감동효과와 조직관리
● 건설공사관리와 건축행정
● 사회양극화 해결과 복지행정
● 미래사회의 변화와 성공방법
● 학교와 교원의 개혁방법
● 사업계획과 사업타당성 분석
● 커뮤니케이션 기법(skill)과 효과
● 리스크관리(Risk Management)
● 공정한 사회의 실천방법 외 101권 저서

공정한 사회의 실천방법

정가 30,000원

2010년 10월 15일 초판인쇄
2010년 10월 20일 초판발행

판권본원소유

저 자   노 순 규
발행인   노 순 규
발행처   한국기업경영연구원(www.kbmi.co.kr)
         서울특별시 양천구 목동 505-11 목동빌딩 1층
등 록   제2006-47호
전 화   (02) 737-8160

<제본이 잘못된 것은 교환하여 드립니다>

ISBN 978-89-93451-29-0